普通高等教育汽车类专业精品系列教材

汽车检测与诊断技术

主　编　靳　炜　史艳楠　王欲进
副主编　吕　旭　赫明月

北京理工大学出版社
BEIJING INSTITUTE OF TECHNOLOGY PRESS

内 容 简 介

本书为适应国家"十四五"期间对车辆工程相关专业应用型本科、职业型本科的教育发展要求而编写。

本书的特色如下:其一,在一定程度上偏重于应用及实际操作,契合应用型本科及高等职业教育的需求;其二,在电控方面进行加强,尤其在车辆总线方面进行系统、详细的介绍,利于对目前主流车型电控系统进行检测诊断;其三,增加一定新能源汽车方面的知识,拓展学生就业适应性。

全书共分为六章,主要内容有:汽车检测与诊断技术基础、车载总线系统的检测与诊断、发动机的检测与诊断、底盘系统的检测与诊断、车身控制及娱乐舒适系统的检测与诊断以及电动汽车常见故障的检测与诊断。

本书可作为普通高等院校、职业高等院校 32~64 学时的车辆工程、汽车工程技术等相关专业的教学用书,也可供从事车辆工程相关工作的技术人员入门参考。

图书在版编目(CIP)数据

汽车检测与诊断技术 / 靳炜,史艳楠,王欲进主编
. --北京:北京理工大学出版社,2022.7(2022.8 重印)
ISBN 978-7-5763-1450-2

Ⅰ. ①汽… Ⅱ. ①靳… ②史… ③王… Ⅲ. ①汽车-
故障检测-高等学校-教材②汽车-故障诊断-高等学校
-教材 Ⅳ. ①U472.9

中国版本图书馆 CIP 数据核字(2022)第 112070 号

出版发行 / 北京理工大学出版社有限责任公司
社　　址 / 北京市海淀区中关村南大街 5 号
邮　　编 / 100081
电　　话 / (010)68914775(总编室)
　　　　　(010)82562903(教材售后服务热线)
　　　　　(010)68944723(其他图书服务热线)
网　　址 / http://www.bitpress.com.cn
经　　销 / 全国各地新华书店
印　　刷 / 三河市龙大印装有限公司
开　　本 / 787 毫米×1092 毫米　1/16
印　　张 / 23.25　　　　　　　　　　　　　　　责任编辑 / 高　芳
字　　数 / 543 千字　　　　　　　　　　　　　　文案编辑 / 李　硕
版　　次 / 2022 年 7 月第 1 版　2022 年 8 月第 2 次印刷　　责任校对 / 刘亚男
定　　价 / 55.00 元　　　　　　　　　　　　　　责任印制 / 李志强

前　言

国家在"十四五"规划中提出建设高质量教育体系，增强职业技术教育适应性，大力培养技术技能人才。本书为适应我国高等教育发展新的要求，结合近年教学改革探索与实践，组织在教学一线从事汽车检测与诊断授课并具备企业培训经历的教师进行编写。

本书有以下特点。

(1)基础与应用兼容。本书前部通过系统介绍汽车检测与诊断的技术指标、故障诊断所需相关设备以及必须具备的基础知识，为后续的学习做好铺垫。后续主要就燃油车辆的故障诊断进行分系统讲解。最后对新能源汽车检测诊断进行介绍，作为后续的拓展。

(2)在栏目设计方面，每一章总览有学习目标和引例。通过学习目标介绍该章节需要掌握的知识；通过引例，明确所掌握知识的应用方向。在每一节的结尾，设有知识小结，作为对该节的总结。同时，用习题进行知识的巩固。

(3)将总线系统单独提出并放在本书的前部。目前大多数车辆都搭载车载总线控制系统，因此在学习车辆检测诊断前，总线系统方面的知识必不可少。本书对总线系统以一个章节的篇幅进行介绍，通过对目前常用总线系统(CAN总线、LIN总线、FlexRay总线、车载以太网等)的功能、诊断等进行系统讲解，为后续学习打好基础。

本书由山西工程科技职业大学靳炜、河北工程大学史艳楠、太原学院王欲进担任主编，山西工程科技职业大学吕旭、河北工程大学赫明月担任副主编。第一章由靳炜编写，第二章由吕旭编写，第三章由范常盛编写，第四章由史艳楠编写，第五章由赫明月编写，第六章由王欲进编写。

限于水平，书中不当之处在所难免，欢迎读者批评指正。

编　者

2022 年 3 月

目 录

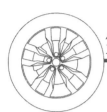

第一章
汽车检测与诊断技术基础

学习目标

　　了解汽车检测与诊断技术的术语和含义；理解汽车诊断参数、诊断标准、诊断周期的概念和作用；熟悉汽车故障产生的原因和汽车技术状况变化的规律；掌握汽车常用工具、量具、检测设备的使用方法；能够阅读和分析汽车电路图。

引　例

　　一台车辆出现故障，需要对其进行故障检测与诊断。我们首先应该确认车辆的基本信息、当前技术状态，之后根据故障现象理清检测思路，通过相关检测设备、资料、工具等才能对车辆进行故障诊断。

1.1　概　述

1.1.1　汽车检测与诊断技术及其体系

　　汽车检测是指确定汽车技术状况或工作能力的检查。汽车诊断是指为确定汽车技术状况或查明汽车故障部位、原因所进行检查、分析和判断的过程。

　　汽车检测与诊断技术是汽车检测技术和汽车故障诊断技术的统称，有时简称为汽车检测诊断技术或汽车诊断技术。汽车检测与诊断技术是研究汽车检测方法、检测原理、诊断理论以及在汽车不解体（或拆卸部分总成、零件）条件下的检测手段，以确定汽车技术状况及其故障的一门学科。

　　汽车检测与诊断技术是检测诊断理论与方法的一种工程实现，它包括检测设备的研制、诊断参数的制订、汽车故障的诊断和汽车技术状况的预测等多方面内容。它是一门涉及机械、电子控制、数学、可靠性理论、测试和汽车使用技术等方面的综合性应用学科，以检测技术为基础，以诊断为目的，通过对汽车性能参数或工作能力的检测，依靠人工智能科学地确定汽车的技术状态，识别、判断故障，甚至预测故障，为汽车继续运行及进厂维修提供可靠的依据。

1.1.2 汽车检测与诊断技术的作用

汽车在使用过程中，其技术状况变差、出现故障不可避免。如能利用汽车检测与诊断技术，对汽车的运行状态做出判断，及时发现故障，并采取相应对策，则可提高汽车的使用可靠性，避免汽车恶性事故发生，同时可充分发挥汽车的效能，减少维修费用，减轻环境污染，获得更大的经济效益和社会效益。对汽车运用领域而言，采用先进的汽车检测与诊断技术，适时对汽车进行检测诊断，具有重要的作用，主要表现如下。

1. 汽车检测诊断是确保行车安全的重要手段

随着汽车保有量的增加，汽车交通事故造成人身伤亡情况愈显严重。面对日益严峻的交通形势，采用现代汽车检测诊断技术，利用先进的检测仪器，对机动车辆加强安全技术检测，对汽车的技术状况做出准确的诊断，找出隐患及时排除，发现问题及时维修，是确保行车安全的重要手段。因此，我国 GB 7258—2017《机动车运行安全技术条件》明确规定了各类车辆必须检测的范围、条件、方法和标准。

2. 汽车检测诊断是提高维修效率、监督维修质量的重要措施

随着汽车工业的发展，汽车保有量迅猛增长，汽车维修任务相应加大；同时，汽车的结构日益复杂，电子化程度越来越高，维修难度相应加大，由此产生的结果是熟练的汽车维修人员严重短缺，单凭经验进行汽车维修已不能适应现代汽车的技术要求。

在车辆维修方面，资料统计表明，查找故障的时间约为70%，而排除和维修的时间约占30%。为提高汽车维修效率，应采用先进的汽车检测诊断技术。随着汽车结构的日益复杂化，汽车检测诊断技术的地位越来越高，人们更加依赖于汽车检测诊断技术。没有检测诊断技术，车辆的故障不能迅速排除，车辆的技术状况不能迅速恢复；没有检测诊断技术，车辆的维修质量也不能得到有效的监督。因此，汽车检测诊断在汽车技术保障中处于十分关键的地位，它是提高维修效率，保证维修质量的重要措施。

3. 汽车检测诊断是实现视情修理的重要保证

我国现行的汽车维修制度属于计划预防维修制度，车辆的维修须贯彻预防为主、定期检测、强制维护、视情修理的原则。视情修理的前提是车辆进行正确的检测诊断和鉴定，对车辆进行视情处理，施以不同的作业范围，这样可以减少不必要的拆卸，避免盲目维修或失修现象发生，能最大维度地发挥零件的使用潜力，大大提高汽车的可靠性和使用经济效益。因此，先进的汽车检测诊断技术，是促进维修技术发展，实现视情修理的重要保证。

4. 汽车检测诊断是减少环境污染的重要举措

汽车给人类带来便利、效益的同时，也给人类赖以生存的环境带来污染。汽车排放中的有害物质，如一氧化碳、碳氢化合物、氮氧化物、铅化合物、微粒以及硫化物等污染大气，对人类的健康造成了严重威胁；汽车噪声会破坏安静的环境，甚至会损害人体健康，车内噪声过大还会影响驾驶人的正常操作而诱发交通事故。随着汽车技术状况的变差，汽车对环境的污染会变大。而采用先进的检测诊断技术，通过对汽车进行定期检测，来严格限制汽车排放污染物和噪声的污染，使污染超标的车辆不能上路，进行强制报废或及时修复，从而减少汽车对环境的污染，因此，汽车检测诊断是减少环境污染的重要举措。

5. 汽车检测诊断是改善汽车性能的重要环节

性能好的汽车可以充分发挥汽车的应有功能，使汽车以最佳效益安全工作，从而提高汽车运输生产率和降低运输成本。但汽车长期使用后，汽车的性能如动力性、经济性、制动性、操纵稳定性、行驶平顺性、通过性以及舒适性等会逐渐变差，安全工作能力下降。若采用先进的检测诊断技术，对汽车使用性能进行定期检测、评估，来严格限制在用车辆的技术状况，则可以改善或恢复汽车性能。故汽车检测诊断是改善汽车性能的重要环节。因此，我国交通运输部《道路运输车辆技术管理规定》明确指出：道路运输车辆应定期进行汽车综合性能检测。

1.1.3　汽车检测分类与诊断方法

1. 汽车检测分类

现代汽车检测利用先进的检测设备或仪器对汽车进行不解体检查与测试。汽车检测的目的是确定在用车辆的技术状况是否存在故障及出现故障的原因和位置。若按汽车检测目的分类，则汽车检测可分为如下四类。

1）综合性能检测

综合性能检测是指对汽车实行定期和不定期综合性能方面的检测，如对汽车动力性、安全性、燃油经济性、使用可靠性、排气污染物、噪声以及整车装备状态与完整性、防雨密封性等多种技术性能的检测，其目的是在汽车不解体情况下，确定运输车辆的技术状况和工作能力，评定车辆的技术等级，确保运输车辆具有良好的动力性、经济性、安全性、可靠性等使用性能和减少对环境的污染程度，以创造更大的经济效益和社会效益。汽车技术状况等级评定时必须采用综合性能检测。

2）安全环保性能检测

安全环保性能检测是指对汽车实行定期和不定期的安全运行和环保性能检测，如对制动、侧滑、灯光、排放、噪声、车速表的检测，其目的是建立安全和无公害的监控体系，强化汽车的安全管理，确保汽车具有符合要求的外观、良好的安全性能和规定范围内的环境污染程度，使汽车能在安全、高效和低污染下运行。汽车年检时常用安全环保性能检测。

3）汽车故障检测

汽车故障检测是指对故障汽车的检测，其目的是在不解体（或拆卸部分总成、零件）情况下，查出汽车故障的确切部位和产生的原因，从而确定故障的排除方法，提高故障的排除效率，使汽车尽快恢复正常。

4）汽车维修检测

汽车维修检测包括汽车维护检测和汽车修理检测两类。

汽车维护检测是指汽车二级维护检测，它分为二级维护前检测和二级维护竣工检测。二级维护前检测在汽车维修企业进行，其检测目的是诊断二级维护汽车的故障或实际技术状况，从而确定二级维护附加作业；二级维护竣工检测在汽车检测站进行，检测站根据二级维护竣工检测项目和检测标准检测送检汽车，其目的是监控汽车的二级维护质量，竣工检测合格的车辆方可出厂，否则应返回维修企业重新进行二级维护，直至二级维护竣工检测合格为止。

汽车修理检测主要是指汽车大修检测，它分为修理前、修理中、修理后的检测。修理前的检测，目的是找出汽车技术状况与标准值相差的程度，从而确定汽车是否需要大修或应采取何种技术措施，以实现视情修理；修理中的检测是局部检测、过程检测，目的是进行质量监控，有时还可确诊故障的具体部位和原因，从而提高修理质量及修理效率；修理后的检测在汽车检测站进行，检测站根据汽车大修质量竣工标准检测送检汽车，目的是检验汽车的使用性能是否得到恢复，以确保修理质量。

在汽车使用过程中，为掌握在用汽车的技术状况，应对汽车进行适当的检测，每次检测的时机应根据最佳检测诊断周期而定，也可与汽车的正常维护、修理周期以及汽车年检相互配合。

2. 汽车诊断基本方法

汽车诊断由检查、分析、判断等一系列活动完成。为了正确诊断汽车技术状况或故障，必须运用现代检测手段（包括外观、气味、振动、声响、感觉、仪器等）、现代科学技术和丰富的实践经验进行综合分析和判断。从完成这些活动的方式来看，现代汽车诊断的基本方法有如下几种。

1）人工经验诊断法

人工经验诊断法是指利用人工观察、经验检查、推理分析、逻辑判断进行诊断的方法。诊断时，诊断人员凭借丰富的实践经验和一定的理论知识，利用简单工具，在不解体汽车或局部解体情况下，根据汽车在工作中表现出来的异常状况，通过眼看、手摸、耳听等手段，边检查、边试验、边分析，从而确定汽车故障部位和原因以及汽车的技术状况。人工经验诊断法不需专用仪器设备，可随时随地进行。但它对诊断人员的经验依赖性强，要求诊断人员有较高的技术水平，并存在诊断速度慢、准确性差及不能进行定量分析等缺点。

2）仪器分析诊断法

仪器分析诊断法是指汽车在不解体情况下，利用各种专用仪器和设备获取汽车的各种数据，并根据这些数据来进行诊断的方法。诊断时，利用现代检测设施对汽车、总成或机构进行测试，并通过对诊断参数测试值、变化特性曲线、波形等的分析判断，定量确定汽车技术状况或确诊汽车故障部位和原因。采用微机控制的仪器设备能自动分析、判断、存储并打印诊断结果。仪器分析诊断法的特点是诊断速度快、准确性高、能定量分析，但检测的投资大、成本高。

3）自诊断法

自诊断法是指利用汽车电控单元（ECU）的自诊断功能进行故障诊断的方法。自诊断功能就是利用监测电路来检测传感器、执行器以及微处理器的各种实际参数，并将其与存储器中的标准数据进行比较，从而判定系统是否存在故障。当判定系统存在故障时，电控单元将故障信息以故障码的形式存入存储器，并控制警告灯向驾驶人发出警示信号。自诊断法需要通过一定的操作方式，把汽车电控系统中电控单元的故障码提取出来，然后通过查阅相应的故障码表来确定故障的部位和原因。自诊断法快捷、准确，可随车适时诊断，但它只适用于汽车电子控制系统。

在实际检测诊断工作中，上述三种方法相辅相成。人工经验诊断法是故障诊断的基础，它在汽车诊断的任何时期均具有十分重要的实用价值。仪器分析诊断法是在人工经验诊断基础上发展起来的诊断方法，它在汽车故障诊断中所占的比例日益增大。自诊断法，对汽车电子控制系统十分有效，在精准确定故障范围和部位方面，其他方法无可比拟。

知识小结

　　汽车检测与诊断技术是研究汽车检测方法、检测原理等，最终能够查找到汽车故障最终问题点的课程。通过对课程的学习，可以掌握全车机械、电控系统的诊断方法、手段、思路。

习题 ▶▶　▶

　　1. 汽车检测如何分类？
　　2. 汽车检测与诊断技术的作用有哪些？
　　3. 汽车检测与诊断的方法有哪些？特点是什么？

1.2　汽车故障及汽车技术状况

　　汽车故障及汽车技术状况是汽车检测诊断的对象。了解汽车故障类型和汽车技术状况，掌握汽车故障产生原因和汽车技术状况变化规律，对汽车诊断参数及其标准的确定和检测方法的选择极其重要。

1.2.1　汽车故障

　　汽车故障是指汽车零部件或总成完全或部分丧失工作能力的现象。汽车的工作能力包括动力、经济、安全环保、舒适等性能。故障是一种不合格状态，其具体表现是故障症状。汽车故障症状多种多样，为了迅速排除故障，应了解汽车故障类型，熟悉汽车故障原因和故障变化规律，掌握汽车故障诊断的常用方法。

　　1. 汽车故障类型
　　汽车故障错综复杂、表现各异，可按下述五种方法对汽车故障分类。
　　（1）按故障存在的系统分类，可分为汽车电气故障和汽车机械故障。现代汽车电气故障又分为数字电路故障和模拟电路故障。汽车电气故障一般可方便地通过专用检测诊断设备进行快速诊断，容易实现不解体检测。汽车机械故障范围较广，内部机械故障实现不解体检测相对较难，通常是利用汽车运行过程中的二次效应提供的信息（如温升、噪声、润滑油状态、振动及各种物理、化学特性）的变化来进行诊断。
　　（2）按故障形成的速度分类，可分为突发性故障和渐发性故障。突发性故障是指发生前无任何征兆的故障，它不能靠早期的诊断来预测，其故障的发生具有偶然性，如汽车行驶时，铁钉刺破轮胎，钢板弹簧突然折断等。而渐发性故障，是指汽车技术状况连续变化，最终导致恶化而引起的故障，这种故障常有一个逐渐发展的过程，其故障的发生具有必然性。因此，能够通过早期诊断来预测，如发动机气缸磨损或曲轴轴颈磨损就属于渐发性故障。

突发性故障尽管难以预测，但它一般容易排除；而渐发性故障一经发生就标志着零部件寿命的终结，对于汽车而言，往往是大修或报废的标志。

（3）按故障的存在时间分类，可分为间歇性故障和永久性故障。间歇性故障有时发生，有时消失，如汽油机供油系气阻故障；而永久性故障则只有在更换某些零部件后，才能使得故障排除、功能恢复，如曲轴轴瓦烧损、发动机拉缸故障。

（4）按故障显现的情况分类，可分为功能故障和潜在故障。导致汽车功能丧失或性能下降的故障称为功能故障，这类故障可通过直接感受或测定其输出参数而判定，如发动机不能起动或发动机输出功率下降均属功能故障；潜在故障是指正在逐渐发展但尚未对功能产生影响的故障，如曲轴、连杆的裂纹，当尚未扩展到极限程度使其断裂时为潜在故障。

（5）按故障造成后果的严重程度分类，可分为轻微故障、一般故障、严重故障、致命故障。轻微故障一般不会导致汽车停车或性能下降，不需要更换零件，用随车工具作适当调整即可排除，如气门脚响、怠速游车等。一般故障可能导致汽车性能下降或汽车停车，但不会导致主要部件和总成的严重损坏，可更换易损零件或用随车工具在短时间内排除，如来油不畅、滤清器堵塞、个别传感器损坏等。严重故障可能导致主要零件的严重损坏，必须停车，并且不能用更换零件或用随车工具在短时间内排除，如发动机拉缸、烧瓦等。致命故障可能引起车毁人亡的恶性重大事故，如柴油车飞车、制动系统失效、转向系统失控等。

上述故障的分类相互交叉，且随着故障的发展，一种类型的故障可以转化为另一种类型故障。

2. 汽车故障规律

汽车故障规律是指汽车的故障率与行驶里程的变化规律。汽车故障率是指汽车在单位行驶里程内发生故障的概率。对于机械性故障，汽车故障率与行驶时间的关系曲线如图1-1所示。

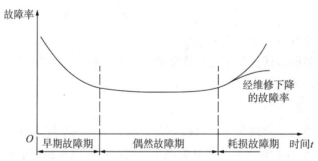

图1-1　汽车故障率与行驶时间的关系曲线

曲线两端高、中间低，呈浴盆状，故称"浴盆曲线"。故障变化规律一般分为三个阶段。

1）早期故障期

早期故障期相当于汽车走合期，新车在走合期内，由于零件加工表面存在粗糙度以及形状偏差和装配误差，零件接触面积较小，压强较大，使零件迅速磨损和破坏，故障率较高。但随着行驶里程的增加，零件配合质量不断提高，磨损减慢，故障率逐渐下降。

2）偶然故障期

汽车零件经过走合阶段后，零件的表面质量及相互间的配合达到最佳状态，因而零件磨损量较小。在此期间，除使用、维护不当及材料缺陷等偶然因素外，没有特定因素导致故障，故障率低且稳定，汽车一般处于正常使用期。

3）耗损故障期

汽车经长期使用后，随着磨损量的不断积累，零件间的配合间隙增大，配合零件出现松旷、冲击，受交变载荷作用而快速磨损、老化衰竭，导致故障率上升。一般在故障率开始上升前更换或维修将要耗损的零部件，就可以减少故障率，延长汽车的使用寿命。

3. 汽车故障原因

由某些零件失效引起的汽车各部件产生故障因素很多，主要有工作条件恶劣、设计制造缺陷及使用维修不当三个方面。

1）工作条件恶劣

汽车零件工作条件包括工件的受力状况和工作环境。汽车运行时，绝大多数汽车零件（如活塞、曲轴、齿轮、轴承等）在动态应力下工作。由于汽车起步、停车以及速度经常变化，使汽车零件承受冲击、交变应力，从而加速零件的磨损或变形而引发故障。另外，汽车零件往往不只承受一种载荷作用，而是同时承受几种类型载荷的复合作用，若零件的载荷超过其允许承受能力，则会导致零件失效。

汽车零件在不同的环境介质和不同的温度下工作，容易引起零件的腐蚀磨损、磨料磨损以及热应力引起的热变形、热疲劳等失效。某些工作介质还可以使汽车零件材料脆化、高分子材料老化而引发故障。

若汽车的工作环境条件恶化，如长期在坎坷不平路段重载行驶、在高温条件下大负荷高速运转、汽车经常猛加速或常用紧急制动等，则容易诱发故障。

2）设计制造缺陷

设计制造缺陷主要是指零件因设计不合理、选材不当、制造工艺不良而存在的先天不足。设计不合理是汽车零件失效的主要原因之一。例如，轴的台阶处过渡圆角过小，会造成应力集中，这些应力可能成为汽车零件破坏的起源。花键、键槽、油孔、销钉孔等设计时如果没有充分考虑到这些形状对截面削弱而造成的应力集中，也会引起零件的早期疲劳损坏。

3）使用维修不当

汽车在使用过程中的超载、润滑不良、过滤效果不好、违反操作规程、汽车维护和修理不当等，都会引起汽车零件的早期损坏。

4. 汽车故障诊断基本流程

汽车故障诊断基本流程是汽车故障诊断最基础的过程，是对诊断内容最一般的概括和总结。汽车故障诊断应从故障症状出发，通过问诊试车、分析研究、确认故障部位、修复验证，最后达到确定故障最终原因的目的。

1）问诊故障症状

通过对车主的询问了解汽车最初的故障症状。对于维修人员来说，准确了解并描述故障现象非常重要，这关系到故障诊断的方向和效率。因为车主只能从车辆使用中的异常判断车辆出现故障，而维修人员需要根据车主的描述以及自身观察，准确描述故障症状。把握好问诊，不仅可以了解故障最初症状，还可以确定下一步故障诊断方向，甚至可以锁定故障范围。一般问诊应包含的内容如表1-1所示。

表1-1 问诊内容

汽车故障发生的状况	初次故障发生的时间，汽车所处的状态，如高速行驶时、冷车起动时等
	故障发生之前有何征兆，如踩油门时，是否出现顿挫、抖动；踩制动时，车辆是否抖动、转向盘是否偏摆等
	故障发生的频次：经常发生、有时发生、一定条件下发生、只发生一次
	故障发生后的变化程度：没有变化、越来越严重、迅速恶化
	故障发生的环境：故障发生时的气温、气候、道路情况等，如高温、雨天、夜间、高温、颠簸路面等
汽车维修保养情况	故障发生后是否进行过维修，进行了哪些维修，更换过哪些零部件
	故障发生前是否加装过设备、更改过线路或更换过零部件
	该年是否按时进行保养，是否在正规维修企业进行保养
车主的驾驶习惯	机动车辆后，不预热即开始行驶
	驾驶车辆比较暴力，如经常大油门、急刹车、急转弯、经常怠速或高速行驶等
	车辆后备厢经常放置较重的物品

需要关注的是，询问汽车故障症状发生时，尽量多问中性的问题（不具备引导性的问题），让车主多说，否则会误导用户说出模棱两可的故障现象，增加故障诊断的难度。

2）验证故障症状

验证确实存在故障是沿着正确方向诊断和排除故障的前提。通过试车或模拟汽车部件工作可以验证故障症状，而试车是维修人员感受汽车故障症状的最好方式。有条件时应进行试车，以再现车主所述的故障症状，验证故障症状的真实性。完整的试车应包括汽车各种性能的试验过程，即从发动机冷机起动、冷机高怠速、暖机到热机怠速、加速、急加速全过程的运行状况，以及仪表指示情况，此外还应该包括汽车起步、换挡、加速、减速、制动、转向等过程的行驶状况试验。

试车时，应针对不同的故障现象有针对性地检测相应项目，同时还要有选择地检查汽车的动力性能、制动性能、行驶稳定性能、操纵可靠性能、振动拨动异响等状况，感受驾驶和操纵过程的各种反应，以便检查是否有车主未感觉到的其他汽车故障症状存在。在试车再现故障症状后，维修人员应反复体会和观察故障症状出现时汽车的工作和环境条件等，并认真记录以确认故障症状。

3）分析诊断故障

根据汽车的故障症状，借助汽车的结构原理、电路图等技术资料，通过人工经验和现代检测设备，检查、测试、分析和推理，判断出故障症状发生的可能原因和故障部位所在。

4）修复、验证故障及确定故障最终原因

（1）修复故障。根据故障部位状况和最小故障点的表现模式，采取相应的修复方法予以修复，排除故障。

（2）验证故障。对修复后的车辆进行功能测试，验证其故障是否排除。如果故障症状完全消失，车辆功能恢复正常，则可以确认车辆已经被完全修复，故障已彻底排除。如果故障症状依然存在，则说明真正的故障没有排除或存在有其他故障，此时需要重新诊断排除故障。

（3）确定故障最终原因。最小故障点修复验证后，故障症状现象尽管消除，但导致这个最小故障点发生故障的最终原因如果还没有认定，而就此结束维修，让汽车出厂继续行驶，很有可能导致故障的再次发生。因此，应对故障点的最终故障原因进行分析，找到其产生的原罪，彻底消除故障发生的根本原因，杜绝故障再次发生。

5. 汽车故障诊断常用方法

1）直观诊断法

直观诊断法是指诊断人员凭借其丰富的经验，对故障汽车故障症状采用问询、眼看、耳听、手摸、鼻嗅、试车等手段，进行检查、试验、分析，确定汽车故障原因和部位的诊断方法。直观诊断法是汽车故障诊断的最基本方法，适用于诊断比较常见和明显的故障。

"问"：接到故障车后，向驾驶人详细询问车辆的行驶里程、技术状况、行驶条件、维修情况、故障症状、故障起因等内容，掌握故障的初步情况。

"看"：看发动机工作状况，如排气管颜色，排气颜色，机油颜色及液面高低，各部件是否漏油、漏水、漏气；看汽车电路的连接有无脱落、损坏；看汽车各部件表面有无破裂、锈蚀等，然后再综合分析判断故障。

"听"：听汽车工作时各部件的工作声响，察听有无敲缸、机械撞击、异常摩擦、排气管放炮等异响。异响是发生故障和产生事故的前兆，汽车整车及各总成、各系统在正常工作时，发出的声音一般都有一定规律性。

"摸"：用于触摸各接头处、插接口处、固定螺栓（钉）等是否有松脱现象。汽车各部件连接是否松动等，可判断相应部件工作是否正常；用手触摸感觉各总成部件的温度有无异常升高，导线插头、插接口处有无发热现象，可判断相应部件是否存在故障。

"嗅"：嗅汽车工作时有无异味，有些故障出现后，会产生比较特殊的气味。据此可较准确地判断故障部位所在。例如：发动机烧机油时，会产生烧油味；混合气过浓时，排气中有生油味等。

"试"：试车检查。通过对汽车及总成进行不同工况的模拟试验，再现并确认故障症状，以进一步判断故障部位及原因。

2）仪器诊断法

仪器诊断法是指诊断人员凭借汽车故障诊断仪、发动机综合分析仪、缸压表、无负荷测功仪、四轮定位仪、废气分析仪、万用表、示波器等对汽车故障进行检测、分析，确定汽车故障原因和部位的诊断方法。

3）对比试验法

对比试验法是指诊断人员有意改变故障汽车的工作条件，进行对比试验诊断故障的方法。

（1）隔除对比试验。通过隔除某些系统或部件，使其停止工作，如故障现象消失，则故障在被隔除部件或系统。诊断发动机异响或怠速不稳故障时，常用单缸断火试验查找故障缸。

（2）替换对比试验。对怀疑有故障的零部件用工作正常的相同件替换，如果换件后故障现象消失，则说明原件有问题。此法经常用于诊断火花塞、传感器、电子控制单元等工作是否正常。

4）模拟诊断法

模拟诊断法是指诊断人员在充分分析和了解故障的基础上，采用与车辆出现故障时相同或相似的条件和环境进行试验模拟再现故障，进行故障部位和原因诊断的方法。模拟诊断法常用于间歇性故障。

5）故障树分析法

故障树分析法是指诊断人员将汽车故障形成的原因由总体至部分按树枝状逐渐细化的逻辑分析方法。故障树分析法特别适用于复杂的汽车机电系统故障诊断，尤其是对汽车自诊断系统不能准确把握的故障诊断效果较好。

1.2.2　汽车技术状况

1. 汽车技术状况及其变化

汽车技术状况是指定量测得的表征某一时刻汽车外观和性能参数值的总和。汽车是一个多元件构成的复杂系统，系统内各元件、部件相互关联，系统内元件性能的变化或产生故障，必然会引起整个系统技术状况的变化。

汽车在使用过程中，随着行驶里程的增加，技术状况将逐渐变坏，致使汽车使用性能（动力性、经济性、制动性、操纵稳定性、行驶平顺性、通过性、环保性、可靠性、舒适性）下降和外观形象变差。然而，汽车技术状况变化的速度根据汽车的结构强度、使用条件（道路、载荷、气候、车速），驾驶技术和汽车维护情况的不同而有所差别。检测人员可通过检测表征汽车外观和性能的诊断参数值来反映或确定某一时刻汽车的技术状况，例如：通过检测汽车加速时间、驱动轮输出功率、燃油消耗量等参数的变化情况来评价汽车的技术状况。

要重视汽车技术状况变化的研究，掌握变化症状、探究变化原因，以便适时地实施维修，保持汽车技术状况完好。

2. 汽车技术状况变化原因

汽车技术状况变化由汽车系统零件的原有尺寸、几何形状及表面质量发生改变，破坏了零件原来的配合特性和正确位置关系引起。零件发生这种改变是诸多原因综合作用的结果，其主要原因如下。

1）零件磨损损坏

配合的零件表面间相互摩擦产生磨损，汽车长时间使用会导致零件表面磨损损坏。绝大多数汽车零件不能继续使用并不是由于汽车零件的整体被破坏，而是由于零件工作表面的磨损逾限而促使零件加速失效，如气缸磨损、轴颈磨损、轴承磨损等。

2）零件疲劳损坏

零件疲劳损坏是指零件在交变应力作用下，零件承受的循环应力超过了材料的疲劳极限而造成的损坏。汽车零件在长期承受较大交变载荷作用时，易产生疲劳损坏。在交变载荷作用下，零件表面易产生疲劳裂纹，当裂纹不断积累、加深、扩展至一定程度，则零件在循环应力作用下产生疲劳损坏。

3）零件腐蚀损坏

零件腐蚀损坏指零件表面与腐蚀性物质接触受到腐蚀而产生的损坏。汽车易于产生腐蚀损坏的主要部件有燃料供给系统和冷却系统管道、车身、车架等。汽车使用环境中的潮湿空气、尘埃，对车身及裸露的金属零件具有一定的腐蚀作用。

4）零件变形损坏

零件变形损坏是指零件在载荷作用下，因零件的内应力超过零件材料的弹性极限而产生的变形失效。零件在制造和加工过程中产生的残余内应力和零件受热不匀而产生的热应力足够大时，也会导致零件变形或加剧变形过程，使零件产生变形损坏。

5）零件老化损坏

零件老化损坏是指零件材料在物理、化学和温度变化的影响下，逐渐变质或性能下降的故障形式。汽车上的橡胶零部件（如轮胎、油封、膜片等）和电子元器件（如晶体管、电容器等）长期受环境和温度变化的影响，会逐渐老化而失去原有性能。

6）偶然事故损坏

偶然事故损坏是指汽车在发生意外交通事故后造成的整车及零部件性能下降的损坏。

3. 汽车技术状况变化规律

汽车技术状况变化规律是指汽车技术状况与汽车行驶里程或行驶时间的变化关系。按变化过程的不同，汽车技术状况的变化规律有渐发性和偶发性两种。

1）汽车技术状况渐发性变化规律

渐发性变化规律是指汽车技术状况的变化随汽车行驶里程或使用时间的变化，可用函数式表示的变化规律。如果汽车使用合理，则汽车大部分总成、机构的技术状况会随行驶里程或工作时间而逐渐平缓地发生变化。其变化规律可用 n 次多项式或幂函数加以描述。

（1）n 次多项式：

$$y = a_0 + a_1 L + a_2 L^2 + \cdots + a_n L^n \tag{1-1}$$

式中：y——汽车技术状况参数值；

L——汽车工作状况参数，即汽车行程或汽车工作时间；

a_0——汽车技术状况初始参数值；

a_1，a_2，$\cdots$，a_n——用来表征 y 与 L 关系的待定系数。

在实际应用时，一般取式（1-1）的第一至第四项，其计算精度已足够；而对制动蹄与制动鼓间的间隙、离合器踏板自由行程等参数变化规律的描述，只需用前两项，即用线性函数描述其精度已足够。

（2）幂函数：

$$y = a_0 + a L^b \tag{1-2}$$

式中：a、a_0、b——确定汽车技术状况变化程度的系数。

对于主要因零件磨损所引起的汽车技术状况参数变化的规律，可用幂函数加以描述。

若已知 $y = \varphi(L)$ 的函数关系和汽车技术状况的极限参数值，则可确定汽车的使用寿命；若已知 $y = \varphi(L)$ 关系和汽车的使用寿命，则可确定汽车技术状况的极限参数值。

属于渐发性变化规律的技术状况参数有许多，如汽车零件因磨损而导致的配合间隙变化量；冷却系统和润滑系统中沉淀物的积累值；润滑油消耗率及润滑油中机械杂质含量等。当汽车技术状况出现渐发性变化规律时，可根据其单调性，通过对上述参数变化量的测量，来确定汽车的技术状况，并预测汽车故障的发生。

2）汽车技术状况偶发性变化规律

偶发性变化规律也称为随机性变化规律，它表示汽车、总成出现故障或达到极限状态的时间随机发生。对变化过程独立地进行观察所得的结果呈现不确定性，但在大量重复观察中又具有一定的统计规律。

在随机性变化过程中，汽车技术状况恶化所对应的行驶里程是随机变量，行驶里程的长短与汽车技术状况恶化前的状况无直接关系，但它仍然不同程度地受汽车使用中的偶然因素、驾驶人操作水平、零部件材料的不均匀性和隐蔽缺陷等因素的影响。

汽车技术状况参数的随机性变化是各影响因素具有随机性的反映，当给定汽车技术状况参数的极限值时，该随机性变化表现为汽车技术状况参数达到极限值所对应的行程多种多样，如图 1-2（a）中的 L_{P1}、L_{P2}、$\cdots$、L_{Pn}；而在同一行驶里程 L_0 时，汽车技术状况也存在明显差异，对应着不同的技术状况参数值，如图 1-2（b）中的 y_1、y_2、$\cdots$、y_n。

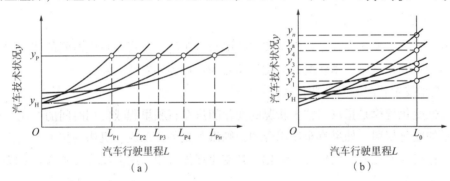

y_P—技术状况参数的极限值；y_a—技术状况参数的许用值；y_H—技术状况参数的名义值。

图 1-2 汽车技术状况的随机变化

（a）给定技术状况参数的极限值；（b）同一行驶里程

对于汽车技术状况的随机性变化，不可避免地会引起汽车定期检测、维护作业的超前或滞后，导致错失汽车维修时机。显然，只有掌握汽车的偶发性变化规律，才能正确地确定汽车的技术状况，从而更精确地把握汽车检测和维修作业的良机。

实际上，汽车的技术状况是汽车渐发性和偶发性变化过程的总反映。因此，只有彻底掌握汽车技术状况的渐发性和偶发性变化规律，才能合理地制订汽车诊断标准和诊断周期，才能有针对性地对汽车实行定期维修，并预测汽车的运行潜力和故障。

知识小结

汽车属于机电液结合产品，汽车故障类型可从多角度进行分类。但不论如何分类，都将涉及机电液失效。故障产生的原因主要涉及生产工艺、使用以及维修。机车技术状况的变化主要为零件的损坏，而变化规律可通过公式分析其规律。

习题

1. 填空题

（1）汽车故障按故障造成后果的严重程度可分为＿＿＿＿＿＿、＿＿＿＿＿＿、＿＿＿＿＿＿、＿＿＿＿＿＿。

（2）汽车故障按故障的存在时间分为＿＿＿＿和＿＿＿＿。

（3）引发汽车零件失效的因素主要是＿＿＿＿、＿＿＿＿以及＿＿＿＿三个方面。

（4）汽车故障诊断应从故障症状出发，通过＿＿＿＿＿、＿＿＿＿＿、＿＿＿＿＿，最后达到发现故障最终原因。

（5）汽车故障的直观诊断包括：＿＿＿＿＿、＿＿＿＿＿、＿＿＿＿＿、＿＿＿＿＿。

（6）汽车故障诊断方法有＿＿＿＿、＿＿＿＿、＿＿＿＿、＿＿＿＿、＿＿＿＿。

2. 单项选择题

（1）下列哪个故障属于间歇性故障＿＿＿＿。

A. 大灯偶尔不亮，多次操纵大灯开关后正常

B. 马达不工作

C. 曲轴抱死

D. 轮胎发生异常磨损

（2）下列哪个故障属于严重故障＿＿＿＿。

A. 玻璃升降器不工作　　　　　　　B. 缸体变形

C. 减震器异响　　　　　　　　　　D. 方向跑偏

3. 多项选择题

（1）以下哪些故障使用模拟诊断法比较好＿＿＿＿。

A. 在颠簸路面，车辆左前下部异响　　B. 车辆在起动的时候发动机异响

C. 车辆在高速的时候抖动　　　　　　D. 冷却液不足

（2）以下哪些故障使用故障树分析法比较好＿＿＿＿。

A. 发动机冒黑烟

B. 左后车窗不能工作

C. 遥控钥匙在使用机械锁打开车门后可以遥控上锁、解锁，长时间不用则无法工作

D. 排气管异响

4. 判断题

（1）（　　）早期故障指汽车运行过程中出现的故障。

（2）（　　）一台故障车，经检测后，首先发现保险烧毁，更换保险后即可交车。

5. 简答题

（1）汽车故障的分类方法有哪些？

（2）汽车故障产生的原因有哪些？

（3）简述如何对车主进行问诊，问诊的注意事项有哪些？

1.3 汽车检测与诊断技术基础理论

选择合适的汽车诊断参数，制订合理的汽车诊断标准，确定最佳的汽车诊断周期是现代汽车检测诊断技术的重要组成部分，是做好汽车检测与故障诊断的前提。

1.3.1 汽车诊断参数

1. 诊断参数

汽车诊断参数是供诊断用，表征汽车、总成及机构技术状况的参数。在不解体条件下直接测量汽车结构参数往往受到限制，因此，在进行汽车诊断时，需要找出一组与汽车结构参数有联系并能足够表达汽车技术状况的直接或间接的汽车诊断参数，并通过对这些诊断参数的测量来确定汽车技术状况的好坏。

通常，诊断参数并不孤立，它与诊断对象的工作状况和外界条件有密切联系。由于诊断对象的工作状况和外界条件往往受测试规范的制约，因此采用某诊断参数时，一定要关注测试规范。没有测试规范，诊断参数值就没有意义。诊断参数值都对一定测试规范而言，如测量功率是针对一定转速、一定节气门开度和规定的测出条件而言；测量制动距离是针对一定制动初速度、一定载荷和规定的道路条件而言。为提高诊断的正确性，必须严格掌握与规定要求一致的测试规范，应当把测试规范与诊断参数看成一体。

2. 诊断参数分类

汽车诊断参数按形成的方法可分为三大类：工作过程参数、伴随过程参数和几何尺寸参数。

1）工作过程参数

工作过程参数是指汽车工作时输出的一些可供测量的物理量和化学量，或指体现汽车及总成功能的参数，例如：发动机功率、油耗、汽车制动距离等。它可反映汽车或总成技术状况的主要信息，能显示诊断对象的功能质量，是对汽车技术状况进行综合评价的主要依据，常用于汽车或总成的初步诊断。

2）伴随过程参数

伴随过程参数是指系统工作时伴随工作过程输出的一些可测量，例如：发热、声响、振动等。它具有很强的通用性，能反映有关诊断对象技术状况的局部信息，常用于复杂系统的深入诊断。

3）几何尺寸参数

几何尺寸参数是指由各机构零件尺寸间的关系决定的参数，例如：间隙、自由行程、车轮定位参数等。它是诊断对象的实在信息，能反映诊断对象的具体结构要素是否满足要求。几何尺寸参数与其他参数配合使用，无论是在初步诊断，还是深入诊断，均可对汽车技术状况的评价或故障诊断起到重要的作用。

虽然每一类诊断参数都有不同的含义，但都用来描述汽车或总成技术状况的状态参数。这些状态参数与汽车或总成的结构参数变化有一定的函数关系，因此可通过检测状态参数的变化来准确描述结构参数的变化，从而达到不解体诊断汽车的目的。在确定汽车技术状况或判断某些复杂故障时，需采用不同类型的诊断参数进行综合诊断。

注意：汽车不工作时，工作过程参数、伴随过程参数均无法测量。

3. 诊断参数选择

能够表征汽车技术状况的参数很多，而且同一技术性能可采用不同参数反映。究竟选择哪些参数作为诊断参数，如何选择合适的诊断参数，应研究诊断参数随汽车技术状况变化的规律，从技术上和经济上综合分析确定。具体选择时，其诊断参数应满足下列原则或特性。

1）灵敏性

灵敏性通常用诊断参数的灵敏度来表示。灵敏度是指汽车诊断参数相对于汽车技术状况的变化率，可用式（1-3）表示：

$$K_t = \frac{\mathrm{d}T}{\mathrm{d}y} \tag{1-3}$$

式中：K_t ——诊断参数灵敏度；

$\mathrm{d}y$ ——汽车技术状况参数微小变化量；

$\mathrm{d}T$ ——汽车诊断参数 T 相对于 $\mathrm{d}y$ 的增量。

K_t 越高，表明汽车技术状况发生微小变化时，其诊断参数的变化范围越大，诊断参数的灵敏性越好。诊断汽车时，应优先选择 K_t 值高的诊断参数，以提高汽车诊断的可靠性。

2）单值性

单值性是指汽车技术状况参数从初始值变化到终了值的过程中，诊断参数 T 与技术状况参数 y 应具有单值对应关系。因此，诊断参数的变化不应出现极值，否则同一诊断参数将对应两个不同的技术状况参数，使得汽车的技术状况无法判断。

3）稳定性

稳定性是指在相同的测试条件下，诊断参数的多次测量值保持一致的程度，诊断参数的稳定性可用均方差来衡量：

$$\sigma_T(y) = \sqrt{\frac{\sum_{i=1}^{n} \left[T_i(y) - \overline{T}(y) \right]^2}{n-1}} \tag{1-4}$$

式中：$\sigma_T(y)$ ——汽车技术状况为 y 状态下诊断参数测量值的均方差；

$T_i(y)$ ——诊断参数的第 i 次测量值，$i = 1, 2, \cdots, n$；

$\overline{T}(y)$ ——诊断参数 n 次测量值的平均值；

n ——测量次数。

均方差越小，说明其重复一致的程度越高，稳定性越好，这样的检测诊断就越可靠。

4）信息性

信息性是指诊断参数包含的信息量，它表明通过测量所能获得的信息数量以及其诊断的可靠程度。诊断参数的信息性越强，则诊断的结论越可靠。

诊断参数的信息性取决于诊断参数处于完好和故障状态时的分布函数的分布情况。设 $f_1(T)$、$f_2(T)$ 分别是无故障诊断参数和有故障诊断参数的分布函数。若 $f_1(T)$ 与 $f_2(T)$ 分布曲线的重叠区域越少，则诊断结论出差错的可能性就越小，诊断参数的信息性就越强。如图 1-3 所示，诊断参数 T 的信息性强，诊断参数 T' 的信息性弱，而诊断参数 T'' 的信息性差。

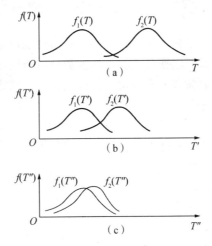

图 1-3 诊断参数信息性比较

（a）T 的信息性强；（b）T' 的信息性弱；（c）T'' 的信息性差

对于诊断参数的信息性强弱，可用式（1-5）进行定量描述：

$$I(T) = \frac{|\overline{T_1} - \overline{T_2}|}{\sigma_1 + \sigma_2} \tag{1-5}$$

式中：$I(T)$ ——诊断参数 T 的信息性；

$\overline{T_1}$ ——无故障时诊断参数 T 的平均值；

$\overline{T_2}$ ——有故障时诊断参数 T 的平均值；

σ_1 ——无故障时诊断参数 T 的均方差；

σ_2 ——有故障时诊断参数 T 的均方差。

$I(T)$ 越大，说明诊断参数的信息性越好，越能表明汽车技术状况的特征，其诊断结果越可靠。

5）经济性

经济性是指所确定的诊断参数在用于实际诊断时，投入费用的多少。

6）方便性

方便性是指所确定的诊断参数在用于实际诊断时，其操作使用的方便程度。

4. 汽车常用的诊断参数

根据诊断参数选择原则确定的汽车常用诊断参数如表 1-2 所示。

表 1-2 汽车常用诊断参数

诊断对象	诊断参数
汽车整车	最高车速（km/h） 最大爬坡度（%） 0～100 km/h 的加速时间（s） 驱动轮输出功率（kW） 驱动轮驱动力（N） 汽车燃油消耗量（L/100 km） 侧倾稳定角（°）

续表

诊断对象	诊断参数
发动机总体	额定转速（r/min） 额定功率（kW） 最大转矩（N·m） 最大转矩的转速（r/min） 怠速转速（r/min） 燃油消耗量（L/km） 单缸断火（断油）时转速下降率（%） 发动机 HC、CO、NO_x 排放浓度（体积分数） 发动机微粒（PM）排放率（g/m^3、g/km） 柴油机烟度值和光吸收系数 K（m^{-1}）
曲柄连杆机构	气缸压力（MPa） 气缸间隙（mm） 曲轴箱串气量（L/min） 气缸漏气量（kPa） 气缸漏气率（%） 进气管真空度（kPa） 进气管压力（kPa）
点火系统	蓄电池电压（V） 初处理电路电压（V） 次级电路电压（V） 各缸点火电压（V） 各缸短路点火电压（V） 各缸断路点火电压（V） 电子点火器闭合角（V） 各缸点火波形重叠角（°） 点火提前角（°） 火花塞间隙（°）
汽油机供给系统	空燃比 过量空气系数 电喷发动机喷油器喷油量（mL） 电喷发动机各缸喷油不均匀度（%） 电动汽油泵泵油压力（kPa） 喷射系统压力（kPa） 喷射系统保持压力（kPa） 喷射时间（ms）
配气机构	气门间隙（mm） 凸轮轴转角（°） 配气相位（°）
起动系统	起动电流（A） 起动电压（V） 起动转矩（N·m） 起动转速（r/min）

诊断对象	诊断参数
润滑系统	机油压力（kPa） 机油温度（℃） 理化性能指标变化量 清净性系数变化量 机油污染指数 介电常数变化量 金属微粒的含量、质量分数（%） 机油消耗量（kg）
冷却系统	冷却液温度（℃） 电动风扇开启停转时的温度（℃） 散热器冷却液入口与出口温差（℃） 风扇传动带张力（N/mm） 风扇离合器接合断开时的温度（℃） 节温器主阀门开启和全开时的温度（℃） 节温器主阀门全开时的升程（mm）
制动系统	制动距离（m） 地面制动力（N） 左右制动力差值（N） 制动阻滞力（N） 制动系协调时间（s） 驻车制动力（N） 充分发出的平均减速度（m/s^2） 产生最大制动力时的踏板力（N） 产生最大驻车制动力时的操纵力（N） 制动完全释放时间（s） 制动滑移率（%）
柴油机供给系统	输油泵输油压力（kPa） 喷油泵高压油管最高压力（kPa） 喷油泵高压油管残余压力（kPa） 喷油器针阀开启压力（kPa） 喷油器针阀关闭压力（kPa） 喷油器针阀升程（mm） 各缸供油不均匀度（%） 供油提前角（°） 各缸供油间隔（°） 每一工作循环供油量（mL）
传动系统	传动系游动角度（°） 传动系机械传动效率（%） 传动系功率损失（kW） 滑行距离（m） 滑行阻力（N） 传动系噪声（dB） 传动系总成工作温度（℃）

诊断对象	诊断参数
转向系统	转向盘自由转动量（°） 转向盘操纵力（N） 最小转弯直径（m） 转向轮最大转角（°）
行驶系统	车轮侧滑量（m/km） 车轮前束（mm） 前束角（°） 推力角（°） 车轮外倾角（°） 主销后倾角（°） 主销内倾角（°） 转向20°时的张角（°） 左右轴距差（mm） 车轮静不平衡量（g） 车轮动不平衡量（g） 车轮端面圆跳动量（mm） 车轮径向圆跳动量（mm） 悬架吸收率（%） 车轮接地力（N）
其他	前照灯发光强度（cd） 前照灯光轴偏移量（mm） 前照灯基准中心高度（mm） 车速表示值误差 喇叭声级（dB） 汽车定置噪声限值（dB） 加速行驶车外噪声限值（dB） 汽车电磁辐射平均值（μV/m） 汽车电磁辐射峰值（μV/m） 汽车电磁辐射准峰值（μV/m）

1.3.2　汽车诊断参数标准

为了定量评价汽车及总成的技术状况，确定维修的范围和深度，预报无故障工作里程，除诊断参数外，还必须制定合理的汽车诊断参数标准，以提供比较尺度。

1. 诊断参数标准

汽车诊断参数标准是指对汽车诊断参数限值的统一规定，它是从技术、经济的观点出发，表示汽车处于某种工作能力状态下所测的诊断参数界限值。汽车诊断参数标准一般应包括诊断参数初始标准、诊断参数许用标准和诊断参数极限标准。

1）初始标准

诊断参数的初始标准相当于无技术故障的新车诊断参数的大小，往往是最佳值，可作为新车和大修车的诊断标准。

2）许用标准

诊断参数的许用标准是指汽车无须维修可继续使用时，诊断参数的允许界限值，它是汽车维修工作中定期诊断的主要标准。当诊断结果超过许用标准时，即使汽车或总成还有工作能力，也需要进行维修，否则汽车的技术经济性能将会下降，故障率将会上升。

3) 极限标准

诊断参数的极限标准是指汽车即将失去工作能力或技术性能即将变坏时所对应的诊断参数值。当汽车技术状况低于极限标准后，汽车技术经济性能严重下降，甚至不能继续使用。在汽车使用过程中，经常对汽车进行检测，将检测结果与诊断参数极限标准进行比较，可以预测汽车的使用寿命。

注意：汽车诊断参数标准既可以是一个值，也可以是一个范围，视需要而定。

2. 诊断参数标准分类

按检测诊断标准的来源可分为国家标准、行业标准、地方标准和企业标准四类。

1) 国家标准

国家标准是指由国家标准化主管机构批准发布，对全国经济、技术发展具有重大意义，且在全国范围内统一执行的标准。国家标准又分为强制性标准（GB）和推荐性标准（GB/T）。强制性标准是法律及行政法规规定强制执行的标准，如 GB 7258—2017《机动车运行安全技术条件》就是强制性标准。推荐性标准是指在生产、检验、使用等方面，通过经济手段或市场调节而自愿采用的标准，但推荐性标准一经接受并采用，就会成为必须遵守的技术依据，具有法律上的约束性，如 GB/T 18344—2016《汽车维护、检测、诊断技术规范》就是推荐性标准。

汽车诊断参数的国家标准很多，主要与汽车行车安全、环境保护、能源消耗有关，如制动距离、噪声、排放污染物含量、汽车燃油消耗量等限值标准。使用这些参数标准进行检测诊断时，只能从严，不可放宽，以保证国家标准的严肃性和权威性。

2) 行业标准

行业标准指由国家行业主管部、委（局）批准发布，在行业范围内统一执行的标准。行业标准一般是因没有国家标准而又需要在全国某个行业范围内统一技术要求而制定，它在行业内具有强制性和权威性，如我国交通运输部颁布的 JT/T 198—2016《道路运输车辆技术等级划分和评定要求》，曾是交通系统和运输行业的汽车技术等级评定的诊断标准。

3) 地方标准

地方标准指由省、自治区、直辖市标准化行政主管部门制定并发布，在地方范围内贯彻执行的标准。地方标准是因没有国家标准和行业标准而又需要在地方统一其技术要求而制定的，需报国务院有关部门备案。地方标准根据本地具体情况制定，其标准内容可能比上级标准更多，其标准限值可能比上级标准更严，以满足本地区的特殊要求。例如，DB11/1475—2017《重型汽车排气污染物排放限值及测量方法》是北京市地方标准。

4) 企业标准

汽车企业标准是指由汽车制造厂商或汽车维修企业根据自己的实际情况制定，在企业范围内协调、统一的技术标准。各企业的性质不同，因而企业标准也有差异。

汽车制造厂商提供的标准是根据其设计要求、制造水平，为保证汽车的使用性能和技术状况而制定的。它通过技术文件对汽车某些参数规定其限值，将限值作为诊断参数标准，主要与汽车的使用性能参数、结构参数、调整数据有关，如发动机功率、汽车爬坡能力、气缸间隙、连杆轴承间隙、配气相位等标准。它们通常可通过一定的函数关系与诊断参数进行换算，可以直接用诊断参数限值代替诊断标准。这些标准与汽车的可靠性、寿命和经济性的优化指标有关。

汽车维修企业提供的诊断标准是根据其技术素质、维修要求等具体情况，为保证维修质量而制定的。其维修诊断标准一般与汽车使用经济性和可靠性密切相关，其诊断标准限值往往比上级标准更严、更高，以确保汽车维修质量和树立良好的企业形象。

3. 诊断参数标准制定

诊断参数标准是诊断和评价汽车技术状况的依据，若诊断参数标准制定不合理，就不能据此对汽车状况做出合乎实际的评价，其结果是过早维修造成不必要的浪费，或者是维修不及时使汽车带病运行，不能保证其技术经济指标和行驶安全性，因此应科学合理地制定诊断参数标准。

制定诊断参数标准是一项比较复杂的工作，既要考虑技术、经济、安全等方面的因素，又要考虑标准是否适应大多数汽车的诊断，同时还应注意与国际标准接轨。确定诊断标准的一般方法如下。

1）统计法

统计法指通过随机选择相当数量有工作能力的在用汽车，对所研究的诊断参数进行全面测试，找出正常状况下诊断参数测试值的分布规律，然后经综合考虑并以大多数在用汽车合格为前提制定诊断参数标准的一种方法。

统计研究时，设汽车诊断参数为 T，其测试值从 T_0 变到 T_x，把 $T_0 \sim T_x$ 分成若干区间，再计算对应各区间的汽车百分数，最后制成直方图，把各小区间中值所对应的百分数用曲线连接得到诊断参数 T 的分布规律，如图 1-4 所示。

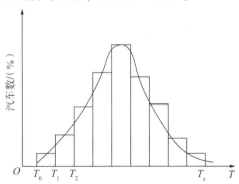

图 1-4　用统计法确定诊断参数分布规律

在得到诊断参数分布规律后，对诊断参数允许分布的范围加以限制，即可求得诊断参数标准，下面分三种情况讨论。

（1）平均诊断参数标准。诊断参数测试值在某一数值范围内为合格，这种情况以诊断参数分布密度的均值为中心，取合格汽车概率 95% 或 85% 范围时所对应的诊断参数值作为诊断参数标准，如图 1-5（a）所示。

（2）限制上限的诊断参数标准。诊断参数测试值必须小于限定标准值才为合格，这种情况以分布密度曲线右侧某个数值作为限值，一般是取合格汽车概率 95% 或 85% 的诊断参数值作为诊断参数标准，如图 1-5（b）所示。

（3）限制下限的诊断参数标准。诊断参数测试值必须大于限定标准值才为合格，这种情况以分布密度曲线左侧某个数值作为限值，一般是取合格汽车正常概率 95% 或 85% 的诊断参数值作为诊断参数标准，如图 1-5（c）所示。

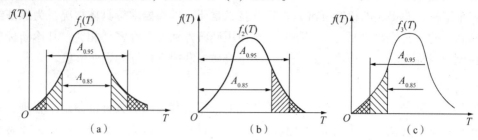

图 1-5　诊断参数标准的确定

（a）平均诊断参数标准；（b）限制上限的诊断参数标准；（c）限制下限的诊断参数标准

2）试验法

试验法是指在实际使用条件或在实验室工作条件下，通过试验和测量制定诊断参数标准的一种方法。采用实车试验时，为使诊断参数标准制定合理，必须有足够数量的汽车，在不同使用条件下进行长期实车试验，因此其试验周期长、费用高。采用实验室台架试验时，往往通过控制试验条件，采取强化运行、加速损坏的手段来加速试验进程获得诊断参数标准，试用费用也较高。

3）计算法

计算法是指建立在理论分析的基础上，通过一定的数学模型计算获得诊断参数标准的一种方法。例如，通过理论分析，得知发动机气缸压缩压力是压缩比的函数，当压缩比一定时，气缸压缩压力应有确定的数值。因此，通过计算分析可确定气缸压缩压力的诊断参数标准。但汽车实际工作条件极为复杂，影响因素很多，计算法所依赖的数学模型还不能完全反映汽车工作的实际状况，因此计算法得到的一些数据，通常应作充分的修正才能作为诊断参数标准。

4）类比法

类比法是指利用类似结构在类似使用条件下已建立的诊断标准，根据实际情况加以比较，从而确定诊断参数标准的一种方法。它借鉴了以往的使用经验，具有经济、简便、实用的特点。类比法在实际工作中得到了广泛的应用，如 GB 18285—2018《汽油车污染物排放限值及测量方法（双怠速法及简易工况法）》中的限值及试验方法通过类比国外的有关标准制定。

5）相对法

相对法是指通过对正常汽车总成或零部件进行测试后，采用一定的处理措施确定诊断参数标准的一种方法。通常的做法是测定一定数量正常的汽车总成或零部件的运行参数，确定一个基准值，然后用一个适当的系数乘上基准值即可得到诊断参数标准。在实际工作中，这种方法具有实用价值。由于我国目前技术水平和经济实力的限制，一个汽车产品投入使用后，不可能对一些渐变故障的破坏特征有十分清楚的了解。然而，为了能对一些重要部件进行监测与诊断，可用相对法确定诊断参数标准。

确定诊断标准的方法还有很多，但不管采用哪种方法，其制定的诊断参数标准都要在实际中试用、修改后才能最后确定，且随着汽车技术的发展、经济实力的增强和人们对汽车使用性能要求的提高，往往需要修正。

1.3.3　汽车诊断周期

诊断周期是指汽车诊断的间隔期，以汽车行驶里程或使用时间表示。科学地确定诊断周期，对于经济、可靠地保障汽车技术状况具有重要的作用。

1. 最佳诊断周期

诊断周期如果过短，汽车的技术状况没有变化或变化很小，执行诊断就会造成浪费；反之，诊断周期如果过长，则有可能在下一次诊断到来之前，汽车的故障隐患引爆导致汽车不能在安全、经济状况下运行，且错失汽车维修良机，使汽车因故障停驶的损耗费用增加。这样，就会有一个最佳诊断周期，若按最佳诊断周期诊断汽车，既能使车辆在无故障状态下运行，又能使车辆的检测诊断、维修费用降到最低。

最佳诊断周期是根据技术与经济相结合的原则进行定义的，它是指能保证车辆的完好率最高而消耗的费用最少的诊断周期。

2. 最佳诊断周期的确定

理论上，利用大量的检测、维护费用等统计资料，可以通过计算的方法求出最佳诊断周期，但实际上，只依赖理论计算远远不够，因为有很多因素影响最佳诊断周期。因此，在确定诊断周期时，往往是通过类比法、经验法或计算法初选一个诊断周期，然后通过重点考虑影响最佳诊断周期的主要因素，来修正其初选值，最后得到汽车的最佳诊断周期。确定最佳诊断周期时，应重点考虑如下因素。

1）不同构件的故障率

汽车是一个不等强度的复杂系统，各机构的故障率及故障间的平均行程一般并不相同。即使是同一总成、机构内的不同零件，其故障率和故障间平均行程也不会相同。从可靠性着想，通常取总成内故障概率最大的零部件的故障间平均行程作为制定诊断周期的依据，而不能仅以计算结果确定最佳诊断周期。另外，汽车由许多总成、机构组成，不可能对每一个总成或机构都规定一个诊断周期，一般把需要诊断的总成或机构，按诊断周期相近的原则组合在一级诊断中，对汽车执行与现行维护制度类似的分级诊断。

2）不同系统的重要性

有关汽车行车安全的系统如转向、制动系统等，在确定诊断周期时，其可靠性摆在首位，而经济性则占据次要地位。因此，对于与汽车行车安全有关的系统或机构，不能仅以计算结果为依据建立最佳诊断周期，而应从安全角度出发，以保证足够高的可靠度为条件来确定诊断周期。

3）不同的技术状况

汽车的新旧程度、行驶里程及技术状况等级不同，其最佳诊断周期显然也不会一样。凡是新车或大修车、行驶里程较少的车、技术状况等级为一级的车，其最佳诊断周期长，反之则短。对于大规模的汽车运输企业，由于车辆数量较大，汽车的使用年限不一，技术状况等级不同，汽车的无故障行驶里程在很宽的范围内变化。故在确定最佳诊断周期时，应按车种、使用年限、技术状况等级分成若干类别，使每一类车的无故障行驶里程相差不大，并据此分别建立每一类车的诊断周期。

4）不同的使用条件

汽车的使用条件如气候条件、道路条件、装载条件、燃润料质量、驾驶技术等条件不同，其最佳诊断周期显然也不同。凡是处于气候恶劣、道路状况极差、经常超载、拖挂行驶、燃润料质量得不到保障、驾驶技术不佳等使用条件的汽车，其最佳诊断周期短，反之则长。

3. 推荐的汽车诊断周期

根据交通运输部《道路运输车辆技术管理规定》，车辆维修必须贯彻"预防为主、强制维护、定期检测、视情修理"的原则。该规定要求车辆二级维护前都应进行检测诊断和技术评定，以确定附加作业或修理项目；又规定车辆修理应根据车辆检测诊断和技术鉴定的结果，视情按不同作业范围和深度进行。既然规定在二级维护前进行检测诊断，则二级维护周期（间隔里程）就可作为推荐的汽车诊断周期，若选择的汽车诊断周期比它长，则就是违规；若比它短，则汽车技术状况还好，是一种浪费。因此，汽车二级维护周期实际上是我国目前汽车的最佳诊断周期。

我国地域辽阔，汽车使用条件复杂，车辆结构性能、制造水平各异。因此，我国对各种车型的二级维护周期没有统一的规定。目前，汽车二级维护周期基本上是依据生产厂家汽车使用说明书的规定、车况、具体使用条件来确定的。通常中型货车的二级维护周期约为 10 000 ~ 15 000 km；轿车二级维护周期约为 40 000 km。

知识小结

汽车汽车诊断参数有很多，参数的选择一方面要具有与导致故障的可能原因有相关性，另一方面也要考虑参数获得的困难程度。诊断参数的标准有多个维度，根据需要进行选取。汽车的诊断周期要根据车辆的使用年限、使用环境、使用人等多方面综合确定。

习题

1. 填空题

（1）汽车诊断参数按形成的方法可分为三大类：_____、_____和_____。

（2）汽车诊断参数满足的特性有：_____、_____、_____、_____、_____、_____。

（3）汽车诊断参数标准主要有：_____、_____、_____。

（4）按检测诊断标准的来源可分为_____、_____、_____和_____四类。

（5）诊断参数标准制定的方法有：_____、_____、_____、_____、_____。

2. 单项选择题

一台车，经常性地高速行驶，则该车的诊断周期_____。

A. 需要缩短　　　B. 需要延长　　　C. 不需要变化　　　D. 一年诊断一次

3. 判断题

（1）（　　）一台汽油车，在暖机结束后，发动机怠速转速通常是 750 ~ 850 r/min。

（2)（ 　　 ）过量空气系数指 1 kg 汽油完全燃烧所需空气的质量。

（3)（ 　　 ）通常企业标准低于国家标准。

4. 简答题

车主说："我的车跑到 40 km/h 的时候发生抖动。"维修人员在模拟诊断时，将车辆加速到 40 km/h，没有发现故障。原因是什么？从中能得到什么启发？

1.4 　汽车检测站

汽车检测站是指综合运用现代检测技术，对运输车辆技术状况进行监督检测和技术服务的机构。它采用现代检测设备，按照规定的程序、方法，通过一系列技术操作行为，不解体检测汽车各种参数，诊断汽车可能出现的故障，为全面、准确评价汽车的使用性能和技术状况提供可靠的依据。

1.4.1 　汽车检测站的任务

根据国家对检测站的通用要求和交通运输行业对检测站的管理规定，汽车检测站的主要任务或服务功能如下。

（1）依法对在用运输车辆的技术状况进行检测诊断。

（2）依法对汽车维修行业的维修车辆进行质量检测。

（3）接受委托，对车辆改装、改造、延长报废期及其有关新工艺、新技术、新产品、科研成果鉴定等项目进行检测，提供检测结果。

（4）接受公安、环保、商检、计量和保险以及司法机关等部门的委托，为其进行有关项目的检测，提供检测结果。

目前，国家公安部要求对于公路上行驶的汽车必须定期到检测站进行安全环保性能检测；交通运输部要求对于运营中的车辆必须定期到检测站进行综合性能检测。

1.4.2 　汽车检测站的类型

1. 按汽车检测站的服务功能分类

根据汽车检测站的服务功能，可分为安全检测站、综合检测站和维修检测站三种类型，其作用也有所不同。

1）安全检测站

汽车安全检测站是国家的执法机构。它根据国家的有关法规，定期检查车辆中与安全和环境有关的项目。它一般是针对汽车行驶安全和对环境的污染程度进行总体检测，并与国家有关标准比较，给出"合格"或"不合格"的结果，而不进行具体的故障诊断和分析。汽车安全检测站一般设有一条或多条安全检测线。

2）综合检测站

汽车综合检测站既能担负车辆安全、环保方面的检测任务，又能担负汽车维修中的技术检测，还能承担科研、制造和教学等部门的有关汽车性能试验和参数测定。这种检测站设备多而齐全，自动化程度高，既可进行快速检测以适应年检要求，又可以进行高精度的测试，以满足技术评定的需要。

3）维修检测站

汽车维修检测站通常由汽车运输企业或维修企业建立，其作用是为车辆维修部门服务。它以汽车性能检测和故障诊断为主要内容。在汽车维修前，检测站通过对汽车技术状况的检测和故障诊断，可以确定汽车维护的附加作业、小修项目以及车辆是否需要大修；在汽车维修后，检测站通过对汽车的技术性能检测，可以监控汽车的维修质量。

2. 按汽车检测站的工作职能分类

根据汽车检测站的职能，可分为 A 级检测站、B 级检测站和 C 级检测站。不同类型的检测站其工作职责也不一样。

1）A 级检测站

A 级检测站能全面承担汽车检测站的任务。它能检测车辆的制动、侧滑、灯光、转向、车轮定位、车速、车轮动平衡、底盘输出功率、燃料消耗、发动机功率和点火系统状况，以及异响、磨损、变形、裂纹、噪声、废气排放等状况。

A 级检测站出具的检测结果或证明，可以作为汽车维修单位维修质量的凭证。

2）B 级检测站

B 级检测站能承担在用车辆技术状况和车辆维修质量检测的任务。它能检测车辆的制动、侧滑、灯光、转向、车轮动平衡、燃料消耗、发动机功率和点火系统状况，以及异响、变形、噪声、废气排放等状况。

B 级检测站出具的检测结果或证明，也可以作为汽车维修单位维修质量的凭证。

3）C 级检测站

C 级检测站能承担在用车辆技术状况的检测。它能检测车辆的制动、侧滑、灯光、转向、车轮动平衡、燃料消耗、发动机功率及异响、噪声、废气排放等状况。

1.4.3　汽车综合检测站的检测内容

1. 检测种类

汽车综合检测站对机动车实施检测的种类主要划分为五类，即综合性能检测、安全环保性能检测、修理质量检测、二级维护竣工检测、委托检测。

2. 检测项目

若检测种类不同，则检测所依据的标准就不同，因此其检测的项目和参数也会发生相应变化。

（1）综合性能检测。检测项目主要是发动机性能、驱动轮输出功率、制动性能、驻车制动器性能、前照灯特性、车速表性能、车轮定位、车轮动平衡、转向性能、侧滑性能、尾气排放物含量、噪声、轴荷、客车防雨密封性、悬架特性、使用可靠性和外部检视。

（2）安全环保性能检测。检测项目主要是制动性能、前照灯特性、车速表性能、侧滑性能、尾气排放物含量、噪声、轴荷、使用可靠性和外部检视。

（3）修理质量检测。检测项目主要是发动机性能、制动性能、前照灯特性、车速表性能、车轮定位、转向性能、侧滑性能、尾气排放物含量、轴荷、客车防雨密封性、使用可靠性和外部检视。

（4）二级维护竣工检测。检测项目主要是发动机性能、制动性能、车轮定位、转向性能、车轮动平衡、侧滑性能、尾气排放物含量、轴荷和外部检视。

（5）委托检测。检测项目由用户指定，可以是检测线上的任何检测项目，也可以是路试检测项目。

3. 检测参数

各类检测项目的主要检测参数如下。

（1）发动机性能：发动机无负荷功率、怠速转速、气缸压力、起动电压、起动电流、蓄电池电压及内阻、汽油机燃油喷射压力、柴油机供油压力等。有时还应检测如下参数：点火提前角、配气相位、点火波形、点火高压、单缸转速降、喷油压力、针阀开启压力、燃油雾化质量、供油泵供油量、供油均匀性及曲轴箱污染物。

（2）驱动轮输出功率：校正驱动轮输出功率、驱动力、滑行距离和整车加速时间。

（3）制动性能：行车制动力、同轴制动力平衡、车轮拖滞力、制动协调时间和驻车制动力。

（4）前照灯特性：基准中心高度、远光灯发光强度、远/近光灯光轴偏移量及前照灯配光特性。

（5）车速表性能：车速表示值误差。

（6）车轮定位：前后车轮前束、前后车轮外倾、主销后倾、主销内倾、推力角和轴距差等。

（7）转向性能：转向盘自由转动量、转向盘操纵力和转向轮转向角。

（8）侧滑性能：车轮横向侧滑量。

（9）尾气排放物含量：对于汽油发动机主要有碳氢化合物、一氧化碳、二氧化碳、氮氧化物、氧气；对于柴油发动机主要有一氧化碳、二氧化碳、氧气和微粒。

（10）噪声：喇叭声级、客车车内噪声、车辆定置噪声、驾驶人耳旁噪声。

（11）轴荷：各轴质量、整车质量。

（12）悬架特性：悬架吸收率、悬架效率、车轮接地力。

（13）车轮平衡：动不平衡量、静不平衡量。

（14）客车防雨密封性：客车门窗泄漏量。

（15）使用可靠性。

①发动机异响：敲缸、活塞销、连杆轴瓦、曲轴轴瓦、气门敲击等。

②底盘异响：离合器、变速器、传动轴、主减速器等。

③总成螺栓、铆钉紧固：发动机（附离合器）紧固、底盘传动系紧固、转向装置紧固、悬架装置紧固、制动器（系）紧固、轮胎螺栓（母）紧固、半轴螺栓（母）紧固、备胎紧固、车轴 U 形螺栓（母）紧固、油箱螺栓（母）紧固等。

④主要部件间隙：车轮轮毂、传动轴万向节、传动轴轴承、传动轴滑动槽、转向横直拉杆球头、转向节主销、钢板弹簧衬套（销）、减震器杆件衬套（销）、传动轴跳动量等。

⑤重要部位缺陷：承载轴（桥）裂纹、转向系杆件（臂）裂纹、悬架弹性组件裂纹

及位移、车架裂纹、制动管路磨损、老化、龟裂等。

（16）外部检视。

①车辆唯一性确认：车牌号码/颜色/车主（单位）、整备质量或座位数、车型类别/整车外廓尺寸、厂牌型号和出厂编号（或 VIN 代码）、车架号码/悬架形式、发动机形式/号码、驱动形式、燃油类别、车身颜色、制动形式、车辆轴数、前照灯制式等。

②整车装备完整有效性检验：车容/漆面、后/侧/下视镜、车门/行李厢门/车窗及门窗玻璃、车门手把/车门锁/行李厢锁、安全带/灭火器、刮水器/洗涤器、灯光/仪表/信号装置及控制、车内地板、车身外缘对称部位左右差、车身对称部位高度差、左右轴距差、挡泥板、轮胎气压、轮胎规格及胎冠花纹深度、牵引车与挂车连接机构、可见螺栓/管/线紧固、漏油/漏水/漏气/漏电、离合器操纵装置自由行程、行车制动系统操纵装置自由行程、驻车制动系统操纵装置自由行程等。

知识小结

　　汽车检测站的任务是对车辆进行系统检测，防止车辆带病上路。类型根据功能分主要有安全检测站、综合检测站、维修检测站。根据工作职能分为三个级别。不同检测站以及不同的级别，检测内容有所差别，主要检测项目有综合性能检测、安全环保性能检测、修理质量检测等。

1. 填空题

（1）检测站按服务功能分为_____、_____、_____。

（2）汽车综合检测站对机动车实施检测的种类主要分为_____、_____、_____、_____、_____。

2. 简答题

简述检测站的检测项目有哪些。

1.5　常见汽车检测与诊断设备

1.5.1　常见维修通用工具与设备

1. 扳手

扳手是汽车维修作业中最为常用的拆装工具之一，其主要来拆装螺母、螺栓或带有螺纹的零件。在拆卸螺栓时，应当按照"先套筒、后梅花、再开口、活动扳手放最后"的原则进行选取，需注意：禁止任意接长扳手的手柄长度（如套管子等），以免折断扳手或损坏工件；禁止将扳手当撬棒使用。此外，扳手用完后，应当妥善保管，防止生锈和被酸碱腐蚀及丢失。

2. 套筒扳手及配套

套筒扳手及配套由棘轮扳手、多个带六角孔或十二角孔套筒及接杆、万向套筒等多种附件组成，特别适用于拧转空间十分狭小或凹陷很深处的螺栓或螺母。在汽车维修作业过程中，还使用许多专用套筒配合棘轮扳手，如火花塞套筒、轮毂套筒和轮胎螺母套筒等。

特别注意：万向套筒不允许配合气动扳手、电动扳手使用，防止造成设备损坏。

3. 气动扳手

气动扳手主要用于快速拆装螺栓或螺母，不能用于扭力上紧，如图1-6所示。

4. 电动扳手

电动扳手有的采用220 V单相串励式电动机驱动，也有的采用锂电池驱动，如图1-7所示。与气动扳手功能相似，电动扳手也是用于快速拆装螺栓或螺母的动力型扭力工具。

图1-6　气动扳手　　　　　图1-7　电动扳手

5. 钳子

在汽车诊断维修过程中，钳子的使用必不可少。钳子主要有鲤鱼钳、钢丝钳、尖嘴钳、大力钳、斜口钳、卡簧钳、剥线钳、水泵钳、台虎钳等多种形式。在使用时要注意：①用于钳住或固定橡胶、塑料类的管线，要在钳口垫布子或其他较软的隔层，防止损坏橡胶、塑料；②使用台虎钳固定时，需在钳口垫铝板，防止损坏固定物。

6. 螺丝刀

螺丝刀又称为改锥、起子等，是一种用来旋松或紧固带有槽口的螺钉的工具，刀杆通常用工具钢制造，头部锻后再经过淬火处理。螺丝刀按不同的头形可以分为一字、十字、米字、星形、方头、六角头及Y形头部等。

7. 金属直尺

金属直尺是汽车维修作业中使用非常广泛的基本测量工具，用于精度要求不高的测量。

8. 直角尺

直角尺主要用来检查工件的内外角或直角度研磨加工核算，尺子带有一个长边和一个短边，两个边形成90°的直角，如图1-8所示。在汽车维修作业中，直角尺可以测量气门弹簧的倾斜度是否超出规定要求，如图1-9所示。

图1-8　直角尺

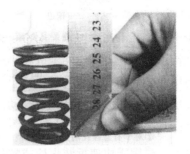

图1-9　测量气门弹簧的倾斜度

9. 塞尺

塞尺又称为厚薄规或间隙片，由一组淬硬的薄钢片组成，这些薄钢片被研磨或滚压成为精确的厚度，一般都是成套供应的，如图1-10所示。汽车维修作业中常用的塞尺长度有50 mm、100 mm、200 mm三种，主要用于间隙的测量。

图1-10　塞尺

10. 卡钳

卡钳按照其功能的不同，可以分为外卡钳和内卡钳两种，内卡钳用来测量内径，外卡钳用来测量外径。卡钳根据结构的不同也可以分为普通式卡钳和弹簧式卡钳，其中弹簧式卡钳包括弹簧式外卡钳和弹簧式内卡钳两种，如图1-11所示。

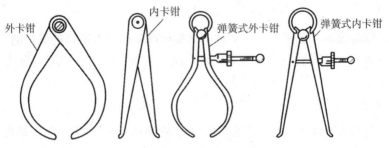

图1-11　卡钳

11. 游标卡尺

使用游标卡尺时，将准备测量的物件放在两个量爪之间，轻轻移动滑动量爪，直到两个量爪都接触到被测物件为止，拧紧紧固螺钉，这时可以从刻度尺上直接读出测量值。图1-12是使用游标卡尺测量气门弹簧长度的例子。游标卡尺在使用时要提前关注测量精度是否与要求精度匹配。通常游标卡尺的精度是0.02 mm，没有估读值。

12. 外径千分尺

外径千分尺也称螺旋测微器，用于外径、宽度的测量。测量精度为 0.01 mm，在度数时，要精确到 0.001 mm，最后一位是估读值。

13. 百分表

百分表主要用于测量零件的形状误差（如曲轴弯曲变形量、轴颈或孔的圆度误差等）或配合间隙（如曲轴轴向间隙），如图 1-13 所示。百分表的测量精度与千分尺相同。百分表在使用前要关注测量杆是否滑动正常、表盘是否转动正常、表针不能卡滞。

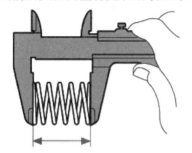

图 1-12　使用游标卡尺测量气门弹簧长度

图 1-13　百分表

1.5.2　车间装备与车辆举升设备

1. 轮胎拆装机

轮胎拆装机如图 1-14 所示。

图 1-14　轮胎拆装机

轮胎拆装机也称为扒胎机或拆胎机，是一种能够将汽车轮胎从轮辋上拆下、安装及充气的设备，其主要用于汽车轮胎的修补、更换、安装等，是汽车维修厂必备的维修设备之一。维修技术人员使用轮胎拆装机，可以很方便地执行轮胎拆卸和安装及轮胎充气工作，能够降低维修工的体力劳动，提高工作效率。轮胎拆装机分为立式和卧式两种。

2. 车轮动平衡机

目前，在离车车轮动平衡机检验设备方面，应用最多的是车轮动平衡机，如图1-15所示。

图1-15　车轮动平衡机

3. 空气压缩机及配套

空气压缩机及配套设备主要有：空气压缩机、高压储气罐、干燥器、过滤器、油水分离器、气管等。

4. 液压压床

液压压床也称为液压机，是一种以液体为工作介质、根据帕斯卡原理制成、用于传递能量以实现各种工艺的机器，如图1-16所示。液压压床在汽车维修作业中主要用于轴承的更换、探臂橡胶套的更换。液压压床主要由本机（支架）、动力系统（液压缸、液压管路、液压杆）和液压控制系统（手柄、泄压阀）三部分组成。

5. 举升机

举升机的作用是将汽车局部或整车举升到需要高度，便于维修技术人员对汽车各部分进行检查、拆卸、维护和修理作业。汽车维修作业中常用的举升机通常包括龙门举升机、四柱举升机、剪式举升机等几种，如图1-17所示。

图1-16　液压压床

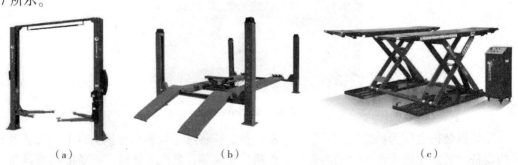

图1-17　举升机

（a）龙门举升机；（b）四柱举升机；（c）剪式举升机

龙门举升机在举升车辆时需要关注车辆的举升高度，防止车顶与上梁干涉。四柱举升机在用于四轮定位时需根据厂家要求标准进行调平。剪式举升机主要用在一些楼板上不适合安装龙门举升机以及普通四柱举升机的场合。剪式举升机比另外两种举升机最大的好处是不占用空间，方便使用。对于电动汽车，由于电池安装在车辆底部，在拆卸电池组时，建议优先选用龙门举升机配备电池升降平台，防止电池拆卸时与举升机发生干涉。

1.5.3 汽车电路故障检测工具与设备

1. 万用表

万用表是一种常用的多用途仪表，对于汽车电气系统维修来说既是基本的仪器之一，也是最重要和最常用的检测工具。万用表又称为多用电表或者万用电表，是汽车电气系统故障诊断中必不可少的检测工具。指针万用表主要由主机和检测线缆两大部分组成，如图1-18所示。主机的内部主要由指示部分、测量电路与转换装置三部分构成。数字万用表如图1-19所示，可以测交流电压、电流，直流电压、电流，电阻，电容，温度等。汽车万用表除了一般的功能之外，还具有一些专有的测试功能，如发动机转速测试功能、占空比测试功能等。

图1-18 指针万用表

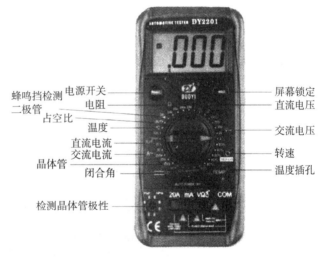

图1-19 数字万用表

2. 示波器

1）汽车电子信号类型

汽车电子信号基本可分为模拟信号和数字信号两种。

当今汽车系统中存在五种基本类型的电子信号，被称为"五要素"，分别是直流信号、交流信号、频率调制信号、脉宽调制信号以及串行数据（多路）信号。

"五要素"可以看成是控制系统中各个传感器，控制计算机和其他设备之间相互通信的基本语言，示波器用于对上述信号的读取。

2）汽车电子信号的关注点

汽车电子信号的"五要素"的关注点如下。

（1）幅值：电子信号在一定点上的即时电压。

（2）频率：电子信号在两个事件或循环之间的时间，一般指每秒的循环数（Hz）。

（3）形状：电子信号的外形特征，如曲线、轮廓和上升沿、下降沿等。

（4）脉冲宽度：电子信号所占的时间或占空比。

（5）阵列：电子信号的重复方式。

五个电子信号的判断依据如表1-3所示。

表1-3　五个电子信号的判断依据

信号类型	判断依据				
	幅值	频率	形状	脉冲宽度	阵列
直流	√				
交流	√	√	√		
频率调制	√	√			
脉宽调制	√		√	√	
串行数据	√	√	√	√	√

在汽车发动机控制模块（PCM）和其他电子智能设备中用来通信的串行数字信号是最复杂的信号，它是包含在汽车电子信号中的最复杂的"电子句子"，在实际中，要用专门的解码器去读取。

3. 故障诊断仪

汽车故障诊断仪（又称汽车解码器）是用于检测汽车故障的便携式智能汽车故障自检仪，用户可以利用它迅速地读取汽车电控系统中的故障，并通过液晶显示屏显示故障信息，迅速查明发生故障的部位及原因，如图1-20所示。

图1-20　汽车故障诊断仪

汽车故障诊断仪是维修中非常重要的工具，一般具有如下几项或全部的功能：①读取故障码；②清除故障码；③读取发动机动态数据流；④示波；⑤元件动作测试；⑥匹配、设定和编码等功能。故障诊断仪大都随机带有使用手册，按照说明极易操作，通常有以下几步：在车上找到诊断座；选用相应的诊断接口；根据车型，进入相应诊断系统；读取故障码；查看数据流；诊断维修之后清除故障码。

知识小结

　　汽车维修中使用的设备种类繁多，主要分为机械类、电子类两部分，本节仅列出常用项目。对于机械类，主要关注使用环境、使用方法、使用禁忌等；对于电子类，除上述关注点外，还应注意电子设备的相关功能，以利于后续诊断的顺利进行。

习题

　　1. 填空题

　　（1）扳手主要有_____、_____、_____、_____、_____、_____等几种。

　　（2）钳子主要有_____、_____、_____、_____、_____、_____、_____等几种。

　　（3）汽车系统中存在五种基本的电子信号是_____、_____、_____、_____以及_____。

　　（4）示波器在测量时可展示信号的_____、_____、_____、_____。

　　2. 单项选择题

　　在选择扳手类工具时，首先应该选择_____。

　　A. 开口扳手　　　　B. 活动扳手　　　　C. 梅花扳手　　　　D. 套筒扳手

　　3. 多项选择题

　　（1）测量精度达到 0.01 mm 的测量设备有_____。

　　A. 直尺　　　　　　B. 游标卡尺　　　　C. 外径千分尺　　　D. 百分表

　　（2）不安全的操作包括_____。

　　A. 工作时打闹或开玩笑　　　　　　　　B. 操作工具过急、过猛

　　C. 工具用完后，立即清洁、整理工具　　D. 按个人习惯、喜好操作工具和设备

　　（3）故障诊断仪能够进行如下_____操作。

　　A. 读取数据流　　　　　　　　　　　　B. 读取故障代码

　　C. 进行主动测试　　　　　　　　　　　D. 读取电压值

　　4. 判断题

　　（1）（　　）预制式扭力扳手可以作为套筒扳手使用。

　　（2）（　　）百分表的精度是 0.001 mm。

　　（3）（　　）外径千分尺的精度是 0.01 mm，读数时，要精确到 0.001 mm，最后一位是估读值。

　　5. 简答题

　　（1）使用举升架时的注意事项有哪些？

　　（2）使用万用表时的注意事项有哪些？

　　（3）使用示波器时的注意事项有哪些？

　　（4）示波器有哪些功能？

1.6 汽车电路图阅读基础

1.6.1 识读汽车电路图的关键点

识读汽车电路图的关键点是要理解电的通路，即信号是什么，该信号是输入信号还是输出信号，信号起什么作用，在什么条件下有信号，从哪里来、到哪里去。识读时需要联系控制逻辑、线路作用等进行分析。

当然，要把汽车电路图作为"汽车故障的检测工具"，需要有一定的电路理论基础，加上实践中的积累，才会获得技术上的飞跃。离开维修单纯做电路的研究，以及不了解电路而靠感觉去处理故障，都是得不偿失的做法。

1.6.2 汽车电路的九大系统

汽车电路图往往错综复杂，首先应弄明白其主要组成，通常按照汽车上的各种功能实现分成九个系统，如图1-21所示。

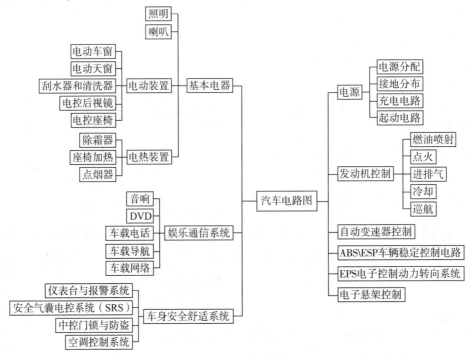

图1-21 汽车电路的九大系统

虽然这九个系统在不同品牌、车型也有所不同，不同系统之间也并非独立运行，但至少能够作为故障诊断基础性的模块划分，方便故障诊断。

1.6.3 分清汽车电路中的三种信号

1. 电源

汽车电路要正常工作，必须具备良好的供电。查看电源就是要清楚蓄电池的电都供给了哪些元件。与电源正极连接的导线在到达用电器之前是电源电路；与接地点连接的导线在到达用电器之前为接地电路。汽车电路的电源一般来说有常电源、条件电源两种。

所谓常电源就是在蓄电池正常的情况下，均有规定电压的电源线，以上海大众桑塔纳3000为例，如图1-22所示，图中30号线接蓄电池正极，称之为"常火线"。

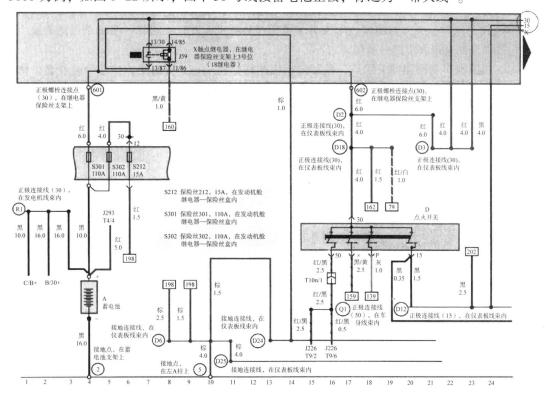

图1-22　桑塔纳3000蓄电池、X触点继电器、点火开关电路（常电源）

所谓条件电源，就是在一定的条件下才有规定电压的电源线。

点火开关位于ON（接通）或ST（起动）挡时，30号线经点火开关接中央继电器盒内的15号线，15号线称为"钥匙来电"，是小容量火线。

卸荷线X是大容量火线，雾灯、刮水器、风窗加热等用电取自X线，只有在点火开关位于ON挡时X触点继电器J59才工作，30号线经X触点继电器触点接通X线，而在点火开关位于ST（起动）挡起动发动机时X线断电，使得即便上述大负荷用电器忘记关掉，它们也能自动断电，从而保证发动机能顺利起动。

2. 信号

汽车电路中常见的是各种开关输入信号和传感器输入信号。传感器经常共用电源线、接地线，但绝不会共用信号线。在分析传感器电路时，可用排除法来判断电路，即排除其不可能的功能来确定其实际功能，如分析某一具有三根导线的传感器电路时，如果已经分析出其电源电路、接地电路，则剩余的电路必然为信号电路。

3. 控制

控制信号主要由控制单元送出，它分布在各个执行器电路中，如点火电路中的点火信号、燃油喷射控制电路中的喷油信号、自动变速器控制电路中驱动换挡电磁阀动作的换挡信号、怠速控制电路中控制步进电动机的怠速控制信号、空调控制电路中控制压缩机运转的控制信号等。在汽车电路中，会看到执行器共用电源线、接地线和控制线的情况。

知识小结

　　汽车电路图是汽车电气维修的重要依据，通过电路图可以掌握电气设备的安装位置、线路连接，并在一定程度上可以根据电路图思考逻辑控制思路。因此，电路图的阅读是进行车辆电气设备故障诊断的一个基础。对电路图的阅读主要可从以下层面思考：

　　（1）电从哪里来，要到哪里去；

　　（2）电路受谁控制；

　　（3）电路的电压和电流。

习题 ▶▶ ▶

　　1. 填空题

　　（1）汽车电路中的三种信号分别是：_____、_____、_____。

　　（2）传感器经常共用电源线、接地线，但绝不会共用_____。

　　（3）汽车电路的电源一般来说有_____、_____两种。

　　2. 判断题

　　（　　）所谓常电源就是在供电正常的情况下，均有规定电压的电源线。

　　3. 简答题

　　汽车电路中九个系统主要有哪些？它们之间并非完全孤立，尝试举例不同模块之间的通信有哪些。

第二章
车载总线系统的检测与诊断

掌握汽车总线系统的基本知识；掌握 CAN 总线、LIN 总线等常见总线特性、信号和常见故障；获得对汽车总线系统进行检测与诊断的能力。

某车驾驶员座椅和副驾驶座椅电动调节功能均无法使用，使用诊断仪读取故障码，多个控制单元上存在 K-CAN 通信故障的故障码。这种情况，一般是总线故障导致的。

2.1　车载总线基础知识

2.1.1　车载总线系统的产生和发展

传统的汽车中，各种电子电气设备之间用导线、插接件连接。从发动机控制到传动系统控制，从行驶、制动、转向系统控制，到安全保证系统和仪表报警系统，从电源管理到舒适系统，每种功能的控制操作都集中在驾驶室进行，各个系统都必须用导线和插接件连接到驾驶室的操控台。随着汽车动力驱动系统、舒适系统和信息娱乐系统内各种电子控制系统的不断增加，这些连接所需要的导线和插接件的数量随之急剧增加，使汽车电子系统形成了一个复杂的大系统。这些系统除了各自的电源线外，还需要相互通信，不难想象，若仍沿用常规的点-点间的布线法进行布线，那么整个汽车的布线将会如一团乱麻，线缆长度也将增长到不可接受的程度，这种布线方式如图 2-1（a）所示。若采用总线方式布线，则布线长度可以大大降低，以 CAN 总线为例，其布线方式如图 2-1（b）所示。

布线增加还有一个问题是使汽车布线中所用铜线增加。虽然有些线是用于控制且通过电流只有几十毫安，但是为了提高可靠性，规定所用线径最小不能低于 0.5 mm。实际上，传送距离远的线径一般都在 0.8 mm 或 1.0 mm 以上。过多线径过大的线束严重增加了整车的质量。

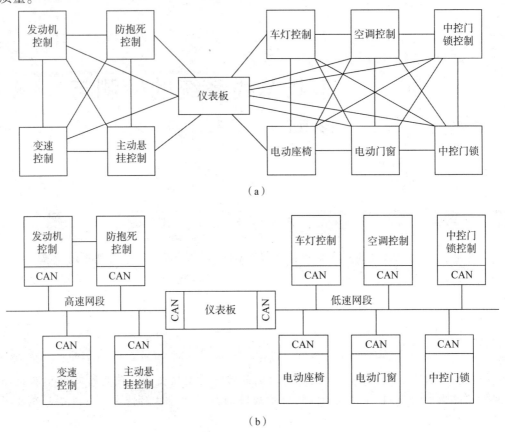

图 2-1　点-点布线与总线布线

（a）点-点布线；（b）总线布线

此外，汽车布线一般是先将线制成线束，然后再把线束装在纵梁下等看不到的地方，这样一来，不仅设计、生产、装配起来十分麻烦，而且一旦线束中出了问题，查找起来相当麻烦，维修也很困难，多数情况下只能把线束全部换掉。

导线长度和插接件数量的增加不但占据车内的有效空间、增加装配和维修的难度、提高整车成本，而且妨碍整车可靠性的提高。这在无形中使汽车研发进入了这样一个怪圈：为了提高汽车的性能而增加汽车电气设备的数量，汽车电气设备数量的增加导致导线长度的增加，而导线长度的增加又妨碍了汽车可靠性的进一步提高。

鉴于这些原因，在借鉴计算机网络和现场控制技术的基础上，汽车网络技术应运而生。目前总线的种类有很多，如 CAN 总线、LIN 总线、IDB-M、MOST、USB 和 IEEE1394 等。现阶段的车载网络也必须用到多种总线。这些车用总线由于在应用对象和网络性能上各有特色，将会在竞争中共存相当长一段时间。另外，随着车载网络技术的发展进步，一些特定用途的新型总线还会被陆续研发出来。

总体而言，总线系统在车辆上的应用，有以下优势：①复用传感器数据；②能够传输复杂数据；③为客户实现新功能；④有效诊断，实现更高的安全性；⑤减少线缆数量，降低布线成本；⑥降低车身质量；⑦提高整个系统的可靠性；⑧降低硬件成本。

2.1.2　车载总线的分类

1. 按照传输速率分类

目前，绝大多数车用总线都被 SAE（Society of Automotive Engineers，国际自动机工程师学会）下属的汽车网络委员会按照协议特性划分为 A、B、C、D 四类，如表 2-1 所示。A 类是面向传感器或执行器管理的低速网络，其传输数据的位速率通常小于 10 kbit/s，主要用于调整后视镜、电动窗和灯光照明等设备；B 类是面向独立控制模块间的信息共享的中速网络，位速率一般为 10~125 kbit/s，主要用在车身电子的舒适性模块和显示仪表等设备中；C 类是面向闭环实时控制的多路传输高速网络，位速率多为 125 kbit/s~1 Mbit/s，主要服务于动力传动系统，有些资料也将 10 Mbit/s 以下速率的总线称作 C+类；D 类则是面向多媒体设备、高速数据流传输的高性能网络，位速率一般在 10 Mbit/s 以上，主要用于 CD 播放机、VCD/DVD 播放机和液晶显示等设备，现在也用于安全系统和驾驶辅助系统。

表 2-1　总线系统的分类

类型	通信速率	常见用途	协议
A 类	<10 kbit/s	一般用于车身控制中的传感器和执行器管理	LIN J1708 BSD
B 类	10~125 kbit/s	低实时性系统，一般用于车身控制单元之间，如自动空调、电动座椅、电子仪表等	低速 CAN SAE J1850
C 类	125 kbit/s~1 Mbit/s	实时性系统，如发动机、变速箱、新能源汽车高压电池等	高速 CAN
C+类	1~10 Mbit/s	高实时性系统，常见于动力系统和底盘控制系统	CAN FD FlexRay
D 类	>10 Mbit/s	多媒体、信息娱乐系统、显示设备、摄像头图像传输等	D^2B MOST IEEE 1394 车载以太网

2. 按照应用领域分类

车载网络系统在汽车上的应用非常多，按照应用系统加以划分，车载网络大致可以分为动力传动系统、车身系统、信息系统等。

1）动力传动系统

动力传动系统总线，一般连接发动机控制单元、变速箱控制单元、ABS 控制单元、新能源汽车高压电池管理系统、电动机控制器等。

动力传动系统是一种实时性系统，实时性系统对通信系统效率有较高的要求，典型的如曲轴同步过程或过程的固定时间间隔为毫秒级的循环时间。当系统反应时间足以完成所要求的任务，那么就可以认为该系统具有相当的实时性（如根据驱动滑差率调节的要求，Motronic 系统进行实时点火角调节，以降低转矩，避免车轮滑转）。

动力传动系统一般是 C 类网络，对于实时性和容错性均有较高的要求，常用高速 CAN

网络,传输速率为 500 kbit/s。

2)车身系统

车身系统总线,一般连接灯光系统控制单元、自动空调控制单元、电动座椅控制单元、车门控制单元、防盗警示装置等。车身相关系统布局遍及车身,线束较长,容易受到干扰,同时对实时性的要求不高,因此常使用低速 CAN 系统,传输速率为 100 kbit/s。

车身系统中控制单元和其传感器、执行器之间,一般采用 LIN 总线等 A 类总线,以降低成本,减少线束。

3)信息系统

信息系统,一般连接车载无线电、CD 机、导航系统、显示屏幕、视频摄像头、互联网等。对信息系统通信总线的要求是容量大、通信速度非常高。与其他总线都是使用铜线不同,信息系统总线不仅有使用铜线的,也有不少使用光纤的。

通过将这些部件联网,可以实现用一个中央显示及操作单元来实现更多的应用。通过这种方式简化了操作流程和状态信息的收集,并最大限度地降低驾驶者注意力分散的可能性。

在多媒体网络中控制数据与音频/视频数据必须是不同的。对于控制功能(如 CD 换碟机的控制),125 kbit/s 的传输速率已经足够了,因此可以使用低速 CAN;但是,直接传输音频或视频数据则需要很高的数据传输速率,如超过 10 Mbit/s,此时就要使用 MOST 总线等 D 类总线。

2.1.3 车载总线系统的常用术语

1. 总线

总线是模块之间运行数据的通道,可以在一条或多条数据线上,同时或分时传输大量的按照一定规律进行编码的数据和信号。这些数据和信号可以被多个系统共享,从而最大限度地提高系统的信息传输效率,充分利用有限的资源。如果系统可以发送和接收数据,这样的总线就成为双向总线。

2. 节点

在总线上,每一个能收发数据的设备都叫作一个节点。在车辆上,节点一般包括控制单元和控制单元相关的执行器和传感器。

3. 网络拓扑结构

所谓网络拓扑结构,就是由网络节点和节点之间相互连接形成的结构关系。为了能够参与网络通信,每个网络节点最少应与另一个网络节点相互连接。不同的通信网络,需要采用不同的网络拓扑结构。

1)总线型拓扑结构

这一网络拓扑也被称为线型总线。在总线型拓扑结构里,所有节点可以通过较短的导线将自己连到一条主线上,而这条主线就是总线拓扑的核心元素,如图 2-2 所示。这种结构可以很方便地增加网络的节点。消息,也被称为报文,可以由一个网络节点发送,并在整个网络中传输。

各节点发送并接收消息。当一个节点从网络中脱离,那其他的节点就无法收到来自此节点的数据,此节点也无法与其他节点连通,但剩下的其他节点可以继续互相交换数据。只有当主线出现问题时(比如电缆断了)才会导致整个网络瘫痪。

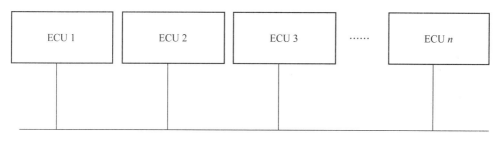

图2-2　总线型拓扑结构

2）星型拓扑结构

星型拓扑由中央节点与其他节点一一连接组成，如图2-3所示。因此，这种拓扑结构在有充足扩展能力（足够的接口、导线等）的情况下很容易进行扩展。

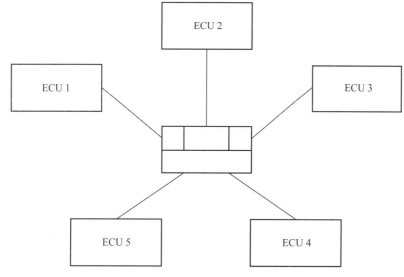

图2-3　星型拓扑结构

在星型拓扑里，各单个节点通过与中央节点的一对一连接实现数据的交换。人们将星型拓扑分为主动和被动两种类型。在主动星型拓扑中，中央节点集成了可以处理和分发数据的处理器。在这种情况下，该种网络的工作效率取决于该处理器的效率，而中央节点并不需要功能很强的控制逻辑。在被动星型拓扑中，中央节点只是起到汇总并传递各网络节点数据的作用。

对于主动与被动星型拓扑来说，若有网络节点从网络中掉线或与中央节点失去联系，则整个网络还是可以正常工作的；相反，当中央节点出现故障时，整个网络将瘫痪。

3）环型拓扑结构

在环型拓扑结构中，每个节点与两个相邻节点互联，于是可以形成一个封闭的环状结构，如图2-4所示。其中，又可分为单环与双环两种类型的结构。

在单环结构中，只能实现从一个节点到另一个节点的单向数据传输。数据每次都由接收方进行检查。当此数据的目标节点并非接收方时，该数据将会被复原（重复器功能）、加强后发送到下一个节点。这些被传输的数据会顺着一个一个节点在环中传递，直到到达目标节点或者重新返回到发送节点。一旦有单个节点离线，数据传输将中断，整个网络也将随之瘫痪。

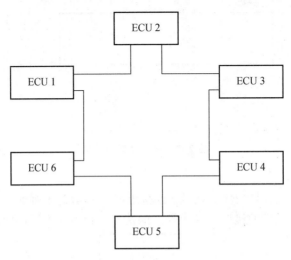

图 2-4　环型拓扑结构

另一种环型结构是双环结构，可以在两个方向上进行数据传输。对于这种拓扑结构，某个节点或某两个节点间的连接故障均不会影响网络的通信，相当于两个节点的连接加强了，因此所有的数据可以继续在环型结构中的节点间传输。

4）网状拓扑结构

在网状拓扑结构中每个节点与一个或更多的节点相连，如图 2-5 所示。整个网状网络中每个节点与其他另外的节点都有连接。当出现节点失效或连接失效时，各节点间的数据传输仍可沿其他线路进行。因此，此种网络结构显示出了较高的容错性。当然，这种连接及数据传输方式的负载率也比较高。

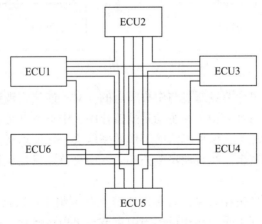

图 2-5　网状拓扑结构

无线电网络就是一种网状拓扑结构，因此可以在广域上实现各点之间的数据传输。

网状拓扑结构在消息交换方面与总线拓扑拥有相同的特性，在数据传输方面与星型拓扑拥有相同的特性，因为每个节点都可以接收到其他基站发出的传输信息，故可以承受由于节点间连接问题导致的传输故障。

5）混合拓扑结构

混合拓扑允许将不同的网络拓扑耦合在一起。以星型-总线型混合拓扑为例，各节点通过集线器连成星型拓扑，然后各集线器又按总线结构相连，如图 2-6 所示。

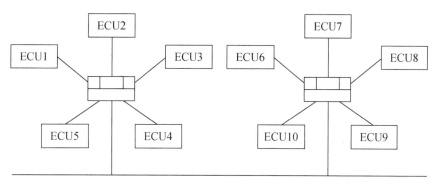

图 2-6　星型−总线型混合拓扑结构

4. 网络的分层体系

网络协议一般会按网络的特性和任务进行分层定义。对于上一层来说，与其相邻的下层特性可以看作已知。这样做的优点是：只要层与层之间所提供的接口保持不变，那么个别层是可以替换的。

OSI 参考模型（开放式系统互联参考模型）为不同通信协议的描述和比较提供了一个基础。OSI 参考模型由 ISO（国际标准化组织）开发制定，并通过 ISO 及 IEEE（电气电子工程师协会）认证。

在 OSI 参考模型里，将数据通信系统按层加以描述，如图 2-7 所示。其中，将数据通信的复杂任务清楚地按功能范围（层）进行了划分。对于简单的通信系统可能并不包含 OSI 模型中的所有层次。为了实现更多的应用可以将不同的简单系统整合在一起。汽车网络的网络协议一般分为物理层、通信层、应用层。

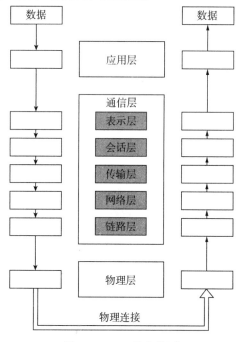

图 2-7　OSI 参考模型

其中，物理层主要定义总线网络节点之间的物理接连方式和其电气参数。在总线里，一般采用不同的电压来代表二进制中的 0 和 1。

在通信层中，为了保证各节点之间可以有效地进行数据交换，就必须按照相同的规则和约定进行通信，也就是说，通信各方必须使用相同的"语言"。

5. 传输速率

在计算机系统和通信系统里，所有的信息都使用二进制的 0 和 1 表示，其中的每个 0 或者 1 被称作一个比特（bit）。总线系统采用每秒能传输的比特的数量来表征总线的传输速率，其单位是 bit/s。由于 bit/s 速率较低，一般常用 kbit/s 或 Mbit/s。

6. 传输媒体

传输媒体即传输信号的物理介质，如电线、光纤或无线电等。

7. 网关

由于各种数据总线和网络的传输速率、信号表示、通信协议等不同，因此不同类型的总线或网络之间无法进行直接耦合连接并进行数据交换，必须经过一种具有特殊功能的计算机进行转换，这种计算机称为网关。它使不同总线和网络的信息共享并使协议间不产生冲突，从而实现无差错的数据传输。

网关是在采用不同体系结构或协议的网络之间进行互联时，用于提供协议转换、数据交换等网络兼容功能的设备。

网关又称网间连接器、协议转换器。网关在传输层上实现网络互联，是最复杂的网络互联设备，仅用于两个高层协议不同的网络互联。网关既可以用于广域网互联，也可以用于局域网互联。网关是一种充当转换重任的设备。在使用不同的通信协议、数据格式或语言，甚至体系结构完全不同的两种系统之间，网关是一个翻译器。与网桥只是简单地传达信息不同，网关对收到的信息要重新打包，以适应目标系统的需求。图 2-8 为宝马 F02 轿车（7 系）的网关 ZGM 和 PT-CAN、K-CAN、MOST、FlexRay 等总线。

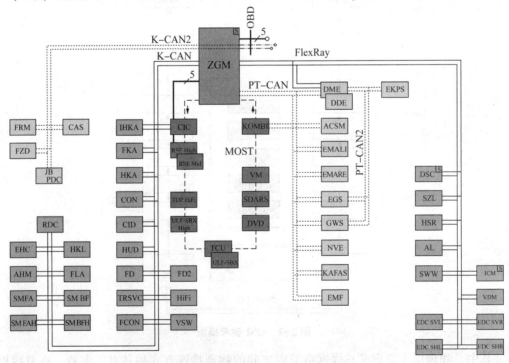

图 2-8　宝马 F02 轿车（7 系）网关和各总线图

知识小结

总线系统的优势如下：

(1) 复用传感器数据；

(2) 能够传输复杂数据；

(3) 为客户实现新功能；

(4) 有效诊断，实现更高的安全性；

(5) 减少线缆数量，降低布线成本；

(6) 降低车身质量；

(7) 提高整个系统的可靠性；

(8) 降低硬件成本。

常见的总线拓扑结构如下：

(1) 总线型拓扑；

(2) 星型拓扑；

(3) 环型拓扑；

(4) 网状拓扑；

(5) 混合拓扑结构。

习题

1. 填空题

(1) 总线系统常见的拓扑结构有：_____、_____、_____、网状拓扑和混合拓扑结构。

(2) 总线传输速率的单位是_____。

(3) 根据 OSI 参考模型，定义总线网络节点之间的物理接连方式和其电气参数的是_____。

(4) 总线常见的传输媒体有：_____、_____、无线电等。

2. 单项选择题

(1) 关于总线节点，说法正确的是_____。

A. 总线上的节点之间均可以互相通信

B. 总线上的节点只能获得其相邻节点的信息

C. 控制单元上的传感器均为总线上的节点

D. 总线上最少需要 3 个节点

(2) 以下哪一项不是 OSI 参考模型中的层_____。

A. 物理层　　　　　　B. 应用层　　　　　　C. 链路层　　　　　　D. 供电层

3. 多项选择题

以下关于总线传输速率的说法中，正确的有_____。

A. 总线传输速率的单位是 bit/s、kbit/s 和 Mbit/s

B. 二进制序列 11001101 一共有 8 个比特

C. 某总线每秒能发送 5×10^5 个比特，其传输速率为 500 kbit/s

D. 总线传输速率越大，一个比特所占用的时间越短

4. 判断题

（1）（　　　）车上不同类型的总线之间可以直接通信。

（2）（　　　）总线型拓扑结构的总线上，所有节点都连接在一条主线上。

（3）（　　　）星型拓扑结构的节点直接连接。

（4）（　　　）不同的拓扑结构不能混合使用。

5. 简答题

画出总线型、星型和环型总线的拓扑示意图。

2.2　CAN 总线系统的检测与诊断

2.2.1　CAN 总线系统概述和特性

1. CAN 总线的发展历史和概述

CAN 是 Controller Area Network 的缩写，中文名为控制器局域网络，是国际标准化的串行通信协议，是一种用于实时应用的串行通信协议总线，它可以使用双绞线来传输信号，是世界上应用最广泛的现场总线之一。CAN 是一种多主方式的串行通信总线，基本设计规范要求有高的位速率、高抗电磁干扰性，而且能够检测出产生的任何错误。

CAN 总线最早由德国 Bosch 公司在 1986 年为汽车监测和控制而设计，主要用于汽车内部测量与执行部件之间的通信。自宝马公司 1989 年推出第一款使用 CAN-BUS 的汽车后，CAN 总线就开始了其辉煌的历程。因其具有高性能、高可靠性的通信机制，目前已广泛应用在汽车电子领域。它的出现为分布式控制系统实现各节点之间实时、可靠的数据通信提供了强有力的技术支持。当前几乎所有的车辆都使用了 CAN 总线系统。

2. CAN 总线的分层工作

CAN 总线是分层工作的。其工作方式是由其通信协议规定的，通信协议主要描述设备之间的信息传递方式。和开放式系统互连模型（OSI）一样，总线工作时是分层工作的。CAN 的规范定义了 OSI 模型的最下面两层：数据链路层和物理层。每一层与另一设备上相同的那一层通信。实际的通信发生在每一设备上相邻的两层，而设备只通过模型物理层的物理介质互连。

CAN 总线物理层传输的基本单位是比特。CAN 总线传输的是二进制的数字信号，也就是一连串的"0"或者"1"，每一个"0"或"1"就是一个比特。物理层定义了比特流的一些性质及连接线束的电气特性。

数据链路层（Data Link Layer）的作用主要是将物理层的数据比特流封装成帧，并控制帧在物理信道上的传输，还包含检错、调节传送速率等功能。

进行汽车总线系统的检测与诊断时，我们主要关心其物理层工作是否正常，信号特征是否正确。

CAN 总线一般采用双绞线作为物理连接介质，如图 2-9 所示，两根导线分别叫作 CAN-H（CAN 高）和 CAN-L（CAN 低）。双绞线的两条线的电压变化总是相反的，因此对外的电磁干扰可以相互抵消，不会影响其他部件的工作。又由于控制单元接收的是两根导线电压的电压差，外部的干扰对两条线的作用是相同的，因此外部干扰也不会影响电压差，也就不影响信号精度，这种信号叫差分信号。

图 2-9 双绞线

根据物理层标准不同，CAN 总线分为高速 CAN 总线和低速 CAN 总线。高速 CAN 总线的传输速率在汽车上为 500 kbit/s，低速 CAN 总线的传输速率为 100 kbit/s。高速 CAN 总线一般用于动力驱动系统、新能源汽车电池管理系统、诊断系统等，低速 CAN 总线一般用于车身舒适系统等。

3. CAN 总线的组成和拓扑结构

从拓扑结构的角度上讲，CAN 总线属于线型总线，总线上的所有控制单元并联在总线的两条线上，各控制单元均可收发数据。

以图 2-10 为例，当控制单元 B 发送数据时，总线上的控制单元 A、C、D 均可收到数据，需要数据的控制单元 A、D 保留了收到的数据，不需要该数据的控制单元 C 则通过数据过滤抛弃了该数据。也就是说，CAN 总线上同时只发送一个信号，总线上的各控制单元收到相同的信号。

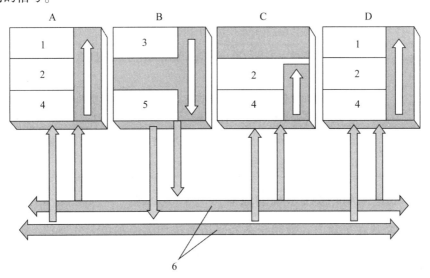

A、B、C、D—控制单元；1—采用数据；2—过滤数据；3—准备数据；
4—接收数据；5—发送数据；6—总线导线。

图 2-10 控制单元并联在总线上

一个典型的 CAN 总线的连接如图 2-11 所示，图中的总线系统连接了空调控制单元、导航主机、四个车门控制单元和中央网关等。

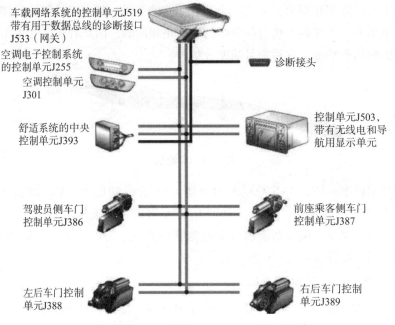

图 2-11　典型 CAN 总线系统

4. CAN 总线的特点

CAN 总线的特点如表 2-2 所示。

表 2-2　CAN 总线的特点

项目	特点
可靠性高	系统能将数据传输故障（不论是由内部还是外部引起的）准确地识别出来
使用方便	如果某一控制单元出现故障，其他控制单元还可以保持原有功能，以便进行信息交换
数据密度大	所有控制单元在任一瞬时的信息状态均相同，这样就使得两控制单元之间不会有数据偏差。如果系统的某一处有故障，那么总线上所有连接的元件都会得到通知
数据传输快	连成网络的各控制单元之间的数据交换速率必须很快，这样才能满足实时要求
采用双线传输	采用双线传输，抗干扰能力强，数据传输的可靠性高

2.2.2　低速 CAN 总线系统的信号

低速 CAN 总线在车辆上一般用于车辆舒适系统相关控制单元的通信，如自动空调、电动座椅、门窗、天窗等，其传输速率为 100 kbit/s。应用在车辆舒适系统上的 CAN 总线，又叫 K-CAN。

1. 低速 CAN 总线的波形

低速 CAN 总线的波形如图 2-12 所示，CAN-H 的电压在 0 V 和 4 V 之间跳变，CAN-L 在 5 V 和 1 V 之间跳变。CAN-H 和 CAN-L 的电压总是相对的，当 CAN-H 电压为 0 V 时，CAN-L 电压为 5 V；反之，当 CAN-H 电压升为 4 V 时，CAN-L 电压则降为 1 V。

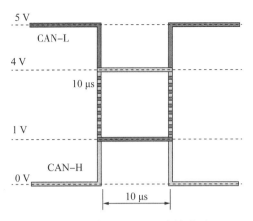

图2-12 低速 CAN 总线的波形

对于低速 CAN 而言，每 10 μs 为一组波形，对应二进制数字信号中的一个比特。波形中，每一对 5 V、0 V 代表二进制数字信号中的"1"，由于该电压是低速 CAN 总线不传输数据时的默认电压，所以又叫"隐性电压"。与之相对，每一对 1 V、4 V 代表二进制数字信号中的"0"，该电压为 CAN 总线的激活状态，所以又叫"显性电压"。低速 CAN 的工作电压如表 2-3 所示。

表2-3 低速 CAN 的工作电压

导线	隐性电压/V	显性电压/V
CAN-H	0	4
CAN-L	5	1

从表 2-3 可以看出，当总线从隐性电压转为显性电压时，CAN-H 的电压升高了 4 V，因此称为"高线"；CAN-L 的电压下降了 4 V，因此称为"低线"。

2. 低速 CAN 总线测量

使用示波器测量低速 CAN 总线时，需要使用双通道示波器，两个通道的红表笔分别与 CAN-H、CAN-L 相连，两个黑表笔搭铁，如图 2-13 所示。为了波形更清晰，可以将纵坐标调整看到 1 V/格或 2 V/格，横坐标视情况调整到 20～50 μs/格。如测得波形与图 2-12 一致，电压变化正常，则 CAN 总线通信正常。

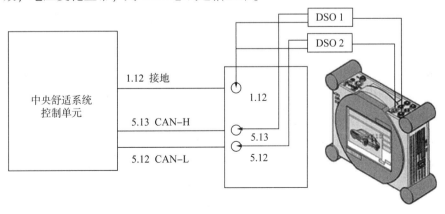

图2-13 测量 CAN 总线时示波器的连接方式

图 2-14 为使用示波器测得的低速 CAN 总线的波形。上文说过，在低速 CAN 总线中，隐性电压为 0 V 和 4 V，从波形中看出，0 V 电压在传输信号时电压升高到 4 V，因此为 CAN-H；5 V 电压在传输信号时电压下降到 1 V，因此为 CAN-L。

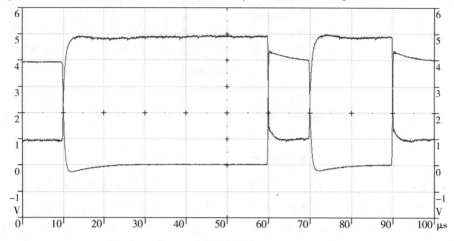

图 2-14　使用示波器测得的低速 CAN 总线波形

使用万用表测量低速 CAN 总线时，需要使用直流电压挡 20 V 挡位，红表笔接 CAN-H 或 CAN-L，黑表笔接地。测得电压应接近其隐性电压，即 CAN-H 电压略高于 0 V，一般为 0.5 V 左右；CAN-L 略低于 5 V，一般为 4.5 V 左右。如测得电压与之偏差较大，则 CAN 总线可能有故障。

3. 低速 CAN 总线的单线运行模式

如图 2-15 所示，对于低速 CAN 总线，CAN-H 和 CAN-L 两条线之间，没有直接的连接，从电路逻辑上是互相独立的两条线。因此，当其中一条线发生短路、断路等故障，导致无法通信时，另一条线仍然可以正常工作。

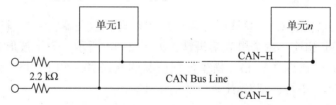

图 2-15　低速 CAN 总线连接模式

比如，CAN-H 发生对地短路故障时，CAN-H 电压常为 0 V，但此时，CAN-L 仍然可为 5 V 的电压，并在工作时跳变为 1 V。此时，总线上的各控制单元可以正常通信。这叫作低速 CAN 总线的单线运行模式，从这个角度上讲，低速 CAN 总线又叫容错 CAN 总线。

4. 低速 CAN 总线休眠

总线系统工作时，总线上的各个控制单元会消耗电能，如果车辆发动机熄火或高压电下电后，总线仍然继续工作，则会严重消耗蓄电池的电量，使得蓄电池过度放电，严重时可能导致车辆无法起动或蓄电池损坏。

因此，当车辆处于非工作状态时（如车主锁车离开），需要让总线停止工作，以节约电能，这就是总线的休眠。当车辆进入工作状态时（如车主解锁车辆、起动发动机），总线需要重新开始工作，这就是总线的唤醒。

休眠类似于用遥控器关闭电视机，此时电视机大部分元件都不工作，只有部分电源管理和信号接收的元件处于工作状态，耗电量较低；唤醒就好像使用遥控器重新打开电视机。

当低速 CAN 总线处于休眠状态时，其电压特性与工作时不同。当低速 CAN 处于休眠状态时，CAN-H 的电压维持在 0 V，CAN-L 的电压维持在 12 V。此时，总线上的各控制单元处于低能耗状态。当某个控制单元（一般是电源管理、中控锁等）判断车辆需要恢复运行状态时，会将 CAN-L 的电压从 12 V 拉低到 5 V，并在总线上发送唤醒报文。总线上其他控制单元检测到电压变化并收到唤醒报文以后，就会从休眠状态中唤醒，进入工作状态。

5. 低速 CAN 工作特性总结

低速 CAN 工作特性总结如表 2-4 所示。

表 2-4 低速 CAN 工作特性总结

特性	低速 CAN
传输速率	100 kbit/s
单位比特波形时长	10 μs
工作电压	CAN-H：0 ~ 4 V CAN-L：5 ~ 1 V
万用表测量电压值	CAN-H：0.5 V 左右 CAN-L：4.5 V 左右
休眠电压	CAN-H：0 V CAN-L：12 V
能否单线运行	能
唤醒方式	监测总线电压变化

2.2.3 高速 CAN 总线系统的信号

高速 CAN 总线在车辆上一般用于动力系统等对实时性要求较高的系统中，用于连接汽车的发动机、变速箱、ABS 模块、新能源汽车动力电池组等控制单元，其传输速率为 500 kbit/s。应用在动力系统上的 CAN 总线，又叫 PT-CAN。

1. 高速 CAN 总线的波形

高速 CAN 总线的波形如图 2-16 所示，CAN-H 的电压在 2.5 V 和 3.5 V 之间跳变，CAN-L 在 2.5 V 和 1.5 V 之间跳变。CAN-H 和 CAN-L 的电压总是相对的，当 CAN-H 电压为 2.5 V 时，CAN-L 电压也为 2.5 V；当 CAN-H 电压升为 3.5 V 时，CAN-L 电压则降为 1.5 V。

对于高速 CAN 而言，每 2 μs 为一组波形，对应二进制数字信号中的一个比特。波形中，2.5 V 为隐性电压，代表二进制数字信号中的

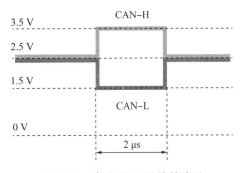

图 2-16 高速 CAN 总线的波形

"1"，为高速 CAN 总线不传输数据时的默认电压。与之相对，每一对 3.5 V、1.5 V 的电压，为显性电压，代表二进制数字信号中的"0"。高速 CAN 的工作电压如表 2-5 所示。

表 2-5　高速 CAN 的工作电压

导线	隐性电压/V	显性电压/V
CAN-H	2.5	3.5
CAN-L	2.5	1.5

从表 2-5 可以看出，当总线从隐性电压转为显性电压时，CAN-H 的电压升高了 1 V，因此称为"高线"；CAN-L 的电压下降了 1 V，因此称为"低线"。同时，对比前面的低速 CAN 总线 4 V 的波动，发现高速 CAN 电压的波动更小一些。这是因为高速 CAN 的传输速率更高，单位比特的时长更短，也就是波形变化的频率更快，更小的电压波动有利于控制电磁干扰，以防影响其他控制单元工作。

2. 高速 CAN 总线测量

使用示波器测量高速 CAN 总线时，需要使用双通道示波器，两个通道的红表笔分别与 CAN-H、CAN-L 相连，两个黑表笔搭铁。为了波形更清晰，可以将纵坐标调整到 1 V/格或 2 V/格，横坐标视情况调整到 2～10 μs/格。如测得波形与图 2-16 一致，电压变化正常，则 CAN 总线通信正常。

使用万用表测量高速 CAN 总线时，需要使用直流电压挡 20 V 挡位，红表笔接 CAN-H 或 CAN-L，黑表笔接地。测得电压应接近隐性电压，即 CAN-H 电压略高于 2.5 V，一般为 2.7 V 左右，CAN-L 略低于 2.5 V，一般为 2.3 V 左右。如测得电压与之偏差较大，则 CAN 总线可能有故障。

3. 高速 CAN 总线的终端电阻

对于高速 CAN 总线，CAN-H 和 CAN-L 两条线在总线末端通过两个 120 Ω 电阻相连，如图 2-17 所示，这两个 120 Ω 的电阻叫作终端电阻。断开车辆供电，使用万用表电阻挡在高速 CAN 的任意一个控制单元上测量两条总线之间的电阻，可以测量两个终端电阻并联后的阻值 60 Ω。这是检测高速 CAN 总线回路完整性的常见方式，如果测得的阻值为 120 Ω，则证明总线有断路点，因此只能测得一侧的终端电阻。如果测得终端电阻为 0 Ω，则可能是因为 CAN-H 和 CAN-L 发生了短路。如果在某个控制单元上测得终端电阻为无穷大，而在其他控制单元上测得正常，则可能是总线通往该控制单元的支路发生了断路。

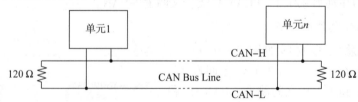

图 2-17　高速 CAN 总线连接模式

同时，由于高速 CAN 总线的两条线是连接在一起的，因此当其中一条线发生故障时，也会影响另一条线的工作。也就是说，高速 CAN 总线是无法单线运行的。

低速 CAN 总线也有终端电阻，但是终端电阻存在于每个控制单元里，无法测量到，因此低速 CAN 总线一般不测量终端电阻。

4. 高速 CAN 总线休眠

与低速 CAN 总线系统类似，高速 CAN 总线也有休眠状态。当高速 CAN 总线处于休眠状态时，CAN-H 和 CAN-L 的电压均为 0 V。

高速 CAN 的唤醒可以监测电压变化，通过接受 CAN 信号中唤醒报文来唤醒，这种情况类似于前文说的低速 CAN 总线的唤醒。同时，有些高速 CAN 总线上控制单元也通过唤醒线来唤醒，这些控制单元在休眠后完全断电，当唤醒线上传来 12 V 供电时，控制单元唤醒，恢复 CAN 总线通信。

　　5. 高速 CAN 工作特性总结

　　高速 CAN 和低速 CAN 工作特性对比如表 2-6 所示。

表 2-6　高速 CAN 和低速 CAN 工作特性对比

特性	高速 CAN	低速 CAN
传输速率	500 kbit/s	100 kbit/s
单位比特波形时长	2 μs	10 μs
工作电压	CAN-H：2.5 ~ 3.5 V CAN-L：2.5 ~ 1.5 V	CAN-H：0 ~ 4 V CAN-L：5 ~ 1 V
万用表测量电压值	CAN-H：2.7 V 左右 CAN-L：2.3 V 左右	CAN-H：0.5 V 左右 CAN-L：4.5 V 左右
休眠电压	CAN-H：0 V CAN-L：0 V	CAN-H：0 V CAN-L：12 V
终端电阻	两边各一个 120 Ω 电阻，测量值为 60 Ω	每个模块里都有终端电阻，但无法测量到
能否单线运行	不能	能
唤醒方式	通过唤醒线唤醒或监测总线电压变化唤醒	监测总线电压变化唤醒

2.2.4　CAN 总线系统的常见故障与诊断

　　1. 低速 CAN 总线常见故障

　　低速 CAN 总线有以下几种常见故障：①CAN-H、CAN-L 互短；②CAN-H 或 CAN-L 对地短路；③CAN-H 或 CAN-L 对正极短路；④CAN-H 或 CAN-L 断路。

　　当 CAN-H 和 CAN-L 互短时，两条线的波形均为 CAN-H 的波形，如图 2-18 所示。这是因为 CAN-H 的隐性电压为 0 V，CAN-L 的隐性电压为 5 V，因此 5 V 被拉低到 0 V。

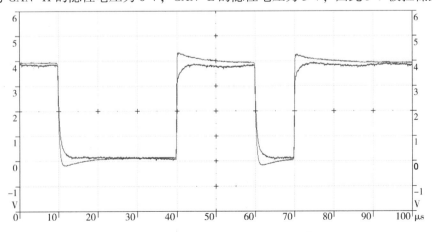

图 2-18　低速 CAN-H、CAN-L 互短波形

当 CAN-H 或 CAN-L 对地短路时，短路的这条线电压恒为 0 V，另一条线波形正常，如图 2-19 和图 2-20 所示。

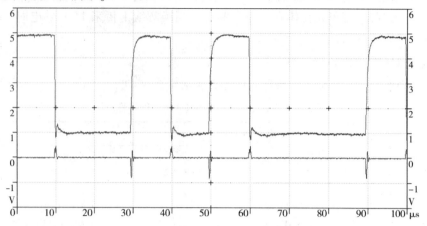

图 2-19　低速 CAN-H 对地短路波形

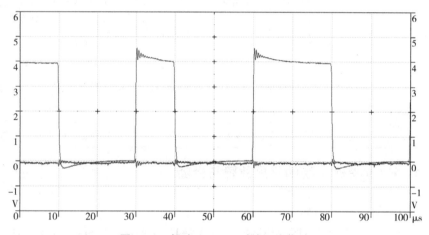

图 2-20　低速 CAN-L 对地短路波形

CAN-H 或 CAN-L 对正极短路的波形和其对地短路类似。短路的一条线，其电压恒为 12 V，另一条线路波形正常，如图 2-21 和图 2-22 所示。

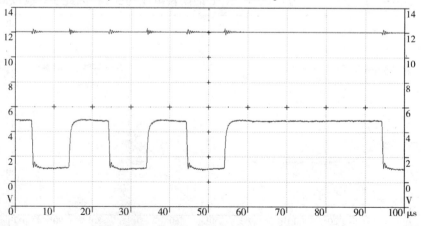

图 2-21　低速 CAN-H 对正极短路波形

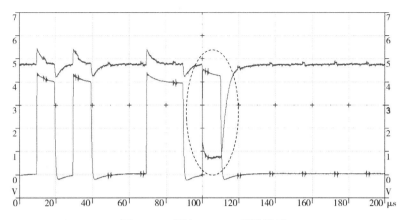

图 2-22　低速 CAN-L 断路波形

CAN-H 或 CAN-L 断路时，没有发生断路的一条总线波形始终是正常的，断线的一条线，电压维持在隐性电压上，偶尔出现显性电压波形，如图 2-23 和图 2-24 所示。

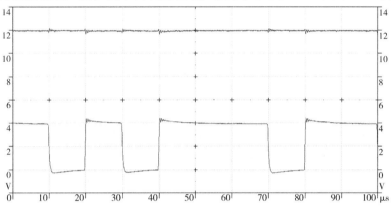

图 2-23　低速 CAN-L 对正极短路波形

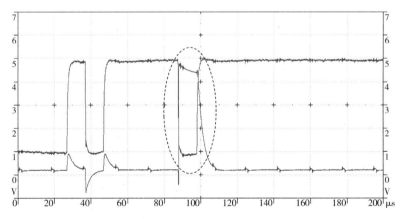

图 2-24　低速 CAN-H 断路波形

对于低速 CAN 总线，只要还有一条线的波形是正常的，就能够传输数据。因此，以上各种故障均无故障现象，仅有故障码或故障灯。

2. 高速 CAN 总线常见故障

高速 CAN 总线有以下几种常见故障：①CAN-H、CAN-L 互短；②CAN-H 或 CAN-L

对地短路；③CAN-H 或 CAN-L 对正极短路；④CAN-H 或 CAN-L 断路。

CAN-H 和 CAN-L 互短时，两条线的波形均维持在 2.5 V 的隐性电压上，只偶尔有波形轻微波动，如图 2-25 所示。

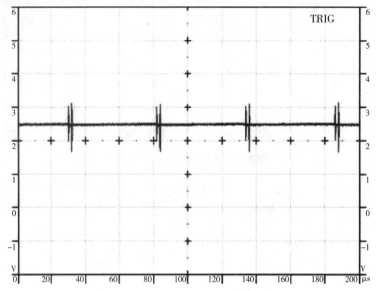

图 2-25　高速 CAN-H、CAN-L 互短波形

CAN-H 对地短路时，电压恒为 0 V，基本不变。CAN-L 由于通过两个终端电阻和 CAN-H 相连，所以电压也为 0 V。也就是说，此时，2.5 V 的隐性电压被拉低到 0 V 了。CAN-H 在工作时会试图将电压拉高到 3.5 V，但是由于线路直接对地短路，因此电压基本不变。CAN-L 工作时会试图拉低电压，但是由于隐性电压已经拉低到了 0 V，因此基本不会有向下的电压，只偶尔有向下的波形，如图 2-26 所示。

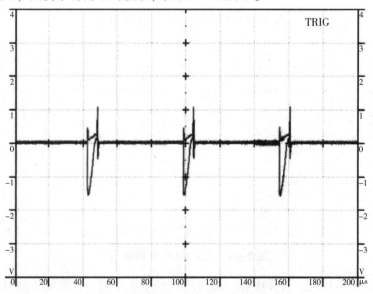

图 2-26　高速 CAN-H 对地短路波形

CAN-L 对地短路时，隐性电压同样被拉低到 0 V。此时，由于 CAN-L 直接对地短路，所以电压恒为 0 V；而 CAN-H 在工作时，会试图拉高电压到 3.5 V，因此电压会向上跳

动，如图 2-27 所示。

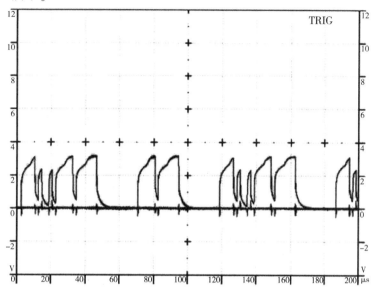

图 2-27 高速 CAN-L 对地短路波形

CAN-H 对正极短路，隐性电压会拉高到 12 V 车载电压。此时，由于 CAN-H 直接对正极短路，因此电压恒为 12 V；CAN-L 在工作时会试图拉低电压，因此会有向下的波形，如图 2-28 所示。

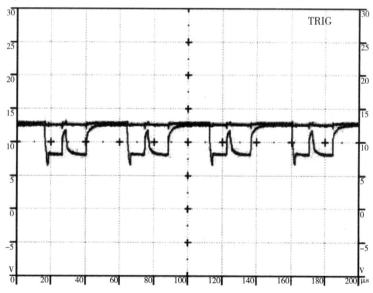

图 2-28 高速 CAN-H 对正极短路波形

CAN-L 对正极短路，隐性电压会拉高到 12 V 车载电压。此时，由于 CAN-L 直接对正极短路，因此电压恒为 12 V；CAN-H 在工作时会试图拉高电压，但是 12 V 已经是全车最高电压，无法再拉高。因此，CAN-L 对正极短路的波形是高低两条线均恒为 12 V，如图 2-29 所示。

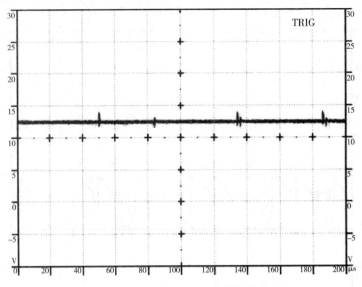

图2-29　高速CAN-L对正极短路波形

以上高速CAN总线对地、对正极短路的故障，都会导致整条总线波形异常，又由于高速CAN总线不具有单线运行的模式，因此整条总线都无法传输数据，总线上的所有控制单元均无法通信，相关功能也都无法正常工作。

CAN-H或CAN-L断路，分为两种情况，其一为高速CAN总线的主干路断路，此时从任何一个控制单元上测量终端电阻，只能测到一个终端电阻，也就是测量值在120 Ω附近，所有控制单元通信都受到影响。其二是通往某个不带终端电阻的控制单元支路断路，此时只有断路的支路通信受到影响，其他模块信号均正常。

第一种情况，以高速CAN总线主干路上带终端电阻的控制单元断路为例，此类故障断开的带终端电阻的控制单元无法通信，但其他控制单元有时也可以通信，也能正常工作，但是通信质量较差，在通信数据较多时容易发生错误。无论是CAN-H断开还是CAN-L断开，其故障现象和故障波形是类似的。如图2-30所示，图2-30（a）为故障波形，图2-30（b）为高速CAN总线正常波形。可以看到故障波形从隐性态进入显性态时，波形基本正常。但是从显性态回到隐性态时，所需时长明显更长。这会导致总线通信不稳定。

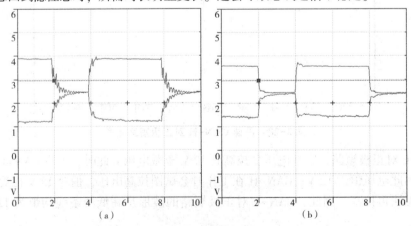

　（a）　　　　　　　　　　　　（b）

图2-30　高速CAN上带终端电阻的控制单元断路
（a）故障波形；（b）正常波形

对于第二种情况，断路的支路上连接的控制单元无法正常工作，但是总线上其他控制单元工作正常。以高速 CAN 总线某支路 CAN-H 断路为例，其波形如图 2-31 所示。可以看到，在故障控制单元未发送数据时，CAN-L 波形正常，CAN-H 由于断路收不到数据，因此维持在隐性电压，但是受 CAN-L 干扰影响电压低于正常的隐性电压 2.5 V，为 2 V 左右。当故障控制单元发送数据时，由于线路已经断路，与两个终端电阻的连接都断路，信号产生的能量会使得 CAN-H 上产生一个 5 V 以上的较高电压，然后再缓缓回到隐性电压。同时，CAN-L 受到 CAN-H 的干扰，波形也不正常。

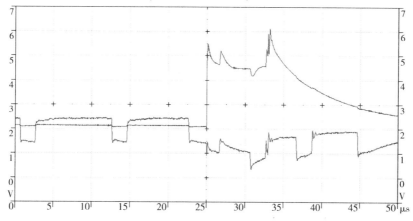

图 2-31　高速 CAN 支路 CAN-H 断路波形

与之类似，当高速 CAN 总线某支路的 CAN-L 断路时，其波形如图 2-32 所示。可以看到，在故障控制单元未发送数据时，CAN-H 波形正常，CAN-L 由于断路收不到数据，因此维持在隐性电压，但是受 CAN-L 干扰影响电压高于正常的隐性电压 2.5 V，为 3 V 左右。当故障控制单元发送数据时，由于线路已经断路，与两个终端电阻的连接都断路，信号产生的能量会使得 CAN-L 上产生一个接近 0 V 的较低电压，然后再缓缓回到隐性电压。同时，CAN-L 受到 CAN-H 的干扰，波形也不正常。

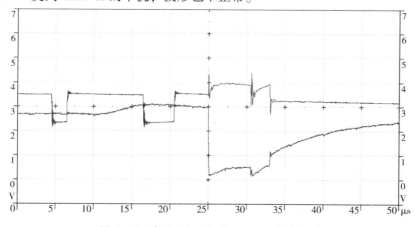

图 2-32　高速 CAN 支路 CAN-L 断路波形

3. 短路故障排除方法

CAN 总线短路时，无论是对正极短路、对地短路、还是高低线互短，因为总线上各控制单元是并联关系，所以该条总线上所有的控制单元均会发生短路。如果用诊断仪读取故障码，该条总线上所有的控制单元均会报控制单元无法通信或总线通信错误的故障码。对于低速 CAN，由于具备单线运行模式，此时总线可以正常工作，相关控制单元功能正常。对于高速 CAN，发生短路故障以后，总线上所有控制单元均无法正常工作。

短路故障可以使用示波器读取总线波形，对照图 2-18 ~ 图 2-32 的波形来判断总线短路故障类型，也可以使用万用表电压挡测量总线高低线之间、高低线分别对地和对正极的电阻来判断总线短路故障类型。比如，经电阻值测量，发现 CAN-H 和搭铁之间的电阻阻值较小，则可以确认故障为 CAN-H 对地短路。

同样的短路故障，短路可能发生在不同的地方。以 CAN-H 对地短路为例，短路可能发生在控制单元内部，可能发生在总线至控制单元的线路上，也可能发生在总线上。因此需要使用分段测量的方法，确定具体的故障点。

为了确认短路点的位置，有时需要拆装控制单元，而拆装控制单元必须要断电。因此，为了方便拆装控制单元，应该断开蓄电池负极，使用万用表电阻挡进行进一步的测量。

测量时，从电路逻辑上讲，最优方案应该找到总线最中间的部分，并将其断开，然后通过分别测量两端的电阻值。通过测量，至少有一边是短路的，另一边一般是正常的，也有个别情况两边都是短路的。通过这种方法，可以将短路点的范围缩小到一半的总线和控制单元中。范围缩小后，再同样找到中间的地方，测量两边，找到短路部分，再次缩小范围，直到找到故障点为止。

从电路逻辑上讲，以上是最优的方案。但是从实践上讲，控制单元的拆装有容易的，也有困难的，先尝试依次断开好拆的控制单元，每拆下一个控制单元，就测量一次电阻值。如果拆下某个控制单元后，短路消除，则短路点在刚才拆下的控制单元上。如所有好拆的控制单元都拆完后，仍然存在短路，再按照上一段所述的诊断逻辑进行诊断。

找到短路点，排除故障后，总线波形应该恢复正常，该总线上所有控制单元应该恢复正常工作。

4. 断路故障排除方法

对于低速 CAN，断路故障可以用波形测量的方式来判断；对于高速 CAN，断路故障可以使用测量终端电阻的方式进行确认；此外，还可以从总线的第一个和最后一个控制单元上，在同一条总线上测量电阻，测到 0 Ω 左右是正常，测得 240 Ω 左右，则该条总线断路。

确认断路故障后，需要找到断路点。和短路测量相似，断路测量也可以使用分段测量法。先找到总线最两边的两个控制单元和比较靠中间的一个控制单元，分别测量总线两端至中间的电阻值，测得接近 0 Ω 为正常，测得 240 Ω 左右为断路。在断路部分再次分段测量，直至找到断路点为止。

与短路故障类似，在实际诊断时，也应该考虑控制单元拆卸的难易程度，结合电路逻辑和实际情况确定诊断方案。

5. 休眠故障排除方法

车辆的总线系统在工作时，总线上的所有控制单元均处于激活状态，耗电量较大。当车辆静止时，如果总线仍然工作的话，就会造成蓄电池持续耗电，严重时可能导致蓄电池亏电，造成发动机无法起动甚至整车断电。

为了防止这种情况出现，在车辆静止时，总线会进入休眠状态。如果总线上的某个控制单元发生故障，则会造成总线始终处于唤醒状态，无法休眠。

排除故障时，可以尝试逐个拔下总线上控制单元的保险丝，观察总线是否可以休眠。如果拔下某个控制单元的保险丝后，总线可以正常休眠，则故障就在这个控制单元上。

知识小结

1. 高速 CAN 和低速 CAN 工作特性和常见故障（见表 2-7）

表 2-7 高速 CAN 和低速 CAN 工作特性和常见故障

特性	高速 CAN	低速 CAN
传输速率	500 kbit/s	100 kbit/s
单位比特波形时长	2 μs	10 μs
工作电压	CAN-H：2.5～3.5 V CAN-L：2.5～1.5 V	CAN-H：0～4 V CAN-L：5～1 V
万用表测量电压值	CAN-H：2.7 V 左右 CAN-L：2.3 V 左右	CAN-H：0.5 V 左右 CAN-L：4.5 V 左右
休眠电压	CAN-H：0 V CAN-L：0 V	CAN-H：0 V CAN-L：12 V
终端电阻	两边各一个 120 Ω 电阻， 测量值为 60 Ω	每个模块里都有终端电阻， 但无法测量到
能否单线运行	不能	能
唤醒方式	通过唤醒线唤醒或监测 总线电压变化唤醒	监测总线电压变化唤醒
互短故障波形	电压在 2.5 V 附近	均为 CAN-H 波形
CAN-H 对地短路	CAN-H、CAN-L 电压 均在 0 V 附近	CAN-H 电压恒为 0 V， CAN-L 波形正常
CAN-L 对地短路	CAN-L 电压在 0 V 附近， CAN-H 波形向上跳动	CAN-L 电压恒为 0 V， CAN-H 电压正常
CAN-H 对正极短路	CAN-H 电压在 12 V 附近， CAN-L 波形向下跳动	CAN-H 电压恒为 0 V， CAN-L 波形正常
CAN-L 对正极短路	CAN-H、CAN-L 电压 均在 12 V 附近	CAN-L 电压为 12 V， CAN-H 波形正常

2. 分段测量排除 CAN 总线故障

（1）测量波形、终端电阻，确认故障原因。

（2）断开蓄电池负极，拆下好拆的控制单元，用万用表电阻挡测量短路点之间电阻，若不再短路，则拆下的控制单元短路；若仍然短路则未拆部分短路。

（3）从中间断开 CAN 总线，分段测量电阻值，直到找到短路点。

习题 ▶▶ ▶

1. 填空题

（1）低速 CAN 的传输速率为_____，高速 CAN 的传输速率为_____。

（2）低速 CAN 休眠时，CAN-H 电压为_____，CAN-L 电压为_____。

（3）高速 CAN 休眠时，CAN-H 电压为_____，CAN-L 电压为_____。

(4) 高速 CAN 工作时，CAN-H 电压为_____，CAN-L 电压为_____。

(5) 低速 CAN 工作时，CAN-H 电压为_____，CAN-L 电压为_____。

2. 单项选择题

(1) 关于 CAN 总线终端电阻，以下说法中正确的是_____。

A. 测量低速 CAN-H 线和低线之间的电阻，测得 60 Ω 为正常

B. 测量高速 CAN-H 线和低线之间的电阻，测得 60 Ω 为正常

C. 测量高速 CAN-H 线和低线之间的电阻，测得 120 Ω 为正常

D. 测量低速 CAN-H 线和低线之间的面电阻，测得 0 Ω 为正常

(2) 高速 CAN 一个比特的波形所用时长为_____。

A. 2 μs   B. 5 μs   C. 10 μs   D. 1 ms

3. 多项选择题

(1) 以下关于高速 CAN 故障波形的说法中，正确的有_____。

A. CAN-H 和 CAN-L 互短，两个波形都维持在 2.5 V 附近

B. 当 CAN-H 对地短路时，CAN-L 波形正常

C. 当 CAN-L 对地短路时，CAN-H 波形正常

D. 当 CAN-H 对正极短路时，CAN-L 电压为车载电压 12 V

(2) 关于 CAN 总线休眠的说法中，正确的有_____。

A. 低速 CAN 休眠时，CAN-H 电压为 0 V，CAN-L 电压为 12 V

B. 低速 CAN 休眠时，CAN-H 电压为 12 V，CAN-L 电压为 0 V

C. 高速 CAN 休眠时，CAN-H 电压为 0 V，CAN-L 电压为 12 V

D. 高速 CAN 休眠时，CAN-H 电压为 0 V，CAN-L 电压为 0 V

(3) 以下关于 CAN 总线故障的说法中，正确的有_____。

A. 低速 CAN 总线中，CAN-H 接地短路，CAN-L 仍可以正常传输数据

B. 高速 CAN 总线中，CAN-H 接地短路，CAN-L 仍可以正常传输数据

C. 低速 CAN 总线中，CAN-H 与 CAN-L 短路，总线仍可以正常传输数据

D. 在 PT-CAN 中，单独断开任何一个控制单元，总线仍可以传输数据

4. 判断题

(1) (   ) 当 K-CAN 的两条线之一发生故障时，系统可以以单线运行。

(2) (   ) PT-CAN 属于高速 CAN 总线。

(3) (   ) 同一条 CAN 总线上所有控制单元收到的波形均相同。

(4) (   ) 使用万用表电压挡测量 CAN 总线电压时，测得电压应该在其显性电压附近。

5. 简答题

某车动力系统发生故障，使用示波器查看 PT-CAN 波形，发现 CAN-H 和 CAN-L 的电压均在 2.5 V 附近。请简述排除该故障的思路。

2.3 LIN 总线系统

2.3.1 LIN 总线系统概述和特性

1. LIN 总线的发展与应用

LIN 是 Local Interconnect Network 的缩写，意为区域内部连接网络。它是由 Audi（奥

迪）、BMW（宝马）、Daimler Chrysler（戴姆勒·克莱斯勒）、Motorola（摩托罗拉）、Volcano Communications Technologies（VCT 通信技术公司）、Volkswagen（大众）和 VOLVO（沃尔沃）等公司提出的一个汽车底层网络协议，其目的是给出一个价格低廉、性能可靠的低速网，在低速通信领域作为 CAN 总线的替代方案。LIN 总线协议和流程控制简单的总线系统应该能在低端的微控制器上实现而不需要额外的硬件来支持通信接口的实现。

LIN 总线成本低廉且传输速率较低，当前在车辆上一般作为子总线系统，即用于控制单元与其自身的传感器、执行器之间的通信，如车门主控单元与车门各功能模块之间的通信，空调主控单元与空调各风门之间的通信等。

当前，LIN 总线网络被广泛地应用于车辆机电系统中的许多领域，如带有门锁的车门模块、车窗驱动、车外后视镜调整；天窗控制；雨刷电动机控制；雨量传感器和光传感器；空调（操控信号传输及新鲜风进风风机控制）；前灯控制；座椅调整电动机控制；防盗安全等。

2. LIN 总线的技术特点

LIN 总线的数据传输速率较慢，最高为 20 kbit/s。典型的 LIN 网络最多可以有 16 个节点。

LIN 总线网络节点的电气接口不仅简单，而且可以用较低成本来实现。LIN 总线节点分为两种，即主节点和从节点。通常情况下，主节点连接在上一级的总线系统。LIN 总线节点是智能型执行器、智能型传感器或者简单的开关加上 LIN 总线接口。LIN 总线节点大多数成线性结构分布，通过单根导线相互连接，并且无须对导线进行屏蔽。

图 2-33 为典型的 LIN 总线连接图，空调控制器和天窗模块作为主节点，连接在上层总线，也就是 CAN 总线上，与其他控制单元通信。LIN 总线作为子总线，连接本功能的各从节点。

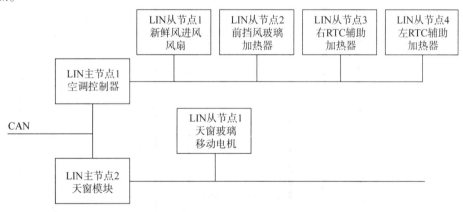

图 2-33　典型 LIN 总线连接图

LIN 总线通信遵循时间同步时序由主节点给出，因而 LIN 总线具有严格确定性的传输特性。

3. LIN 总线的通信

LIN 总线是通过主从方式来实现总线访问的。每一条消息都通过主节点发起，由相关的从节点做出响应。信息在一个主节点和一个或多个从节点之间交换（点对点方式、多点传输方式和广播方式）。

主节点和从节点之间的通信有以下几种方式。

（1）从节点响应：主节点向一个或多个从节点发送消息请求数据（如开关状态或者测量值）。

（2）主节点命令：主节点向一个从节点发送控制指令（如断开电动机的开关）。

（3）主节点发起两个从节点之间的通信。

可见，主、从节点访问机制中，数据传输完全由主节点控制，从节点之间无法直接互相通信，所以不需要仲裁和冲突处理。无论什么时候帧头都是由主节点发布，当主节点要发布数据时，整个帧全部由主节点发送。当从节点要发布数据时，帧头部分由主节点发布，应答部分由从节点发布，从节点不能主动发出数据。

4. LIN 总线的连接

LIN 总线为线型拓扑结构，所有节点均连接在一条线上，所有节点接收到的波形相同。具体到不同车辆上，LIN 总线实际的布线方式还分为并联式连接和串联式连接两种情况。

并联式连接如图 2-34 所示，LIN 总线从主节点引出，再分出多条线连接到各从节点上。这种连接方式适用于从节点较少的情况。

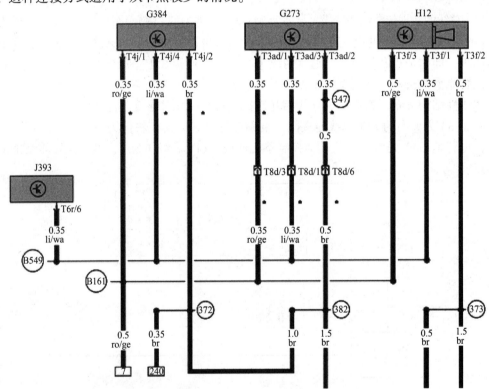

图 2-34　LIN 总线并联式连接

对于从节点较多的 LIN 总线系统，如果再采用上述的连接方式，就会导致线路过于复杂，因此常使用串联连接方式，如图 2-35 所示的宝马某车型空调风门电路图。空调控制单元为 LIN 总线的主节点，LIN 总线从空调控制单元的 16 号引脚引出，接入后座区风门马达 2 号引脚，再从其 3 号引脚引出，连接到左前脚部空间风门马达 2 号引脚，再从其 3 号引脚引出，连接到下一个从节点上，如图 2-36 所示。对于这种连接方式，从节点一般有 4 条线，即供电、接地、LIN 线入、LIN 线出，对于从节点较多的 LIN 线系统来说，简化了布线。需要说明的是，此处所说的"串联式"连接，只是一条 LIN 线依次连接各个节点的连接方式是串联的，实际上，从电路逻辑的角度讲，各节点上收到的电压、波形是一致的，从节点 LIN 线的进出也并没有经过从节点的转发而是在从节点内部直接连接的。也就是说，从电路逻辑上讲，各节点之间其实仍然是并联关系。

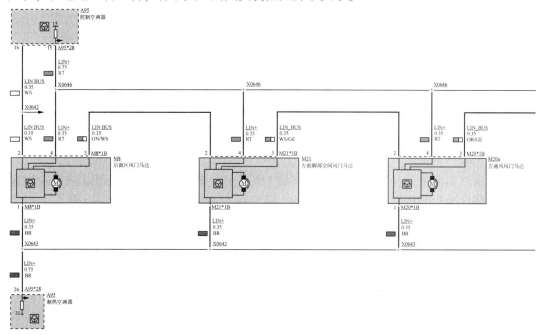

图 2-35　LIN 总线串联式连接

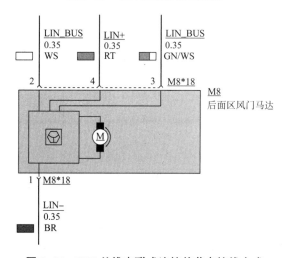

图 2-36　LIN 总线串联式连接从节点接线方式

2.3.2　LIN 总线系统的信号

1. LIN 总线的波形

LIN 总线的波形如图 2-37 所示，LIN 总线电压在车载电压（12 V）和 0 V 之间跳变。其中，12 V 高电压为 LIN 总线波形的隐性电压，代表二进制数字信号中的"1"，0 V 为显性电压，代表 2 进制数字信号中的"0"。从图中可以看出，LIN 线工作时，电压会从 12 V 车载电压降低到 0 V。

LIN 总线的传输速率一般不超过 20 kbit/s，根据标准，传输速率可以为 2.4 kbit/s、9.6 kbit/s 和 19.2 kbit/s。当传输速率为 19.2 kbit/s 时，每 1 bit 的波形所占时长约 50 μs。由于 LIN 总线只有一条线，不像 CAN 总线使用双绞线可以抵消两条线的电磁干扰，因此电压跳变较大以防受到外界干扰；同时，传输速率较慢，以防干扰其他设备。

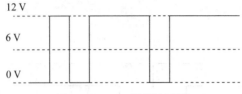

图 2-37　LIN 总线波形图

2. LIN 总线系统测量

使用示波器测量 LIN 总线时，红表笔接 LIN 总线，黑表笔搭铁。为了让波形清晰完整，可以将纵坐标调整为 2 V/格或 5 V/格，横坐标视情况调整到 50～100 μs/格。

LIN 总线使用示波器测得的实际波形如图 2-38 所示，在实际中，波形的高低电压有一定的容差率，并不精确等于车载电压和 0 V。低电压往往无法彻底拉低到 0 V，而是接近 0 V，一般在 1 V 左右，高电压也略低于车载电压。在节点发送信号时，高电压不低于车载电压的 80%，低电压不高于车载电压的 20%；在接收信号时，高于车载电压 60% 的电压均可识别为高电压，低于车载电压 40% 的电压均可识别为低电压。

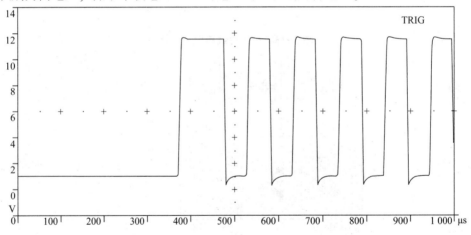

图 2-38　LIN 总线实测波形

使用万用表测量 LIN 总线时，需要使用直流电压挡 20 V 挡位，红表笔接 LIN 总线，黑表笔接地，测得电压应接近隐性电压，即略低于 12 V，一般实测为 8～11 V。如测得电压与之偏差较大，则 LIN 总线可能有故障。

3. LIN 总线休眠

与 CAN 总线类似，为了在非工作状态下节省能源，LIN 总线也有休眠状态。当 LIN 总线处于休眠状态时，LIN 总线电压为车载电压为 12 V 左右。

当 LIN 总线需要从休眠状态唤醒时，唤醒总线的节点会发送一个大于 150 μs 的显性电压，收到该电压后，整条 LIN 总线上的节点就都会被唤醒，LIN 总线恢复工作。

4. LIN 总线工作特性总结

LIN 总线与 CAN 总线工作特性对比如表 2-8 所示。

表2-8　LIN 总线与 CAN 总线工作特性对比

特性	LIN	高速 CAN	低速 CAN
传输速率	低于 20 kbit/s	500 kbit/s	100 kbit/s
单位比特波形时长	约 50 μs	2 μs	10 μs
工作电压	12 ~ 0 V	CAN-H：2.5 ~ 3.5 V CAN-L：2.5 ~ 1.5 V	CAN-H：0 ~ 4 V CAN-L：5 ~ 1 V
万用表测量电压值	8 ~ 11 V	CAN-H：2.7 V 左右 CAN-L：2.3 V 左右	CAN-H：0.5 V 左右 CAN-L：4.5 V 左右
休眠电压	12 V	CAN-H：0 V CAN-L：0 V	CAN-H：0 V CAN-L：12 V
终端电阻	无	两边各一个 120 Ω 电阻，测量值为 60 Ω	每个模块里都有终端电阻，但无法测量到
能否单线运行	—	不能	能
唤醒方式	监测总线电压变化唤醒	通过唤醒线唤醒或监测总线电压变化唤醒	监测总线电压变化唤醒

2.3.3　LIN 总线系统的典型应用

1. 车灯开关控制

现在车灯的功能越来越多，以代号为 G38 的宝马 5 系为例，如图 2-39 所示，灯开关有关闭大灯、打开小灯、自动大灯、打开大灯、调整开关背景灯亮度、开启停车警示灯、开启雾灯等功能。如果使用传统的连接方式，灯光开关可能需要十余条线束。使用 LIN 总线技术后，灯光开关和其主控单元主域控制器之间只需要 3 条线束，即灯光开关供电、接地和 LIN 线，如图 2-40 所示。

图 2-39　宝马 5 系车灯开关

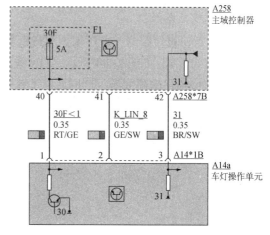

图 2-40　宝马 5 系灯光开关电路图

驾驶员对灯光开关的所有操作，都被灯光开关转化为数字信号，通过 LIN 总线进行传输，大大减少了线束数量。

2. 车辆氛围灯控制

现在很多高端车辆都配置了氛围灯系统，这些灯光根据设置可以改变其亮度和颜色。

由于氛围灯的数量很多，一般采用 LIN 总线串联连接的方式进行控制。

  类似前文的空调风门控制，如图 2-41 所示，每个氛围灯也是 4 个引脚，即供电、接地、LIN 线进、LIN 线出。上一个氛围灯的 LIN 线出连接到下一个氛围灯的 LIN 线进，通过这种方式，将所有的氛围灯连接起来。主控单元通过在 LIN 线上发送指令，各氛围灯就能根据指令改变颜色和亮度。

  以代号为 G38 的宝马 5 系为例，其氛围灯分为左右两路，由两组 LIN 总线分别控制，主控单元为车辆的主域控制器 BDC。其左侧车身氛围灯控制逻辑图如图 2-42 所示，BDC 引出的 LIN 线依次通过右前仪表、左前仪表、右前脚部空间、左前脚部空间、左前门、左后门、左前座椅。主域控制器通过车身 CAN 总线读取中控屏幕上对氛围灯的设置，再通过 LIN 线发送指令，从而控制这些氛围灯。

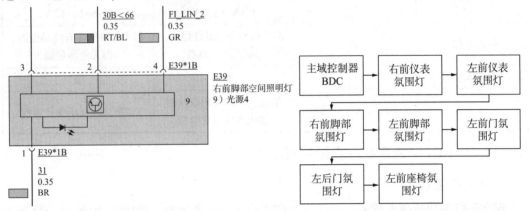

图 2-41 单个氛围灯电路图   图 2-42 宝马 G38 左侧氛围灯控制逻辑图

2.3.4 LIN 总线系统的常见故障与诊断

  与 CAN 总线类似，LIN 总线也有对正极短路、对地短路、断路等故障。

1. LIN 线短路故障

  LIN 线对正极短路时，电压恒为车载电源电压 12 V，如图 2-43 所示。LIN 线对地短路时，电压恒为 0 V，如图 2-44 所示。LIN 线发生以上两种短路故障时，从任何一个节点测量 LIN 线波形均为故障波形，同时此时 LIN 线上所有节点均无法正常通信。

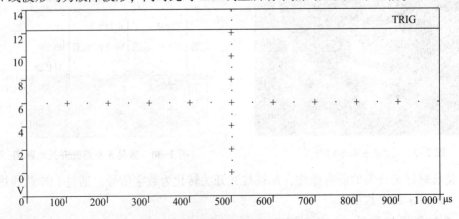

图 2-43 LIN 线对正极短路故障波形

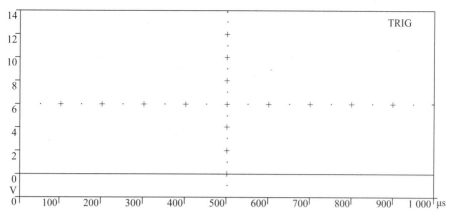

图2-44　LIN 线对地短路故障波形

以图 2-42 所示的车辆氛围灯 LIN 线系统为例，如果在这条 LIN 线上任何一个节点上或线路的任何一点上发生短路故障，则整条 LIN 线均无法工作，车辆的主域控制器 BDC 无法将指令发送到各从节点（也就是各个氛围灯），因此会导致所有氛围灯都不亮。

排除此类短路故障时，可以参考前文 CAN 总线故障诊断中关于短路故障排除方法的内容。

2. LIN 线断路故障

对于 LIN 线断路故障，如果从断点将 LIN 线分为两部分，靠近 LIN 线主节点一侧的线路波形正常，相应功能也正常；而断点另一侧，从节点可以给 LIN 线正常供电，因此 LIN 线仍可保持 12 V 的隐性电压，又由于主节点的信号无法传输过来，从节点也无法主动发送信号，LIN 线将一直保持 12 V 电压不变。

这种故障，要注意和 LIN 线对正极短路的故障进行区分。LIN 线如果对正极短路，那么在 LIN 线任意一点测量波形均为 12 V 不变，而断路故障，断点靠近主节点一侧是有波形的。观察故障现象，对正极短路的 LIN 线上所有功能均无法正常工作，而断路故障 LIN 线上部分功能是可以正常工作的。

同样，以图 2-42 所示的车辆氛围灯 LIN 线系统为例，如果左前脚部氛围灯和左前门氛围灯之间的 LIN 线断路，那么左前脚部氛围灯之前的氛围灯均可正常工作，左前门氛围灯之后的氛围灯无法正常工作。对于这类故障，可以无法正常工作的节点之前的一个节点开始逐步排查断路点。

3. 节点供电故障

当 LIN 总线某个从节点发生供电故障时，对于主节点而言，和 LIN 总线断路一样，都无法读取到该节点的数据，因此故障码和故障现象都相同。区别这两种故障的方法是在故障节点上测量 LIN 线的波形，如果是节点供电故障，则在该从节点上 LIN 线波形是正常的；如果是 LIN 线断路，在该从节点上测量 LIN 线波形为 12 V。

知识小结

LIN 总线工作特性和常见故障如表 2-9 所示。

表 2-9   LIN 总线工作特性和常见故障

特性	LIN
传输速率	低于 20 kbit/s
单位比特波形时长	约 50 μs
工作电压	12 ~ 0 V
万用表测量电压值	8 ~ 11 V
休眠电压	12 V
唤醒方式	监测总线电压变化唤醒
对正极短路波形	恒为车载电源电压
对地短路波形	恒为 0 V
断路故障	断点靠近主节点一侧波形正常,另一侧恒为 12 V

习题 ▶▶ ▶

1. 填空题

(1) LIN 总线的节点分为_____和_____两类。

(2) 对于串联从节点布局的 LIN 总线,从节点一般有 4 个引脚,分别是:_____、_____、_____和_____。

(3) LIN 总线的隐性电压为_____,显性电压为_____。

(4) LIN 总线的休眠电压为_____。

2. 单项选择题

(1) LIN 总线的拓扑结构是_____。

A. 线型   B. 环型   C. 星型   D. 混合型

(2) LIN 总线使用的通信介质是_____。

A. 单根电线   B. 双绞线   C. 光纤   D. 两根电线

(3) 对于正常工作的 LIN 总线,用万用表测量其电压,测得电压值最可能是_____。

A. 0 V   B. 12 V   C. 3 V   D. 10 V

3. 多项选择题

(1) 某车的一条 LIN 总线,在其中一个从节点上测量电压,恒为 12 V,可能原因有_____。

A. LIN 总线对正极短路   B. LIN 总线对地短路

C. LIN 总线断路   D. LIN 总线主节点故障

(2) 某车的一条 LIN 总线,由一个主节点和一个从节点组成,在主节点上测量 LIN 线波形正常,但从节点无法通信,故障可能原因有_____。

A. LIN 线断路　　　　　　　　　B. 从节点供电线断路

C. 主节点供电线断路　　　　　　D. LIN 线与供电线短路

4. 判断题

（1）（　　　）LIN 线由于成本较低，广泛用于各控制单元之间的通信。

（2）（　　　）LIN 总线上各节点接收到波形均相同。

（3）（　　　）使用万用表电压挡测量 LIN 总线电压时，测得电压应该在其显性电压附近。

（4）（　　　）LIN 总线发生断路故障会使得整条总线无法工作。

5. 简答题

一条由 1 个主节点和 10 个从节点串联组成的 LIN 总线，从第 6 个开始的从节点无法工作。试分析可能的原因有哪些。

2.4　FlexRay 总线系统

2.4.1　FlexRay 总线系统概述和特性

1. FlexRay 总线的发展与应用

随着汽车电子技术的发展和线控系统（X-By-Wire）的增加，对于车载网络通信系统的要求也在不断提高。之前在车辆上被广泛应用的 CAN 总线已经不能适应高通信速率的需要，不能满足分布式控制系统对于同步和延时的要求。在这样的背景下，产生了一些基于时间触发、传输速率高、通信延时小且固定的总线，FlexRay 总线就是其中一种。

1995 年，宝马汽车公司（BMW）和博世公司（BOSCH）开始探索线控技术。1999 年，宝马汽车公司和戴姆勒-克莱斯勒公司（Daimler Chrysler）开始进行 FlexRay 总线的研究。2000 年 9 月，宝马、戴姆勒-克莱斯勒、摩托罗拉公司（Motorola，后来成为飞思卡尔公司）和飞利浦公司（Philips，后来成为恩智浦半导体公司）一起成立了 FlexRay 联盟。Flex 取自 Flexibility，意为"灵活的"，Ray 指联盟的标志——鳐鱼（见图 2-45）。之后，博世、通用汽车公司（General Motors）、大众汽车公司（Volkswagen）也加入进来，这 7 家公司是 FlexRay 联盟的核心成员，负责制订 FlexRay 需求定义，开发 FlexRay 通信协议，定义数据链路层，提供支持 FlexRay 的控制器开发物理层规范。

图 2-45　FlexRay 联盟标志

2001 年，联盟提出了硬件解决方案，出现了第一个收发器原型。2004 年 6 月公布名为"FlexRay2.0"的扩展协议规范。2005 年 5 月，公布名为"FlexRay 2.1"的扩展协议规范。2005 年 11 月，推出第一个内置 FlexRay2.1 通信控制器的微控制器。2006 年 9 月，宝马公司推出的车辆 X5 中的主动式阻尼控制系统采用了 FlexRay 总线，这标志着 FlexRay 总线开始进入整车实际应用阶段。2008 年，宝马 7 系全面应用了 FlexRay 总线。这一时期，奥迪、宾利、劳斯莱斯、奔驰、兰博基尼、路虎、沃尔沃等汽车制造商也陆续上市了配备有 FlexRay 总线的车型。

随着 FlexRay 通信协议逐步发展成熟，几乎所有核心的汽车制造商、电子和半导体公司都加入了该联盟。FlexRay 成员分为 4 个等级，分别是核心成员、重要联系成员、联系成员和开发成员。截至 2009 年 9 月，该联盟共有 28 个重要联系成员和 60 多个联系成员。2009 年年底，为了开放式发展，FlexRay 协议被提交至国际标准化组织（ISO），随后 FlexRay 联盟宣告解散。

2. FlexRay 总线的技术特点

FlexRay 作为新一代汽车总线技术，为满足未来通信系统的需要，具有一系列先进特性，其主要特点如下。

1）高传输速率

FlexRay 总线支持两个通信信道，可在单通道上以 10 Mbit/s 的传输速率进行通信。当两个通道传输相同的信息时，具有冗余容错能力；当两个通道传输不同信息时，总通信速率最高可达到 20 Mbit/s。即使车辆上常用的冗余传输模式的 10 Mbit/s 的传输速率，也远高于 CAN 总线，其传输速率达到高速 CAN 总线的 20 倍、低速 CAN 的 100 倍。

2）时间确定性

FlexRay 通信是以循环通信周期为基础的，在一个通信周期中采用两种媒体访问方法，分别为时分多址（Time Division Multiple Access，TDMA）和柔性时分多址（Flexible Time Division Multiple Access，FTDMA），周期性发送的消息在通信周期中拥有固定的时隙。即使此时重要高即时性数据无须传输，时分多址技术也会给重要数据按时间保留传输时间，以保证数据传输的确定性，但是可能会浪费传输容量。为了尽可能协调传输效率和传输可靠性，FlexRay 还采用了柔性时分多址技术，在这种技术下，数据传输以静态传输和动态传输交替的方式进行。静态传输时，总线通过时分多址的方式进行控制，数据由固定数量和相同长度的静态时槽组成，数据可以被准确准时地传输；动态传输部分，信息传输的长度不固定，使用"动态时槽"实现了可变长度传输窗口。

3）分布式时钟同步

FlexRay 的访问方法是基于同步时基的，同步时基通过协议自动建立和纠偏，时基的精确度介于 $0.5 \sim 10 \ \mu s$，一般取值为 $1 \sim 2 \ \mu s$。根据这个同步时基，网络中的所有节点都可以达到同步，并能预知消息到来的时间，保证消息接收的可靠性。为了保证时钟同步，FlexRay 总线中需要有一个或多个节点带有同步功能，以这些节点的时钟为基准，保证各节点的时基同步。

4）容错数据传输

FlexRay 总线具有专用决定性故障容错协议，支持多级别容错能力。此外，FlexRay 具有双通道冗余通信能力，可实现两通道间硬件功能的完全复制，并进行进度监测，进一步提高网络容错能力。

5）灵活性

FlexRay 总线支持总线型、星型及混合型等多种拓扑；采用两种媒体访问方式，既具有时间触发的确定性，也具有事件触发的灵活性；支持两个通信信道，既能用于冗余容错，也能用于增加总线带宽（并行通信方式）；且提供大量可配置的参数供用户进行系统调整、扩展，可以满足不同的需求。

基于上述特点，FlexRay 具有广泛的应用领域。

（1）替代 CAN 总线。在数据速率要求超过 CAN 的应用中，传统上会采用两条或多条 CAN 来实现高速数据传输，FlexRay 的数据传输速率远高于 CAN，可以替代这种多总线解决方案。

（2）用作"数据主干网"。FlexRay 具有很高的数据速率，且支持多种拓扑结构，非常适合作为车辆骨干网络，用于连接多个独立的子网络。

（3）用于分布式控制系统。分布式控制系统用户要求确切知道消息到达的时间，且消息周期偏差非常小，这使得 FlexRay 成为具有严格实时要求的分布式控制系统的首选手段，可用于动力系统、底盘系统的集成控制中。

（4）用于高安全性要求的系统。FlexRay 具备很强的容错冗余能力，可以支持面向安全的线控系统设计。

3. FlexRay 总线的拓扑结构

FlexRay 总线和 CAN 总线一样采用双绞线进行数据传输，但不同于 CAN 总线只能使用线型总线拓扑，FlexRay 支持线型、星型以及混合型拓扑结构，因此 FlexRay 总线的拓扑结构非常灵活。

1）线型拓扑

FlexRay 的线型拓扑如图 2-46 所示，其中黑色小方块代表总线末端或对应控制单元内安装了终端电阻以抑制反射波和提高电磁兼容性，白色小方块代表没有安装终端电阻，控制单元之间的单实线代表双绞线。FlexRay 总线的终端电阻一般为每侧 90 ~ 110 Ω，测量同一组双绞线之间的电阻，阻值一般为 45 ~ 55 Ω。这种连接方式，所有的控制单元均直接并联在两条双绞线上，总线最两端需要安装终端电阻，所有控制单元之间均可直接通信。

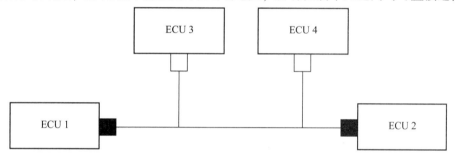

图 2-46　FlexRay 的线型拓扑

如果在线型拓扑中，只有两个节点，则成为线型拓扑的特殊形式，点对点连接，如图 2-47 所示。

图 2-47　FlexRay 的点对点连接

2）星型拓扑

在 FlexRay 的星型拓扑结构中，存在一个中间节点，各节点之间的数据，需要经由中央节点转发，这个中央节点又叫主动耦合单元。如图 2-48 所示，ECU 1 即为一个中央节点，ECU 2 ~ 5 之间需要互相发送数据，均需要经由 ECU 1 转发。因此，中央节点可以对数据传输和故障进行控制，提高了总线的可靠性。

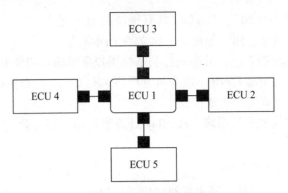

图 2-48　FlexRay 的星型拓扑

需要时，星型拓扑结构还可以进行级联拓展，两个中央节点点对点直连，如图 2-49 所示。这种情况下，ECU 3 ~ 5 的数据，需要经过 ECU 1、ECU 2 两次转发才能被 ECU 6 ~ 8 接收到。为了保证通信质量，FlexRay 的协议规定级联不能超过两个中央节点。

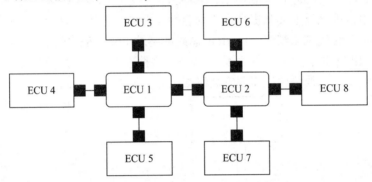

图 2-49　FlexRay 的星型级联拓展

3）混合型拓扑

星型拓扑结构的分支可以像图 2-48 那样是一个单独的控制单元，从而组成一个典型的星型拓扑；也可以是像图 2-50 那样是一个总线型网络，从而形成一个混合型拓扑结构。在这个混合型拓扑中，ECU 2、6、7 与 ECU 1 组成一个线型拓扑结构，这个线型总线上的控制单元通过 ECU 1 与 ECU 3、4、5 通信。

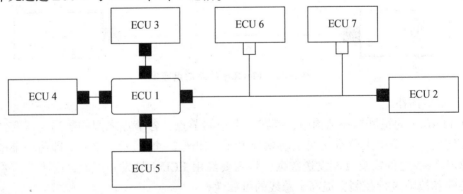

图 2-50　FlexRay 的混合型拓扑

根据实际需要，FlexRay 还可以像图 2-51 这样，在中心节点周围灵活布置多个线型拓扑子网，提升了总线布局的灵活性。

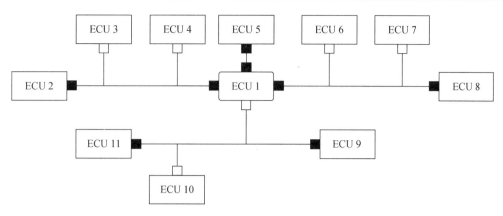

图 2-51　FlexRay 的混合型拓扑 2

2.4.2　FlexRay 总线系统的信号

1. FlexRay 总线的波形

FlexRay 总线的两条线分别叫作 BP 和 BM，其波形如图 2-52 所示。根据线上电压不同，可将总线表述为 4 种不同的状态，分别为 Idle_LP、Idle、Data_1 和 Data_0。

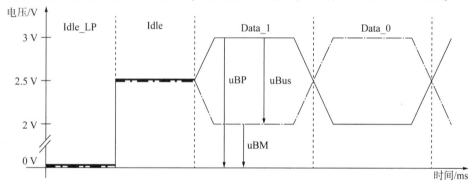

图 2-52　FlexRay 总线的波形

1）Idle_LP 状态

低功率状态。总线上没有驱动电流，BP 和 BM 都通过下拉电阻接地，电压均为 0 V，总线此时处于休眠状态。处于休眠状态的总线需要唤醒时，可以通过单独的唤醒线来唤醒，也可以检测总线上的电压变化接收唤醒报文来唤醒。

2）Idle 状态

空闲状态。总线处于工作状态，但是没有传输任何数据，此时 BP 和 BM 电压均为 2.5 V。

3）Data_1 状态

BP 为高电压（约 3 V），BM 为低电压（约 2 V），BP 与 BM 之间电压差为正，代表二进制数字信号中的"1"。

4）Data_0 状态

BP 为低电压（约 2 V），BM 为高电压（约 3 V），BP 与 BM 之间电压差为负，代表二进制数字信号中的"0"。

与 CAN 总线进行对比，CAN 总线有休眠、隐性电压、显性电压 3 种状态，隐性电压代表"1",而显性电压代表"0"。对于 FlexRay 而言,有两个显性电压,也就是上文所述的 Data_1 和 Data_0 分别代表"1"和"0",而隐性电压不代表"1"。同时,与图 2-16 的高速 CAN 总线波形进行对比,BM、BP 的电压总是围绕隐性电压 2.5 V 上下交错的,且电压差为 1 V,小于高速 CAN 的 2 V;由于传输速率远高于 CAN 总线,因此 FlexRay 总线一个波形的时长也远小于 CAN 总线,仅为 0.1 μs,即 100 ns。

2. FlexRay 总线的测量

使用示波器测量 FlexRay 总线时,需要使用双通道示波器,多两个通道的红表笔分别连接 BP、BM,两个黑表笔搭铁。为了使波形更清晰,可以将纵坐标调整到 500 mV/格或 1 V/格左右,横坐标调整到 500 ns 左右。总线实测波形如图 2-53 所示。

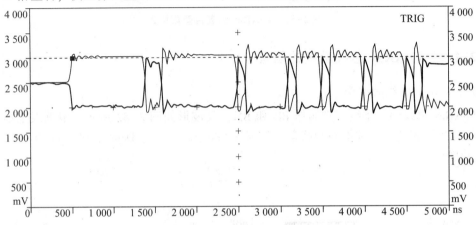

图 2-53 FlexRay 实测波形

使用万用表测量 FlexRay 总线时,需要使用直流电压挡 20 V 挡位,红表笔接 BP 或 BM,黑表笔接地。测得电压应接近隐性电压,即 2.5 V 左右。如测得电压与之偏差较大,则 FlexRay 总线可能有故障。

2.4.3 FlexRay 总线的典型应用

图 2-54 是代号为 G38 的宝马 5 系的 FlexRay 总线示意图。其中,BDC 是主域控制器,也就是车身计算机和网关;DME 是发动机控制单元;EPS 是电子助力转向控制单元;SAS 是特种装备控制单元,主要控制驾驶辅助系统;DSC 为动态稳定控制系统;ACSM 为碰撞安全模块,主要控制安全气囊和车身姿态管理。

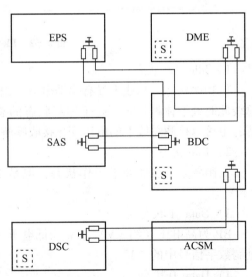

图 2-54 宝马 5 系 FlexRay 总线示意图

该 FlexRay 总线由三个子网络组成,子网络一由 BDC、DME、EPS 组成线型拓扑结构,其中 DME 和 EPS 中有终端电阻;子网络二由 BDC 和 SAS 点对点连接组成,两个控制单元中均有终端电阻;第三个子网络由 BDC、ACSM 和 DSC 组成线型拓扑结构,其中 BDC 和 ACSM 上有终端电阻。这三个子网络又在 BDC 处形成星型拓扑结构,三个子网络内部的控制单元之间可以直接通信，三个子网络之间需要经由 BDC 转发数据。

从图中还能看到，为了布线方便，两个线型的子网络并没有像图 2-46 那样将总线布局在控制单元外部，中间的控制单元再并联在总线上；而是将中间的控制单元串联入总线里，这样中间的控制单元就有四个 FlexRay 接口，本质上仍然是线型拓扑。

图上 DME、BDC、DSC 三个控制单元上，标有字母 S，代表这三个控制单元带有同步功能，整个 FlexRay 总线进行通信前，这些控制单元会协调总线时钟，其他控制单元会使用这一协调好的时钟，以保证整个总线系统时钟保持一致。反之，如果这三个控制单元同时无法工作，整个 FlexRay 总线将都无法正常工作。

▌知识小结

FlexRay 与高速 CAN 工作特性对比如表 2-10 所示。

表 2-10　FlexRay 与高速 CAN 工作特性对比

特性	FlexRay	高速 CAN
传输速率	10 Mbit/s	500 kbit/s
单位比特波形时长	0.1 μs	2 μs
工作电压	BP：2 ~ 3 V BM：2 ~ 3 V	CAN-H：2.5 ~ 3.5 V CAN-L：2.5 ~ 1.5 V
万用表测量电压值	BP、BM 均在 2.5 V 左右	CAN-H：2.7 V 左右 CAN-L：2.3 V 左右
休眠电压	BP：0 V BM：0 V	CAN-H：0 V CAN-L：0 V
终端电阻	两边各一个 90 ~ 110 Ω，测得 45 ~ 55 Ω	两边各一个 120 Ω 电阻，测量值为 60 Ω
唤醒方式	通过唤醒线唤醒或监测总线电压变化唤醒	通过唤醒线唤醒或监测总线电压变化唤醒
时钟同步	需要时钟同步，总线上有部分控制单元有时钟同步权限，通信前其他控制单元需要先从这几个控制单元上获取时钟节点。 如果所有具有时钟同步权限的控制单元都发生故障，则整个总线不能通信	无需时钟同步
故障特点	发生短路、断路等故障时，仅故障支路不能通信	发生短路、断路等故障时，整个总线上所有控制单元均无法通信

🕹 习题 ▶▶ ▶

1. 填空题

（1）FlexRay 总线的传输速率为_____。

（2）FlexRay 总线可以支持_____、_____和_____多种拓扑结构。

（3）FlexRay 总线使用双绞线传输数据，这两条线称为_____和_____。

（4）FlexRay 总线的休眠电压为_____，空闲状态电压为_____。

2. 单项选择题

（1）FlexRay 传输数据时，BP 和 BM 两条线之间的电压差的绝对值是_____。

A. 1 V　　　　　　B. 2 V　　　　　　C. 3 V　　　　　　D. 0.5 V

（2）使用示波器测量 FlexRay 总线时，以下横坐标设置最合适的是_____。

A. 50 μs/格　　　B. 5 s/格　　　　C. 5 ms/格　　　　D. 500 ns/格

（3）使用万用表测量某工作正常的 FlexRay 总线时，最有可能测得的电压是_____。

A. 5.07 V　　　　B. 1.32 V　　　　C. 2.52 V　　　　D. 0.06 V

3. 多项选择题

（1）使用诊断仪进行故障诊断，发现 FlexRay 总线上的所有控制单元均无法通信，这个总线的拓扑结构是星型与线型混合拓扑，星型中央节点为整车网关。请分析故障有可能的原因有_____。

A. 某条线型子网两条线互短　　　　B. 所有时钟同步节点均发生故障

C. 星型中央节点故障　　　　　　　D. 某条子网断路

（2）以下关于 FlexRay 总线波形的说法中，正确的有_____。

A. 休眠电压为 0 V

B. BP 的电压永远高于或等于 BM 电压

C. 不传输信号时，电压为 2.5 V

D. 传输数据时，总线电压在 2～3 V 之间跳变

4. 判断题

（1）（　　）车速、转速等重要数据在 FlexRay 总线上传输时，可能因为总线传输信道拥堵导致无法及时发送。

（2）（　　）FlexRay 总线的隐性电压代表二进制中的"1"。

（3）（　　）FlexRay 有两种显性电压。

（4）（　　）用万用表测量 FlexRay 总线的电压，发现两条线的电压都接近隐性电压 2.5 V，说明总线没有通信。

5. 简答题

某车的 FlexRay 总线上所有的控制单元均无法通信，试分析其可能的故障原因有哪些。

2.5　车载以太网

2.5.1　车载以太网概述和特性

1. 车载以太网的发展与应用

伴随着汽车电子化程度越来越高，车内电子元件越来越多，尤其是随着自动驾驶、辅

助驾驶技术的发展，车内数据流越来越多，对总线传输速度的要求日益提高，传统的车载网络已经逐渐无法满足未来车辆对于数据传输带宽以及实时性的需求。

在这种背景下，车载以太网应运而生，用于连接汽车内各种电气设备。所谓以太网就是家里计算机和路由器之间的网线连接，在计算机领域已经使用多年。车载以太网则是在传统以太网协议的基础上，改变了物理接口的电气特性，并结合车辆应用需求定制的一些新标准而产生的新型车载总线网络。与其他类型的总线网络相比，车载以太网具有高带宽的优点，车载以太网的 100 Mbit/s 乃至将来 Gbit/s 级的传输带宽带来了高传输速率，可以满足车联网或智能驾驶领域大批量数据传输的需求；同时，其使用非屏蔽单组双绞线满足车载电磁兼容性（EMC）的要求，相比传统以太网可减少高达 80% 的线束成本和高达 30% 的线束质量。

车载以太网的历史可以追溯到 2004 年，宝马公司为加速汽车故障诊断软件的刷写过程，选择并发起使用标准的 100BASE-TX 以太网来解决此问题的研究。2008 年，宝马采用 100BASE-TX 技术，即采用两对非屏蔽双绞线（UTP）电缆和以太网 RJ45 连接器与车载自诊断系统（OBD）连接器相连，用于解决故障诊断和程序刷写问题。此外，这项技术也在 2008 年用于宝马车辆的高端后座娱乐系统的头部（HU-RSE）导航数据传输问题，但为了满足车辆 EMC 要求，物理链路需要屏蔽，造价高昂。

2008 年 1 月，博通公司提出的 BroadR-Reach 技术进入宝马 EMC 实验室，测量结果显示其具有超越许多传统网络技术的 EMC 性能，并证实了在汽车环境中可以使用单对非屏蔽线缆以 100 Mbit/s 的速率传输以太网数据包。

2009 年 8 月博通、哈曼、英特尔和思科等公司成立 AVNU 联盟，目的是促进新型的 IEEE 802.1 音视频桥接（AVB）以及相关的 IEEE 1722 和 1733 标准，推动 AVB/TSN（Time-Sensitive Network，时间敏感网络）在汽车领域的应用，以及可用于各应用的音频/视频的 QoS 机制。这一技术可以解决传统以太网音视频传输可靠性、实时性的问题。

2011 年 11 月，为解决阻碍车载以太网推广应用的问题，由博通、恩智浦以及宝马公司发起成立了开放产业联盟，旨在推动将基于以太网的技术标准应用于车内联网。其主要标准化目标是制定 100 Mbit/s BroadR-R 的物理层标准、制定 OPEN 的互通性要求。

2013 年，宝马发布首款搭载车载以太网 100BASE-T1/OABR 的 BMW X5 车型，将车载以太网用于环视系统（SVS）中摄像头数据到环视 ECU 的传输信道。2015 年，宝马 7 系将车载以太网用作信息娱乐系统与辅助驾驶系统的系统总线。

2015 年 10 月和 2016 年 6 月，IEEE 分别发布 100BASE-T1 和 1000BASE-T1 标准，标志着车载以太网的标准化。

2016 年，已有多家汽车制造商声明他们已上路的量产车上支持车载以太网。随着汽车智能化、网联化的发展，汽车以太网在先进辅助驾驶系统领域获得了极大成功，被广泛用于激光雷达、机器视觉等数据的传输。车载以太网从开始时应用于外部访问汽车 ECU 的诊断和固件程序刷新阶段，逐渐发展到作为汽车网关的重要附件用于连接摄像机或多媒体组件，目前正在向着用车载以太网为骨干网络的方向快速发展。

2. 车载以太网的技术特点

车载以太网具有以下技术特点。

1）高带宽、低时延

相比于 CAN 总线的 500 kbit/s，车载以太网的传输速率可以达到 100 Mbit/s，将来可能扩展到 1 Gbit/s，显示了其具有高带宽的特点。高带宽带来了网络的低时延特性。配合音视频桥接（Audio Video Bridging，AVB）以及时间敏感网络（Time Sensitive Networking，TSN）技术，给网络传输增加了确定性，能够更加精准地控制延迟和音视频之间的同步，使得音视频信息的快速、无延迟的传输，保证了驾驶辅助等系统视频信息的可靠传输。

2）布线成本低

传统 100 M 以太网使用两对双绞线传输数据，1 000 M 以太网使用四对双绞线传输数据。与之相比，车载以太网使用一对双绞线就能完成数据传输，使得占整车成本很大比例的线束成本大幅降低。

3）全双工通信

车载以太网的控制单元之间均为点对点连接，全双工是指两个相连的节点可以同时发送和接收数据。与 CAN 总线网络相比，主要有三个优点：①两个设备可以立即发送和接收，节点通信过程中没有冲突发生；②更大的总带宽，以在 100 Mbit/s 的车载以太网为例，考虑到两边的节点可以同时发送和接收数据，理论上可以具有最大 200 Mbit/s 的传输速率；③为不同设备对之间的同步对话以及 AVB 等高级功能铺平了道路。

4）采用分组交换技术

分组交换技术，可以将通信数据分成若干分组，以太网中称这些分组为帧。这些帧可以在节点间的物理链路上发送，允许多个设备间同时实现数据分组交换。这个负责数据分组交换的设备叫交换机，在现代交换机内部，可以实现将来自不同发送方的帧数据发送到各自的接收方，因此可以实现内部多个设备之间数据的同时交换，如图 2-55 所示。这就类似计算机局域网络，一台计算机发送数据时，可以通过交换机将数据发送到指定的另一台计算机上，而不需要发送到所有计算机上。

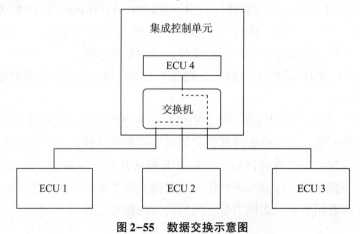

图 2-55　数据交换示意图

5）传输可靠性高

传统以太网默认的转发机制叫作 Best Effort，也就是尽力而为。意思是说当数据包抵达端口后，本着先入先出的原则进行数据转发。当网络的流量较低时没有问题，但是当大量的数据包在较短时间内抵达端口，无法全部处理时，就会对数据进行缓冲，造成延时，严重时甚至会抛弃一部分数据，这就是为什么我们用计算机、手机看视频有时候会"卡"。如果传统以太网传输技术直接用在车辆上，辅助驾驶摄像头的图像卡顿的话，可能会造成致命的后果。车载以太网采用了 AVB/TSN 技术，在车载以太网中通过测量各节点与网关时钟的延迟、频率差别，从而在整个网络上实现时钟同步，并在此基础上数据发送进行有效控制，保证传输的低延迟和高可靠性。

6）数据线供电技术 PoDL

在传统上，联网的电子设备需要两个链接：一个用于接入网络，另一个用于供电。无论办公室等常规网络环境还是车载网络均是如此。在传统的以太网中，有一种技术叫以太网供电（POE），在车载以太网上，也有一个类似的技术叫 PoDL。通过引入 PoDL 数据线供电技术，可以通过网关给 12 V 设备提供最大 1 W 的电源，给 5 V 设备提供最大 1 W 的电源，从而可以简化控制单元的布线，对于功耗较低的控制单元，仅需连接车载以太网的数据线，无须连接电源线。

3. 车载以太网的拓扑结构

和图 2-56 所示的传统以太网的拓扑结构类似，车载以太网也采用星型拓扑结构，如图 2-57 所示。需要增加节点时，只需要将其连接在交换机的空余端口上即可。

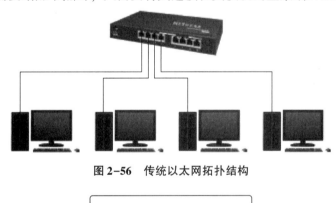

图 2-56　传统以太网拓扑结构

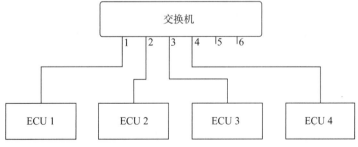

图 2-57　车载以太网星型拓扑结构

当节点数量较多，交换机端口不足时，车载以太网的拓扑结构还能从星型进化为树型，如图 2-58 所示。

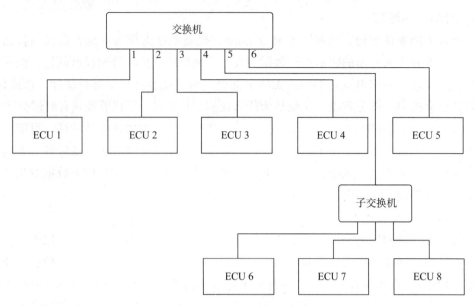

图 2-58　车载以太网树型拓扑结构

2.5.2　车载以太网的信号

1. 车载以太网回声消除的原理

传统的百兆以太网为了实现全双工，使用两对双绞线共四条线进行数据传输，上行数据和下行数据各两条线，而车载以太网通过使用回音消除的技术，只使用一对双绞线就可以完成双向 100 Mbit/s 的数据传输，实现全双工。这是应用了回音消除技术。

在与车载以太网相连的控制单元通过 PHY 物理层接口（Physical Layer）与双绞线相连。在车载以太网中，双绞线两端的 PHY 会同时以相同频率发出信号，因此接收到的信号中，会混合对方发来的信号和自身发出的信号。所谓回声消除技术就是从混合信号中去除自身发出的信号，如图 2-59 所示。

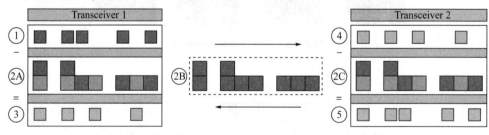

1—节点 1 发送的信号；2A、2B、2C—叠加信号；3—节点 1 收到的信号；
4—节点 2 发送的信号；5—节点 2 收到的信号。

图 2-59　回声消除原理示意图

如图 2-60 所示，PHY 内部有四个模块，一个信号发射模块，一个信号接收模块，一个信号混合模块，一个回声消除模块。信号发射模块发出信号后，同时传递给回声消除模块和信号混合模块。在回声消除器内部，信号发射模块发出的信号被取反，即 +1 V 变成 -1 V，-1 V 变成 +1 V。同时，PHY 发出的信号和收到的信号在信号混合模块内混合在一起，和取反后的发出信号混合，发出的信号和取反后的发出信号互相抵消，就得到了对方 PHY 发出的信号。

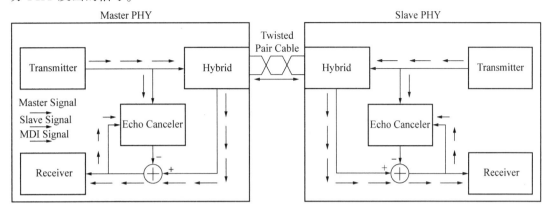

图 2-60　回声消除原理图

2. 车载以太网波形特征

搭载车载以太网的控制单元，通过一个标准化的名为 MII（与介质无关的接口）的接口与 PHY 通信。MII 的信号频率是 25 MHz，每个周期发送 4 bit 的数据，传输速度为 25 MHz×4 bit=100 Mbit/s。在 PHY 内部，则会将这个 25 MHz×4 bit 的数据，转化为 33.3 MHz×3 bit 的数据，这样就得到了 3 bit 一组的数据。3 bit 一共有八种可能性，PHY 将这八种可能性用双绞线之间的相对电压来传输给另一个 PHY。这个相对电压叫作差分电压，共有 1 V、0 V、−1 V 三种可能，如图 2-61 所示。信号的转化过程如表 2-11 所示。接收方的 PHY 在做了回声消除之后，再用相反的方法将电压变化转化为 bit 数据。

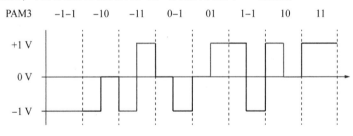

图 2-61　差分电压信号

表 2-11　4 bit 信号到电压的转化过程

4 bit 数据	0000		0101		0011		1001		0111		0111	
3 bit 数据	000		001	010		011		100		101	110	111
电压/V	−1	−1	−1	0	−1	1	0	−1	0	1	1	−1	1	0	1	1

因此，在车载以太网的两条信号线之间的电压有−1 V、0 V、1 V 共三种可能，考虑到信号叠加的问题，实际测得的电压有−1 V、−0.5 V、0 V、0.5 V、1 V 共五种可能。车载以太网实测波形如图 2-62 所示。

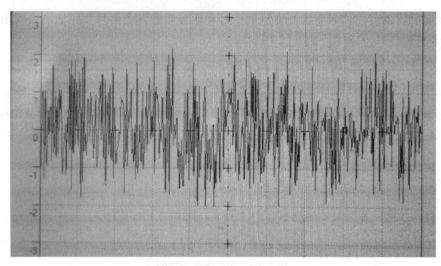

图 2-62　车载以太网实测波形

以上说的电压和波形，是两条线路之间的电压。如果按照传统的测量总线的方法，测量单线和接地之间的电压的话，波形如图 2-63 所示（彩图可扫描下方二维码）。

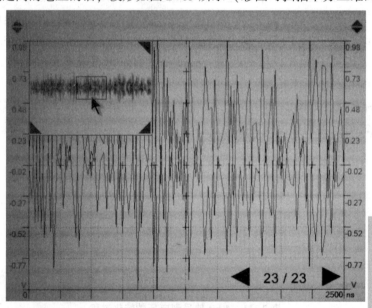

图 2-63 彩图

图 2-63　车载以太网单线对地电压

图 2-63 彩图中绿色为以太网高线（ETH_H）和接地线之间的波形，红色为以太网低线（ETH_L）和接地线之间的波形。从图中可以看到，以太网高线和低线之间的电压永远是反相的，即如果高线为 0.5 V，则低线为 -0.5 V；如果高线为 -0.25 V，则低线为 0.25 V。这样一来，两条线的电磁干扰就可以相互抵消，防止因为高频信号对其他线路造成干扰。

因此，单个 PHY 在单条线路上的电压可能为 0.5 V、0 V、-0.5 V。以 EHT_H 的电压为 0.5 V 为例，两条线之间的相对电压为：0.5 V-（-0.5）V=1 V。

3. 车载以太网测量的注意事项

传统的 CAN 总线既可以用示波器测量波形，也可以用万用表测量电压。而车载以太网的波形是在 0 V 上下波动的高频波形，如果使用万用表进行测量，测出的电压是 0 V。

因此，判断车载以太网信号是否正常，只能使用示波器进行波形测量，无法使用万用表进行电压测量。用万用表测得线路电压为 0 V，无法说明通信与否。

2.5.3 车载以太网的典型应用

在代号为 G38 的宝马 5 系上，使用了车载以太网技术，主要用于连接驾驶辅助相关系统和影音娱乐相关系统，控制单元布局和连接如图 2-64 所示，以太网组成如表 2-12 所示。从图中可见，BDC 主域控制器充当车载以太网的主交换机，其上有一个传统的以太网接口，连接车辆的 OBD2 诊断接口，用于车辆诊断和编程；还有四个双线的车载以太网，其中三个中控主机、TCB 远程通信盒和倒车摄像机，还有一个接口连接一个子交换机，用于扩展接口数量，以连接驾驶辅助摄像头等设备。

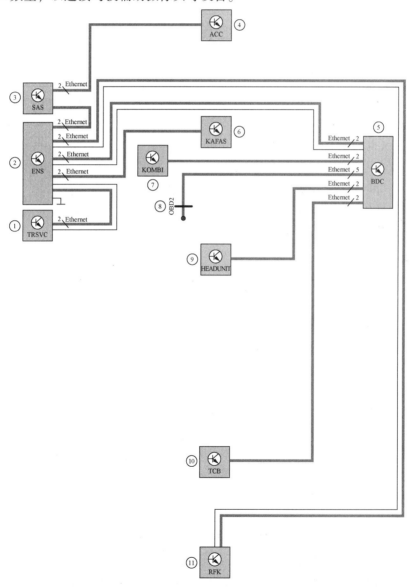

图 2-64 宝马 G38 以太网控制单元布局和连接

表 2-12　宝马 G38 以太网组成

索引	说明
1	顶部后方侧视摄像机 TRSVC
2	以太网交换机 ENS
3	选装配置系统 SAS
4	主动定速巡航控制系统 ACC
5	车身域控制器 BDC
6	基于摄像机的驾驶员辅助系统 KAFAS
7	组合仪表 KOMBI
8	OBD2 接口（带有五根导线的以太网）
9	中控主机 HEADUNIT
10	远程通信系统盒 TCB
11	倒车摄像机 RFK

知识小结

车载以太网的主要特点如下：

(1) 传输速率为双向 200 Mbit/s；

(2) 传输介质是双绞线；

(3) 采用星型或树型拓扑结构；

(4) 使用回声消除技术实现全双工通信。

习题

1. 填空题

(1) 车载以太网的传输速率为_____。

(2) 车载以太网的传输介质是_____。

(3) 车载以太网的拓扑结构是_____或_____。

2. 单项选择题

(1) 以下不属于车载以太网特性的是_____。

A. 高带宽　　　　　B. 使用光纤　　　　　C. 使用双绞线　　　　　D. 全双工通信

(2) 使用万用表测量某工作正常的车载以太网总线时，最有可能测得的电压是_____。

A. 0 V　　　　　B. 1 V　　　　　C. -1 V　　　　　D. 2 V

3. 多项选择题

(1) 车载以太网正常工作时，总线上两条线之间的电压差可能为_____。

A. -1 V　　　　　B. 1 V　　　　　C. 0 V　　　　　D. 2 V

(2) 与以太网相连的控制单元的 PHY 物理层接口里包括的组成模块有_____。

A. 信号发射模块　　　　　　　　　　B. 信号接收模块

C. 信号混合模块　　　　　　　　　　D. 回声消除模块

4. 判断题

（1）（　　）车载以太网只使用了一对双绞线，因此无法实现全双工通信。

（2）（　　）车载以太网的传输速率高于 FlexRay 总线。

5. 简答题

简述车载以太网有何技术特点。

2.6　其他常见总线系统

2.6.1　MOST 总线系统

1. MOST 总线的发展与应用

伴随着人们对车载娱乐功能、信息服务功能、通信功能需求的不断提高，越来越多的多媒体和信息通信技术被应用到汽车领域，典型的收音机被语音系统、音频放大器和 CD 播放器取代，与此同时，许多全新的功能，如导航、视频播放和语音输入等也被引入汽车中来。信息娱乐系统的发展对车载网络提出了新的要求，但是现有的 CAN、LIN 等总线标准都不足以用来传递实时性很强、传输带宽高的车用多媒体信息，MOST 总线便应运而生。

MOST（Media Oriented System Transport）总线全称为面向媒体的传输，是汽车行业多媒体和信息娱乐网络的技术标准，是为解决车用多媒体信息的传输而产生的一种面向多媒体的高速传输通信协议。该总线采用光纤进行数据传输，传输速率可以达到 25 Mbit/s 甚至更高，它可在连接到汽车恶劣环境的任何设备之间传输音频、视频、数据和控制信息。它的同步特性允许简单的设备能够提供内容，而其他设备则可以用最少的硬件来呈现内容。同时，它为音频和视频服务的传输提供独特的服务质量。虽然它的根源在汽车行业，但也可用于其他领域的应用，如其他运输应用、音视频网络安全和工业应用。

MOST 网络的发展叫追溯到 1996 年，宝马和 Harman/Becker 公司与 OASIS Slicion Systems 公司（多媒体设备芯片商，现在已被 SMSC 公司收购）合作，开始对 MOST 进行讨论，并且决定和其他汽车生产商共同进行开发。1998 年，宝马、奔驰、别克和 OASIS Slicion Systems 以德国民法合伙人（GbR）方式成立了 MOST 合作组织（MOST Cooperation），之后奥迪很快也加入该组织。MOST 合作组织的目标是定义通用的多媒体网络协议和应用对象模型，由于他们的努力，MOST 技术已成为实现汽车多媒体网络当前和未来需求的全球标准。2000 年，在都灵举办的 ITS 世界代表大会上，一些汽车制造商将 MOST 合作发展的技术进行了一次世界公演。起初，MOST 总线只应用在高级汽车中，随着技术的发展与成本的降低以及人们对车载信息娱乐功能需求的不断提高，MOST 技术在中低档车上也得到广泛应用。如今，MOST 技术几乎用于全球所有汽车品牌，包括奥迪、宝马、通用、本田、现代、捷豹和沃尔沃等。

MOST 技术的发展经历了以下三个阶段。

第一代 MOST 总线 MOST 25。MOST 25 是首个用于车内信息娱乐应用的光纤宽带网络，首次实现数据及娱乐信息高速和可靠的无缝连接。

第二代 MOST 总线 MOST 50。2006 年推出的 MOST 50，除了可以采用光纤传输之外，还可以采用屏蔽双绞铜线，传输速率可达 50 Mbit/s，这就为汽车制造商利用基于插件和组件方法设计车载网络带来更大的灵活性。

第三代 MOST 总线 MOST 150。2010 年 10 月 19 日，MOST 联盟宣布采用光纤宽带网络，MOST 150 首次被成功地应用在奥迪 A3 新车型上，接下来大众集团在其他车型上进行推广。

2. MOST 总线的传输介质

MOST 总线采用光纤作为传输介质。MOST 总线最初被定义为通过塑料光学纤维（Plastic Optical Fiber，POF）进行的光学传输。这里所使用的光学信号为波长为 650 nm 的红光。在发送端 Tx-FOT（Fiber Optic Transceiver，光纤收发器），光学信号由 LED 产生。在接收端 Rx-FOT 光学信号通过 PIN 光电二极管（PIN-Fotodiode）被还原为电信号。

汽车中使用的 POF 电缆内部为直径 980 μm 的光缆芯，外面环绕厚度为 20 μm 低折射率的光学保护套。这样，光纤的直径为 1 mm。光纤外面环绕一层黑色的缓冲层，再外面是电缆保护套。所有加起来，光纤电缆的直径为 2～3 mm，其截面图如图 2-65 所示。

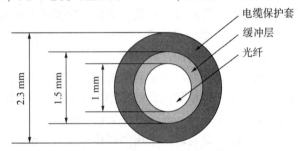

图 2-65　塑料光纤截面图

在汽车中应用 POF 导线有以下优点：①没有电磁辐射干扰；②对于电磁辐射干扰不敏感；③与同样屏蔽保护的电缆相比，质量更轻，也更便于灵活铺设。

迄今为止，汽车上设备内部连接所使用的多为以 POF 为传输介质的 MOST 总线。除此之外，MOST 也定义了其他的传输技术，包括以下两种。

（1）通过带激光二极管（VCSEL）的玻璃纤维电缆（PCS）光学传输技术，这种技术能提供较大的衰减裕量，以及较快的传输速率和对高温的不敏感性。

（2）通过铜线缆进行电学传输，这种传输技术对温度不敏感，且成本较低；但是对于较高的带宽要求需要额外的屏蔽措施，这样会影响成本和电缆连线。

MOST 总线由于使用光纤进行数据传输，因此无法使用万用表或示波器进行测量。

3. MOST 总线的拓扑结构

MOST 总线采用环型拓扑结构，图 2-66 所示，每个设备通过相应的入口或出口分别与前一个或后一个设备环状连接。其中有一个设备作为时序主控节点，能产生数据传输所需的数据帧，而其他设备通过数据帧与时序主控同步。

每个设备都设有一个旁路。如果该旁路闭合，信号将通过旁路直接传输。因此，对 MOST 系统来说，旁路闭合时，该设备是不可见的。旁路机制的作用在于：例如，系统起动时，某个设备需要更多的时间来初始化，或是某设备在一定温度条件下自动关闭时，环状通信仍可进行。

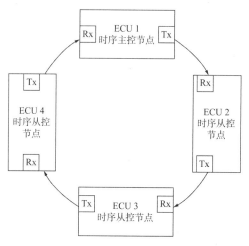

图 2-66 MOST 总线环型拓扑结构

　　MOST 系统也可以采用其他的拓扑结构，如星型拓扑结构，但是内部总是一个逻辑环状结构。例如，可以通过中央网络集线器来实现星型结构内部的逻辑环状结构。

　　4. MOST 总线的典型应用

　　宝马在车辆的娱乐系统上使用了 MOST 总线系统，图 2-67 为代号为 G38 的宝马 5 系的总线概览图局部，展示了 MOST 总线的组成。从图中可以看到，MOST 为环型拓扑结构，连接了 HEADUNIT 中控主机、RSE 后座娱乐系统、VM 视频模块和 AMPT 高保真音响放大器。图中 ZGM 为整车的网关，安装在 BDC 主域控制器内部，但是有单独的插头。K-CAN4 和 K-CAN5 是车身总线，Ethernet 是车载以太网。

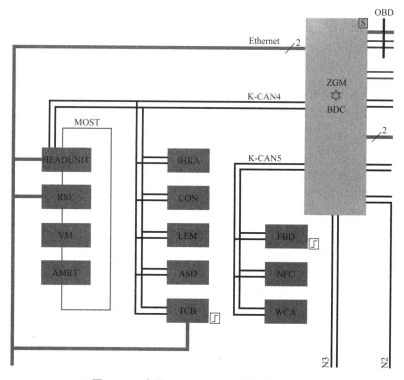

图 2-67 宝马 G38 MOST 总线概览图局部

其中，主机除了连接在 MOST 上之外，还连接了 K-CAN4 总线，这是为了起到网关的作用，MOST 总线上的其他控制单元可以通过主机将数据转发到 CAN 总线上，便于进行故障诊断和程序升级。

此外，主机和后座娱乐系统还额外连接了车载以太网，作为 MOST 总线故障时的后备通信方式。

2.6.2 CAN FD 总线系统

1. CAN FD 总线的发展和应用

电动汽车和无人驾驶汽车快速发展，高级驾驶辅助系统和人机交互技术的增加，都使得系统复杂性和通信量增加，传统 CAN 总线的传输速度已经难以满足发展和市场应用的需求。为了进一步提高数据传输速率，增强总线传输信息的可靠性，弥补 CAN 总线带宽和数据场长度的制约，CAN FD（CAN with Flexible Data-rate）应运而生。

CAN FD 是传统 CAN 网络的升级版，在通信速度数据场长度和 CRC 校验等方面作了改进，有效地提高了总线的速度和可靠性，并降低了总线的负载率。

为了在兼容现有 CAN 总线的同时，缩小 CAN 网络（最大不超过 1 Mbit/s，典型值为 500 kbit/s）与 FlexRay 网络（最大 10 Mbit/s）的带宽差距，2011 年，Bosch 公司开始开发 CAN FD 总线。2012 年，Bosch 公司正式提出了 CAN FD 技术作为现有 CAN 网络中增加数据传输量的解决方案。同年，在第 13 届 ICC 大会上正式发布 CAN FD，并正式向国际标准委员会提出国际标准授权申请。

2014 年，第一款嵌入了非国际标准 CAN FD 模块的微控制器发布；同年，CAN FD 改进了 CRC 部分。2015 年，提交 ISO11898-1，第一个基于国际标准的 CAN FD 实现；年底，首次发布 CiA 601 和 CiA 602 系列，提交 SAEJ 1939 协议。2016 年年初，发布 CiA 602 系列（CAN FD 与重型车辆），并且上线了基于 CAN FD 的应用层协议。

2. CAN FD 总线的技术特点

1）可变速率

为了在不显著改变现有 CAN 通信技术的情况下显著提高数据的传输速率，一条 CAN FD 数据帧可以采用两种不同的比特率，用于控制命令的"仲裁字段"（包括仲裁、报文类型终端检测和验证器）的速率取决于传播速度和网络扩展，用于数据内容和数据安全性的"数据场"速率，现在已经有支持 5～8 Mbit/s 数据场速率的收发器芯片。

CAN FD 具有灵活的可变数据波特率，理论上可以在数据段中实现高达 15 Mbit/s 的通信波特率，BRS 位和 CRC 分界符中间的位以变化后的高速率传输，其余部分以原 CAN 总线的速率传输。如图 2-68 所示，传输控制相关的信息时，传输速率为传统 CAN 总线的 500 kbit/s，传输具体数据内容时，传输速率可以提高到 5～8 Mbit/s。

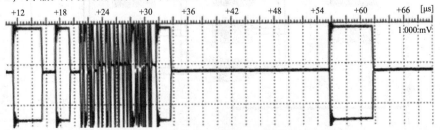

图 2-68　CAN FD 总线传输速率及波形变化

2）兼容 CAN 总线

CAN FD 总线可以向下兼容 CAN 总线。一个支持 CAN FD 的控制单元在接入 CAN 总线时，可以接受 CAN 总线上的数据，也可以按照 CAN 总线的规范发送数据让只支持 CAN 总线的控制单元正常接受。

当总线中有多个 CAN FD 控制单元，且这些控制单元之间要按照 CAN FD 的数据格式和传输速率进行通信时，就涉及兼容性的问题，为了解决这个问题，在 CAN FD 节点中增加了 FD 网关。如图 2-69 所示，ECU 1、2、5、6 为传统 CAN 节点，ECU 3、4 支持 CAN FD。当 ECU 3 与 ECU4 之间通信时，Router FD 直接转发，此时 CAN 总线就相当于 CAN FD 总线，其他控制单元会直接忽略这些数据。当 ECU 3 或 4 与其他控制单元通信时，Router FD 就会将数据转换为传统 CAN 总线支持的模式再转发。这样，就保证了 CAN FD 设备和 CAN 设备之间的正常通信。

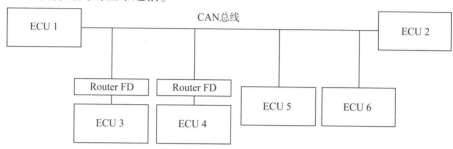

图 2-69　CAN FD 与 CAN 设备兼容模式

知识小结

MOST 总线和 CAN FD 工作特性如表 2-13 所示。

表 2-13　MOST 总线和 CAN FD 工作特性

特性	MOST	CAN FD
传输速率	25 Mbit/s	5～8 Mbit/s
传输介质	塑料光纤	非屏蔽双绞线
拓扑结构	环型	线型
工作电压	—	与高速 CAN 相同
万用表测量电压值	—	2.5 V 附近
休眠电压	—	0 V

 习题 ▶▶ ▶

1. 填空题

（1）MOST 总线的传输速率为_____。

（2）CAN FD 总线的传输速率为_____。

（3）MOST 总线的传输介质是_____。

（4）MOST 总线的拓扑结构是_____。

2. 单项选择题

（1）以下总线具有可变的数据波特率的是_____。

A. CAN   B. LIN   C. FlexRay   D. CAN FD

（2）以下不属于 MOST 总线特性的是_____。

A. 使用光纤传输   B. 采用环型拓扑

C. 传输速率高   D. 成本低廉

3. 多项选择题

（1）塑料光纤的优势包括_____。

A. 没有电磁辐射干扰   B. 对外界电磁辐射干扰不敏感

C. 比同样屏蔽保护的电缆轻   D. 易于弯折布线

（2）以下总线需要时钟同步的有_____。

A. CAN   B. FlexRay   C. 车载以太网   D. LIN

4. 判断题

（1）（   ）MOST 总线可以使用线型拓扑结构。

（2）（   ）CAN FD 总线传输速率高于 FlexRay。

5. 简答题

简述 CAN FD 如何兼容 CAN 总线。

第三章
发动机的检测与诊断

学习目标

掌握发动机功率检测的方法手段；掌握发动机机械、油液系统的检测与诊断方法；掌握发动机尾气的检测与诊断方法；掌握发动机电子控制系统检测与诊断的方法；掌握发动机异响的检测与诊断方法。

引　例

一台行驶超过20万km的车辆，根据驾驶员的反应，车辆加速无力。经维修人员初检，OBD没有故障代码，接下来我们应该怎样检测该车辆，问题出现的部位可能在哪里？

3.1 发动机功率的检测

发动机输出的有效功率是发动机的综合性能评价指标，通过该指标可以确定发动机的动力性，判断发动机的技术状况。因此，发动机功率检测是汽车不解体检测中最基本的检测项目。

3.1.1 发动机功率检测基本原理

发动机有效功率的表达为：

$$P_e = \frac{T_{tq}n}{9\,550} \tag{3-1}$$

式中：P_e——发动机有效功率（kW）；

T_{tq}——发动机有效转矩（N·m）；

n——发动机转速（r/min）。

只要能测出发动机输出轴上的转矩和此时的转速，则可通过式（3-1）求得发动机有效功率。发动机功率检测仪通常利用这一原理检测功率，可见，发动机有效功率的测量属于间接测量。

3.1.2　发动机功率检测方法

发动机功率检测简称测功。根据发动机运转状态的不同，发动机功率检测有稳态测功和动态测功两种方法。

1. 稳态测功

稳态测功是指发动机在节气门开度一定，转速一定和其他参数都保持不变的稳定状态下，在台架测功器上测定功率的一种方法。

稳态测功时，由于需要对发动机施加外部负荷，因此稳态测功又称为有负荷测功或有外载测功。

稳态测功必须在专用台架上进行，需要复杂昂贵的测功设备。其特点是测功结果准确可靠，但测功过程费时费力，测试成本高。因此，稳态测功多用于发动机设计、制造及院校科研部门的性能试验。

2. 动态测功

动态测功是指发动机在节气门开度和转速等参数均处于变化状态下，测定发动机功率的一种方法。检测时，将发动机在怠速或某一空转转速下，突然全开节气门，使发动机加速运转，此时其加速性能的好坏能直接反映发动机功率的大小。因此，只要测出发动机在加速过程中的某些相关参数（如加速时间或角加速度），就可获得发动机功率。

动态测功时，只利用发动机加速过程中曲轴飞轮等旋转件产生的惯性力矩来平衡发动机的输出转矩，无须对发动机施加外部载荷，因此动态测功又称为无负荷测功或无外载测功。

动态测功无须将发动机从车上拆下，实现就车不解体检测。其特点是检测仪器轻便、价格便宜、测功速度快、方法简单，但测功精度较低。对于汽车维修企业、检测站和交通管理部门，目前应用较多的是无负荷动态测功。

3.1.3　发动机无负荷测功原理

把发动机的所有运动部件等效地看作一个绕曲轴轴线旋转的回转体，当发动机与传动系统脱开没有外加负荷时，在发动机怠速下突然将加速踏板踩到底，发动机产生的动力除克服内部的机械阻力和压力阻力外，其有效转矩将全部用来加速发动机运转，克服惯性阻力矩。此时，通过测量发动机的瞬时角加速度或加速时间，即可计算发动机功率。根据检测方法不同，无负荷测功分为瞬时功率检测和平均功率检测。

1. 瞬时功率检测原理

瞬时功率是指发动机在加速运转时某一转速所对应的功率。发动机加速时，其惯性阻力矩为唯一负载，则根据刚体转动微分方程，发动机有效转矩与角加速度关系为：

$$T_{tq} = J \frac{d\omega}{dt} = J \frac{\pi}{30} \frac{dn}{dt} \tag{3-2}$$

式中：T_{tq}——发动机有效转矩（N·m）；

J——发动机运动部件对曲轴轴线的当量转动惯量（kg·m²），对于一定的发动机，J 视作常量；

$\dfrac{\mathrm{d}\omega}{\mathrm{d}t}$——曲轴的角加速度（rad/s²）；

n——发动机转速（r/min）；

$\dfrac{\mathrm{d}n}{\mathrm{d}t}$——曲轴转速变化率（r/s²）。

将式（3-2）代入式（3-1），整理得：

$$P_e = Cn\frac{\mathrm{d}n}{\mathrm{d}t} \tag{3-3}$$

式中：C——与发动机当量转动惯量有关的常量，$C = \dfrac{\pi}{30}\dfrac{J}{9\,550}$。

由于在动态测试时，发动机的进气、燃烧状况与稳态时不同，其有效功率相对小些，因而应进行功率修正，其修正系数可由发动机稳态测功和动态测功的对比试验确定，如设功率修正系数为 k，则发动机有效功率为：

$$P_e = C_1 n\frac{\mathrm{d}n}{\mathrm{d}t} \tag{3-4}$$

式中：C_1——与发动机当量转动惯量和功率修正有关的常量，$C_1 = kC$。

式（3-4）表明，发动机在加速过程中某一转速下的功率，与该转速及其转速变化率成正比。因此，只要测出加速过程中的这一转速 n 和其对应的转速变化率 $\dfrac{\mathrm{d}n}{\mathrm{d}t}$ 或角加速度，即可求得该转速下的发动机功率。实际应用中，往往是通过测取发动机额定转速下的功率，来评价发动机的动力性，判断发动机的技术状况。

2. 平均功率检测原理

平均功率是指发动机加速运转时某一指定转速范围内的平均功率。根据动能原理，发动机在无负荷加速过程中，其动能增量等于发动机所做的功：

$$A = \frac{1}{2}J(\omega_2^2 - \omega_1^2)\frac{1}{1\,000} \tag{3-5}$$

式中：J——发动机当量转动惯量，同前；

ω_1，ω_2——发动机加速过程测定区间的曲轴起始角速度和终止角速度（rad/s）；

A——$\omega_1 \rightarrow \omega_2$ 处的加速过程中，发动机曲轴输出的有效功（kJ）。

设曲轴角速度加速过程测定区间 $\omega_1 \sim \omega_2$ 对应的发动机转速为 $n_1 \sim n_2$，加速所经历的时间为 ΔT，则这一时间间隔的平均功率为 $A/\Delta T$，变换后得：

$$P_{\mathrm{av}} = C_2\frac{1}{\Delta T} \tag{3-6}$$

式中：P_{av}——平均功率（kW）；

ΔT——加速时间（s）；

C_2——与发动机当量转动惯量和起、止转速有关的系数，$C_2 = \dfrac{1}{2\,000}J\left(\dfrac{\pi}{30}\right)^2(n_2^2 - n_1^2)$

当起、止转速 n_1、n_2 以及 J 给定时，C_2 为常量。

式（3-6）表明，发动机在加速过程中的平均功率与加速时间成反比，即突然踩下加速踏板时，发动机由转速 n_1 加速到转速 n_2 的时间越长，表明发动机功率越小；反之，表明发动机功率越大。因此，只要测取某一转速范围的加速时间，则可得到发动机相应的平均功率，定性评价发动机的动力性。

实际应用中，往往是将额定功率作为发动机的动力性评价指标。因此，应将测出的某一转速范围的平均功率转化为稳态时额定转速下的功率进行对比评价。根据稳态测功与动态测功的对比试验得知，发动机额定转速下的功率与相应加速状况下测得的平均功率之间存在一近似常量关系。通常人们利用这种关系，根据加速时间 ΔT 与额定转速下的功率对应情况，来对无负荷测功仪进行标定，这样通过测量加速时间就可直接测得额定转速下的功率，即发动机最大功率，从而定量评价发动机的动力性。

3.1.4 发动机无负荷测功仪及其使用方法

目前，采用平均功率检测原理的无负荷测功仪得到了广泛的应用。下面以这种无负荷测功仪为例进行说明。

1. 无负荷测功仪的组成及原理

发动机无负荷平均功率测功仪主要由转速信号传感器、转速脉冲整形装置、起始转速触发器、终止转速触发器、时标、计算与控制装置和显示装置等组成，如图 3-1 所示。它通过测量发动机加速过程中某转速范围内的加速时间来确定发动机功率。

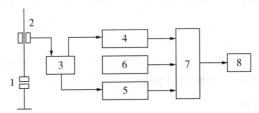

1—低压电路断路器；2—转速信号传感器；3—转速脉冲整形装置；4—起始转速触发器；
5—终止转速触发器；6—时标；7—计算与控制装置；8—显示装置。

图 3-1 无负荷平均功率测功仪组成框图

测功时，转速信号传感器通过点火系低压电路或高压电路，或高压油管处（柴油机）感应出发动机的转速脉冲信号，然后送入转速脉冲整形装置整形为矩形触发脉冲，并转变为平均电压信号，该电压值与发动机转速成正比。在发动机加速过程中，当转速达到起始转速时，与起始转速对应的电压信号通过起始转速触发器触发计算与控制电路，使时标信号进入计算器并寄存；当发动机加速到终止转速时，与终止转速对应的电压信号通过终止转速触发器又去触发计算与控制电路，使时标信号停止进入计数器，并把寄存器中时标脉冲数经数模转换成电信号，通过显示装置显示出加速时间或最大功率。

2. 无负荷测功仪的使用方法

无负荷测功仪既可以制成单一功能的便携式测功仪，又可以与其他测试仪表组合成发动机综合检测仪。它们的一般使用方法如下。

1）测试前的准备

（1）调整发动机配气机构、供油系统和点火系统，使之处于技术完好状态；预热发动机至正常工作温度（80～90 ℃）；调整发动机怠速，使之在规定范围内稳定运转。

（2）接通电源，预热仪器并调零，把传感器按要求连接在规定部位。若无传感器连接，则应拉出测功仪天线。

（3）按检测仪器的要求设置起始转速和终止转速。

（4）将被测发动机的转动惯量置入仪器内。若被测发动机的转动惯量未知，则应先测定其转动惯量。

（5）操作其他必要的键，如机型（汽油机、柴油机）选择键，缸数选择键和测试键等。

2）功率测试

使发动机与传动系分离，让发动机在怠速下稳定运转，然后突然将加速踏板踩到底，发动机转速急速上升，当转速超过终止转速时，仪表显示出所测功率值或加速时间。此后应立即松开加速踏板，以避免发动机长时间高速运转。记下或打印出读数后，按复零键使指示装置复零。为保证测试结果可靠，一般重复测量三次取其平均值。

3.1.5 发动机各缸功率均衡性监测

各缸功率均衡性可通过发动机各单缸功率和单缸断火后的转速变化来反映，利用无负荷测功仪可检测发动机单缸功率和单缸断火后的转速变化。

1. 单缸功率检测

预热发动机至正常工作温度，先测出各缸都工作时的发动机功率，然后在某气缸断火（高压短路或柴油机输油管断开）情况下，再测量发动机功率，两功率之差即为断火气缸的单缸功率。

2. 单缸断火后转速变化检测

预热发动机至正常工作温度，使发动机在一定转速下运行，将某缸突然断火，由于发动机的指示功率减少，克服原转速的摩擦功率不够，因此发动机重新平衡运转的转速降低，此时测出其转速的下降值。

3.1.6 发动机功率检测分析

1. 发动机功率检测标准

机动车运行安全技术条件要求：车用发动机功率应大于等于标牌（或产品使用说明书）标明的发动机功率的75%。汽车修理质量检查评定办法要求：大修竣工后，在标准状态下，发动机最大功率不得低于原设计标定值的90%。

2. 发动机各缸功率均衡性分析

各缸功率均衡性是判断发动机技术状况的一个重要指标，是发动机检测诊断的一个重要内容。利用各缸功率均衡性检测结果可以评价发动机各缸工作状况。

1）各单缸功率检测分析

技术状况良好的发动机，其运转应平稳，各缸发出的功率应一致。但发动机长期使用后，由于结构、供油系统以及点火系统的差异，各气缸实际发出的功率还是会有所不同，特别是当某气缸存在故障时，这种差别就更大。因此，根据轮流将各缸断火测出的发动机各单缸功率，可以判断各缸技术状况是否良好。

2）单缸断火后转速变化检测分析

工作正常的发动机，在某一转速下稳定空转时，发动机的指示功率与摩擦消耗功率是平衡的。此时，若取消任何一个气缸的工作，发动机转速都会有相同的下降值。因此，可以利用在单缸断火情况下测得的发动机转速下降值，来评价各缸的工作状况。

若各缸轮流断火时，转速下降的幅度大而且基本相同，则说明各缸工作状况良好，各缸功率均衡性好；若各缸转速下降的幅度差别很大，则说明各缸功率均衡性差，有些缸工作不正常；若某缸转速下降的幅度较标准小，则说明其单缸功率小，该缸工作状况不良；若某缸转速下降值等于零，则说明其单缸功率为零，该缸不工作。

注意：对于8缸以上发动机，用单缸断火法检测其各缸功率均衡性不适宜，因为气缸数越多，单缸断火后转速下降值就越小，测量误差就越大，判断各缸工作性能的难度就越大。

知识小结

发动机功率检测方法有稳态测功和动态测功两种。并可通过单缸断火的方式分别得到每个气缸的功率。基于上述的测量，可对发动机进行各缸功率均衡性分析以及转速变化分析，为后续故障判断提供依据。

习题

1．填空题

（1）发动机功率检测简称_____。根据发动机运转状态的不同，发动机功率检测有_____和_____两种方法。

（2）稳态测功是指发动机在_____一定，_____一定和_____都保持不变的稳定状态下，在台架测功器上测定功率的一种方法。

（3）动态测功是指发动机在_____和_____等参数均处于_____状态下，测定功率的一种方法。

（4）瞬时功率是指发动机在_____所对应的功率。

（5）平均功率是指发动机加速运转时_____的平均功率。

（6）发动机各缸功率均衡性监测包括：_____和_____。

2．简答题

（1）什么是扭矩？什么是功率？怎样理解扭矩和功率之间的关系？

（2）如何测量气缸压缩压力？如何分析测量结果？

3.2　发动机各系统的检测与诊断

3.2.1　气缸密封性的检测与诊断

气缸密封性与气缸活塞组、气门组的技术状况密切相关，同时它对发动机的动力性、经济性和环保性产生直接影响。因此，通过检测气缸密封性表征参数如气缸压缩压力、气缸漏气量、进气歧管真空度等，可以诊断气缸活塞组、气门组的故障，判断发动机的基本技术状况。

1. 气缸压缩压力的检测与诊断

气缸压缩压力是指缸内气体压缩终了的压力。它是气缸密封性最直接的评价指标，常用来诊断发动机性能和气缸活塞组的技术状况。

1）气缸压缩压力的检测

（1）用气缸压力表检测。

常用气缸压力表检测气缸压缩压力。气缸压力表如图 3-2 所示。压力表盘的作用是指示压力；压力表接头的作用是连接火花塞或喷油器安装孔，有螺纹管接头和锥形或阶梯形橡胶接头两种。

发动机气缸压缩压力的检测方法如下。

a. 将发动机运转至正常工作温度（冷却液温度达 70~90 ℃）后停机。

b. 拧出各缸火花塞或喷油器，以减少曲轴转动阻力。汽油机还应将节气门全开，以减少进气阻力。

c. 将气缸压力表锥形橡胶接头压紧在火花塞或喷油器安装孔上，如图 3-3 所示。

图 3-2 气缸压力表

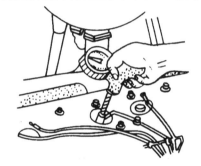

图 3-3 测量气缸压缩压力

d. 用起动机带动发动机运转，其转速应符合原厂规定，转动 3~5 s，待压力表指针指示并保持最大压力后停止转动。

e. 取下气缸压力表，记下读数。

f. 为使测量数据准确，每缸应重复测量两三次，取其平均值作为被测气缸的压缩压力。

g. 依次测量各缸，即可得到各缸的压缩压力。

不同发动机的压缩压力不同，以丰田卡罗拉为例，压缩压力为 373 kPa，最小压力为 1 079 kPa，各气缸之间的差异为 98 kPa。

（2）用发动机综合分析仪检测。

发动机综合分析仪可在不拆卸火花塞或喷油器的情况下，测定发动机各缸的压缩压力。其检测原理是利用电流传感器测出起动机起动过程中起动电流的变化波形来测定发动机的各缸压缩压力。

起动机驱动发动机时起动阻力矩与起动电流呈线性关系，即起动阻力矩越大，则起动电流就越大。发动机起动阻力矩由机械阻力矩和气缸内压缩气体的反力矩两部分组成，正常情况下机械阻力矩可认为是常数，而缸内压缩气体的反力矩则是随气缸压缩过程而波动的变量。因此起动发动机时，起动电流的变化与气缸压缩压力的变化存在着对应关系，可通过测量反映阻力矩波动的起动机电流变化曲线来确定气缸的压缩压力。

图 3-4 为 6 缸发动机起动机电流与曲轴转角的关系曲线。它清楚地表明，起动电流值是变化的，其变化是气缸内压缩压力的波动而引起的，其电流波形各段的峰值与各缸的最大压缩压力成正比。若能确定某一电流峰值所对应的气缸，则可按点火次序确定各缸所对应的起动电流峰值，其大小可代表相应气缸最大压缩压力值。通常，各缸电流波形峰值所对应的缸号通过点火传感器或喷油传感器先确定第一缸波形的位置而推得。

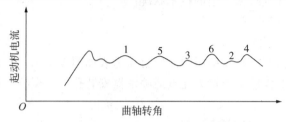

图 3-4 6 缸发动机起动机电流与曲轴转角关系曲线

检测时，若显示的各缸电流波形振幅一致，且峰值又在规定范围内，说明各缸压缩压力符合要求；若各缸波形振幅不一致，对应某缸电流峰值低于规定范围，则说明该缸压缩压力不足。

有些发动机综合分析仪，如元征 EA2000，在检测发动机气缸压缩压力时，可以将起动电流的波形变成直方图来显示各缸的压缩压力，这对各缸压缩压力的均衡性判断非常直观。

不同的发动机综合分析仪，其检测方法也略有差异。下面以元征 EA2000 型为例说明发动机气缸压缩压力的检测方法。

a. 将发动机运转至正常工作温度（冷却液温度达 70～90 ℃）后停机。

b. 接通电源，打开检测仪总开关、显示器开关、主机开关，预热仪器。

c. 按仪器使用说明书给定的方法，连接好测试线和传感器并进入测试界面。

d. 起动发动机，进行压缩压力测试。系统测试完毕，将自动显示发动机起动转速、蓄电池电压值、相对气缸压缩压力直方图及起动电流波形，如图 3-5 所示。右侧坐标系内，起动电流波形上方对应标出各缸起动电流峰值；左侧为相对气缸压缩压力百分比值的直方图。

2）气缸压缩压力的诊断

（1）气缸压缩压力诊断标准。

发动机气缸压缩压力标准值一般由制造厂提供。由于发动机结构和压缩比不同，各车型气缸压缩压力的标准值也不尽相同。对于营运车辆发动机的性能检测，一般要求发动机各气缸压缩压力应不小于原设计规定值的 85%；每缸压力与各缸平均压力的差，汽油机应不大于 8%，柴油机应不大于 10%。对于发动机大修的竣工检验，则要求发动机各气缸压缩压力应符合原设计规定；每缸压力与各缸平均压

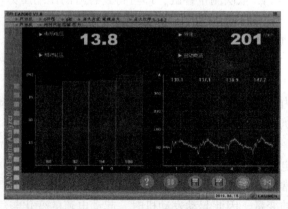

图 3-5 气缸相对压缩压力检测

力的差，汽油机应不大于5%，柴油机应不大于8%。

（2）气缸压缩压力诊断。

根据气缸压缩压力检测的结果，可以评价发动机的技术状况。若气缸压缩压力超过标准，过低或过高，则说明发动机气缸组技术状况不良，存在故障。通常可根据以下几种情况做出诊断。

a. 有的气缸在2～3次测量中，压力读数时高时低，相差较大，说明其进排气门有时关闭不严。

b. 单缸或多缸压力偏低，可以用2～3 mL清洁而黏度较大的机油注入压力偏低缸的火花塞或喷油器孔内再测量气缸压力。若压力上升接近标准压力，则说明该气缸、活塞环、活塞磨损过大或活塞环对口、卡死或气缸壁拉伤等；若压力基本无变化，则说明该缸进排气门关闭不严或气缸垫密封不良。

c. 相邻两缸压力相当低，而其他缸正常，加注机油后检测其压力仍然很低，说明相邻两缸间气缸垫烧损窜气。

d. 个别缸压力偏高，说明这些缸可能积炭过多而导致燃烧室容积减少。

e. 各缸压力都偏高，汽车行驶中又出现过热或爆震，则可能：燃烧室积炭过多；经几次大修因缸径加大、缸盖接合平面修理磨削过度；气缸垫过薄而使压缩比增大。

2. 气缸漏气量的检测与诊断

气缸漏气量是指活塞处于压缩行程上止点附近时缸内一定压力的气体，通过气缸活塞组配合副间隙、活塞环对口、进排气门密封面、气缸衬垫密封面泄漏的空气量，它直接反映气缸密封性。气缸漏气量越大，则气缸密封性就越差。

1）气缸漏气量的检测

（1）检测仪器。

气缸漏气量的检测可通过气缸漏气量检测仪进行。图3-6为LDR-Ⅲ型气缸漏气量检测仪的结构原理图。此外，检测仪还得配备外部气源，以提供相当于气缸压缩压力的压缩空气，压力一般为600～900 kPa。

（a）
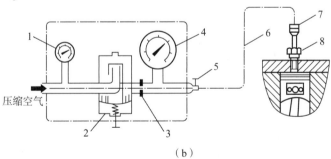
（b）

1—进气压力表；2—调压阀；3—空气量孔；4—测量表；5—出气阀；6—橡胶软管；7—快换接头；8—充气嘴。

图3-6 气缸漏气量检测仪结构原理图

（a）仪器外形图；（b）工作原理图

（2）检测原理。

检测时，发动机不运转，活塞处于压缩行程上止点附近，从火花塞或喷油器安装孔处通入一定压力的空气，通过测量气缸内空气压力的变化情况，来表征气缸漏气量。

经调控的压缩空气，由进气压力表1显示压力p_1，并经调压阀、空气量孔、橡胶软管、快换管接头和充气嘴进入处于压缩行程终了的气缸。因为各缸配合副总有一定的间隙，压缩空气将从气缸内不密封处泄漏出去，所以空气量孔 3 后面的空气压力下降为 p_2，根据流体力学原理，其压力差为：

$$p_1 - p_2 = \rho \frac{Q^2}{2\alpha^2 A^2} \tag{3-7}$$

式中：ρ —— 空气密度；

$\quad\quad Q$ —— 空气漏气量；

$\quad\quad \alpha$ —— 空气量孔截面积；

$\quad\quad A$ —— 空气量孔阻力系数。

由式（3-7）可知，当进气压力一定，空气量孔截面积及技术条件一定时，压力差或者 p_2 的大小就决定了漏气量 Q。因此，通过测量表的压力检测就可得到气缸漏气量。通常，测量表上气缸漏气量的标定单位为 kPa 或 MPa。

若测量表的标定单位为百分数，则这种检测仪可用来检测气缸漏气率。这种检测仪的标定方法：接通外部压缩空气，关闭出气阀，调整调压阀，使测量表指针指向额定进气压力，并将其作为零点，表示漏气率为零，气缸不漏气；打开出气阀，让压缩空气全部经量孔后与大气相通，此时压力表指示刻度标为 100%，表示漏气率为 100%，气缸内的压缩空气全部漏掉；在测量表 0 ~ 100% 之间等分 100 份，每一份即为 1% 的漏气量。

2）气缸漏气的故障诊断

（1）气缸漏气诊断标准。

检测气缸漏气量时，测量表读数越接近其调定的初始压力，说明其漏气量越少，气缸密封性越好。通常，对于国产货车发动机，在测量表调定初始压力为 400 kPa 条件下，当测量表读数大于或等于 250 kPa 时，表示气缸密封性正常，发动机可继续使用；当测量表读数小于 250 kPa 时，表示气缸密封性差，不符合要求，应确诊故障部位并排除故障。

检测气缸漏气率时，测量表读数越大，表示漏气量越多。通常，漏气率为 0 ~ 10%，表示气缸密封性良好；漏气率为 10% ~ 20%，表示气缸密封性一般；漏气率为 20% ~ 30%，表示气缸密封性较差。一般来说，当漏气率达 30% ~ 40% 时，若能确认进排气门、气缸垫、气缸盖和气缸套等是密封的，则说明气缸活塞摩擦副的磨损临近极限值，已到了需换活塞环或镜磨缸的程度。

（2）气缸密封性故障诊断。

若气缸密封性不符合要求，则检测时可采用下列辅助手段诊断其故障部位。

a. 在空气滤清器入口处监听，若有漏气声，则表明该缸进气门与座密封不良。

b. 在消声器管口处监听，若有漏气声，则表明该缸排气门与座密封不良。

c. 在散热器加水口处观察，若有气泡冒出，则表明该缸与水道相通，多为气缸衬垫密封不良漏气所致。

d. 在被测气缸相邻缸火花塞孔处监听，若有漏气声，则表明相邻两缸之间的气缸垫烧穿漏气。

e. 经上述检查，若其进排气门、气缸垫等处不漏气，而检测的气缸漏气量仍超标，则表明气缸与活塞的磨损严重使配合间隙过大，或者活塞环对口、损坏、弹性不足而失去密封作用，导致漏气量过大。此时，在曲轴箱加机油孔处能监听到严重的漏气声。

f. 通过检测活塞在压缩行程进气门关闭后不同位置的气缸漏气量变化，可以估计各气缸纵向磨损情况。

3. 进气歧管真空度的检测与诊断

进气歧管真空度也称为进气管负压。它是指发动机进气歧管内的进气压力与外界大气压力之差。它是汽油机气缸密封性的评价指标，常用来诊断气缸活塞组、气门组的技术状况。可用真空表进行测量。

1）进气歧管真空度检测原理

汽油机在调整负荷时是依靠节气门开度变化控制进入气缸混合气的量，来改变发动机输出功率的。怠速时，节气门开度小，进气节流作用大，进气管中真空度较高；节气门全开时，进气管中真空度较小。由于怠速时进气管真空度较高，同时技术状况良好的汽油机怠速时，进气管真空度具有较为稳定的数值，另外怠速时真空度对进气管和气缸密封性不良状况最为敏感，因此常在怠速条件下检测进气管真空度。

真空度数值随气缸活塞组的磨损而变化，并与配气机构的技术状况有关。因此，检测进气管真空度不仅可以评价发动机气缸的密封性，而且还能诊断相关系统的故障。

2）进气歧管真空度检测方法

真空表是检测汽油机进气歧管真空度最常用的工具，它主要由表头和软管构成。表头类似于气缸压力表，用来显示真空度数值；软管一头固定在真空表上，另一头可方便地连接在进气歧管的检测孔上。进气歧管真空度的检测步骤如下。

（1）预热发动机至正常工作温度。

（2）将真空表软管与进气歧管上的检测孔连接。

（3）将变速器置于空挡。

（4）将发动机按规定的怠速稳定运转，读取真空表上读数，并观察其指示状态。

（5）迅速改变节气门开度，观察真空表读数的变化，据此可诊断相关故障。

3）进气歧管真空度检测分析

（1）一般进气歧管真空度在怠速时都有规定的正常值和波动范围。汽车修理质量检查要求，大修竣工的汽油发动机在怠速时，进气歧管真空度应符合原设计规定（通常为57～70 kPa）；进气歧管真空度波动：6缸汽油机不超过3 kPa，4缸汽油机不超过5 kPa（大气压力以海平面为准）。

进气歧管真空度随海拔升高而降低。海拔每升高1 000 m，真空度将降低10 kPa左右。因此，进气歧管真空度的诊断标准应根据当地海拔进行修正。

（2）进气歧管真空度诊断检测时，通过对真空表的读数及其波动状态分析，可诊断发动机的技术状况和故障。

怠速时，若进气歧管真空度稳定在57～70 kPa之间，则表明气缸密封性正常；若进气歧管真空度过低，即低于标准值，则说明气缸密封性差，可能是活塞与气缸间隙过大，活塞环及气门密封不严，进气歧管衬垫及气缸衬垫漏气。

怠速时，若迅速开启节气门，真空表读数急剧下降，再急速关闭节气门时，真空表读数迅速回升，则说明各工况的气缸密封性较好。在节气门开启和关闭过程中，若真空表指针摆动幅度越宽，则表明发动机技术状况越好；若真空表指针摆动幅度不明显，则说明活塞与气缸间漏气严重。

怠速时，若进气歧管真空度波动过大（超过标准值），仪表指针不稳定，则说明发动机技术状况不良。可能是气门与气门座密封不严、气门与导管卡滞、气门导管磨损严重、气缸衬垫漏气致使气缸密封性不良引起，也可能是其他系统如点火系统、怠速控制系统失常导致发动机怠速不稳定引起。

3.2.2 起动系统的检测与诊断

1. 起动系统性能检测

起动系统性能的好坏，决定了发动机起动的难易程度。良好的起动系统能使发动机有足够高的起动转速，并使发动机迅速起动。当发动机起动困难时，应对起动机的性能进行检测。目前通常采用就车检测的方法。

1）用发动机综合分析仪检测

很多发动机综合分析仪都能检测起动系统性能参数，如起动电流、起动电压和起动转速等，以诊断起动系统故障。

检测前，开启发动机综合分析仪，并将各种传感器按规定接到发动机。检测时，先选择检测起动系统项目，然后起动起动机约 4 s，于是检测仪将自动检测起动电流、起动电压和起动转速等参数，并在仪器屏幕上显示检测结果的数据或曲线。

各检测参数应满足诊断标准的要求，否则说明起动系统性能不良。通常，汽油机起动电流为 100 ~ 200 A，柴油机为 200 ~ 600 A，但不同的发动机及起动机类型其标准也不一样。当发动机机械负荷正常时，若起动电流过大，则说明起动机绕组有短路或搭铁故障。若起动电压过低，则说明蓄电池严重亏电或内阻过大，汽油机起动电压不应低于 9 V。起动转速越高，说明起动性能越好，若起动转速过低而发动机机械负荷正常，则说明起动系统电路存在故障。

2）用万用表检测

起动电路电阻过大是导致起动机起动电压过低、起动困难的常见原因，利用万用表电压挡就车检测起动电路的电压降，能方便地判断起动电路中各接点的接触状态是否正常、线路电阻是否过大。

起动电路中万用表的检测点如图 3-7 所示，各点检测时，应将万用表的正极接线柱与电缆最接近蓄电池的正极端连接，将万用表的负极接线柱与所测电缆的另一端连接。其检测步骤如下。

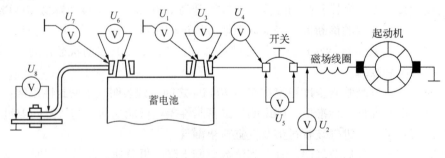

图 3-7 起动电路检测点

（1）将万用表的正负极接线柱按上文所述的方式接入电压检测点。

（2）转动点火开关使起动机运转，但发动机不得发动（可拔掉中央高压线）。

（3）用万用表的电压挡测出各点的电压。

每次检测时间不能太长，应尽快完成，以免烧坏起动机绕组。

起动机运转时，若 U_7 读数接近于零，U_1 与 U_2 读数接近，则说明起动电路的接触状况良好，导电正常；若 U_2 读数比 U_1 小得太多，则说明起动电路线路间存在高电阻，接触不良。

通常，电缆两端的电压降应低于 0.2 V（如 U_4），否则说明电缆电阻过大，应更换电缆；开关间的电压降应低于 0.1 V（如 U_5），否则说明其触点烧蚀接触不良，应修复或更换开关；接点的电压降应低于 0.1 V（如 U_3、U_6、U_8），否则说明接点接触不良，应查出高电阻原因，重新连接。

2. 起动系统常见故障诊断

1）起动机不转

（1）故障现象。

接通点火开关至起动位置时，起动机不转，无任何动作迹象。

（2）故障原因。

a. 电源供电故障。蓄电池损坏或电量不足，电源导线断路，导线连接松动、接线柱接触不良等。

b. 起动机故障。磁场绕组或电枢绕组有断路或短路，换向器与电刷接触不良，绝缘电刷搭铁，电枢轴弯曲与磁极卡滞，起动机轴承过紧或损坏卡死等。

c. 电磁开关故障。电磁开关线圈断路、短路、搭铁，电磁开关触点烧蚀、接触不良等。

d. 起动系统线路故障。点火开关接线脱落、触点烧蚀或接触不良，起动继电器失效，自动变速器挡位开关接触不良，线路中有断路或接触不良等。

（3）故障诊断。

故障诊断方法随车型不同而略有差异，下面以大众帕萨特自动挡起动系统控制电路（见图3-8）为例进行说明。该车自动变速器处于 P 位或 N 位时，多功能开关（即挡位开关）F125 使防起动锁继电器 J207 的 6/85 端子接地，导致 J207 的常开触点吸合，对起动机电磁开关的 50 端子供电使起动机旋转。该车在 P 位或 N 位起动时，对起动机不转的诊断方法如下。

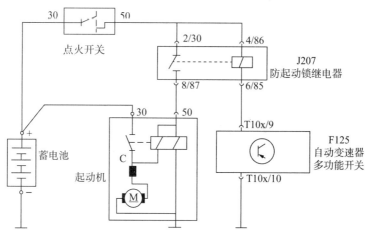

图3-8 大众帕萨特自动挡起动系统控制电路

a. 检查蓄电池电量是否充足，并确保起动机电源线接线柱（30）有 12 V 电压。

b. 拔下起动机起动插头（50），短接电源线（30）与 50 端子，即对起动开关接线柱端子直接供电，观察起动机能否正常运转。若起动机能正常起动，则为外部电路故障，可能是多功能开关接触不良或损坏而锁止了起动继电器正常工作，防起动锁继电器（J207）失效使触点不能吸合或触点接触不良，点火开关松动或接触不良，线路有断路或接触不良，需检修外部电路。若起动机不转，则进行下步检查。

c. 短接起动机电源接线柱（30）和电动机接线柱（磁场绕组端子 C），观察起动机能否正常运转。若不能正常运转，则说明起动机内部有故障，应更换起动机；若能正常运转，则说明电磁开关有故障，应更换电磁开关。

2）起动机转动无力

（1）故障现象。

接通点火开关至起动位置时，起动机转动缓慢无力，起动转速过低，起动发动机困难。

（2）故障原因。

a. 电源供电故障。蓄电池电量不足，电源导线连接松动，接线柱接触不良。

b. 起动机故障。换向器与电刷接触不良，磁场绕组或电枢绕组有局部短路，起动机轴承过紧或松旷，电枢轴弯曲与磁极刮碰。

c. 电磁开关故障。电磁开关接触盘和触点烧蚀而接触不良。

d. 发动机方面故障。曲轴转动阻力过大。

（3）故障诊断。

a. 检查蓄电池极桩与线夹、起动电路导线接头是否松动，在起动机运转时用手触摸导线连接处是否发热。若某连接处松动或发热，则表明该处接触不良，必要时清除导线接触面并紧固；若线路连接正常，则进行下步检查。

b. 检查蓄电池是否亏电，若蓄电池端电压过低或起动机运转时端电压下降过多，则说明蓄电池性能不良，必要时对蓄电池进行充电或更换。若蓄电池正常，则进行下步检查。

c. 短接起动机电源接线柱（30）和电动机接线柱（磁场绕组端子 C），观察起动机运转状况。若起动机变得转动有力，则表明电磁开关接触盘和触点烧蚀而导电不良，应更换电磁开关；若起动机转动状况不变，则进行下步检查。

d. 拆下起动机，对起动机进行空载性能和制动性能检查，若起动电流、转矩等参数不符合规定要求，则故障在起动机，应拆修起动机。若起动机性能良好，则说明发动机存在机械故障，导致曲轴转动阻力过大。

3）起动机空转

（1）故障现象。

起动发动机时，起动机高速旋转，但发动机曲轴不转。

（2）故障原因。

a. 飞轮齿圈有缺损或起动机驱动齿轮严重磨损或打坏。

b. 单向离合器打滑。

（3）故障诊断。

a. 起动时，若起动机在空转的同时伴有齿轮的撞击声，则表明飞轮齿圈有缺损或起动机驱动齿轮严重磨损或打坏，致使驱动齿轮不能进入啮合。

b. 起动时，起动机驱动齿轮能与飞轮齿圈啮合，但起动机仍然空转，则表明起动机单向离合器打滑，其故障可能是单向离合器弹簧损坏或弹簧太软，单向离合器摩擦件磨损过甚。

3.2.3 燃油供给系统

1. 电喷汽油机燃油供给系统的检测

电喷汽油机的燃油压力和喷油控制信号可以反映燃油供给系统的技术状况。若燃油供给系统不能提供满足工况要求的供油量，则需对供给系统的燃油压力和喷油控制信号进行检测。

1）燃油压力的检测

在一定喷射条件下，混合气的浓度对来自供油压力的影响最为敏感，而供油压力的大小则取决于燃油压力和进气歧管压力，因此对燃油压力的检测是维修中必不可少的项目。同时，通过检测发动机运转时燃油管路内的油压，可以判断电动燃油泵、油压调节器有无故障，汽油滤清器是否堵塞等。检测燃油压力的方法如下。

（1）检测前的准备。

a. 松开油箱上的加油盖，释放油箱中的蒸气压力，并检查油箱内燃油量，确保燃油量正常。

b. 释放燃油供给系统压力。

c. 检查蓄电池电压。

d. 连接燃油压力表（量程为 1 MPa 左右），如图 3-9 所示。

e. 重新装上蓄电池负极搭铁线。

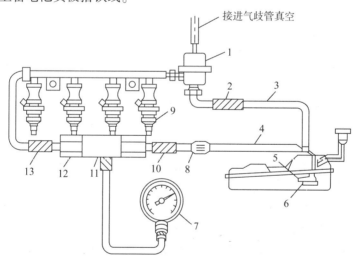

1—燃油压力调节器；2、10、13—软管；3—回油管；4—进油管；5—燃油泵；6—燃油泵滤网；
7—油压表；8—燃油滤清器；9—喷油器；11—三通管接头；12—管接头。

图 3-9 多点喷射系统燃油压力检测示意图

（2）燃油供给系统静态压力的检测。

a. 用导线在检测插座上跨接电动燃油泵端子和电源端子。

b. 打开点火开关而不起动发动机，使电动燃油泵运转。

c. 检测油压，其压力表读数即为系统的静态燃油压力。

d. 关闭点火开关，拔掉电动燃油泵检测插座的跨接线。

燃油供给系统正常的静态油压约为 300 kPa，若油压过低，应检查电动燃油泵工作是否正常、燃油滤清器是否堵塞、燃油压力调节器是否调整不当或损坏，并查看油路有无渗漏；若油压过高，应检查燃油压力调节器是否调整不当或损坏。

（3）发动机运转时燃油压力的检测。

a. 起动发动机，使发动机怠速运转。

b. 检测油压，其压力表读数即为发动机怠速运转的燃油压力。

c. 缓慢踩下加速踏板，在节气门全开时检测油压，其压力表读数即为节气门全开时的燃油压力。

d. 发动机怠速运转，拔下燃油压力调节器上的真空软管，并用手堵住，再检测其燃油压力。该压力应和节气门全开时的燃油压力基本相等，通常多点喷射系统压力为 250～350 kPa。

发动机运转时检测的燃油压力应符合标准。不同车型燃油供给系统的燃油压力不尽相同，因此检测诊断时应具体参阅各车型的维修手册。若测得的燃油压力过低，则应检查燃油供给系统有无泄漏，燃油泵滤网、燃油滤清器和燃油管路是否堵塞，若无泄漏和堵塞故障，则应检查燃油泵及燃油压力调节器；若测得的燃油压力过高，则应检查回油管路是否堵塞，真空软管是否破裂，若回油管路、真空软管正常，则应检查燃油压力调节器是否调整不当或损坏。

（4）燃油供给系统保持压力的检测。

发动机怠速运转的燃油压力检测结束后，使发动机熄火，5 min 后再观察油压表指示的油压。此时的压力称为燃油供给系统的保持压力。若保持压力很低或等于零，则发动机难以起动或不能起动。

燃油供给系统保持压力一般应大于或等于 147 kPa。若油压过低，则应检查燃油供给系统油路有无泄漏；若油路无泄漏，则说明燃油泵出油阀、燃油压力调节器回油阀或喷油器密封不良。

（5）油压调节器保持压力的检测。

当燃油供给系统保持压力低于标准值而怀疑是油压调节器故障引起时，需检测油压调节器保持压力。其检测方法如下。

a. 用导线在检测插座上跨接燃油泵端子和电源端子。

b. 打开点火开关而不起动发动机，使燃油泵运转 10 s 左右。

c. 关闭点火开关，拔去燃油泵检测插座上的跨接线。

d. 夹紧油压调节器回油管上的软管 2（见图 3-9），堵住回油通道。

e. 5 min 后观察油压表的压力，该压力即为油压调节器的保持压力。

若燃油供给系统保持压力低于标准而油压调节器保持压力又大于燃油供给系统保持压力，则说明油压调节器回油阀有泄漏，应更换油压调节器；若调节器保持压力仍然与燃油供给系统保持压力相同，则说明燃油供给系统保持压力过低的原因可能是燃油泵、喷油器、油管有泄漏，应予以检查。

（6）燃油泵最大压力和保持压力的检测。

当燃油供给系统的保持压力及运转压力低于标准值而怀疑是燃油泵故障引起时，需检测燃油泵的最大压力和保持压力。其检测方法如下。

a. 夹紧通往喷油器的软管 13（见图 3-9），堵死燃油的输出通道。

b. 用导线在检测插座上跨接电动燃油泵端子和电源端子。

c. 打开点火开关而不起动发动机，使燃油泵运转 10 s 左右，此时油压表指示的压力即为燃油泵的最大压力。

　　d. 关闭点火开关，拔掉燃油泵检测插座上的跨接线。

　　e. 5 min 后再观察油压表的压力，此时油压表指示的压力即为电动燃油泵的保持压力。

车型不同，燃油泵的最大压力和保持压力标准也不一样。通常燃油泵的最大压力标准为 490～640 kPa，保持压力应大于 340 kPa。若实测压力不符合标准，则应更换燃油泵。

　　（7）检测后的燃油供给系统装复。

　　燃油供给系统压力检测完毕后，应按要求装复燃油供给系统，以保证发动机能正常工作，其步骤如下。

　　a. 释放燃油供给系统的油压。

　　b. 拆下蓄电池负极搭铁线。

　　c. 拆下油压表。

　　d. 重新装好油管接头。

　　e. 接好蓄电池负极搭铁线。

　　f. 进行燃油供给系统油压的预置。在检测插座上用导线跨接燃油泵端子和电源端子，打开点火开关而不起动发动机，使油泵工作约 10 s，然后关闭点火开关，拆下跨接线。

　　g. 检查油管各处有无泄漏。

　　2）喷油控制信号波形的检测

　　喷油信号波形是指电控燃油喷射系统工作正常时，喷油控制信号电压随时间变化的波形，它是不解体动态检测电控燃油喷射系统的诊断标准。喷油信号波形与喷油器的驱动方式有关，喷油器的驱动方式有电压驱动式和电流驱动式两种，如图 3-10 所示。

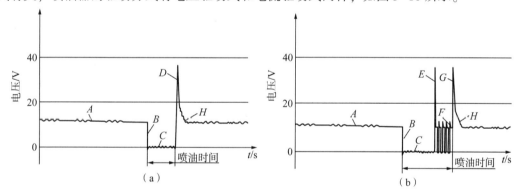

图 3-10　喷油器标准喷油信号波形

（a）电压驱动式喷油器喷油信号波形；（b）电流驱动式喷油器喷油信号波形

　　电压驱动式喷油器，其电控系统 ECU 对驱动喷油器的喷油脉冲电压进行恒定控制。在喷油器控制电路中，ECU 控制功率晶体管导通或者截止，导通时蓄电池电压加到喷油器电磁线圈上，喷油器喷油，截止时停止喷油。其喷油器标准喷油信号波形如图 3-10（a）所示。

　　电流驱动式喷油器，其电控系统 ECU 对驱动喷油器的电磁线圈电流进行调节控制。在电流驱动式控制电路中，功率晶体管除基本的开关功能外，还具有限流功能。在基本喷油时间内，功率晶体管导通，驱动电流不受限制；在加浓补偿喷油时间内，控制其电流迅速下降到能维持喷油器处于全开状态的较小值，以免喷油器电磁线圈过热损坏。其喷油器标准喷油信号波形如图 3-10（b）所示。

图 3-10 标准喷油信号波形的有关描述如下。

A 线：喷油器关闭时的系统电压信号，通常为 12 V。

B 线：喷油信号到达时刻，此时功率晶体管完全导通，电压迅速下降至接近 0 V，喷油器开始喷油。B 线应光滑、平顺、无毛刺，否则说明功率晶体管性能不良。

C 线：喷油器喷油，此时喷油器驱动电路处于饱和导通阶段，波形电压接近 0 V，喷油器电磁线圈电流由零迅速上升至最大，喷油器针阀迅速全开喷油。该段波形对应的时间，对于图 3-10（a）为喷油时间，对于图 3-10（b）为基本喷油时间。在实际波形中，由于电流增加时喷油器电磁线圈产生感应电压的影响，C 线向右逐渐向上弯曲也属正常。若 C 线波形异常，则多是喷油器驱动电路搭铁不良引起的。

D 线：喷油信号截止时刻，此时喷油器驱动电路断开，喷油结束，喷油器线圈因电流突变而产生感应脉冲电压。其电压尖峰高度与喷油器线圈匝数、喷油器电流有关，线圈匝数越多，电流变化越大，则尖峰电压越高；反之，则尖峰电压较小。通常，D 处的峰值电压不应低于 35 V。装有齐纳二极管保护线路的喷油器，尖峰的顶部应以方形截止，否则说明其峰值电压未达到齐纳二极管的击穿电压，可能是喷油器的电磁线圈不良。

E 线：基本喷油时间结束线，同时也是电流限制起始线。由于在 E 时刻，喷油器针阀已达到最大开度，故只需小电流维持喷油器针阀开启，以便转入加浓补偿喷油期。此时，ECU 启动电流限制，减小驱动电路电流。由于电流的骤减，导致喷油器电磁线圈感应出较高的电压脉冲，其电压脉冲峰值通常与喷油器的阻抗成正比，约为 35 V。

F 线：加浓补偿喷油期，此时喷油器处于电流限制模式状态，其功率晶体管在不停地截止与导通，使通过喷油器电磁线圈的电流约为 1 A，其喷油器针阀处于开启状态，喷油器进行加浓补偿喷油，所对应的时间为加浓补偿喷油时间。曲线中的电压与电源电压接近，若波形发生畸变，则表明喷油器功率晶体管不良。

G 线：喷油信号截止时刻，此时喷油器驱动电路断开，喷油器线圈因电流突变而产生感应脉冲电压，幅值约为 30 V。图 3-10（b）中，从喷油开始信号 B 至喷油截止信号 G 所对应的时间就是电流驱动式喷油器的总喷油时间。

H 线：喷油器针阀关闭，电压从峰值逐渐衰减到电源电压。

3）氧传感器的检测

在使用三元催化转换器以减少排气污染的发动机上，氧传感器是必不可少的元件。氧传感器一般安装在发动机的排气管上，其功能是检测排放气体中氧气的含量，并将检测结果反馈给 ECU，ECU 根据氧传感器输入的信号，对喷油量进行修正，实现空燃比反馈控制。

氧传感器一般有单线、双线、三线和四线四种引线形式。

单线为氧化锆式氧传感器；双线为氧化钛式氧传感器；三线和四线为氧化锆式氧传感器。三线和四线的区别是：三线氧传感器其加热器负极和信号输出负极共用一根线，而四线氧传感器其加热器负极和信号负极分别各用一根线。

（1）检测氧传感器加热电阻丝的电阻冷态一般为 4～9 Ω，热态会增加到几十欧。若阻值过大或过小，则表示加热元件已损坏，应更换传感器。

（2）检测传感器的反馈电压的方法是拔下插头，使发动机以 2 500 r/min 的转速运转，电压应在 0～1 V 之间变换（频率约为 50 次/min）。如电压保持在 0 V 或 1 V 不变，可用改变油门开度的办法人为地改变混合气浓度。突然踏下油门踏板，产生浓混合气，反馈电压上升；突然松开油门时产生稀混合气，反馈电压应下降。如果没有变化，说明氧传感器已经损坏，应更换。

2. 电喷汽油机燃油供给系统的诊断

1）喷油器的故障诊断

（1）故障现象。

喷油器工作不良或不工作，导致发动机运转不良甚至熄火。

（2）故障原因。

如图3-11所示，根据喷油器的结构和驱动电路分析，其故障的可能原因如下。

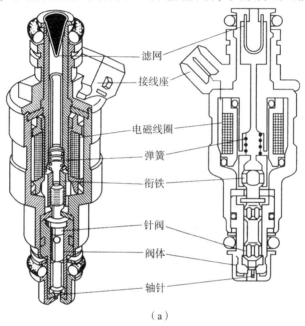

（a）

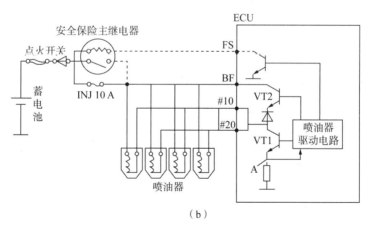

（b）

图3-11　喷油器及其驱动电路

（a）喷油器结构；（b）喷油器驱动电路

a. 喷油器线路插接器或连接线路接触不良，导致喷油器不喷油。

b. 喷油器电磁线圈断路或短路，导致喷油器不喷油。

c. 喷油器针阀胶结、喷油器针阀密封不严，导致喷油器滴油，工作不正常。

d. 喷油器针阀口积污，使喷油量减少或喷射角度过小，导致发动机动力性下降。

e. 发动机 ECU 及燃油控制系统故障，使喷油信号失准，导致发动机工作异常。

（3）故障诊断。

当发动机运转不良而怀疑是个别气缸喷油器不工作或喷油器性能变差引起时，可进行下述检测诊断。

a. 检查喷油器状态。发动机怠速运行时，用手触摸（见图 3-12a），或用听诊器检查喷油器工作时的振动或声响，以判断喷油器电磁阀是否动作。若感觉有振动或能听到电磁阀动作的声响，则可初步判断喷油器可以工作，但不能确定其性能是否良好；若喷油器无振动或声响，则说明该喷油器不工作。

b. 检查喷油器电路。若发动机运转时，某缸喷油器无振动或声响，则检查该缸喷油器的线路有无断路或短路故障。若线路正常而喷油器不能工作，则说明该喷油器有故障。

c. 检查喷油器电阻。断开点火开关，拔下喷油器的插头，用万用表电阻挡测量喷油器线圈的电阻值，如图 3-12（b）所示。低阻型喷油器的电阻值一般为 $2 \sim 3 \Omega$，高阻型喷油器的电阻值一般为 $13 \sim 18 \Omega$。检测时，应对照相关标准诊断。若测得的电阻值为无穷大，则说明喷油器电磁线圈有断路故障；若测得的电阻值过大或过小，则说明喷油器电磁线圈或内部线路连接有故障。喷油器电磁线圈存在故障时，应更换喷油器。

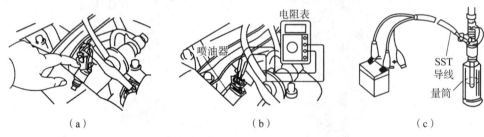

（a）　　　　　　　　　　（b）　　　　　　　　　　（c）

图 3-12　喷油器的检查
(a) 检查喷油器状态；(b) 检查喷油器电阻；(c) 检查喷油器性能

d. 检查喷油器性能。主要是检查喷油器的喷油量、喷油状况和密封性能，这些检查可通过专用的喷油器检测仪进行。当无专用喷油器检测仪时，可用下述方法进行检查。

● 将需检查的喷油器拆下，装上检查专用的软管及其连接头，把喷油器、压力调节器和油管用连接头和连接卡夹连接好，将喷油器喷口置入量筒，如图 3-12（c）所示。

● 用跨接线将蓄电池正极与燃油泵继电器的燃油泵接线端子连接，使电动燃油泵工作。

● 给喷油器电磁线圈施加蓄电池电压，高电阻型喷油器可以直接将 12 V 电压施加到喷油器上（见图 3-12c），而低电阻型喷油器需用专用的接线器或串入一只 $5 \sim 8 \Omega$ 的电阻。

● 检测喷油器的喷油量。记录在规定时间内喷入量筒的燃油量，若喷油量小于规定值，则说明喷油器堵塞。清洗喷油器之后重复测试，若仍不能达到标准，则应更换喷油器。用同样的方法，测量其余各缸喷油器，若各喷油器之间的喷油量差值超过 5 mL，则需清洗或更换喷油器。

● 检测喷油器的喷油状况。察看喷油器喷入量杯的油束形状，若喷油器油束均匀，并呈圆锥形，其锥角在 $10° \sim 40°$ 范围，则说明喷油器的喷油性能良好；否则，应更换喷油器。

● 检测喷油器的密封性能。将喷油器的电源断开，使喷油器停止喷油，观察喷油器的喷嘴，若在 1 min 内滴油少于一滴，则说明喷油器的密封性能良好；否则，应更换喷油器。

e. 检查喷油器的信号波形。有条件时可用示波器对喷油器的工作波形作进一步检查，利用示波器的计算功能，测量不同转速和负荷下喷油器的喷油时间，并与标准值比较，以判断喷油器是否存在故障。同时，将实测的喷油器波形与标准波形比较，可以快速诊断喷油器、ECU 以及燃油控制系统的故障。

2）燃油泵的故障诊断

（1）故障现象。

电动燃油泵工作不良或不工作，使燃油供给失常，导致发动机运转不良或发动机根本无法起动。

（2）故障原因。

a. 燃油泵电动机烧坏、内部电路接触不良、电动机转子机械卡死，导致燃油泵不工作。

b. 燃油泵磨损严重、安全阀泄漏或弹簧失效，导致燃油供给系统供油量不足，燃油供给系统压力下降。

c. 燃油泵单向阀泄漏，导致燃油供给系统保持压力过低或为零，使发动机熄火后起动困难。

（3）故障诊断。

a. 检查燃油泵的工作状态。就车检查时，用跨接线将蓄电池正极与燃油泵继电器的燃油泵接线端子跨接。若打开油箱盖没听到任何声响，或用手触摸燃油管无油压脉动感，则说明燃油泵有故障，可进入检查步骤 c。若能听到燃油泵运转的声响，或能感觉到油压脉动，则说明燃油泵可以工作，但不能确定其性能是否良好，此时可进行下步检测。

b. 检查燃油泵的性能。检测燃油泵的最大压力和保持压力，若其最大压力和保持压力符合原车标准，则说明燃油泵工作正常，性能良好；若燃油泵最大压力低于原车标准，则说明燃油泵磨损严重、安全阀泄漏或弹簧失效，应更换燃油泵；若燃油泵保持压力低于原车标准，则说明燃油泵单向阀泄漏，应更换或修复燃油泵。

c. 检查燃油泵电动机的电阻。拔下电动燃油泵插接器端子，用万用表测量燃油泵插接器两端子之间的电阻，其电阻值一般为 $0.5 \sim 3\ \Omega$。若电阻值不符，则说明燃油泵电动机有线圈短路、断路或电刷接触不良的故障，应更换燃油泵；若电阻值符合标准，但通电又不工作，则说明燃油泵电动机转子机械卡死，应更换电动燃油泵。

3）油压调节器的故障诊断

（1）故障现象。

汽油压力调节器工作不良，使燃油供给系统油压过高或过低，混合气过浓或过稀，导致发动机性能下降。

（2）故障原因。

a. 油压调节器膜片破裂，导致燃油供给系统漏油，使喷油器无法工作。

b. 油压调节器回油阀密封不严，导致燃油供给系统泄漏，使燃油供给系统保持压力过低或为零，发动机起动困难。

c. 油压调节器弹簧失效或调节不当，使供油系统压力失准，导致喷油器喷油量过多或过少，发动机不能正常工作。

（3）故障诊断。

a. 直观检查。检查油压调节器有无外部漏油迹象，若有，则应更换油压调节器。检查连接油压调节器的真空管有无破裂，若有，则应更换其真空管。

b. 检查燃油供给系统压力，并结合下列方法诊断油压调节器是否良好。

当燃油供给系统压力过高时，先对系统卸压，然后拆下油压调节器上的回油管，套上适当的容器，起动发动机（约3 s），观察油压调节器回油管。若回油少或无回油，则说明油压调节器不良，可能是油压调节器弹簧弹力过大或失效，应重新调整或更换油压调节器。

当燃油供给系统压力过低时，先起动发动机使其怠速运行，然后夹住回油软管，若油压立即上升至400 kPa以上，则说明油压调节器不良，可能是油压调节器弹簧弹力过小或失效，或回油阀密封不严，应重新调整或更换油压调节器。

起动发动机使其怠速运行，当拔去油压调节器上的真空管后，油压应上升50 kPa左右，否则说明油压调节器不良，应予以检修或更换。

c. 检查燃油供给系统保持压力，若压力过低或为零，而燃油泵、喷油器及系统管路无故障时，则说明油压调节器的回油阀密封不严，此时应更换油压调节器。

3.2.4 进气系统

进气系统的主要功用是为发动机输送清洁、干燥、充足而稳定的空气以满足发动机的需求，避免空气中杂质及大颗粒粉尘进入发动机燃烧室造成发动机异常磨损。进气系统的另一个重要功能是降低噪声，进气噪声不仅影响整车通过噪声，而且影响车内噪声，这对乘车舒适性有着很大的影响。进气系统由空气滤清器、空气流量计、进气压力传感器、进气温度传感器、电子节气门控制系统（含节气门位置传感器）、进气歧管等组成。

1. 空气流量计

空气流量计安装在空气滤清器和节气门之间，用于测量进入气缸内空气量的多少，并将进气量信号转换成电压信号输入ECU，由ECU计算出喷油量，控制喷油器向气门室（进气管）喷入与进气量成最佳比例的燃油。

目前汽车上所用的空气流量计主要有叶片式空气流量计、热线式（热膜式）空气流量计、卡门涡旋式空气流量计等，相关波形如图3-13～图3-15所示。

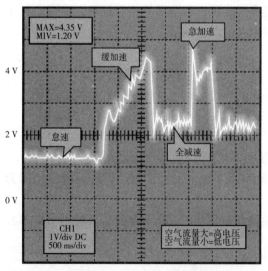

图3-13 叶片式空气流量计波形

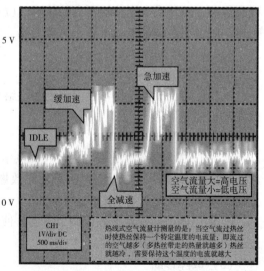

图3-14 热线式空气流量计波形

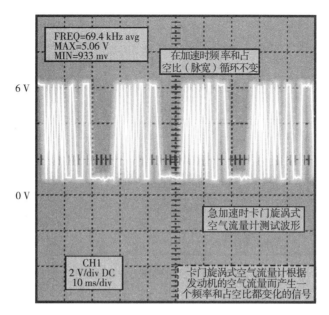

图 3-15　卡门涡旋式空气流量计波形（急加速）

2. 进气压力传感器

进气压力传感器按其信号的产生原理分模拟（电压）式和数字（频率）式两种。模拟式又分为半导体压敏电阻式（电阻应变计式）和膜盒传动可变电感式；数字式分电容式和表面弹性波式。模拟式进气压力传感器波形如图 3-16 所示，数字式进气压力传感器波形如图 3-17 所示。

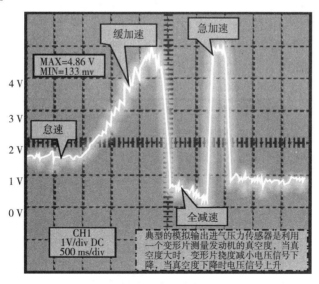

图 3-16　模拟式进气压力传感器波形

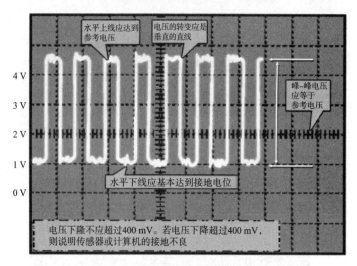

图3-17 数字式进气压力传感器波形

3. 进气温度传感器

由于吸入的空气温度的变化会引起空气密度的变化，因此需检测进气温度作为 ECU 计算空气密度并进行燃油喷射量修正的依据。进气温度传感器与体积流量传感器（翼板式和卡门涡流式空气流量计）或进气压力传感器配套使用。进气温度传感器损坏会导致车辆出现起动困难、息速发抖、动力降低等现象。

4. 电子节气门控制系统

电子节气门控制系统主要由油门踏板、踏板位移传感器、ECU、数据总线、伺服电动机、节气门执行机构及反馈信号组成。驾驶员踩下油门踏板，踏板位移传感器感知信号，并通过电路将信号传递给 ECU，ECU 通过电路控制伺服电动机操纵节气门执行机构，并通过节气门位置传感器将动作信息反馈给 ECU。

节气门位置传感器一般安装在节气门体上节气门轴一端。在装有自动变速器的车上，节气门位置传感器检测的节气门开度信号还将作为变速器确定换挡时机和变矩器确定锁止时机的主要信号之一，节气门位置传感器波形如图 3-18 所示，踏板位移传感器波形与之类似。

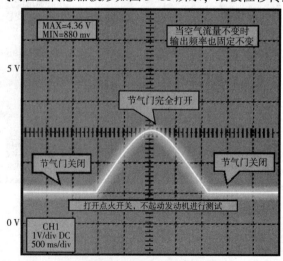

图3-18 节气门位置传感器波形

节气门位置传感器正常是清晰连续的电压波形且电压应随着节气门的开度圆滑上升，在波形中出现间断或尖峰预示着传感器出了问题。同时，在清洗电子节气门时要注意，不可让化油器清洗剂流入控制模块或者电动机中，否则可能引起设备损坏。

3.2.5　点火系统

1. 点火控制相关传感器

1）曲轴位置传感器、凸轮轴位置传感器

曲轴位置传感器提供点火时刻（点火提前角）、确认曲轴位置的信号，用于检测活塞上止点、曲轴转角及发动机转速。曲轴位置传感器所采用的结构随车型不同而不同，可分为磁脉冲式、光电式和霍尔式三大类。它通常安装在曲轴前端或后端。

凸轮轴位置传感器用于采集凸轮轴传动角度信号，以确定点火时刻和喷油时刻。

曲轴位置传感器、凸轮轴位置传感器波形及其关系如图 3-19 所示，上部为凸轮轴位置传感器波形，下部为曲轴位置传感器波形。

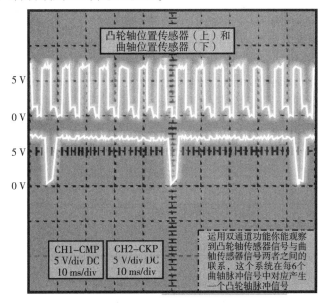

图 3-19　曲轴位置/凸轮轴位置传感器波形

2）爆震传感器

爆震传感器安装在气缸体上，用于对点火信号的修正。汽油发动机获得最大功率和最佳燃油经济性的有效方法之一是增大点火提前角，但是点火提前角过大又会引起发动机爆震。爆震传感器用于检测发动机是否发生爆震，当爆震没有发生时，可以增大点火提前角；当爆震发生时，给发动机 ECU 提供反馈信号，减小点火提前角。如果爆震传感器损坏，发动机 ECU 无法对爆震程度进行监控，从而错误的判断为没有发生爆震，在这种情况下，发动机 ECU 就会增大点火提前角，导致发动机因爆震而工作粗暴抖动。

2. 点火线圈

通常的点火线圈里面有两组线圈，初级线圈和次级线圈。初级线圈通常用较粗的漆包线（直径为 0.5～1 mm）绕 200～500 匝；次级线圈通常用较细的漆包线（直径 0.1 mm 左右）绕 15 000～25 000 匝。初级线圈一端与车上低压电源（+）连接，另一端与开关装置

（断电器）连接。次级线圈一端与初级线圈连接，另一端与高压线输出端连接输出高压电。

点火线圈之所以能将车上低压电变成高电压，是由于有与普通变压器相同的形式，初级线圈比次级线圈的匝数比大。但点火线圈工作方式却与普通变压器不一样，普通变压器的工作频率是固定 50 Hz，又称工频变压器，而点火线圈则是以脉冲形式工作的，可以看成是脉冲变压器，它根据发动机不同的转速以不同的频率反复进行储能及放能。

当初级线圈接通电源时，随着电流的增长四周产生一个很强的磁场，铁芯储存了磁场能；当开关装置使初级线圈电路断开时，初级线圈的磁场迅速衰减，次级线圈就会感应出很高的电压。初级线圈的磁场消失速度越快，电流断开瞬间的电流越大，两个线圈的匝数比越大，则次级线圈感应出来的电压越高。

1）初级点火波形分析

（1）标准初级点火波形，如图 3-20 所示。

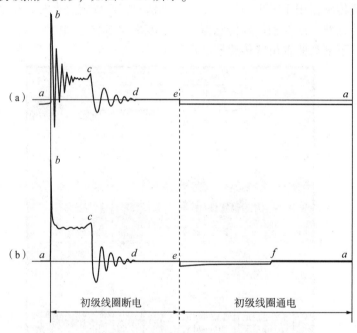

图 3-20　标准初级点火波形

（a）初级线圈波形；（b）次级线圈波形

ab 段：触点打开时，初级线圈上初级电压的迅速增长，而这时次级线圈的电压也迅速增长，当次级电压达到击穿电压的时候，两电压之和就可以击穿火花塞的电极间隙。

bc 段：当火花塞的电极间隙被击穿时，两电极之间要出现火花放电，使次级电压骤然下降，而由于点火线圈的初级和次级之间的变压器效应，初级电压也迅速下降。

abc 段：当火花塞两电极间出现火花放电时，会伴随出现高频振荡，由于点火线圈的初级和次级之间的变压器效应，初级波形中也会出现高频振荡，所以 *abc* 段称为高频振荡波形。

cd 段：在火花塞放电的持续时间里，初级线圈的电压变化，也反映了火花塞的火花放电持续时间。

de 段：当次级火花放电完毕时，点火线圈和电容器中的残余能量要继续释放，初级电路中出现低频振荡波形。*de* 振荡终了时为一段直线，高于基线的距离表示施加于初级电路上的触点两端的电压，而触点在 *e* 点闭合。

ef 段：断电器触点闭合式电子点火器晶体管导通，使初级线圈突然闭合，初级电流开

始增加。

fa 段：当触点闭合后，初级电压几乎降为零，显示如一条直线，一直延续到触点的下一次打开。

（2）初级电压点火故障波形。

a. 初级线圈点火电压衰减波形如图 3-21 所示。初级电压波形在火花后期的衰减振荡明显减少，幅值变低，一般是与触点并联的电容漏电所致。

图 3-21 初级线圈点火电压衰减波形

b. 电子点火系统的低压故障波形如图 3-22 所示，与正常的波形比较，在充磁阶段（即 *ea* 段）的电压没有上升，其故障原因是电路的限流作用失效。当这一波形严重失常时，只能逐个检查点火线圈、点火器、点火信号发生器和凸轮位置传感器等的元件或模块。

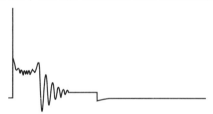

图 3-22 电子点火系统的低压故障波形

2）次级点火电压波形分析

（1）次级点火电压标准波形，如图 3-23 所示。

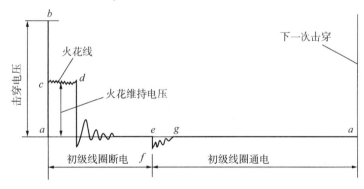

图 3-23 次级点火电压标准波形

a 点：断电器的触点断开或电子点火器晶体管没导通，初级线圈突然断电，使次级电压急剧上升。

ab 段：为火花塞的击穿电压，即在断电器打开的瞬间，由于初级电流下降至零，磁通也迅速减小，于是次级产生的高压急剧上升，当次级电压还没有达到最大值时，就将火花塞的间隙击穿。所以，*ab* 也称为点火线（5 000~8 000 V）。

bc 段：当火花塞的间隙被击穿时，两电极之间要出现火花放电，同时次级电压骤然下

降，bc 为此时的放电电压（电容放电阶段电压）。

cd 段：火花塞电极间隙被击穿后，通过电极间隙的电流迅速增加，致使两极间隙中的可燃气体粒子发生电离，引起火花放电。cd 的高度表示火花放电的电压，cd 的宽度表示火花放电的持续时间。cd 被称为火花线（电感放电阶段电压）。

在火花间隙被击穿的同时，储存在次级电容 C2（指分布电容，即点火线圈匝间、火花塞中心电极与侧电极间、高压导线与机体间等所具有的电容量总合）的能量迅速释放，故 abc 段被称为电容放电。其特点是放电时间极短（1 μs），放电电流很大（可达几十安培），所以 a、c 两点基本是在同一条垂直线上。而电容放电时，伴有迅速消失的高频振荡，频率为 106～107 Hz。但电容放电只消耗磁场能的一部分，其余磁场能所维持的放电称为"电感放电"。其特点是放电电压低、放电电流小、持续时间长，但振荡频率仍然较高。所以，整个 abcd 段波形称为高频振荡。

de 段：当保持火花塞持续放电的能量消耗完毕，电火花消失，点火线圈和电容器中的残余能量在线路中维持一段衰减振荡。这段振荡也叫第一次振荡。

ef 段：由于初级线圈突然闭合，初级电流开始增加，引起次级电压突然增大。

fa 段：触点闭合后，因初级电流接通而引起回路电压出现衰减振荡。这段振荡称为第二次振荡，逐渐变化到零。当至 a 点时，触点又打开，次级电路又产生点火电压。

整个波形中，从 a 点至 e 点，对应于初级电流不导通、次级线圈放电阶段，对于传统点火系统为断电器触点张开阶段，即触点打开段；从 e 点至 a 点对应于初级电流导通、线圈储能阶段，也是传统点火系统的触点闭合时间，即触点闭合段。打开段加上闭合段等于一个完整的点火循环。

（2）分析次级点火波形的要点。

a. 观察 efa 段，即点火线圈在开始充电时，波形的下降沿是否与标准波形一致：如果一致，表明闭合角正常，点火正时准确；如果不一致，表明闭合角出现问题，即电容器、点火线圈和断电器触点出现故障。

b. 观察 ab 段，即点火线。主要看点火线的高度是否符合该车技术参数，点火线的中后段是否有杂波。一般汽车在急速时，次级点火电压为 10～15 kV。如果点火电压过高，表明在次极线路中存在着高电阻，如火花塞、高压线开路或损坏，火花塞的电极间隙过大。如果点火电压过低表明次级线路的电阻低于正常值，如火花塞污蚀或损坏，火花塞、高压线漏电等。

c. 观察 cd 段。主要看火花线是否近似水平，火花线的起点是否和火花放电电压一致和稳定，以及火花线是否有杂波。如果火花线近似水平，火花线的起点和火花放电电压一致且稳定，表明各缸的空燃比一致，火花塞是正常的。如果火花线的起点比正常火花放电电压低一些，说明混合比过稀；如果火花塞有污蚀或积炭，火花线的起点会上下跳动且火花线明显倾斜；如果火花线有过多的杂波，表明气缸点火不良，其原因为点火过早，喷油器损坏，火花塞污蚀或其他原因。

d. 观察 cd 段的宽度。主要看火花线的火花放电持续时间是否符合该车的技术参数。火花放电持续时间表明气缸内混合气的浓与稀。火花放电持续时间过长（通常超过 2 ms）表示混合气过浓；相反，火花放电持续时间过短（通常少于 0.75 ms）表示混合气过稀。

e. 观察 efa 段的低频振荡，点火线圈振荡波最少为两个，最好多于三个，这表明点火线圈和电容器的工作正常。

（3）常见单缸次级故障波形。

a. 次级波形在触点断开时刻即出现击穿电压之前出现一个小平台且击穿电压较低，其故障原因是断电器的电容漏电，使触点放电能量不足。故障波形如图 3-24 所示。

图 3-24 断电器电容漏电情况下的次级波形

b. 次级波形在触点闭合段的第二次振荡波小而少，其故障原因是点火线圈的阻抗过大将触点闭合时产生的振荡波吸收。故障波形如图 3-25 所示。

图 3-25 点火线圈阻抗过大情况下的次级波形

c. 次级波形的火花线倾斜且较陡峭（下降较快），而火花线的起点（c 点）也很高。其故障原因是分电器与该气缸之间的高压分线断路使次级电路电阻增大，或火花塞的间隙过大使击穿电压过高。故障波形如图 3-26 所示。

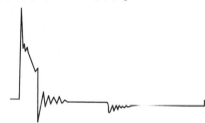

图 3-26 次级电阻增大情况下的次级波形

d. 次级波形的火花线向下倾斜且不稳定，有细小的多余波形出现，而火花线的持续电压也不正常。其故障原因是火花塞上具有较多的积炭和油污。火花塞积炭就相当于在火花塞上并联一个分路电阻，与次级电路闭合回路。当触点打开时，次级电路内产生泄漏电流，使击穿电压下降，火花塞的放电过程不稳定。故障波形如图 3-27 所示。

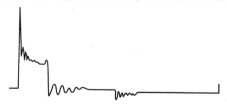

图 3-27 火花塞积炭较多情况下的次级波形

e. 次级波形出现上下平移，其故障原因是次级电路出现间歇性断电。故障波形如图 3-28 所示。

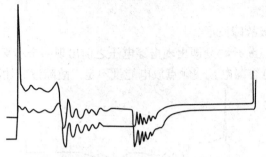

图 3-28　次级电路间歇断电情况下的次级波形

f. 次级波形在触点打开段的火花线与第一次振荡界限分不清，失去火花放电过程，其故障原因是火花塞电极的间隙过大，击穿电压再高也无法击穿，而失去了火花塞的放电过程，也就失去了火花线。故障波形如图 3-29 所示。

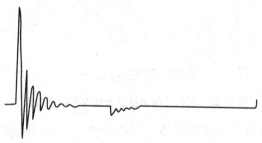

图 3-29　火花塞间隙过大情况下的次级波形

g. 次级波形的火花线有上下波动的现象，其故障原因是电子燃油喷射系统中的喷油嘴工作不良，喷油不均，引起气缸内混合气的混合雾化不均匀，在做功冲程的燃烧不稳定，致使火花线的持续阶段电压不稳定，火花线出现缓慢上下波动现象。故障波形如图 3-30 所示。

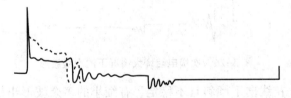

图 3-30　缸内燃烧不稳定情况下的次级波形

h. 次级波形出现颠倒现象，其故障原因是点火线圈的初级绕组的两个接线柱接反或电源极性接反，以致初级电流反向，而次级信号与初级信号是通过变压器耦合而得，故次级电流反向，次级信号得波形出现反置。故障波形如图 3-31 所示。

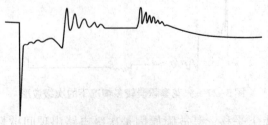

图 3-31　初级线圈电源极性接反情况下的次级波形

i. 次级波形的火花线起点（c 点）过低，远低于该车的技术指标值，且火花线有抖动现象出现。其故障原因是：①火花塞过热，当火花塞电极的温度低于混合气的温度时，击穿电压将会下降 30% ~ 50%；②气门漏气，同理，气门漏气也会造成火花塞电极周围的混合气的密度变小，电极的击穿电压变低且由于在做功冲程里气门漏气造成的混合气逐渐减小，使混合气的燃烧不稳定而导致火花塞电极放电过程不稳定，火花线出现抖动。故障波形如图 3-32 所示。

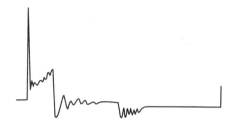

图 3-32 火花塞电极击穿电压降低情况下次级波形

j. 次级波形的火花线出现抖动现象，其故障原因可能是发动机的分电盘盖或分火头松动，使发动机在高速运转时，因分电器的振动使火花塞的放电过程中电压不稳定，火花线出现抖动现象。故障波形如图 3-33 所示。

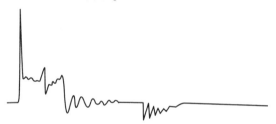

图 3-33 火花塞放电不稳定情况下的次级波形

3.2.6 润滑系统

1. 润滑系统的检测

汽车在使用过程中，若发动机润滑系统的机油压力变化异常、机油品质变坏过快、机油消耗量增加过多，则表明润滑系统工作不正常，存在故障。因此，通过机油压力、机油品质变化程度和机油消耗量的检测可以评价润滑系统的工作状况。

1）机油压力的检测

机油压力值通常根据汽车仪表板上的机油压力表或油压信号指示灯显示而测得。正常情况下，汽油机运转时机油压力应为 196 ~ 392 kPa，柴油机运转时机油压力应为 294 ~ 588 kPa。机油压力过高或过低，均属不正常状况，如发动机机油压力在中等转速下低于 147 kPa，在怠速下低于 49 kPa，则应使发动机停止运转，并进行检查。

2）机油品质的检测

机油在使用过程中，由于杂质污染、燃油稀释、高温氧化、添加剂消耗或性能丧失等原因，其品质会逐渐变坏。这将导致发动机润滑性能变差、磨损加剧，甚至引发严重机械故障。

（1）用经验法检查。

将发动机预热停机后，等待几分钟。以机油标尺上的机油滴为研究对象，看机油是否变质、含水、变色、变稀或杂质过多。若油滴呈乳浊状并有泡沫或含黄白色乳化油膜，则机油中含水量极高；若油滴表面颜色暗淡，甚至完全失去光泽或颜色很深，说明机油内的抗氧化添加剂失效，机油已氧化变质；若油滴有汽油味，说明机油里已混入汽油，机油被稀释。

用手指捻机油，可简单检验机油的品质。用油标尺滴一滴机油在食指、拇指间，两指头搓捏时若有细粒感，说明机油含杂质多；两指头分开，油丝长度若大于 3 mm，表明黏度过大；两指头搓捏时若无滑腻感，手指分开后油丝长度小于 2 mm，说明机油被冲得过稀，黏度太小。

（2）用机油不透光度分析仪检测。

机油在使用过程中，会逐渐变黑。机油污染程度越大，变黑的程度就越大，光线通过变黑油膜的能力就越差。机油不透光度分析仪通过测量机油膜的不透光度来间接检测机油污染程度。

机油不透光度分析仪的检测原理如图 3-34 所示。透光度表采用百分刻度，指针"0"用标准干净机油标定，指针"80%"用污染程度达到极限允许值的机油标定。有的透光度表用三种颜色大致表示污染范围，红色表示换油区，黄色表示可用区，绿色表示良好区。

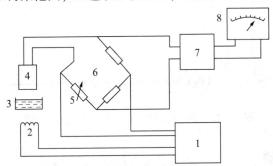

1—稳压电源；2—光源；3—试样油池；4—光敏电阻；5—可调电阻；6—电桥；7—直流放大器；8—透光度表。

图 3-34　机油不透光度分析仪检测原理

（3）用机油介电常数分析仪检测。

机油介电常数分析仪是根据电容与介电常数的关系来间接检测机油污染程度的，其关系式为：

$$C = \varepsilon \frac{S}{d} \tag{3-8}$$

式中：C——电容（F）；

ε——介电常数；

S——板极间相互覆盖的面积（m^2）；

d——板极间的距离（m）。

机油是电介质，有一定的介电常数，其值取决于机油中的添加剂和存在的污染物。清洁机油不含污染物，有较为稳定的介电常数；而当机油被污染时，其介电常数则发生变化。当板极间面积和距离一定而电介质为机油时，则电容值随机油的介电常数而变。因此，通过测量其电容值的变化就可确定机油的污染程度。由于介电常数的大小还与机油中存在的一些污染物的相对浓度成比例，因此还能根据机油污染物对介电常数的变化效应来分析机油变质的主要原因。

（4）用滤纸油斑试验法检测。

机油品质可用机油中污染物含量和清净分散能力来评价。机油中污染物含量越低、杂质越少，则机油的污染程度就越小；机油的清净分散能力越强，则机油能从发动机内零件表面分散、疏松、移走积炭和污物等有害物质使其不致沉积的能力就越强，机油品质就越好。用专用滤纸油斑试验法能很好地评价机油的污染物程度和清净分散能力。

3）机油消耗量的检测

机油消耗量过大，不仅表明润滑系统的工作环境恶劣，还反映发动机的曲柄连杆机构、配气机构等部件磨损严重。因此，有必要对发动机的机油消耗量进行检测。目前常用的检测方法是油标尺测定法和质量测定法。

（1）油标尺测定法。

测试前，汽车置于水平地面上，预热后停机，将机油加至油底壳规定的液面高度，然后在油尺上清晰地划上刻线，以记住这一油面位置。其后，汽车投入实际运行，当汽车行驶若干里程后，停止运行，仍置汽车于原地点，按原测试条件，向油池内加入已知量（质量或体积）的机油，使油面仍升至油标尺上的原刻线，所加油量即为机油消耗量，此时再根据汽车行驶的里程即可算出每 1 000 km 所消耗的机油量。

（2）质量测定法。

预热发动机至正常温度后停机，在水平路面上打开油底壳的放油螺塞，放出油底壳内的机油，至机油由流变成滴时，拧上油底壳的放油螺塞，然后将已知质量的机油加入油底壳至规定的液面，使汽车投入实际运行。汽车行驶若干里程后，按同样的测试条件，放出油底壳内的在用机油，至机油由流变成滴时，拧上油底壳的放油螺塞，并称出其质量。加入和放出的机油质量之差即为机油消耗量，此时再根据汽车行驶的里程即可算出每 1 000 km 所消耗的机油量。

当机油消耗量过多时，说明发动机技术状况变差，应查明原因。GB/T 19055—2003《汽车发动机可靠性试验方法》明确规定额定转速全负荷时机油/燃油消耗比不得超过0.3%。据此，可推算出发动机正常状态的机油消耗量。

2. 润滑系统常见故障的诊断

1）机油压力过高

（1）故障现象。

发动机在正常温度和转速下工作时，机油压力表指示压力超过规定值。

（2）故障原因。

a. 机油黏度过大，不符合要求。

b. 限压阀技术状况不良或调整不当。

c. 气缸体内通往各摩擦表面的分油道堵塞。

d. 发动机曲轴主轴承、连杆轴承、凸轮轴轴承间隙过小。

e. 机油压力表或机油压力传感器不良或失效。

（3）故障诊断。

a. 检查机油的黏度。拔出机油尺用手捻机油，凭经验判断机油黏度的大小，若黏度过大，则更换机油以确诊故障所在。若黏度正常则进行下步检查。

b. 检查机油压力表及其传感器。外表查看是否正常，必要时换用新机油压力表及其传感器，然后再运转发动机看机油压力是否正常。若机油压力正常，则说明原机油压力表或机油压力传感器失效；若机油压力仍高，则进行下步检查。

c. 检查机油限压阀。如机油限压阀安装在发动机外表，则直接拆检限压阀，必要时更换限压阀元件，并重新调整限压阀后进行试车，若机油压力正常，则说明限压阀技术状况不良或调整不当；若机油压力仍高，则故障原因可能是缸体内通往各摩擦表面的分油道堵塞，对于新车或刚大修的发动机可能是主轴承、连杆轴承和凸轮轴轴承的间隙过小。如机油限压阀在发动机内部，则限压阀的检查调整需要拆除发动机油底壳。

2）机油压力过低

（1）故障现象。

发动机在正常温度和转速下工作时，机油压力表指示压力低于规定值，或油压报警蜂鸣器报警、油压报警指示灯点亮。

（2）故障原因。

a. 油底壳内机油不足。

b. 机油黏度小，不符合要求。

c. 限压阀技术状况不良或调整不当。

d. 机油泵磨损严重，使供油压力过低。

e. 机油集滤器滤网堵塞。

f. 机油管接头松动或油管破裂。

g. 机油粗滤器堵塞且旁通阀不能正常开启。

h. 曲轴主轴承、连杆轴承、凸轮轴轴承间隙过大。

i. 机油压力表及其传感器失效，或油压报警指示装置失效。

（3）故障诊断。

a. 检查机油量是否不足。让汽车在水平路面停车 2 min 后，拔出机油尺检查油面高度，如过低应及时加机油确诊。若正常，则进行下步检查。

b. 检查机油黏度是否过小。用拇指和食指沾少许机油，两指拉开，若两指间的油丝小于 2 mm，则机油黏度过小，其密封性变差，导致机油压力过低。若两指间油丝为 2～3 mm，则黏度正常，进行下步检查。

c. 检查油道的出油状况。拆下机油压力传感器，短时间起动发动机，若机油喷出量多而有力，则故障原因是油压感传器及其机油压力表失效，或油压报警指示装置失效，可用新配件进行替换来确诊故障；若机油喷出量少而无力，则进行下步检查。

d. 检查机油滤清器。查看粗滤器滤芯是否脏污堵塞严重，粗滤器旁通阀是否堵塞不能开启，如有故障，则更换滤芯或机油滤清器，再进行试车检查，此时若机油压力正常，则说明原滤清器堵塞了油路；若机油压力仍低，则进行下步检查。

e. 检查机油限压阀。如机油限压阀安装在发动机外表，则直接拆检限压阀，必要时更换限压阀元件，并重新调整限压阀后进行试车，若机油压力正常，则说明限压阀技术状况不良或调整不当；若机油压力仍低，则故障原因可能是机油泵磨损严重，集滤器滤网堵塞，机油管路泄漏，曲轴主轴承、连杆轴承、凸轮轴轴承的间隙过大，这些可在拆除油底壳后进行确诊。如机油限压阀在发动机内部，则限压阀的检查调整也需拆除发动机油底壳。

3）机油消耗过多

（1）故障现象。

a. 机油消耗率超过正常值，达 1.5 L/1 000 km 以上。

b. 排气管冒蓝烟。

（2）故障原因。

a. 活塞与缸壁磨损严重，间隙过大。

b. 活塞环装配不当，如锥面环、扭曲环上下方向装反，活塞环安装时有对口现象。

c. 活塞环的端隙、背隙及边隙过大，活塞环弹力不足。

d. 气门导管磨损过甚，气门杆油封损坏。

e. 曲轴箱通风不良。

f. 油底壳、气门室盖漏油，润滑系统有关部件向外部渗油。

g. 气压制动汽车的空气压缩机活塞与其缸壁间隙过大。

（3）故障诊断。

a. 检查发动机外部是否漏油，应特别注意有无漏油痕迹，重点检查主要漏油部位，如曲轴前端和后端、凸轮轴后端油堵。

b. 若发动机气缸盖罩、气门室盖、油底壳衬垫和发动机前后油封等多处有机油渗漏，应重点检查曲轴箱通风装置，因为曲轴箱通风系统技术状况不佳、曲轴箱通风不良时，会使曲轴箱内气体压力和机油温度升高，容易造成机油渗漏、蒸发，甚至进入气缸燃烧，使机油消耗过多。

c. 检查发动机排烟。发动机工作时，若排气管明显地冒蓝烟，则说明机油进入燃烧室参与了燃烧。当发动机高速运转或急加速时，排气管大量冒蓝烟，同时机油加注口也向外冒蓝烟，则说明活塞、活塞环与气缸壁磨损过甚，或者活塞环的端隙、边隙、背隙过大，弹力不足，或者活塞环卡死、开口转到一起有对口现象，或者锥面环、扭曲环方向装反易产生泵油作用，使得机油容易窜入燃烧室。当发动机大负荷运转时，排气管冒蓝烟而机油加注口不冒烟，则表明气门导管磨损过甚，气门杆油封损坏，易使机油被吸入燃烧室。

d. 对于采用气压制动的汽车，当松开湿储气筒放水排污开关后，若发现伴有大量油污排出，则表明空气压缩机的活塞、活塞环与气缸壁磨损过甚，导致大量机油在此泵出。

3.2.7 冷却系统

1. 冷却液温度传感器的检测

冷却液温度传感器安装在发动机缸体水套或冷却液管路中，与冷却液接触，用来检测发动机的冷却液温度。ECU 收到该温度信号后修正喷油时间和点火时间，同时用于控制冷却风扇的运转。

冷却液温度传感器为负温度系数传感器，其特性如图 3-35 所示。电阻值应在图示两条曲线之间。如果其电阻值在两条曲线以外，则应更换冷却水温度传感器。

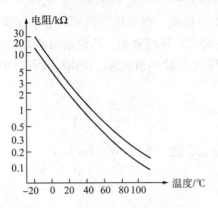

图 3-35　冷却液温度传感器特性

冷却液温度传感器的检测方法如图 3-36 所示。从发动机上拆下冷却液温度传感器。在不同水温条件下，用欧姆表测量水温传感器的电阻。

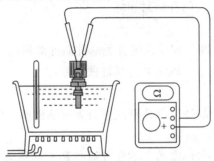

图 3-36　冷却液温度传感器的检测方法

2. 冷却系统的检测

1）冷却系统密封性检测

密封性检测就是检查冷却系统的渗漏。冷却液渗漏分为外部渗漏和内部渗漏，外部渗漏常见的部位有冷却系统各软管接头、散热器及其盖阀、水泵及其密封垫等；内部渗漏主要是漏入发动机油底壳，内部渗漏常见的部位有缸体、缸盖裂纹处，气缸垫密封不严处等。当发动机冷却液消耗量过多、发动机容易过热时，应检查冷却系统的密封性。

（1）直观检查。

a. 检查外漏。大多数冷却液呈黄色或绿色，若有泄漏，则容易观察到外漏痕迹。主要查找冷却系统各软管接头、散热器及其盖阀、水泵及其密封垫等。

b. 检查内漏。停机拔出机油尺观察，若发动机机油呈白色或有水泡，则说明冷却液内部渗漏严重；运转发动机，用手掌心迎向排气管，若手掌心有水雾，则说明冷却液内部渗漏；拆下散热器盖，使发动机运转，查看加液口处是否有高温气体涌出或有大量气泡，若有则说明冷却液内部渗漏。

（2）压力试验。

在发动机不工作时，按图 3-37 所示的方法，将发动机冷却系压力试验仪装到散热器加液口上，并保持密封状态。用试验仪的手动泵向散热器内加压至 100 kPa（请注意系统压力不要超过 100 kPa，以免损坏冷却系统部件）。此时观察压力表：若压力表指针保持不动，表明冷却系密封良好，无冷却液渗漏；若压力表指针缓慢回落，表明冷却系统密封不良；若压力表指针迅速回落，表明冷却液严重渗漏。当压力下降时，没有发现任何外部渗漏，可以将发动机运转至正常工作温度后，再装上压力试验仪加压至48 kPa，并使发动机怠速运转，观察压力表，若压力上升，则表示冷却系统有内部渗漏。

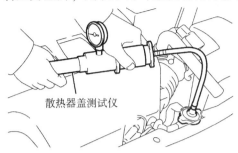

散热器盖测试仪

图 3-37　冷却系统压力试验

压力试验时，还可用冷却系统压力试验仪对散热器盖进行加压检查，若散热器盖阀的密封性和开启压力不符合标准，则应予以更换。

2）节温器性能检查

节温器能随冷却液温度的高低，自动调节流经散热器的冷却液量，从而使冷却液温度保持平衡。若节温器性能不佳或存在故障，则发动机冷却液温度可能过高或过低。节温器的常见故障：主阀门不能开启或开启和全开的温度过高；主阀门关闭不严。前者将造成冷却液不能有效地进行大循环，致使发动机过热；后者将造成发动机升温缓慢，出现发动机温度过低现象。此外，随着节温器性能逐渐衰退，主阀门的开度将逐渐减小，造成进入大循环的冷却液流量减少，发动机将逐渐过热。节温器性能的检查方法如下。

（1）就车检查法。

a. 在冷却液温度升高过程中检查。冷车时，运转发动机，观察冷却液温度表的指示情况。若发动机工作时，冷却液温度很快升高，而当升至80～90 ℃后，即达到主阀门开启时刻的温度后，升温明显减慢，则说明节温器性能正常；若发动机工作时，温度上升很慢，长时间达不到正常工作温度，则说明节温器主阀门卡住没关闭，无小循环；若发动机工作时，温度一直飙升，直至温度表指针长时间指在红区，则说明节温器主阀门卡住不开启，无大循环。

b. 在发动机高温时检查。若冷却系统冷却液足量、冷却液泵及散热器工作正常，则运转发动机。当发动机过热时，用手触摸缸盖的冷却液出口处和散热器进液口处，若两者的温差很大，则表明冷却液不能进入大循环，节温器失效。

（2）拆下检查法。

将节温器拆下，浸入可调温的热水容器中，测量节温器主阀门开启温度、全开温度及全开升程，来检验节温器的性能，不同车辆装用的节温器可能有不同的要求。例如，富康轿车发动机蜡式节温器，当冷却液温度低于89 ℃时，主阀门关闭，侧阀门打开；当冷却液温度为89 ℃时，主阀门开启，随着冷却液温度的提高，主阀门渐开，侧阀门渐关；当冷却液温度升到101 ℃时，主阀门全开，侧阀门全关；节温器主阀门全开时最大升程为8 mm。节温器的性能检验若不符合要求，则必须更换。

对于一些采用特性曲线节温器的车辆，在检测的时候还需要检测其内部加热电阻的工作状态。同时，还需要考虑到该类型节温器的控制逻辑。特性曲线节温器结构如图3-38所示。

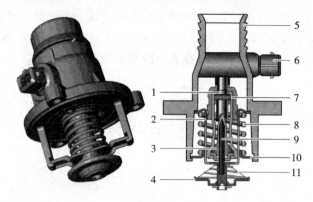

1—加热电阻；2—主阀；3—橡胶嵌入件；4—旁通阀；5—壳体；6—插头；
7—工作元件壳体；8—主弹簧；9—工作活塞；10—横杆；11—旁通弹簧。

图 3-38　特性曲线节温器结构

3）电动风扇及温控开关检测

采用电动风扇的发动机冷却系统，冷却风扇驱动电动机有些是由温控开关控制的。这种风扇一般有两挡转速：冷却液温度高时，风扇转速快；冷却液温度低时，风扇转速慢，甚至停转。

（1）电动风扇高温不转的检查。

a. 停机后用手转动风扇，若运转正常，说明无机械故障。

b. 若冷却液温度很高（100 ℃）但风扇不转，应检查熔断器。若熔断器完好，则应停机检查温控开关和电动机的功能。

c. 直接连接温控开关插接件内的 12 V 电源线和电动机接线，可判断出温控开关及电动机的好坏。若这两接线连接后风扇开始运转，则说明电动机功能正常；若在高温时接上温控开关插接件后风扇仍不转，则说明温控开关损坏，应换用新件。

（2）温控开关功能的检测。

温控开关检测的主要内容为电动风扇低、高速时的导通及断开温度是否符合要求。下面以桑塔纳轿车为例说明其检测方法。

将电动风扇的温控（热敏）开关放入加热的水中，改变水温，用万用表测量温控（热敏）开关的导通与切断状况，用温度计测量开关导通及切断时的水温。第 1 挡，当水温达到 93 ~ 98 ℃时导通，当水温达到 88 ~ 93 ℃时断开为正常；第 2 挡，当水温达到 105 ℃时导通，当水温达到 93 ~ 98 ℃时断开为正常；否则，说明电动风扇的温控（热敏）开关有故障，应予以更换。

3. 冷却系统常见故障的诊断

1）发动机温度过高

（1）故障现象。

汽车在行驶过程中，冷却液温度表指针长时间指在红区或冷却液温度警告灯闪烁，发动机过热，冷却液沸腾出现蒸气。

（2）故障原因。

a. 冷却液量不足，冷却效率降低。

b. 散热器风扇电动机或电动机温控开关出现故障，或冷却液温度传感器故障，或 ECU 故障致使发动机 ECU 控制失调，使风扇不转或转速过低。

c. 节温器失效、卡死，使冷却液大循环受阻。

d. 冷却液泵堵塞、损坏，或吸水能力低、压力不足，使冷却液完全不循环或循环量过小。

e. 散热器内芯管结垢过多，或散热片倾倒过多，使散热器散热效率下降。

f. 缸体内水套结垢过多，使缸体传热效率低，冷却液带走的热量少。

g. 气缸垫烧穿，或缸盖出现裂缝，使高温气体进入冷却系统。

（3）故障诊断。

a. 检查冷却液量。发动机冷态时查看冷却液罐和散热器的冷却液面，若液面高度低于标准值较多，则说明冷却液量不足，导致冷却系统散热差，使发动机温度过高。冷却液量严重不足时，冷却系统多是存在渗漏故障，应查明并排除故障后，添加冷却液至标准液面高度。若液面高度正常，说明冷却液量足够，则进行下步检查。

b. 检查冷却液流动状况。使发动机运转，当冷却液温度表指示 90 ℃左右时，用手分别触摸缸盖和散热器进液口处，若两者的温差不大，则在发动机加速时，用手触摸散热器进液管，如感觉冷却液的流动随发动机转速的增加而加快，则说明冷却液循环良好，否则说明冷却液泵性能不佳或吸水能力低、压力不足。若缸盖与散热器进液口处两者温差很大，则说明冷却液循环不良，故障可能在节温器，可拆下节温器检查，若节温器正常，则说明冷却液泵有故障。当冷却液流动正常时，进行下步检查。

c. 检查散热器风扇的转动状况。目前，汽车多为电动双速风扇，其高低速取决于冷却液温度，如富康轿车在冷却液升温过程中，当温度高于 97 ℃时，风扇以低速运转，当温度达到 101 ℃时，风扇以高速运转（不同车型，数据有所变化；同时也与车辆的运行模式有关）。检查时，使发动机冷起动运转，在发动机由环境温度升高至过热温度过程中，观察散热器风扇动作，如风扇不转，或转速太低无高速，则检查风扇电动机及其温控开关的好坏，若损坏则应更换新件；若电动风扇是直接由发动机 ECU 控制的，而电动风扇出现高温低速运转或不运转，则可能是冷却液温度传感器故障，或 ECU 控制失调故障；若风扇转动正常，则进行下步检查。

d. 检查散热器表面。查看散热器散热片是否倾倒过多，是否脏污，若是则进行维护或更换；若散热器表面正常，则进行下步检查。

e. 检查冷却系统内漏。拆下散热器盖，使发动机运转，查看加液口处是否有高温气体涌出或有大量气泡，若有则可能是气缸垫烧坏或者气缸体、气缸盖有裂纹漏气。若冷却系统无内漏，对于长期未清洗水垢的发动机，则故障可能是水套内、散热器积垢太多，可采用化学溶剂法清洗水垢。

f. 检查非冷却系统故障。在冷却系统正常情况下，发动机仍然过热，则应检查冷却系统以外系统引起的故障。例如，检查点火时间是否过晚、混合气成分是否过稀、燃烧室内积炭是否过多以及油底壳内机油量是否充足等。此外，汽车爬长坡、顺风行驶或在高温季节长时间低速行驶等，也会引起发动机过热。

2）发动机温度过低

（1）故障现象。

冬季运行的汽车，发动机工作时冷却液温度长时间或全部时间低于正常工作温度；发动机动力不足，油耗增加。

（2）故障原因。

a. 节温器失效，主阀门卡在全开位置，使冷却系统无小循环。

b. 散热器风扇电动机的温控开关故障，或冷却液温度传感器故障，或 ECU 故障致使发动机 ECU 控制失调，使风扇在低温时就运转，或风扇总是高速运转。

c. 环境温度太低且逆风行驶。

（3）故障诊断。

a. 检查散热器风扇的转动状况。冷车时运转发动机，在冷却液升温过程中观察风扇，若冷却液温度表指示很低时，风扇就运转，或在低温时风扇以高速运转，则故障在散热器风扇温控开关，需要更换；若电动风扇是直接由发动机 ECU 控制的，而电动风扇低温运转，则可能是冷却液温度传感器故障，或 ECU 控制失调故障；若风扇转动正常，则进行下步检查。

b. 检查节温器工作状况。运转发动机，在冷却液温度低于节温器主阀门开启温度下，用手触摸缸盖出液口处与散热器进液口处，若两者无温差或温差很小，则故障在节温器，可能是主阀门卡住常开，使冷却系统在低温时就直接进入大循环，可拆检节温器确认故障。

知识小结

　　发动机机械、油液系统主要包括曲柄连杆机构、配气机构、燃油供给系统、润滑系统、冷却系统、起动系统。本节主要介绍上述系统中的泄漏问题，主要是漏气、漏液。导致泄漏的原因主要为密封不严，打开、关闭时刻不正确或者执行单元故障等。其故障表现主要为压力异常或液位异常。

习题

1. 填空题

（1）气缸压缩压力是指缸内气体_____的压力。

（2）_____是气缸密封性最直接的评价指标。

（3）制动性能检测是检测起动机_____而驱动齿轮_____时的电流和转矩。

（4）燃油油路压力检测分为_____、_____。

（5）机油品质的检测包括_____检查、_____检测、_____及_____检测。

2. 单项选择题

（1）车辆缺少冷却液，但目前没有，可选的水是_____。

A. 井水　　　　　　B. 海水　　　　　　C. 矿泉水　　　　　　D. 纯净水

（2）节温器卡滞在打开状态，会导致_____。

A. 冷却液升温慢　　　　　　　　　B. 冷却液升温快

C. 冷却系统报故障码　　　　　　　D. 车辆起动困难

（3）润滑油黏度过稀会导致_____。

A. 机有压力偏高　　　　　　　　　B. 机有压力偏低

C. 发动机起动困难　　　　　　　　D. 发动机低速运转抖动

3. 判断题

（1）（　　）高速长时间行驶，水箱开锅，应立即停车，熄火，冷却发动机。

（2）（　　）气缸压力不足完全是由于气缸与活塞环之间密封性故障。

（3）（　　）起动系统故障要考虑起动机、蓄电池等多种因素。

（4）（　　）一台需要加注95#燃油的车辆加注92#燃油，会导致燃油压力过低。

（5）（　　）燃油油压调节器的作用是调整喷油器的喷油量。

（6）（　　）润滑油的选用不当会导致润滑系统故障。

（7）（　　）一台车静置时间超过一年，由于没有驾驶，不需要更换润滑油。

（8）（　　）一台装备增压发动机的车辆，机油压力比自然进气车辆的机油消耗偏高不正常。

（9）（　　）冷却液也需要定时更换。

4. 简答题

（1）简述气缸压力测量的关键点。

（2）简述正常情况下，发动机气缸压力与起动机电流波形之间的关系，从中可判断发动机哪些故障？

（3）简述起动机主要的故障现象，对造成故障的原因进行分析。

（4）分析燃油压力偏低的故障原因。

（5）分析机油发动机机油消耗量过多的原因。

（6）分析燃油泵故障会导致车辆哪些故障现象出现。

（7）分析润滑油路油压偏低的故障原因。

（8）分析节温器损坏导致冷却系统的故障现象有哪些。

3.3　汽车尾气的检测与诊断

3.3.1　尾气污染物形成过程

汽车尾气排放通常是指车辆在正常使用时产生并排出的污染物，排放控制系统的作用是限制燃烧产物中有害成分的污染。汽油发动机控制污染的主要方法是燃油蒸发排放系统、曲轴箱通风系统、废气再循环系统和三元催化系统。

空气污染造成了严重的环境问题，其中一个用来描述空气污染的词语是光化学烟雾。光化学烟雾是阳光照在空气中，引发氮氧化物（NO_x）和没有燃烧的碳氢化合物（HC）结合而生成的，对肺和眼睛有很强的刺激作用。

没有燃烧的HC的排放通过蒸发系统活性炭罐、曲轴箱强制通风系统和催化转化装置控制处理。

一氧化碳（CO）的排放通过曲轴箱强制通风系统和催化转化装置控制处理。

NO_x的排放通过废气再循环系统EGR和催化转化装置控制处理。

汽油发动机排放的有害气体主要有三种，即HC、NO_x、CO。发动机排放控制系统主要针对这三种有害气体进行控制。

1. HC

汽油、柴油、液化石油气和天然气都是HC。HC是发动机排放的一种主要污染成分。当给汽车加油时，汽油蒸汽有一部分溢入大气；当汽车停在阳光下时，温度升高，燃油在油箱中蒸发。现代汽车装有燃油蒸发控制系统，收集来自油箱的汽油蒸汽，如图

3-39 所示。

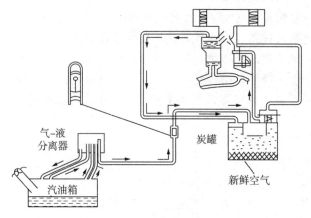

图 3-39　燃油蒸发控制系统

HC 的主要来源有以下两个方面：一是汽油蒸汽；二是发动机内可燃混合气的不完全燃烧，主要体现在发动机特定工况和故障状态下产生的废气、曲轴箱窜气、进气回流等。

2. NO_x

NO_x 主要是发动机高温、富氧燃烧的产物，几乎所有内燃机工作过程中都会产生这种物质。空燃比直接影响 NO_x 的生成量，如图 3-40 所示。如果使用空燃比略大于 14.7∶1 的可燃混合气时，废气中的 HC 可有效降低。但是，NO_x 会大量增加。NO_x 是形成光化学烟雾的主要成分，对人的眼睛、鼻腔和咽喉有刺激作用，严重时会使人咳嗽，甚至对人的肺部造成损害。发动机排出的 NO_x 中，95%（体积分数）以上是一氧化氮，一氧化氮进入大气后逐渐氧化成二氧化氮。二氧化氮有一定的刺激性，当二氧化氮的浓度达到一定程度，满足静风和强烈阳光等条件时，它将参与光化学烟雾的形成。

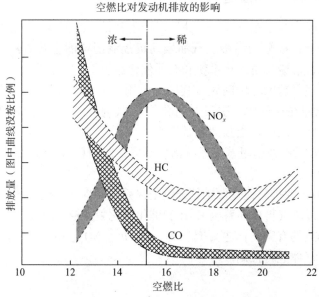

图 3-40　NO_x、HC 化合物生成曲线

3. CO

CO 无色、无味，是一种极其有害的气体，吸入过量的 CO 将有生命危险。CO 主要是汽油发动机不完全燃烧的产物。空燃比不合适或发动机燃烧不完全，都会产生较多的 CO。现代发动机通过良好的设计和对排气进行处理来降低的排放。

汽油发动机的催化转化器将废气中的 CO 转化为 CO_2。柴油机和液化石油气发动机的燃烧产物中主要是 CO_2。

3.3.2　用尾气分析仪诊断发动机故障

在维修领域所用的尾气分析仪分为四气体分析仪和五气体分析仪。四气体分析仪用于测量尾气中的 CO、HC、O_2 和 CO_2 的含量。五气体分析仪除用于测量前面的四种气体外，还能测量尾气中的 NO_x。

当空燃比高（混合气稀）于 $14.7 : 1$ 的理想值时，CO 排放值低，通常低于 0.5%（质量分数）；当空燃比低（混合气浓）于 $14.7 : 1$ 的理想值时，CO 排放值增加。CO 读数用作混合气浓稀程度的标志。

尾气气样中的 HC 是未燃烧的汽油，阻碍正常燃烧的任何因素都将增加 HC 排放值。混合气过浓、混合气过稀以至于达到缺火的程度、点火有故障或气缸压缩压力不正常，都会导致 HC 排放值增加。因此，HC 排放值不能作为混合气浓稀程度的标志。

尾气气样中有 O_2 是因为吸入发动机的空气当中氧占 21%（体积分数），并非所有的 O_2 都参与燃烧。当混合气的空燃比低于 $14.7 : 1$ 时，尾气中的含氧量就低，一般低于 0.5%（体积分数），当混合气的空燃比高于 $14.7 : 1$ 时，尾气中的含氧量就增加。如果尾气中含氧量大于 1.2%（体积分数），表明混合气过稀，存在缺火，或外部的空气被吸入分析仪。如果车辆装备二次空气喷射系统，在进行尾气分析之前，必须停止该系统的工作，否则会导致错误的读数。

CO_2 是一种无害的燃烧产物，被用作燃烧效率高低的标志。CO_2 排放值越高越好。一辆正常运行的新型发动机的 CO_2 排放值应该在 13.5%～15.5%（质量分数）之间。

当燃烧室的温度很高（一般在高于 1 371 ℃）时，燃烧室内的氧会与氮结合，而生成 NO_x。在有阳光存在的情况下，NO_x 与 HC 一起形成光化学烟雾。

分析仪仅能识别出过量排放的排放物的类型和数量，而维修技师则必须找出原因所在。

过量的尾气排放值可能由发动机机械故障及燃油供给系统、点火系统或者发动机控制系统故障所引起。例如，由于气门烧蚀而泄漏导致的气缸压缩压力过低将会引起不完全燃烧。由于燃烧室内的混合气并不燃烧，这就导致了尾气中的 HC 和 O_2 含量的增加。在装有氧传感器的发动机上，增加的氧含量会使发动机 ECU 认为系统提供的燃油过稀，因而，就会给发动机的各个气缸增加供油量，而这又增加了 HC 的排放值。

HC 排放值过高可能由导致缺火或不完全燃烧的任何因素，及过量供油所引起。过多的燃油进入发动机气缸会引起 CO 排放值过高。当混合气过浓时，尾气氧含量值应降低。如果发动机采用反馈控制时，当一个气缸缺火时，CO 和 CO_2 排放值可能就会过高。当混合气的空燃比为理想值 14.7∶1 时，CO_2 排放值就接近最大值。一台严重磨损或催化转化器失效的发动机，CO_2 排放值较低。

当发动机大负荷运转而气缸温度又很高的时候，就会容易形成 NO_x。混合气过稀和点火过早会使 NO_x 排放值增加。控制 NO_x 排放值的主要措施是采用废气再循环 EGR 系统。由于发动机不带负荷运转时很少产生 NO_x，因此，大多数五气体分析仪为手提式。这样，可在驾驶车辆期间进行尾气取样。因为催化转化器只能使 NO_x 排放值降低不大的幅度，因此，EGR 系统能否正常工作对控制 NO_x 排放值至关重要。

1. 检查和测试部件是否失效或被拆掉、被改装

改动、绕过发动机电子控制系统和排放控制部件违反了法律。排除 I/M 检测不合格的主要做法是检查有无部件被拆掉、损坏和被胡乱改动现象，就像检查汽车其他系统一样，在检查排放系统之前，应阅读汽车的有关排放系统部件的具体信息。

仔细的目视检查是 I/M 检测诊断的第一步。对于二次空气喷射系统，最新汽车上已经不再装有空气泵。有些装有 V8 发动机的汽车安装了由 PCM 控制的电动空气泵，空气泵只在冷起动和节气门大开期间才工作。

2. 依据 I/M 检测值确定排放物超标的原因

确定发生故障期间车辆处于哪一种工作模式，是诊断过程非常重要的一步。知道工作模式能使维修人员进一步查找故障可能的原因。有些工作模式期间，处理器并不考虑某些输入装置信号，而其他时间处理器却处于一个固定的和经过修改的燃油控制和正时控制模式。不同的车辆有不同的工作模式，因此，需要有车型的具体信息。

利用 I/M 检测所获得的数据，可以告诉维修人员什么排放物超标、超标严重程度及出现超标时的工作模式，利用这些信息可以帮助维修人员确定正确的诊断方法和维修程序。

例如，汽车不能通过 I/M 检测的原因是仅在加速期间 NO_x 排放过高，知道降低 NO_x 排放的原理和通过哪些部件来降低 NO_x 排放，就会使维修人员直接想到 EGR 阀。如果 EGR 由 PCM 来控制，知道出现故障期间的工作模式，会对排除故障很有利。如果在所有的工况下汽车都不能通过 NO_x 排放检测，就需要对更多的系统和部件进行检查。

3. 通过 HC、CO、NO_x、CO_2、O_2 的测试数据确定故障关系

如下总结了 HC、CO、NO_x、CO_2、O_2 的排放值与发动机的各种工作条件之间的关系和常见故障。汽车检测报告极为重要，它告诉车主是否通过排放检测，并将排放结果描绘在曲线图上，使维修人员能够看到工作状况对排放的影响情况。在运行曲线图上重叠描绘有每种尾气曲线，以便维修人员能对正在进行的各种驾驶工况（如怠速、加速、减速或稳态常速）所产生的各种排放值进行比较。对有些驾驶工况下产生的排放结果的比较评价，能引导维修人员按照正确的思路去诊断故障。例如，EGR 阀卡住能导致减速期间出现 HC 排放波峰。活性炭罐的饱和会引起稳态常速工况期间、清污指令接通时 CO 排放的增加。催化转化器效能下降会产生这样的排放曲线图：在高速阶段尾气流量最高时，HC、CO 和 NO_x 排放值会增加。

1）四种尾气排放值与空燃比的关系

四种尾气排放值与空燃比的关系主要分为在所有转速混合气均极浓、仅在低速时混合气过浓、在所有转速时混合气均过稀、在高速时混合气过稀、空燃比正常但发动机不能完全升温，共计五种情况，分别如表3-1～表3-5所示。

（1）在所有转速混合气均极浓。

表3-1 在所有转速混合气均极浓

空燃比	发动机转速	尾气排放值（均为质量分数）			
		HC	CO	CO_2	O_2
在所有转速混合气均极浓：空燃比低于10：1	怠速	$250×10^{-6}$	3%	7%～9%	0.2%
	离开怠速	$275×10^{-6}$	3%	7%～9%	0.2%
	巡航（常速）	$300×10^{-6}$	3%	7%～9%	0.2%
存在的其他故障症状	冒黑烟或有二氧化硫臭味，燃油经济性差，喘振或断续工作，熄火，怠速不稳，发动机不能升温到正常工作温度，连续开环工作				
可能的故障原因	（1）MAP传感器电压过高，真空泄漏或电气故障				
	（2）喷油器漏油				
	（3）燃油压力过高				
	（4）发动机冷却液温度控制开关卡住在打开的位置，或者发动机连续在很低温度下工作				

（2）仅在低速时混合气过浓。

表3-2 仅在低速时混合气过浓

空燃比	发动机转速	尾气排放值（均为质量分数）			
		HC	CO	CO_2	O_2
仅在低速时混合气过浓：空燃比为10：1～12：1	怠速	$150×10^{-6}$	1.5%	7%～9%	0.50%
	离开怠速	$150×10^{-6}$	1.5%	7%～9%	0.50%
	巡航（常速）	$150×10^{-6}$	1.0%	11%～13%	1.00%
存在的其他故障症状	燃油经济性差，喘振和断续工作，冒黑烟且火花塞积炭，怠速不稳，活性炭罐内燃油饱和，清污电磁阀损坏				
可能的故障原因	（1）MAP传感器电压过高，真空泄漏或电气故障				
	（2）喷油器漏油				
	（3）发动机燃油供给系统汽油泄漏或污染				
	（4）曲轴箱窜气较严重				
	（5）燃油压力过高				
	（6）发动机冷却液温度控制开关卡滞在打开的位置或者发动机连续在很低温度下工作				

（3）在所有转速时混合气均过稀。

表 3-3　在所有转速时混合气均过稀

空燃比	发动机转速	尾气排放值（均为质量分数）			
		HC	CO	CO_2	O_2
在所有转速时混合气均过稀：空燃比大于 16：1	急速	200×10^{-6}	0.5%	7%~9%	4%~5%
	离开急速	205×10^{-6}	0.5%	7%~9%	4%~5%
	巡航（常速）	250×10^{-6}	1.0%	7%~9%	4%~5%
存在的其他故障症状	急速不稳，高速缺火，过热，喘振，断续工作，常速时出现爆震				
可能的故障原因	（1）断续出现的点火故障引起缺火				
	（2）喷油器堵塞				
	（3）燃油压力过低				
	（4）真空泄漏				
	（5）气缸密封性差，压缩压力过低				
	（6）点火正时不正确				
	（7）发动机冷却液温度控制开关卡滞在关闭的位置，或发动机连续在很高温度下工作				

（4）在高速时混合气过稀。

表 3-4　在高速时混合气过稀

空燃比	发动机转速	尾气排放值（均为质量分数）			
		HC	CO	CO_2	O_2
在高速时混合气过稀：空燃比大于 16：1	急速	100×10^{-6}	2.5%	7%~9%	2%~3%
	离开急速	80×10^{-6}	1.0%	7%~9%	2%~3%
	巡航（常速）	50×10^{-6}	0.8%	7%~9%	2%~3%
存在的其他故障症状	急速不稳，缺火，喘振，断续工作				
可能的故障原因	（1）断续出现的点火故隙引起缺火				
	（2）喷油器堵塞				
	（3）燃油压力过低				
	（4）真空泄漏				

（5）空燃比正常但发动机不能完全升温。

表 3-5　空燃比正常但发动机不能完全升温

空燃比	发动机转速	尾气排放值（均为质量分数）			
		HC	CO	CO_2	O_2
空燃比正常，空燃比 11.3：1~15：1 但发动机不能完全升温	急速	100×10^{-6}	0.3%	10%~12%	2.5%
	离开急速	80×10^{-6}	0.3%	10%~12%	2.5%
	巡航（常速）	50×10^{-6}	0.3%	10%~12%	2.5%
存在的其他故障症状	发动机冷态排放检测不合格，催化转化器不能升温				

2）五种尾气排放值与发动机故障的关系

五种尾气排放值与发动机故障的关系如表3-6所示。

表3-6　五种尾气排放值与发动机故障的关系

发动机故障原因		尾气排放值				
		HC	CO	CO_2	O_2	NO_x
发动机故障	混合气浓	中度增加	大幅增加	有所下降	有所下降	中度下降
	混合气稀	中度增加	大幅下降	有所下降	有所增加	中度增加
	混合气过稀	大幅增加	大幅下降	有所下降	大幅增加	大幅增加
	发动机缺火	大幅增加	有所下降	有所下降	中度增加	中度下降
	提前点火	有所增加	无变化或略有下降	无变化	无变化	大幅增加
	推迟点火	有所下降	无变化或略有增加	无变化	无变化	大幅下降
	点火过迟	有所增加	无变化	中度下降	无变化	有所增加
	缸压过低	中度增加	有所下降	有所下降	有所增加	中度下降
发动机故障	排气泄漏	有所下降	有所下降	有所下降	有所增加	无变化
	进/排气凸轮轴磨损	无变化或有所下降	有所下降	有所下降	无变化或有所下降	无变化或有所下降
	发动机一般磨损	有所下降	有所下降	有所下降	有所下降	无变化或有所下降
	二次空气喷射有故障	有所增加	大幅增加中度下降	中度增加	中度下降	无变化
	EGR泄漏	有所增加	无变化	无变化或有所下降	无变化	无变化或有所下降
排放控制系统正常	EGR工作正常	无变化	无变化	有所下降	无变化	大幅下降
	二次空气喷射工作正常	大幅下降	大幅下降	中度下降	大幅下降	无变化

4. 利用检测仪器观察、辨认和解释电气/电子信号

I/M检测所用的主要仪器有：四气体分析仪和五气体分析仪，还有测功机（用于加载模式检测）。另外，排除与维修发动机性能故障所用的检测设备也是可以使用的。电气/电子检测设备包括点火示波器、实验室级示波器、数字式万用表和汽车维修用的诊断仪。

电压降的测试，对任何电气故障排除都很重要，对I/M检测来说同样重要。点火示波器测试能发现点火系统故障，但是，重要的是，点火波形的异常还可能表示存在燃油供给系统故障和机械故障。

实验室级示波器测试优于基本的电压表测试，因为示波器能描绘出一段时间上的电压

变化情况。二维波形能够反映出电压表检测不到的电压异常波动的小故障。

利用示波器进行氧传感器波形分析，是诊断排放检测失败时应该进行的重要测试。氧传感器波形可以表明诸如运行期间是否存在缺火，以及计算机对燃油的控制是否正常。诊断仪的闭环工作数据并不意味着系统正在进行燃油控制，只表明闭环工作条件已经得到满足。正常的氧传感器波形才是燃油控制正常的标志。在燃油喷射发动机上，工作正常的燃油控制系统的氧传感器转换频率为 0.5 ~ 5 Hz（在 2 500 r/min 时）。在低转速或怠速条件下氧传感器的转换频率将下降，当与技术规格进行比较时，应在 2 000 ~ 2 500 r/min 时进行检查。

当用示波器检查氧传感器的活动性是否足够时，最容易的方法是调整示波器的时间坐标，使整个示波器屏幕上能显示 10 s 时间，然后计算转换频率。用这种调整方法，如果在一屏扫描期间，氧传感器转换 10 次，频率就是 1 Hz；如果转换 18 次，频率就是 1.8 Hz。转换频率低的氧传感器会使发动机电控系统失去燃油控制能力，并降低了催化转化器的转换效率。如果用电压表来测试氧传感器，这个问题不明显；但用示波器测试，问题清晰可见。

5. 分析 HC、CO、NO_x、CO_2、O_2 气体数据确定诊断测试程序

表 3-1 ~ 表 3-6 总结了 HC、CO、NO_x、CO_2、O_2 排放值与发动机的各种工作条件之间的关系和常见故障。为了掌握故障之间的关系，请仔细阅读上述表格。当理解尾气分析仪读数和超出测试值限值的排放值的特定组合关系时，就能根据上述表格列出的各种可能原因，选择出最有效的维修程序。

6. 诊断空载 I/M 检测 HC 排放超标的原因

HC 是未燃的燃油分子。空载 I/M 检测 HC 排放超标表明燃烧效率有问题。尾气中有过多的 HC 必定是由影响燃烧过程的某些因素引起的。

被认为造成 HC 过高的原因有气缸压缩压力和进气状况异常、点火系工作情况和点火正时异常、混合气异常、发动机可能存在非法改装等。

7. 诊断空载 I/M 检测 CO 排放超标的原因

废气流中存在 CO，表明在燃烧期间相对于气缸中的空气量来说燃油过量。这主要是混合气过浓的表现。查阅上述表格中在所有转速混合气均极浓和仅在低速时混合气过浓部分，找到 CO 排放过量的常见原因。

8. 诊断加载模式 I/M 检测 HC 排放超标的原因

HC 排放超标的原因与上述检测方式相同，但发动机的工作条件不同，因而诊断方案必须改变。在发动机静态试验中没有表现出来的故障，在发动机带负荷运转的条件下可能出现问题。火花塞高压线漏电或喷油器漏油在发动机没有负荷时就不会引起缺火，这种类型的故障必须查清，氧传感器波形分析就是确定这种故障是否存在的一种好方法。对于查找需要在带负荷的条件下才能检测出来的排放故障，手提（便携）式尾气分析仪可以提供更好的帮助。

9. 诊断加载模式 I/M 检测 CO 排放超标的原因

CO 排放超标原因的诊断方法和程序，与上文中所讨论的诊断模式类似。例如，许多

汽车直到 ECU 发现了故障，才会发出指令清污活性炭罐。在维修车间进行的尾气排放检测可能会显示 CO 排放值正常，这将使维修人员认为发动机工作正常。手提（便携）式尾气分析仪能测量出来自炭罐清污的 CO 排放值过高，因为，这样的测量是在正常的驾驶条件下进行的。维修人员必须清楚各种系统怎样工作和什么样的驾驶条件会导致故障的出现。

10. 诊断加载模式 I/M 检测 NO_x 排放超标的原因

检测 NO_x 排放超标，是需要维修人员来解决的最难的排放检测问题之一。发动机的许多系统都能造成 NO_x 排放过量。混合气过浓使燃烧室内形成积炭，这将导致气缸压缩压力的提高。修理了混合气过浓的故障会使混合气变稀，但因遗留的积炭而导致的高压缩压力会引起 NO_x 排放值的上升。在这种情况下，建议在重新测试排放之前对发动机进行清除积炭处理。

11. 诊断蒸发排放控制系统压力测试超标的原因

诊断蒸发排放控制系统压力测试超标故障，需要使用专为此用途设计的专用工具。因为燃油蒸汽极易燃烧，所以在检测泄漏期间，维修人员的动作必须极端小心。烟雾探测仪对探测蒸发系统泄漏十分有用，它将确认泄漏处的存在，并帮助查找泄漏部位。

12. 诊断蒸发排放控制系统清空流量测试超标的原因

为了获得蒸发排放控制（EVAP）系统测试结果，EVAP 系统在测试时通过放出气体流进行测试。应该检查 EVAP 系统的软管是否堵塞，检查汽油过滤器是否堵塞，用扫描检测仪诊断通风电磁阀。如果 EVAP 系统不能通过压力测试，则应该检查 EVAP 系统的软管与元件是否泄漏或断开，并检查汽油过滤器盖内的压力阀。

13. 验证 I/M 修理效果

完成修理作业后，应该对汽车进行重新测试，并将结果与没有通过测试时的初次测试相比较，确认维修的效果。

3.3.3 曲轴箱强制通风系统

由于发动机运行过程中会有部分可燃混合气或燃气泄漏到曲轴箱中，曲轴箱内的气体将会不断增加。该气体将会加速曲轴箱内机油的变质，同时产生的湿气、污泥和酸性物质将会损坏发动机的机械部件。另外，废气也会导致曲轴箱内出现压力积聚，从而引起油封漏油等故障。曲轴箱强制通风（Positive Crankcase Ventilation，PCV）系统如图 3-41 所示。

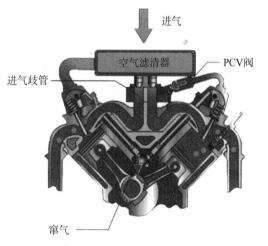

图 3-41 曲轴箱强制通风系统

PCV 系统能够在燃烧过程中将曲轴箱内的废气吸入发动机燃烧室进行燃烧，可有效地降低曲轴箱内的废气压力，而又不直接将废气排至大气中。在有效保护发动机的同时也降低了对大气的污染。

PCV 系统包括一个 PCV 阀，它通常安装在一个气门室罩上的橡胶护孔内。一根软管把 PCV 阀连接到进气歧管，一根干净空气软管把空气滤清器与气门室罩相连。一个过滤器位于干净空气软管的空气滤清器一端，这个过滤器有时称为防回火过滤器。有些系统中，PCV 阀安装在一个通风舱中，而干净空气过滤器位于这个舱内。

1. PCV 系统的组成

不同发动机的 PCV 系统的结构有所差异，常见的组成部件有呼吸管、油气分离器、PCV 阀、PCV 管，如图 3-42 所示。

1）呼吸管

呼吸管也称为新鲜空气补给管，用于把新鲜空气引入发动机曲轴箱。呼吸管位于空气滤清器后方，有些呼吸管路上还装配有加热装置，以预防冬季结冰。

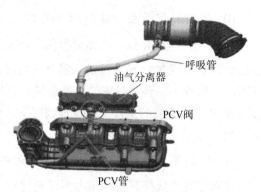

图 3-42　PCV 系统的结构

2）油气分离器

油气分离器分离废气中的机油和空气，这部分机油如果不加以处理，直接进入燃烧系统会导致燃烧及排放恶化，增加机油消耗。

3）PCV 阀

PCV 阀位于油气分离器出口处，由膜片、弹簧等组成。当 PCV 阀膜片前后存在一定压力差时，PCV 阀将打开，将曲轴箱废气导入到进气歧管内。常见的 PCV 阀有内置式和外置式。

进气歧管真空度决定 PCV 阀的开度。真空度高，开度小，窜气量小；真空度低，开度大，窜气量大。PCV 阀工作过程如图 3-43 所示，随着 PCV 阀前后压力差的变化，PCV 阀开启的通道截面积也在同比变化，以达到调节曲轴箱压力的目的。

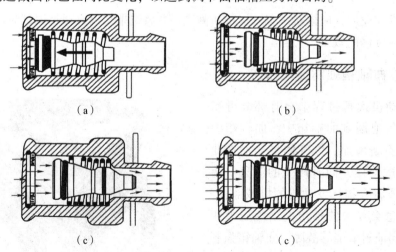

（a）　　　　　　　　　　　　　　（b）

（c）　　　　　　　　　　　　　　（c）

图 3-43　PCV 阀工作过程

（a）不工作时，阀门关闭；（b）急速工况，阀门打开流量小；（c）中等负荷，流量中等；（d）大负荷，流量大

4）PCV 管

PCV 管用于把废气引入进气歧管，有些发动机把 PCV 阀和该管路集成在进气歧管总成上，相当于管路和阀门集成在进气歧管上。

2. PCV 系统的工作过程

PCV 系统按结构大体可分为两类：自然吸气式和增压式。自然吸气式有 1 条 PCV 管路；增压式有 2~3 条 PCV 管路。增压式 PCV 系统可以满足三种工况的曲轴箱通风：涡轮增压未启用；涡轮增压启用；异常大量窜气。自然吸气式只是少了涡轮增压启用功能。

1）自然吸气的路径

自然吸气的路径：空气滤清器后方→呼吸管→曲轴箱废气→油气分离器→PCV 阀/管→进气歧管。自然吸气式 PCV 线路如图 3-44 所示。

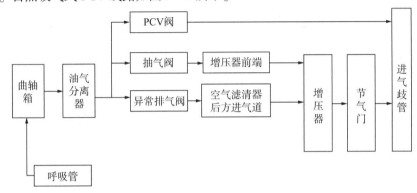

图 3-44 自然吸气式 PCV 线路

2）涡轮增压未启用

涡轮增压未启用时，进气歧管内有较大真空度。曲轴箱窜气经油气分离器→3 号 PCV 阀后直接进入进气歧管，如图 3-45 所示。

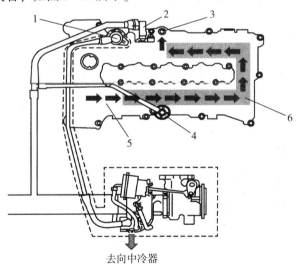

1、2、4—单向阀；3—PCV 阀；5—曲轴箱窜气；6—油气分离器。

图 3-45 涡轮增压未启用时 PCV 路径

3）涡轮增压启用

涡轮增压启用时，进气歧管内真空度降低。曲轴箱窜气经油气分离器后，通过 1 号单向阀来到涡轮增压器进气端，再经涡轮增压器出气端进入进气系统，如图 3-46 所示。

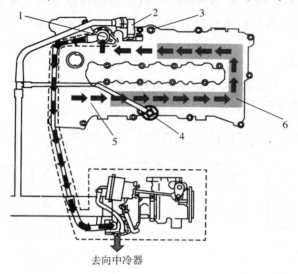

去向中冷器

1、2、4—单向阀；3—PCV 阀；5—曲轴箱窜气；6—油气分离器。

图 3-46　涡轮增压启用时 PCV 路径

4）异常大量窜气

除了经 1 号或 4 号单向阀的正常通道窜气以外，当曲轴箱内出现异常的大量窜气时，曲轴箱内部压力推开 2 号单向阀形成一条新的窜气路径：油气分离器→2 号单向阀→空气滤清器后方→涡轮增压器进气端，再经涡轮增压器出气端进入进气系统，如图 3-47 所示。

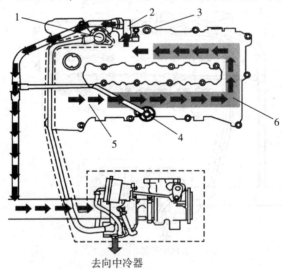

去向中冷器

1、2、4—单向阀；3—PCV 阀；5—曲轴箱窜气；6—油气分离器。

图 3-47　异常大量窜气时 PCV 路径

5）新鲜空气补给路径

在曲轴箱内由于 PCV 系统工作而产生真空时，新鲜空气由空气滤清器后方通过 4 号单向阀进入气门室罩盖，再进入曲轴箱，如图 3-48 所示。

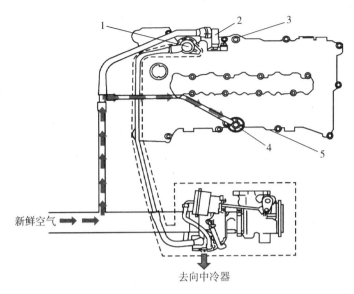

1、2、4—单向阀；3—PCV阀；5—气门室罩盖。

图3-48 新鲜空气补给路径

3. PCV阀工作原理

如图3-49所示，当发动机运转时，进气歧管真空打开PCV阀。真空负压使空气通过空气滤清器过滤后首先进入曲轴箱。在曲轴箱内和发动机窜气混合后，经由气门室盖上的PCV阀进入进气歧管，吸入气缸参与燃烧。

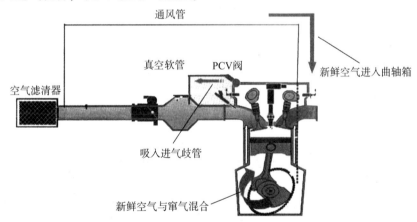

图3-49 PCV阀工作原理

在很多发动机中，PCV系统将窜气送到进气歧管的某个位置。这种类型的PCV系统不能将这些气体均匀地送到所有气缸。这可能导致各气缸的空燃比不同，导致怠速运转粗暴。一些发动机，在PCV阀系统有一个通道，通过进气歧管和密封垫，把窜气均匀地供应给每个气缸，实现比较平顺的怠速运转。

PCV阀是一个锥形阀（也有内置式的膜片阀）。当发动机不运转时，弹簧使锥形阀压紧阀体上的阀座。在发动机怠速或减速时，进气歧管中的很高真空度使锥形阀克服弹簧力向上移动。在这种情况下，锥形阀和PCV阀体之间有一小缝。因为发动机怠速或减速时不是大负荷工作，窜气很少，所以很小的 PCV 阀开口足以使窜气被吸出曲轴箱。

发动机节气门部分开度运转时，进气歧管真空度与低速时相比较低。此时，弹簧使锥形阀下移，增大此阀与阀体之间的通道，发动机负荷与怠速时比增大，窜气量也增加。锥形阀与 PCV 阀室之间的大开口可允许全部窜气抽入进气歧管。

当发动机在节气门大开度的大负荷条件下运转时，进气歧管真空度更低，PCV 阀内的弹簧进一步把锥形阀向下推，锥形阀与 PCV 阀体之间通道更大。

当活塞环磨损或气缸划伤导致更多的气体漏入曲轴箱时，PCV 阀的开度可能已不足让大量的窜气流入进气歧管。在这种情况下，窜气在曲轴箱内产生压力，一些窜气在压力下通过干净空气软管和过滤器进入空气滤清器。这样将造成 PCV 过滤器和空气滤清器中有机油出现。如果 PCV 阀受阻或完全堵塞，也会产生同样的后果。如果 PCV 阀装在气门室罩上的护孔圈磨损，可使曲轴箱窜气逸入大气。这种气体中含有 HC 和 CO 排放物和机油蒸汽。如果 PCV 阀被卡滞在大开度位置，过多的空气通过 PCV 阀流出，引起 L 型系统空燃比严重变稀导致怠速运转粗暴。空燃比反馈控制系统可以在一定范围内补偿稀空燃比，但多余空气的进入还是会导致氧传感器处于反映混合气过稀的状态。在 D 型的发动机控制系统中则会出现怠速过高、游车等现象。

如果进气歧管产生回火，PCV 阀的锥形阀将落座，与发动机不运转的情况相同。这样可以阻止回火进入发动机，从而避免爆炸。

4. PCV 系统的故障诊断

PCV 系统常见故障有 PCV 阀堵塞或泄漏。

如果 PCV 阀卡在打开位置，大量空气流进此阀，使空燃比变稀，会出现怠速不稳或发动机过载熄火现象。当 PCV 阀堵塞时，过大的曲轴箱压力会使窜入曲轴箱的混合气通过净化的空气软管和过滤器流入空气滤清器。密封圈或气缸磨损后，使窜入曲轴箱的混合气过量，并使曲轴箱压力增加，这会使窜缸混合气通过净化软管和过滤器流入空气滤清器。PCV 阀或软管被堵后，会在发动机和发动机机油内积累水分与油泥。如果发动机机体和各密封垫漏气，会导致机油泄漏和窜气溢出至大气中。而 PCV 系统工作负压也可将未过滤的空气通过这些漏气处吸入到发动机内。这样，会引起发动机部件的磨损，特别是当汽车在脏污的条件下工作时。在诊断 PCV 系统时，第一步是检查所有的发动机密封垫是否有机油泄漏迹象。第二步是确保机油滤芯、机油盖、机油尺安装与密封是否正确。第三步检查净化空气软管和 PCV 软管是否裂开、连接松动及堵塞。

如果在空气滤清器内有机油出现，应检查 PCV 阀及软管是否堵塞。如果 PCV 阀与软管状况良好，应进行气缸漏气率测试，以检查气缸与活塞环是否磨损；如果发生磨损将出现大量窜气的现象。PCV 阀与软管堵塞，会使废气分析仪上显示 CO 含量偏高。

（1）PCV 阀堵塞可能会导致以下故障现象：

a. 怠速不良；

b. 失速或怠速转速过低；

c. 机油泄漏；

d. 发动机内出现油泥。

（2）PCV 阀泄漏可能会导致以下故障现象：

a. 怠速不良；

b. 失速或者游车；

c. 怠速过高。

不同车系的 PCV 阀可能不同，但原理基本相同或相近，因此，诊断时要依据各制造厂家的原厂维修手册的诊断策略来进行。

3.3.4 废气再循环系统

NO$_x$ 是汽油发动机废气中的三大有害成分之一，而其通常是高温富氧燃烧的产物。废气再循环（Exhaust Gas Recirculation，EGR）系统将排气系统中少量的废气再次输送至气缸中，由于废气将气缸内的可燃混合气稀释，从而降低了燃烧温度，进而减少了 NO$_x$ 的生成量。

现代发动机一般采用两种 EGR 系统：外部式 EGR 系统、内部式 EGR 系统。外部式EGR 系统采用单独的系统部件对废气再循环率进行控制，以降低 NO$_x$ 的排放；内部式EGR 系统利用 VVT 调节气门重叠角，从而实现气缸内废气再循环率的控制，即 EGR 已成为 VVT 的一项附加功能。

1. EGR 阀的结构

废气道 EGR 阀内有一膜片，膜片上方为一封闭的真空室。一根真空软管把这个室与节气门后方的控制真空度口相连。一个阀杆从膜片伸到 EGR 阀下部的锥形阀。膜片上方的一个弹簧推动膜片向下，把锥形阀压紧在阀体下部与之相配的阀座上。一个通道把排气歧管与锥形阀和阀座相连，如图 3-50 所示。

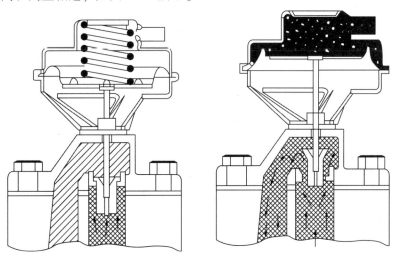

图 3-50 废气道 EGR 阀结构

锥形阀的上部有一通道与进气歧管相连。提供给 EGR 阀膜片室的真空度，通常由PCM 模块通过一个电磁阀控制。当真空度供给膜片室时，膜片阀杆和阀上升，部分废气从排气歧管间流到进气歧管，如图 3-51 所示。由于这些废气含氧很少，所以不会在燃烧室内燃烧，可以使燃烧室内温度降低。这有助于减少 NO_x 的排放。

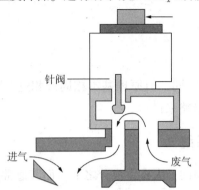

图 3-51 EGR 阀打开时废气进入进气歧管

在某些 V 型发动机上，从 EGR 系统来的废气通过气缸盖和分配板中的通道分配给每一个进气道。分配板位于气缸盖与进气歧管之间。

由于从 EGR 系统来的废气均匀地分配到每个气缸，发动机运转就比较平顺。此类型的发动机的废气穿过水泵壳体时被冷却液冷却，使再循环废气的温度在进入气缸分配通道之前降到低于形成积炭的温度，从而减少在 EGR 系统中生成积炭的数量。

2. EGR 系统的工作原理

发动机控制模块（ECM）利用闭环方式控制 EGR 电磁阀开度。ECM 计算 EGR 的理想流量并向电磁阀发出脉宽调制（PWM）信号，使阀芯完成相应的移动，从而实现 EGR 阀的开度控制。通常 EGR 阀的开启条件为发动机为热机状态（冷却液温度传感器超过标定值）、非怠速状态。

废气经 EGR 进气通道流向进气歧管，并被引入发动机气缸中。EGR 系统能够降低 NO_x 的排放水平，如图 3-52 所示。废气再循环率过高会导致动力下降，而废气再循环率过低或者没有再循环则会导致爆震、发动机过热或者排放测试不通过的现象。

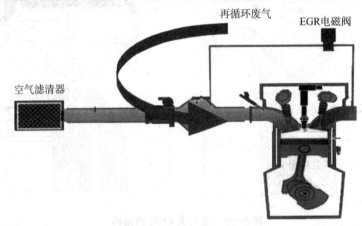

图 3-52 EGR 系统工作过程

3. EGR 阀系统故障诊断

OBDII 要求 EGR 系统能够持续监测异常低和异常高的 EGR 流量故障。当 EGR 系统元件故障或者 EGR 系统流量改变导致汽车排放值超过规定排放限值的 1.5 倍时，则可认为 EGR 系统出现故障。系统可监测到电气元件的开路、短路或者阀芯卡滞现象。与其他电气系统类似，可借助万用表、诊断仪、示波器等设备对 EGR 系统进行诊断。

急速及低负荷时，NO_x 排放浓度较低，为保证正常燃烧，不进行 EGR；暖机过程中，发动机温度低，NO_x 排放浓度也较低，为防止 ECR 恶化燃烧过程，也不进行 EGR；大负荷、高速或节气门全开时，为保证发动机的动力性，也不进行 EGR；中小负荷时，为了保证发动机的净化效果，才有 EGR 起作用。但现在随着环保法规的日益严格，新车型上急速时就开始采用占空比控制 EGR。

如果发动机急速时 EGR 阀仍在开的位置，可燃混合气将被通过开着的 EGR 阀进入进气歧管的废气稀释。这将引起发动机急速时工作粗暴、熄火和低速加速性恶化。当 EGR 阀在汽车正常行驶速度范围内关闭时，NO_x 排放变得过多。没有 EGR 降低燃烧温度，会导致燃烧温度过高。燃烧温度过高将会导致发动机爆震。当节气门全开或接近全开时打开 EGR 阀，发动机的功率会出现损失，影响汽车的动力性。

在诊断 EGR 系统时，首先是对排气系统进行初步检查。在许多 EGR 系统内，ECU 使用来自电子节气门控制系统（ECT）、节气门位置传感器（TPS）和进气压力传感器（MAP）的输入使 EGR 阀工作。这些传感器其中一个有故障就会使 EGR 工作不正常。可将诊断仪连接到数据线接口（诊断接口）DLC，以读取 ECU 数据和 DTC。

此外，可以在道路上以不同的车速驾驶汽车，诊断 EGR 阀是否进入正常工作状态。发动机正常工作条件下，EGR 数据会显示在诊断仪上。如果该发动机是带有三个独立电磁阀的数字式 EGR 阀，则诊断仪就会显示出每个电磁阀是接通还是断开。在带有开度位置传感器的 EGR 系统中，诊断仪会指示出期望 EGR 电磁阀开度位置、实际 EGR 开度位置及从 EGR 位置传感器反馈至 ECU 的电压信号。EGR 阀在发动机指定工况下打开，而在节气门开度超过某特定值时应关闭。

如果 EGR 阀未开，废气中 NO_x 的排放会高于汽车出厂时的废气标准。可用五气体分析仪检测出废气中 NO_x 的含量。

3.3.5 燃油蒸发排放系统

汽油蒸汽中含有 HC，由于环保的限制，这些蒸汽不允许从燃油箱中逸入大气。燃油蒸发排放（EVAP）系统用于捕捉燃油所释放的 HC 蒸汽。系统将 HC 蒸汽存储在炭罐内的活性炭中，在发动机正常工作过程中，这些 HC 蒸汽将会从活性炭中释放出来，并吸入发动机气缸内燃烧，通常称之为炭罐吹洗。燃料温度、燃料类型和 EVAP 元件的完整性都将会对蒸发排放控制效果产生一定的影响。在 EVAP 系统中，一根软管从燃油箱顶部连接到活性炭罐，里面集成有大量的活性炭，一个活性炭罐吹洗电磁阀装在从炭罐连接到节气门后部进气歧管的软管中，PCM 模块为炭罐吹洗电磁阀的线圈接地通电以操纵此线圈。某些 EVAP 系统中直接在炭罐底部开一个新鲜空气进口，并安装一个滤清器。EVAP 系统具体构造随汽车制造厂和车型年款的不同而不同。诊断维修时，一定要从制造厂的原厂维修手册获得 EVAP 系统的详细资料。

车型中装备有两种 EVAP 系统：常规 EVAP 系统和增强型 EVAP 系统。

1. 燃油蒸发排放系统的结构和工作过程

1) 常规 EVAP 系统

常规 EVAP 系统由吹洗电磁阀、炭罐和燃油蒸汽管路等部件组成。吹洗电磁阀打开时，炭罐中的蒸汽在压差的作用下，吸入进气歧管。此系统广泛应用于大多数国产车型，如图 3-53 所示。

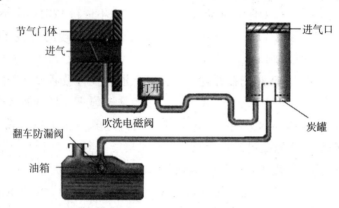

图 3-53　常规 EVAP 系统结构

2) 增强型 EVAP 系统

增强型 EVAP 系统在常规 EVAP 系统的基础上增加了一个通风电磁阀和油箱压力传感器，如图 3-54 所示。油箱压力传感器用于测量油箱中的蒸汽压力。通风电磁阀取代了传统炭罐上的通气口，用于使外界新鲜空气进入到炭罐中。系统诊断期间通风电磁阀将可能处于关闭状态，从而使油箱内能够产生真空。

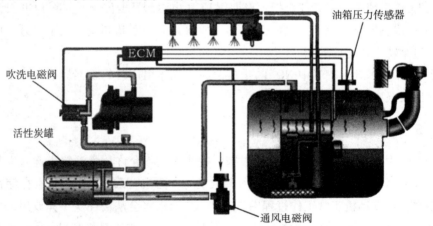

图 3-54　增强型 EVAP 系统结构

2. 燃油蒸发排放系统的工作条件

（1）起动 150 s 以后，且发动机进入闭环控制。

（2）冷却液温度高于 80 ℃。

（3）不存在 ECM 不能关闭喷油器的情况，例如，带附着力控制系统的汽车上有一个驱动轮在滑转的情况。

（4）怠速电动机（IAC）中的怠速触点开关处于断开状态。

（5）车速高于限定值。

（6）发动机转速高于限定值。

（7）发动机缸体温度传感器没有显示过热。

（8）没有显示冷却液液面过低。

3. 燃油蒸发排放系统的诊断与维修

燃油蒸汽极易爆炸，在 EVAP 系统元件附近不要抽烟，也不要让其他火源接近，尤其是要严禁镀金焊接作业。燃油蒸汽爆炸会引起人员伤害或财产损失。如果在汽车内或汽车附近有汽油味，应该检查 EVAP 系统的软管是否有裂纹或断开，并检查燃油供给系统是否有泄漏。必须马上修理好燃油泄漏或燃油蒸发泄漏之处。

在发动机怠速或在很低速度下工作时，如果 EVAP 系统将燃油蒸汽注入活性炭罐，发动机将出现工作不稳定，特别是在大气温度较高时。软管裂开或罐内发生汽油饱和时，会使汽油蒸汽挥发到大气中，从而使汽车内或周围有汽油味。此时，应该检查 EVAP 系统中所有软管是否泄漏、堵塞和连接松动。如果吹洗电磁阀及相关电路内发生故障，常在存储器内设置故障码（DTC）。

3.3.6 三元催化器

1. 三元催化转化器的用途

发动机的 HC、CO 和 NO_x 排放物在温度高于 1 000 ℃时可以很容易变成无害气体。然而，在排气系统中，要想维持这么高的温度很不现实。含有铂（Pt）、钯（Pd）或铑（Rh）等贵金属的催化剂可在不改变自身的情况加快排气中的化学反应速率，并在低得多的温度（300~900 ℃）下将这些排放物转化。

2. 三元催化转化器的工作过程

当废气通过催化转化器的蜂巢状孔道时，CO 和 HC 就会在催化剂拓与铝的作用下，与废气中的氧发生反应，生成 H_2O 和 CO_2，NO_x 则在催化剂的作用下被还原为无害的氧和氮，如图 3-55 所示。

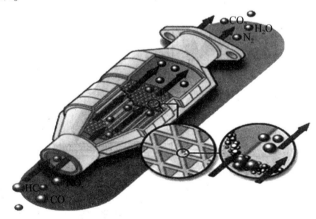

图 3-55 三元催化转化器内部的转化过程

三元催化转化器的催化转化效率与发动机的空燃比有关，因为当空燃比不同，三种有害气体的生成量也不同，如图 3-40 所示。相关内容如下所述。

1）HC

空燃比小于14.7：1时，由于混合气中氧含量较低，燃烧不充分，HC生成量较多。空燃比略大于14.7：1时，由于混合气中氧含量较高，燃烧充分，因此HC生成较少，但空燃比过大时，由于燃烧难以持续，HC反而增加。

2）CO

空燃比小于14.7：1时，由于混合气中氧含量较低，燃烧不充分，CO生成量较多。空燃比大于14.7：1时，由于混合气中氧含量较高，燃烧较充分，因此CO生成较少，空燃比进一步增大时CO生成量减少不明显。

3）NO$_x$

在空燃比约为14.7：1时，由于燃烧充分，产生的热量大，燃烧室内温度较高，因此此时NO$_x$生成量也最多。当空燃比大于或小于14.7：1时，由于燃烧室内温度低或氧含量不足，因此NO$_x$生成量明显减少。

4）最佳排放空燃比

综前所述，空燃比在14.7：1时，HC和CO生成量都很少，虽然NO$_x$排放量较高，但使用了三元催化转化器后，在此理论空燃比下它的综合转化效率最高，可净化90%以上的有害物质，如图3-56所示。因此，为了保证三元催化转化器处于最佳的催化转化效率、尽可能减少排放，汽油发动机管理系统采用了14.7：1的空燃比。

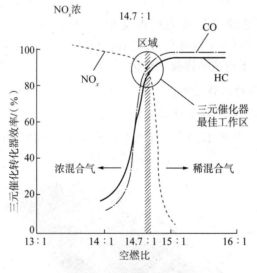

图3-56 最佳空燃比示意图

大多数三元催化器内同时含有铈作为基底金属，铈能够储存并释放氧气，从而提高转化效率。随着三元催化转化器储存和释放氧气的能力下降，三元催化转化器的转化效率也会不断降低。OBDII使用前后两个氧传感器来监测三元催化转化器的效能。

三元催化转化器在催化过程中需要一定的工作温度才能保证较高的转化效率，当发动机刚刚起动时三元催化转化器的温度较低，催化转化的效率也较低。为利用排气热量来维持催化反应温度，三元催化转化器常安装在靠近排气歧管后适当的位置。但过高的温度也会损害三元催化转化器，如发生缺火时，没有燃烧尽的废气在三元催化器内继续燃烧会造成三元催化转化器高温失效。

三元催化转化器内部是细密多孔的蜂巢状结构，大的颗粒很容易吸附在催化剂表面。如果发动机使用含铅汽油，废气中的铅就会覆盖住催化剂，使其催化能力下降而不起作用，俗称"中毒"。因此，配备三元催化转化器的发动机必须使用无铅汽油，同时也要注意机油及冷却液可能对三元催化转化器造成的损害。

3. 三元催化转化器的诊断与检测维修

随着三元催化转化器转化效率不断降低，其储存和释放氧气的能力也会随之下降。当排放的气体中 HC 排放量超出排放标准时，即可视为此三元催化转化器已经失效。

可通过安装在三元催化器前后的两个氧传感器提供的信息判断三元催化器的状态，如图 3-57 所示。

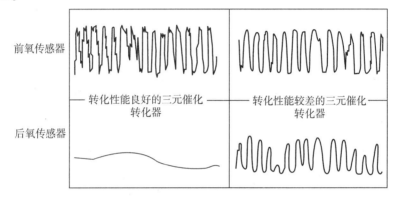

图 3-57 三元催化器的状态

此外，也可通过测量排气管压力、排气管温度的方法检测三元催化器的状态。

3.3.7 二次空气喷射系统

1. 二次空气系统的功用

二次空气喷射（Air Injection）系统用于将一定量的新鲜空气引入排气歧管或三元催化器中，使废气中的有害气体与空气进一步燃烧，以进一步减少有害气体的排放。

二次空气喷射系统、蒸发排放控制系统、点火正时控制系统、怠速转速控制系统对发动机发挥正常的性能和达到正常的排放水平都起到了极其重要的作用。因此，维修技师必须了解和掌握这些系统的作用和工作原理。这些知识对精确的系统诊断必不可少。

2. 二次空气喷射系统的组成

二次空气喷射系统的组成部件有空气滤清器、二次空气泵、发动机控制单元、二次空气继电器、二次空气控制阀和二次空气机械阀等。

发动机冷起动阶段未燃烧的 HC 及 CO 等有害物质排放相对较高，并且此时，三元催化反应器尚未达到工作温度（300 ℃以上）。所以，为了使轿车废气达到排放标准，必须装备此机外净化装置——二次空气系统。另一方面，再次燃烧的热量使三元催化器很快就可以达到所需的工作温度。二次空气喷射系统组成部件如图 3-58 所示。

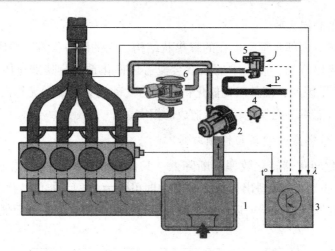

1—空气滤清器；2—二次空气泵；3—发动机控制单元；4—二次空气继电器；
5—二次空气控制阀；6—二次空气机械阀。

图3-58　二次空气喷射系统组成部件

3. 二次空气系统工作原理

发动机 ECU 激活二次空气系统开始工作，控制二次空气进气阀，并通过驱动组合阀门开始工作。发动机起动后经过滤清器的空气通过二次空气泵直接被吹到排气歧管内，二次空气泵的电源通过继电器得到，二次空气泵作用是在很短时间内将空气压进排气歧管内的废气中，二次空气系统未工作时，热的废气将停止在组合阀门处，以防它们进入二次空气泵。在控制过程中，自诊断系统同时进行自动检测。由于废气中所含氧气量的增加导致氧传感器电压降低，因此氧传感器必须处于工作状态。二次空气系统正常工作时，氧传感器将检测到极稀的混合气。

二次空气系统只在部分时间内起作用。具体在以下两种工况下工作：冷起动后；热起动后怠速自诊断。

冷起动（冷却液温度低于 33 ℃），工作时间 100 s。

热起动后怠速（直到最高低于 96 ℃），工作时间 10 s。

二次空气系统部件可以通过自诊断来检查。

知识小结

发动机尾气排放的有害气体主要为 HC、CO、NO_x。这些有害气体可通过曲轴箱通风系统、废气再循环系统、燃油蒸发排放系统、三元催化器、二次空气喷射系统等有针对性地降低。这些系统的故障可导致有害气体排放指标的一部分或全部数值上升。尾气检测仪进行测量，并可根据尾气中各种气体的含量判断出发动机故障的原因以及故障点。

习题 ▶▶ ▶

1. 填空题

（1）汽油发动机排放的有害气体主要有以下三种，即：_____、_____、

_____。

（2）HC 的主要来源有：_____和_____。

（3）NO_x 主要是_____、_____的产物。

（4）_____时或_____时，都会产生较多的 CO。

（5）尾气分析仪分为四气体分析仪和五气体分析仪，区别在于能测量尾气中的
_____。

（6）曲轴箱通风管路连接_____和_____的后方。

（7）燃油蒸发排放系统中活性炭罐主要用于收集_____。

（8）三元催化器主要用于降低尾气排放中的_____、_____和_____。

2. 单项选择题

（1）曲轴箱强制通风系统主要用于降低发动机排放中的_____。

A. HC   B. NO_x C. CO_2 D. O_2

（2）PCV 阀在_____起作用。

A. 发动机熄火   B. 发动机怠速

C. 发动机中等转速   D. 发动机大负荷运转

（3）废气再循环系统主要用于降低发动机排放中的_____。

A. CO   B. NO_x C. CO_2 D. O_2

3. 判断题

（1）（　　）安装有增压器的发动机不能安装曲轴箱通风系统。

（2）（　　）废气再循环系统故障后，会导致发动机尾气排放中的 CO 增加。

（3）（　　）燃油蒸发排放系统分为增强型和常规型两种，区别在于前者增加了活性
炭罐。

（4）（　　）发动机尾气排放中的 HC 通过活性炭罐收集，并再次进入燃烧室。

（5）（　　）三元催化器在空燃比 14.7∶1 附近工作效率最高。

（6）（　　）二次空气喷射系统用于将废弃喷入进气道，降低尾气中氧气的含量。

4. 简答题

（1）简述汽车尾气污染物的种类以及产生这些污染物的条件。

（2）降低汽车尾气排放采用的系统主要有哪些？这些系统主要用于降低哪些污染物？

（3）分析发动机排气冒黑烟的原因。

（4）分析发动机排气冒蓝烟的原因。

（5）分析导致三元催化器故障的原因。

（6）简述发动机如何让三元催化器工作在高效的区间。

3.4　发动机电控系统常见故障排除与维修

  对汽车发动机电控系统故障原因的分析和寻找需要较高的技术水平，尤其是油路、气路故障，因为油路、气路故障是电喷发动机故障自诊断系统所难以诊断的，同时，在电控发动机故障中也是故障率相对较高的。本节将针对电喷发动机各种油路、气路故障展开讨论，提出相关故障排除及相应维修建议。

电控汽油喷射发动机是装有计算机、传感器、执行元件的智能控制发动机。它可以精确控制空燃比，使燃烧充分，显著减少排气污染。同时，由于发动机工作稳定性得到加强，从而降低了噪声。其传感器采集瞬息变化的空气进气量、发动机负荷、水温、进气温度等信号输入计算机，由计算机计算出适时的、恰当的汽油量和最佳点火提前角，并输出控制信号给喷油阀和点火器，使得发动机在各工况下得到最佳性能。

发动机电控系统故障种类繁多，并不能全部列举。但主要现象为不能起动、加速不良、急速不良、自动熄火等现象。而导致这些故障现象主要从供电、供油、点火、供气以及 ECU 方面思考。

3.4.1 发动机不能起动故障诊断与排除流程

电控发动机不能起动或起动吃力，其主要原因是蓄电池或起动系统有故障，可检查蓄电池和起动系统进行排除；如果曲轴转动正常而发动机不能起动，其主要原因是燃油喷射系统的传感器、执行器、ECU 及其线路有故障，可按图 3-59 所示流程进行排除。

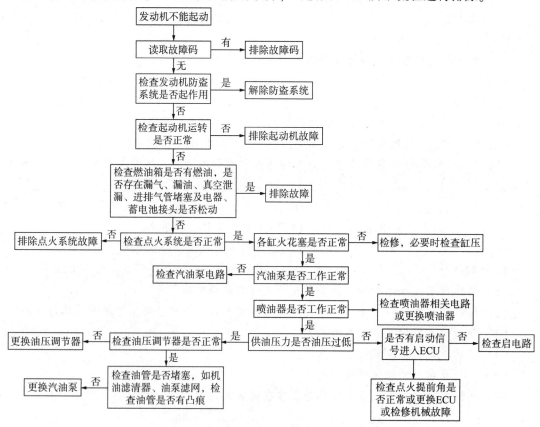

图 3-59　发动机不能起动故障诊断与排除流程

3.4.2 加速不良或熄火故障诊断与排除流程

发动机加速不良或熄火故障诊断与排除流程如图 3-60 所示。

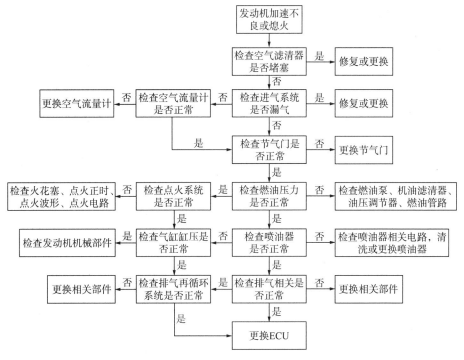

图 3-60　发动机加速不良或熄火故障诊断与排除流程

3.4.3　发动机怠速不良或熄火故障诊断与排除流程

发动机怠速不良或熄火故障诊断与排除流程如图 3-61 所示。

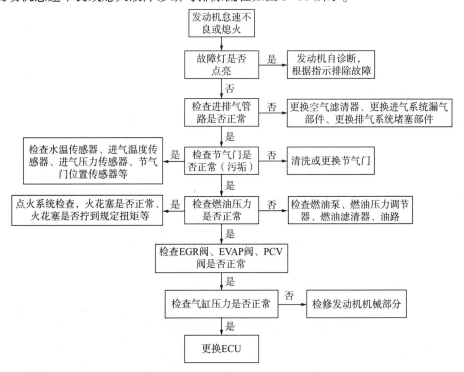

图 3-61　发动机怠速不良或熄火故障诊断与排除流程

怠速不良或熄火的主要原因是怠速控制系统发生故障。

知识小结

发动机故障主要分为机械故障和电子控制系统故障两部分，二者之间有着千丝万缕的联系。随着汽车制造工艺的不断完善，车辆故障更多由机械老化、电路虚接等长时间使用导致。本节从发动机常见故障现象出发，根据发动机运转所需必要条件，如起动、供油、供气、点火等，按照由外而内、由简到繁的思路进行推理诊断。在实际工作中，还需要参照对应车型的电路图以及实际情况进行有针对性的修正。

习题 ▶▶ ▶

1. 填空题

(1) 电控汽油喷射发动机是装有_____、_____、_____的智能控制发动机。

(2) 发动机电控系统故障的主要现象有：_____、_____、_____、_____。

(3) 电控发动机故障原因查找的主要方向有：_____、_____、_____、_____、_____等。

2. 简答题

(1) 发动机不能起动的主要原因有哪些？

(2) 根据发动机怠速不稳原因分析，涉及传感器应该如何检测？

3.5 发动机异响的检测与诊断

3.5.1 发动机异响特性分析

发动机异响通常与发动机负荷、转速、温度、工作循环及润滑条件等多种因素有关，通过其异响特性分析，找出异响的变化规律，有利于对异响故障做出正确判断。

1. 异响与负荷的关系

许多异响与发动机负荷有关，负荷变化时异响加重或减弱，如曲轴主轴承异响、连杆轴承异响、活塞敲缸异响、点火敲击异响等均随负荷增大而增强，随负荷减小而减弱。而有些异响与负荷无关，如气门脚异响，负荷变化时异响大小不变。检测时，常用断火法解除一到二缸负荷，听异响是否减轻或消失来鉴别异响与负荷的关系。

2. 异响与转速的关系

大部分异响与发动机转速状态密切相关。有些异响在发动机怠速或低速运转期间出现，当转速提高后则消失，如活塞与缸壁间隙过大、活塞销装配过紧或连杆轴承装配过紧引起的异响；有些异响在发动机急加速时出现，如主轴承松旷异响、连杆轴承松旷异响等；而有些异响则在发动机急减速时更明显，如凸轮轴正时齿轮破裂损坏异响、活塞销衬套松旷异响等。检测时，常用抖动并改变加速踏板位置的方法，听异响的变化来鉴别异响与转速的关系。

3. 异响与温度的关系

不少异响与发动机温度有关，温度变化时异响加重、减弱或消失，如活塞与缸壁间隙过大而发出的敲缸声，在低温时发出异响，温度升高后异响减轻甚至消失；如发动机过热引起的早燃、爆震发出的敲缸声，高温时异响严重，而温度降低后异响减轻或消失。

4. 异响与工作循环的关系

多数异响与发动机工作循环有明显的关系，这是由于发动机循环式工作，导致其内部有些机件的运动与受力情况呈周期性变化。而有些异响与发动机工作循环无关，如发动机运转时，金属的连续摩擦声以及诸如发电机、电动风扇、水泵等附件所引起的异响。

5. 异响与发动机部位的关系

由于异响部件在发动机中所处的位置不同，因此异响在发动机上所引起的振动强度，各部位不尽相同。检测时应根据声源找准振动强度最大的部位，以便正确判断故障。发动机常见异响的听诊部位为气缸盖部位、气缸体中上侧部位、气缸体下侧部位、油底壳与曲轴箱分界面部位、正时齿轮室部位和加机油口部位。

6. 异响与润滑条件的关系

对于发动机的曲柄连杆机构和配气机构异响，多与润滑条件有关，润滑不良时异响明显加重。因此，检测时常常通过改善润滑条件、监听异响的变化来诊断异响故障。

7. 异响与其他故障现象的关系

发动机在发生某些异响故障时，常常伴随出现其他故障现象。例如，主轴承松旷异响时，往往伴随着机油压力降低、机件抖动等异常现象；活塞敲缸异响时，通常伴随机油消耗过快、机油变质、排气管冒蓝烟等异常现象。检测时，利用异响故障的伴随现象，能方便地诊断其异响故障。

实践和研究表明，在发动机上，不同的机件、不同的部位和不同的工况，声源所产生的振动是不同的，因而发出的异响在音调、音高、音频、音强、出现的位置和次数等方面均不相同。检测时，只要充分利用发动机异响特性，采用适宜的温度、适当的转速和负荷、正确的听诊部位和合理的诊断方法，即可准确诊断发动机的异响故障。

3.5.2 发动机异响故障的经验诊断

1. 活塞敲缸异响

1）故障现象

发动机在怠速或低速运转时，在气缸上部发出清晰而有节奏的"嗒、嗒、嗒"敲击声，在发动机低温时声响声最为明显。

2）故障原因

（1）活塞与缸壁间隙过大。

（2）活塞与缸壁间润滑不良。

3）故障诊断

最佳听诊部位在机体上部两侧，可利用听诊器或简易听诊杆触及该区域察听异响，诊断方法如下。

（1）发动机起动后，在低温、怠速或低速运转时异响较为明显，而缓慢加速至中速以上运转时，异响减弱或消失，可初步诊断为活塞敲缸异响。

（2）在不同的发动机工作温度下诊断。若发动机冷机运行时异响严重，而温度升高后异响消失或减弱，则诊断为活塞敲缸异响，故障原因是活塞裙部与缸壁间隙过大。

（3）断火诊断。先将发动机控制在敲击声最明显的转速下运转，然后逐缸断火试验。若某缸断火后异响消失或减弱，则为该缸敲缸异响。

（4）加机油确诊。为进一步确诊某缸异响，可将发动机熄火，卸下有异响气缸的火花塞或喷油器，向气缸内注入少量（20～25 mL）浓机油，慢慢转动发动机，使机油附于缸壁和活塞之间，立即装上火花塞或喷油器，再使发动机运转察听。若异响短时间内消失或减弱，但过不久异响又重新出现，则说明该缸活塞与缸壁间隙确实过大。

2. 活塞销异响

1）故障现象

发动机在怠速、低速和从怠速向低速抖动加速踏板时，发出清脆而又连贯的"嘎、嘎、嘎"的金属敲击声，加速时响声更为明显。

2）故障原因

（1）若为全浮式活塞销，活塞销与销座孔、连杆衬套磨损严重，配合松旷。

（2）若为半浮式活塞销，活塞销与销座孔磨损严重，配合松旷；活塞销与连杆小头销孔的配合松动。

（3）活塞销配合处润滑不良。

3）故障诊断

最佳听诊部位在发动机上部或气缸盖，可利用听诊器或简易听诊杆触及该区域查听异响，诊断方法如下。

（1）发动机怠速运转时，从怠速向低速急抖加速踏板，若能听到清脆而又连贯的"嘎、嘎、嘎"响声，且响声周期随发动机转速而变，同样转速下响声比活塞敲缸异响连续而尖锐，则可能是活塞销异响。

（2）在不同的发动机工作温度下诊断。若发动机冷机运行时响声较小，而温度升高后响声更大，则诊断为活塞销异响，其故障原因可能是活塞销与销座孔间隙过大。

（3）断火诊断。先将发动机控制在响声最明显的转速范围内运转，然后逐缸断火试验。若某缸断火后响声明显减弱或消失，而在复火的瞬间响声立即恢复或连续出现两个响声，则可断定为该缸活塞销异响。

3. 曲轴主轴承异响

1）故障现象

发动机急加速时，发出沉重而有力的"刚、刚"的金属敲击声，严重时机体发生很大振动；发动机转速越高，响声越大；发动机负荷越大，响声越明显。

2）故障原因

（1）主轴承盖螺栓松动。

（2）主轴承与主轴颈磨损严重，使配合间隙过大。

（3）主轴承减磨合金烧损或脱落。

（4）曲轴弯曲。

（5）机油压力太低或机油黏度太小，使主轴承润滑不良。

3）故障诊断

最佳听诊部位在发动机曲轴箱两侧与曲轴轴线齐平的位置，可利用听诊器或简易听诊杆触及该区域查听异响，诊断方法如下。

（1）先使发动机低速运转，然后微微抖动加速踏板，反复变更发动机转速，若"刚、刚、刚"的金属敲击声随着发动机转速的升高而增大，且在急加速瞬间更为明显，则诊断为主轴承异响。

（2）若发动机在怠速或低速运转时响声较为明显，而高速时显得杂乱，则可能是曲轴弯曲所致；若发动机在高速运转时，机体有较大振动，机油压力过低，则说明主轴承间隙过大、减磨合金烧损或脱落。

（3）断火诊断。对一缸进行单缸断火，若断火后响声明显减弱，则说明第一道主轴承异响；对最末缸进行单缸断火，若断火后响声明显减弱，则说明最后一道主轴承异响；对任意相邻两缸同时断火，若断火后响声明显减弱，则为两缸之间的主轴承异响。

4. 连杆轴承异响

1）故障现象

当发动机突然加速时，发出"当、当、当"连续明显、轻而短促的敲击声，随着转速、负荷的增加，其响声更加明显。

2）故障原因

（1）连杆轴承盖螺栓松动。

（2）连杆轴承与轴颈磨损严重，使配合间隙过大。

（3）连杆轴承合金烧毁或脱落。

（4）机油压力太低或机油黏度太小，使连杆轴承润滑不良。

3）故障诊断

在加机油口处仔细查听，连杆轴承异响比较明显。也可利用听诊器或简易听诊杆触及曲轴箱中部连杆轴承附近区域查听异响，诊断方法如下。

（1）使发动机怠速运转，然后由怠速向低速，由低速向中速，再由中速向高速踩下加速踏板进行试验。若响声随着转速的升高而增大，在加油的瞬间更加突出，且比主轴承的响声清脆、缓和短促，则诊断为连杆轴承异响。

（2）断火诊断。在怠速、中速和高速情况下，逐缸反复进行断火试验。若某缸断火后响声明显减弱或消失，而在复火的瞬间又能立即出现，则说明该缸连杆轴承异响。

（3）检查机油压力。若响声严重，又伴随机油压力低，则可确诊为连杆轴承异响。机油压力低的伴随现象往往是区别连杆轴承响与活塞销响、活塞敲缸响的重要依据。

5. 气门脚异响

1）故障现象

发动机怠速时，发出有节奏的"嗒、嗒、嗒"响声，转速越高，响声越明显。

2）故障原因

（1）气门脚间隙过大。

（2）气门脚处润滑不良。

（3）气门杆与气门导管配合间隙过大。

（4）气门头部与座圈接触不良。

3) 故障诊断

发动机怠速时，气门脚响声清脆而有节奏，在发动机周围就能听到较为清晰的响声，而在气门室或气门罩处听诊时，异响非常明显，诊断方法如下。

(1) 若发动机怠速运转时响声明显，而转速增高时响声增大、节奏加快，但发动机温度变化、断火试验时响声不变，则可诊断为气门脚异响。

(2) 将气门室盖或罩拆下，在怠速时用适当厚度的塞尺插入气门脚间隙中，逐个试验。当插入某个气门脚间隙中时，响声减弱或消失，即可诊断是该气门脚异响，且是由气门脚间隙过大造成的。

(3) 若气门脚间隙正常，插入塞尺后，响声不变，则可能是气门脚处润滑不良、气门与其导管配合间隙过大、气门头部与座圈接触不良所致。

知识小结

对于异响可以认为是间隙扩大后，相对运动零部件之间的撞击产生。在查找故障点的时候，重点排查发动机相对运行的部位，如曲柄连杆机构、凸轮轴、正时传递、传动皮带、冷却水泵等部位。同时，应关注发动机异响产生的条件，如负荷、温度等，能够有利于故障的查找。

习题 ▶▶ ▶

1. 填空题

(1) 发动机异响通常与发动机_____、_____、_____、_____及_____等多种因素有关。

(2) 常用断火法解除一到二缸负荷，听异响是否减轻或消失来鉴别异响与_____的关系。

(3) 活塞与缸壁间隙过大而发出的敲缸声与_____有关。

2. 简答题

(1) 负荷变化导致发动机异响的部件有哪些？尝试分析为什么与这些部件有关。

(2) 转速变化导致发动机异响的部件有哪些？尝试分析为什么与这些部件有关。

(3) 温度变化导致发动机异响的部件有哪些？尝试分析为什么与这些部件有关。

(4) 工作循环变化导致发动机异响的部件有哪些？尝试分析为什么与这些部件有关。

第四章
底盘系统的检测与诊断

学习目标

掌握汽车底盘系统检测的内容；掌握底盘系统检测仪器和设备的使用方法；了解汽车底盘系统检测诊断标准；具备诊断和排除汽车底盘系统常见故障的能力。

引 例

某车在行驶时，不能保持直线，而自动偏向一边，使用四轮定位仪测量车轮定位参数，测量数据值与诊断标准存在偏差。这种情况，一般是底盘系统故障导致的。

4.1 驱动轮输出功率的检测

驱动轮输出功率是评价汽车技术状况的基本参数之一，是汽车综合性能检测的必检项目。通过驱动轮输出功率的检测，可以评价汽车动力性。驱动轮输出功率在汽车底盘测功机上检测，俗称底盘测功。

4.1.1 汽车底盘测功机

汽车底盘测功机是一种不解体检验汽车性能的检测设备，它是在室内台架上通过模拟汽车道路行驶工况的方法来检测汽车动力性的，必要时还可检测汽车燃油经济性以及汽车多工况排放指标。汽车底盘测功机按工作原理可分为测力式、惯性式和结合式三类。测力式底盘测功机可通过模拟道路阻力直接测量汽车驱动轮输出功率或驱动力；惯性式底盘测功机可通过模拟汽车行驶惯性来测量汽车的加速能力；综合式底盘测功机兼备测力式和惯性式两种功能，现代汽车底盘测功机大多属于综合式。

1. 底盘测功机结构

汽车底盘测功机一般由滚筒装置、加载装置、飞轮装置、测量装置、控制与指示装置和辅助装置等构成，如图4-1所示。

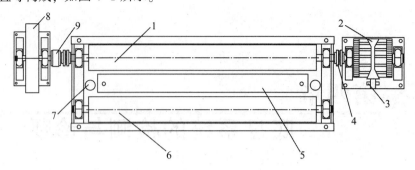

1—主动滚筒；2—加载装置；3—测力传感器；4—联轴器；5—举升装置；
6—从动滚筒；7—挡轮；8—飞轮装置；9—电磁离合器。

图4-1 汽车底盘测功机结构

1）滚筒装置

底盘测功机的滚筒用来模拟连续移动的路面，测功时，驱动车轮在滚筒上滚动。因此，滚筒是支承车轴载荷，并传递功率、转矩、速度的主要构件。底盘测功机有单滚筒与双滚筒两种类型。

单滚筒底盘测功机，其滚筒直径大，多在1 500～2 500 mm之间，检测时车轮滚动阻力小，测试精度高，但由于大滚筒制造成本高，同时驱动轮检测定位难，因此仅适用于科研单位。双滚筒底盘测功机，其滚筒直径相对较小，多在185～400 mm之间，检测时驱动轮胎变形大，测试精度相对较低，但由于双滚筒制造成本低，且驱动轮检测定位方便，因此适用于汽车维修企业和汽车综合性能检测站。

2）加载装置

在测力式底盘测功机中，必须装有加载装置。加载装置俗称测功器，用来模拟汽车在道路上的行驶阻力，吸收驱动轮上的输出功率。测功器的类型有：水力测功器、电力测功器和电涡流测功器。由于电涡流测功器具有测试精度高、适应范围广、结构紧凑、易于调控、便于安装等优点，因此，目前汽车底盘测功机加载装置大多采用电涡流测功器。

图4-2为圆盘式电涡流测功器的结构。它主要由圆盘转子和浮动定子组成。其转子由高磁导率钢制成，圆周呈齿状，转子通过联轴器与滚筒相连；定子圆周装有励磁绕组，通过浮动支承能绕其轴线摆动。这种测功器是利用电磁感应产生涡电流形成制动载荷的。测功时，励磁绕组通以直流电产生磁场，并通过转子、空气隙、铁芯形成磁通回路，当汽车驱动滚筒带动转子在磁场中旋转时，由于磁通的周期性变化因而在转子盘上产生涡电流。由于涡电流和外磁场的相互作用，对转子盘产生一个制动阻力矩，从而对滚筒起加载作用。调节通过励磁绕组电流的大小，即可改变模拟阻力矩（或吸收功率）的范围。电涡流测功器将吸收的能量转变为热能，经空气或冷却水散失。

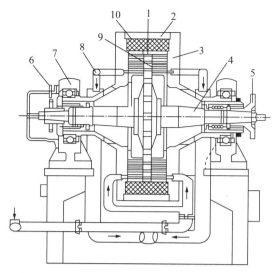

1—圆盘转子；2—定子；3—冷却盘；4—主轴；5—连接盘；6—转速传感器；
7—支座；8—排水管；9—空气隙；10—励磁绕组。

图4-2 圆盘式电涡流测功器的结构

3）飞轮装置

在惯性式底盘测功机中，必须装有飞轮装置。它通过离合器与主动滚筒相连，用于模拟汽车在道路上行驶的惯性。为了准确测量，飞轮的转动惯量应与被测车辆路试时的惯性相适应。一般来说，一定惯量的飞轮只能模拟一类对应车型的惯性能量。飞轮的转动惯量可根据行驶汽车的功能与底盘测功机检测时旋转部件动能相等的原则推出，其计算式如下：

$$J = \frac{mV^2 + J_k\omega_k^2 - J_0\omega_0^2 - J_n\omega_n^2}{\omega^2} \tag{4-1}$$

式中：J、ω——飞轮的转动惯量（kg·m²）、飞轮角速度（rad/s）；

J_k、ω_k——从动车轮转动惯量（kg·m²）、车轮角速度（rad/s）；

J_0、ω_0——滚筒的转动惯量（kg·m²）、滚筒角速度（rad/s）；

J_n、ω_n——测功器转子的转动惯量（kg·m²）、转子角速度（rad/s）；

m——汽车质量（kg）；

V——汽车车速（m/s）。

为扩大车辆检测范围，其飞轮装置应采用多个飞轮，以便用不同的飞轮或飞轮组合与不同的车型匹配。但现代车辆类型复杂，测试条件也不断变化，即使采用大量的飞轮也很难与各类车辆进行精确的惯性模拟。因此，在有的底盘测功机上其飞轮装置只用一个飞轮，而通过制定相应的数学模型对测量结果进行修正来精确模拟各类汽车的行驶惯性。这样不仅可以简化飞轮装置，降低制造成本，扩大使用范围，还可使检测操作更为方便。

4）测量装置

测量装置主要包括测力装置、测速装置和测距装置。

（1）测力装置。

测力装置用来测量驱动轮上的驱动力，它由测力臂和测力传感器组成。其传感器有液压式、机械式和电测式等多种形式。测功时，测功器转子与定子之间的制动转矩通过与定子相连的测力臂传给测力传感器，然后传感器输送信号至测量电路，通过转换由测力仪表直接显示驱动轮的驱动力。

（2）测速装置。

测速装置可用来测量车速，它一般由测速传感器、中间处理装置和指示装置组成。常见的测速传感器有光电式、磁电式、霍尔式及测速发电机等多种形式。测速传感器的转子随滚筒一起滚动，测试时，传感器将滚筒的转速信号转变为电信号，该信号经中间处理装置变换放大，并由指示装置显示车速。底盘测功机在测功、加速、滑行、燃油消耗、排放等试验时，都需要准确地测量车速。

（3）测距装置。

一般采用光电盘脉冲计数式测距装置。当汽车在底盘测功机上进行加速距离、滑行距离、燃油经济性检测时，必须使用测距装置。

5）控制与指示装置

（1）控制装置。

控制装置用来控制底盘测功机的整个检测过程，使检测能够按照给定的方式自动进行，确保车辆检测模拟的准确性。底盘测功机的控制主要是对加载装置的控制，一种电涡流式加载装置控制系统的框图如图4-3所示。

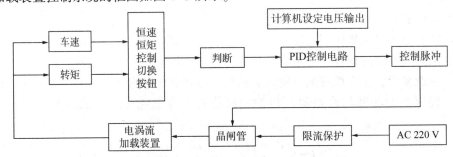

图4-3 电涡流式加载装置控制系统框图

从图中可以看出，电涡流加载装置控制系统是一个带反馈的闭环系统。检测时接通电源，整流系统将220 V的交变电压转变为电涡流式加载装置所要求的励磁直流电压并提供控制电压，选定控制方式（恒速控制或恒矩控制），于是系统将所选定的速度或转矩信号与计算机输出的设定信号同时输给PID控制电路进行运算处理，然后输出加减载控制脉冲信号（加载或减载电压）触发晶闸管，其晶闸管输出电压加在电涡流加载装置的两端，使励磁绕组的电压发生变化，导致电涡流加载装置励磁电流发生改变，从而控制底盘测功机的负荷。当车速或转矩未能达到规定要求时，其车速或转矩的反馈信号将促使其控制系统通过加载装置不断地修正被测车辆的速度或转矩以达到控制的目的。

（2）指示装置。

现代汽车底盘测功机检测的输出功率、驱动力和车速等参数普遍采用CRT监视器直接显示，CRT还可显示测量过程的动态曲线。一般底盘测功机还有指针式仪表，它可显示电涡流测功机的电流、转速、输出转矩，以便监视测功机的工作状态。

6）辅助装置

（1）举升装置。

为方便被测车辆驶入和驶出底盘测功机，在主、副两滚筒中间装有举升装置。举升装置有气动、液动和电动三种形式，以气动式举升装置较为常见。

（2）冷风装置。

一般底盘测功机在汽车前面面对散热器设置有移动式冷风装置，以加强汽车检测时对发动机的冷却。

（3）反拖电动机。

有的底盘测功机装有反拖电动机，利用反拖电动机可以有效、快速地检测底盘传动效率。

2. 底盘测功机原理

汽车驶上底盘测功机，将驱动轮支承于两个滚筒之上，如图4-4所示，起动发动机让车轮驱动滚筒转动使之模拟路面的行驶状态，此时滚筒表面的线速度就是汽车的行驶速度，根据滚筒的转速就可以换算出汽车的行驶速度，而滚筒的转速可由测速传感器输出脉冲信号来反映，其脉冲频率的高低与滚筒转速成正比。汽车行驶的道路阻力由电涡流测功器加载模拟，当给电涡流测功器励磁绕组加一定电流时，则测功器中的涡电流与磁场相互作用，产生一个制动转矩，反作用于滚筒表面，这个制动转矩使定子随着转子旋转方向摆动，通过力臂作用在压力传感器之上，压力传感器输出模拟信号的大小与制动转矩成正比，在滚筒转速稳定时该制动转矩即为驱动轮对滚筒的驱动转矩。实际上，在测速装置获取滚筒转速电信号的同时，其测力装置也将滚筒转矩信息转换成电信号，两信号同时输入给计算机系统处理运算后，即可显示驱动轮输出功率。其功率表达式如下：

$$P_\mathrm{k} = \frac{F_\mathrm{t} V}{3\,600} \tag{4-2}$$

式中：P_k——驱动轮输出功率（kW）；

F_t——驱动力（N）；

V——车速（km/h）。

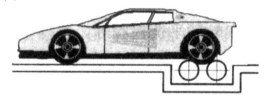

图4-4　双滚筒底盘测功机测功示意图

通过改变电涡流测功器负荷的大小，可以模拟汽车在道路上行驶的各种阻力，因此可以实现汽车在各种车速下驱动轮上的输出功率、驱动力的测定。但实际测试时，汽车发动机稳态转速下的最大功率点和最大转矩点对应的汽车底盘输出功率及驱动力的测试用得最多，因为利用它们可以评价汽车及发动机的动力性。

在底盘测功机上进行变工况试验，如对汽车进行加速能力和滑行距离测试时，需用飞轮装置来模拟汽车行驶的惯性力。

4.1.2　驱动轮输出功率检测

1. 检测项目的确定

底盘测功根据其目的不同可分为汽车动力性检测、经济性检测、排放检测等内容。测功前，首先应根据检测目的或车主的要求，确定检测项目。因为不同的检测项目，其检测点的选取及测试方法有所差异。常用的底盘测功检测项目如下。

1）发动机全负荷额定功率转速下驱动轮输出功率的检测

它检测的是汽车最大驱动功率，其功率大小可反映汽车整车的动力性及技术状况，是汽车动力性检测的必检项目。

2）发动机全负荷额定转矩转速下驱动轮输出功率的检测

它检测的是发动机最大转矩时对应的驱动功率，其功率大小可反映汽车的最大加速能力和爬坡能力，是汽车动力性检测的必检项目。

3）发动机全负荷选定车速下驱动轮输出功率的检测

它检测的是选定车速对应的功率，往往会选多种车速，其功率大小可反映不同车速时的动力性。

4）发动机部分负荷选定车速下驱动轮输出功率的检测

它检测的是多种不同的节气门开度、不同选定车速的功率，其功率大小可反映汽车在不同工况下行驶的动力性。

在测取功率的同时，若还测取汽车的燃油消耗或排放污染物，则就构成了汽车燃油经济性检测或汽车排放检测的项目。

2. 检测点的选择

通常检测点的多少与所确定的检测项目有关。在进行汽车技术等级评定、在用汽车动力性评价时，只需测定发动机全负荷额定功率转速下和额定转矩转速下驱动轮的输出功率。若需全面考核发动机的动力性、底盘的技术状况及调整质量，还可进行中间转速下的功率测量。

检测点车速取决于发动机工况和汽车挡位。发动机工况由检测项目确定，而汽车挡位一般选择直接挡或最高挡。其检测点的车速值可根据下式确定：

$$V = 0.377 \frac{rn}{i_0 i_g} \tag{4-3}$$

式中：V——汽车底盘测功车速（km/h）；

r——车轮的滚动半径（m）；

n——选定工况的发动机转速（r/min）；

i_0——主减速器速比；

i_g——变速器选定挡位的速比。

驱动轮输出功率的大小与汽车的行驶工况有关。只有正确地选择检测工况和检测点，才能客观地评价汽车的使用性能。

3. 检测前的准备

1）底盘测功机的准备

（1）在底盘测功机进行定期检查、定期润滑、定期标定的基础上，保证底盘测功机各系统能进行正常工作。

（2）按规定的程序进行操作。

（3）飞轮装置除进行多工况油耗试验和加速、滑行试验外，不允许任意使用。

2）被测车辆的准备

（1）轮胎表面应清洁，不能嵌入任何杂物。

（2）轮胎的规格和气压应符合制造厂的规定。

（3）发动机机油应充足，机油压力应在允许范围内。

（4）发动机冷却系的工作应正常。

（5）车辆处于空载状态，并关闭空调系统等非汽车运行所必须的耗能装置。

（6）道路运行，走热全车，使汽车各运动部件、润滑油、冷却液等达到正常的温度状态。

4. 功率测试步骤

（1）接通底盘测功机电源，使仪器处于检测状态。

（2）升起举升器托板，使被测车辆沿垂直滚筒的方向平稳驶入，将驱动轮置于两滚筒间举升器托板上。

（3）操作仪器，降下举升器托板。

（4）用三角铁塞住从动轮，对被测车辆进行必要的纵向约束。

（5）起动发动机，利用被测车辆带动底盘测功机滚筒稍作空运转，使底盘测功机各运动部件的工作温度正常。

（6）测量驱动轮输出功率。根据检测项目及检测点设定的检测车速来测量功率，每点重复测量三次，取平均值。按如下选定的内容进行检测。

a. 发动机全负荷额定功率转速下驱动轮输出功率的检测。起动发动机，由低挡逐渐换至直接挡或最高挡，逐渐踩下加速踏板，同时调节测功器的加载负荷，使发动机在加速踏板踩到底及额定转速对应的车速下稳定运转，15 s 后读取和记录功率值。

b. 发动机全负荷额定转矩转速下驱动轮输出功率的检测。起动发动机，由低挡逐渐换至直接挡或最高挡，逐渐踩下加速踏板，同时调节测功器的加载负荷，使发动机在加速踏板踩到底及最大转矩转速对应的车速下稳定运转，15 s 后读取功率。

c. 发动机全负荷选定车速下驱动轮输出功率的检测。在加速踏板踩到底时，通过调节测功器的加载负荷，使发动机在选定车速下稳定运转，15 s 后读取功率。

d. 发动机部分负荷选定车速下驱动轮输出功率的检测。在发动机节气门部分开启的情况下，通过调节测功器的加载负荷，使发动机在选定车速下稳定运转，15 s 后读取功率。

（7）记录环境状态下的各种检测数据，以便进行数据处理。输出或打印检测结果。

（8）测试完毕后，待驱动轮停转，拆除外围的冷却及约束附件，升起举升器托板，将被测车辆驶离底盘测功机，然后切断底盘测功机电源。

4.1.3 汽车动力性检测分析

1. 汽车动力性评价指标

底盘测功机检测时，汽车的动力性评价指标如下。

（1）汽车在发动机最大转矩工况和额定功率工况时的驱动轮输出功率。

（2）汽车在发动机最大转矩工况和额定功率工况时的驱动轮轮边稳定车速。

若用驱动轮轮边稳定车速作为评价指标，压燃式发动机采用额定功率工况检测，点燃式发动机采用最大转矩工况检测。在进行维修质量监督抽查或对动力性检查结果有异议时，采用驱动轮输出功率作为评价指标。

2. 汽车动力性评价方法

1）以驱动轮输出功率评价

依据额定功率工况和最大转矩工况下的检测，通过校正驱动轮输出功率与相应的功率限值比较来评价。

（1）测出实际驱动轮输出功率。在检测环境状态下，采用额定功率工况和最大转矩工况，由底盘测功机测出汽车驱动轮的输出功率。

（2）计算驱动轮输出功率。在实际环境状态下，实际的驱动轮输出功率还应包含轮胎滚动阻力消耗功率和底盘测功机内部损耗功率。因此，驱动轮输出功率可通过下式计算确定。

$$P = P_k + P_e + P_f \tag{4-4}$$

式中：P——驱动轮输出功率（kW）；

P_k——底盘测功机测得的功率（kW）；

P_e——底盘测功机内部损耗功率（kW），可通过测试和计算得到；

P_f——轮胎滚动阻力消耗功率（kW），可根据汽车重力、轮胎滚动阻力系数、工况车速通过计算得到。

（3）计算校正驱动轮输出功率。实测驱动轮输出功率校正到标准环境状态下的功率，称为校正驱动轮输出功率。校正驱动轮输出功率的表达式为：

$$P_0 = \alpha P \tag{4-5}$$

式中：P_0——标准环境状态下的校正功率；

α——校正系数，通过计算或查表得到；

P——实测驱动轮输出功率。

校正功率的标准环境状态是指：大气压为 100 kPa、相对湿度为 30%、环境温度为 298 K（25 ℃）、干空气压为 99 kPa（干空气压是基于总气压为 100 kPa，水蒸气分压为 1 kPa 计算得到的）时的状态。

（4）动力性评价。GB/T 18276—2017《汽车动力性台架试验方法和评价指标》中规定：采用最大转矩工况或额定功率工况下的驱动轮输出功率评价时，当校正驱动轮输出功率大于或等于限值，则判定该车动力性为合格。

2）以轮边稳定车速评价

GB/T 18276—2017《汽车动力性台架试验方法和评价指标》中规定：采用额定功率工况下或最大转矩工况下的驱动轮轮边稳定车速评价时，汽车动力性合格的条件是：

$$V_w \geq V_e \tag{4-6}$$

$$V_w \geq V_m \tag{4-7}$$

式中：V_w——驱动轮轮边稳定车速（km/h）；

V_e——额定功率工况下，驱动轮轮边稳定车速限值（km/h）；

V_m——最大转矩工况下，驱动轮轮边稳定车速限值（km/h）。

当校正驱动轮输出功率或驱动轮轮边稳定车速小于限值时，允许复检一次。一次复检合格，则判定该车动力性为合格。若检测结果和复检结果均小于限值，则判定该车动力性不合格。

若校正驱动轮输出功率或驱动轮轮边稳定车速比其相应的限值小，则表明汽车的动力性不良，发动机及其传动系统技术状况较差。为了确诊汽车动力性不良的原因，在底盘测功机上可采用反拖法检测传动系统消耗的功率，若汽车传动系统消耗功率过大，则表明传动系统效率过低；否则，说明发动机动力性不足、技术状况不良。

3. 汽车动力性评价标准

1）驱动轮输出功率限值

（1）最大转矩工况下，驱动轮输出功率限值取最大转矩点功率 P_M（kW）的 51%，

P_M 按式（4-8）计算。车速及驱动轮输出功率限值也可选取推荐值，如表4-1所示。

$$P_M = \frac{T_M n_M}{9\,550} \tag{4-8}$$

式中：T_M——最大转矩点转矩（N·m）；

n_M——最大转矩点转速（r/min）。

表4-1 最大转矩工况车速及驱动轮输出功率限值推荐值

	车长 L/mm	车速/（km·h^{-1}）	输出功率限值/kW
客车	$L \leqslant 6\,000$	50	26
	$6\,000 < L \leqslant 7\,000$	50	28
	$7\,000 < L \leqslant 8\,000$	53	35
	$8\,000 < L \leqslant 9\,000$	60	54
	$9\,000 < L \leqslant 10\,000$	63	62
	$10\,000 < L \leqslant 11\,000$	65	70
	$11\,000 < L \leqslant 12\,000$	70	87
	$L < 12\,000$	70	109
	最大总质量 G/kg	车速/（km·h^{-1}）	输出功率限值/kW
货车	$3\,500 < G \leqslant 4\,000$	47	19
	$4\,000 < G \leqslant 8\,000$	47	24
	$8\,000 < G \leqslant 9\,000$	47	26
	$9\,000 < G \leqslant 12\,000$	50	30
	$12\,000 < G \leqslant 15\,000$	50	33
	$15\,000 < G \leqslant 16\,000$	50	36
	$16\,000 < G \leqslant 18\,000$	50	48
	$18\,000 < G \leqslant 22\,000$	53	52
	$22\,000 < G \leqslant 25\,000$	55	56
	$25\,000 < G \leqslant 30\,000$	55	66
	$30\,000 < G \leqslant 31\,000$	55	75
	最大总质量 G/kg	车速/（km·h^{-1}）	输出功率限值/kW
自卸车	$3\,500 < G \leqslant 5\,000$	46	23
	$5\,000 < G \leqslant 9\,000$	46	28
	$9\,000 < G \leqslant 11\,000$	46	30
	$11\,000 < G \leqslant 17\,000$	46	33
	$17\,000 < G \leqslant 19\,000$	46	36
	$19\,000 < G \leqslant 23\,000$	46	43
	$23\,000 < G \leqslant 31\,000$	48	79

	汽车列车最大总质量 G/kg	车速/(km·h^{-1})	输出功率限值/kW
牵引车	$G \leqslant 27\ 000$	45	34
	$27\ 000 < G \leqslant 35\ 000$	53	59
	$35\ 000 < G \leqslant 43\ 000$	60	84
	$43\ 000 < G \leqslant 49\ 000$	60	100

（2）额定功率工况下，驱动轮输出功率限值取额定功率 P_E（kW）的49%。

2）驱动轮轮边稳定车速限值

（1）额定功率工况下，驱动轮轮边稳定车速限值取 V_e。

（2）最大转矩工况下，驱动轮轮边稳定车速限值取 V_m。

知识小结

汽车底盘测功机一般由滚筒装置、加载装置、飞轮装置、测量装置、控制与指示装置和辅助装置等构成。有的底盘测功机装有反拖电动机，利用反拖电动机可以有效、快速地检测底盘传动效率。

GB/T 18276—2017《汽车动力性台架试验方法和评价指标》中规定：采用额定功率工况下或最大转矩工况下的驱动轮轮边稳定车速评价时，汽车动力性合格的条件是：

$$V_w \geqslant V_e$$
$$V_w \geqslant V_m$$

式中：V_w——驱动轮轮边稳定车速（km/h）；

V_e——额定功率工况下，驱动轮轮边稳定车速限值（km/h）；

V_m——最大转矩工况下，驱动轮轮边稳定车速限值（km/h）。

习题

1. 填空题

（1）汽车底盘测功机一般由_____、_____、_____、_____、_____和_____等构成。

（2）底盘测功机有_____和_____两种类型。

（3）测功器的类型有_____、_____和_____。

2. 单项选择题

（1）汽车底盘测功机，测得的是_____。

A. 驱动轮输出功率　　　　　　　　B. 车轮制动力

C. 汽车制动距离　　　　　　　　　D. 发动机功率

（2）发动机全负荷额定转矩转速下驱动轮输出功率的检测，检测的是_____。

A. 汽车最大驱动功率

B. 发动机最大转矩时对应的驱动功率

C. 选定车速对应的功率

D. 多种不同的节气门开度、不同选定车速的功率

3. 多项选择题

（1）汽车动力性检测的必检项目，正确的有_____。

A. 发动机全负荷额定功率转速下驱动轮输出功率的检测

B. 发动机全负荷额定转矩转速下驱动轮输出功率的检测

C. 发动机全负荷选定车速下驱动轮输出功率的检测

D. 发动机部分负荷选定车速节驱动轮输出功率的检测

（2）驱动轮输出功率检测时，检测点车速取决于_____。

A. 发动机工况　　　B. 发动机功率　　　C. 汽车行驶工况　　　D. 汽车挡位

4. 判断题

（1）（　　）汽车动力性可用底盘测功机检测汽车驱动轮输出功率来评价。

（2）（　　）通过检测发动机全负荷选定车速下驱动轮输出功率，可实现对多种不同的节气门开度、不同选定车速的功率的检测。

（3）（　　）台架检测时，常用发动机在最大转矩工况和额定功率工况时的驱动轮输出功率作为在用汽车动力性评价指标。

5. 简答题

（1）什么是底盘测功？为什么要进行底盘测功？

（2）底盘测功机有哪几部分组成？各部分功能是什么？简述底盘测功机的工作原理和检测方法。

4.2 传动系统的检测与诊断

4.2.1 传动系的检测

1. 传动系传动效率的检测

传动系传动效率是反映汽车传动系总体技术状况的一个重要参数，传动效率越高，说明传动系的损耗功率越小，传动系的技术状况越好。其传动效率可在底盘测功机上检测。

1）检测原理

发动机发出的功率 P_e 经传动系传至驱动轮的过程中，若传动系损失的功率为 P_T，则传动系的传动效率 η_T 的计算式为：

$$\eta_T = \frac{P_e - P_T}{P_e} \qquad (4-9)$$

由式（4-9）知，只要测取 P_e 和 P_T，即可求出传动效率 η_T。在具有反拖装置的底盘测功机上，可间接测得 P_e 和 P_T。若设底盘测功机传动系统消耗功率为 P_c，驱动轮滚动阻力消耗功率为 P_f，实测驱动轮输出功率为 P，反拖传动系的功率为 P_r，显然有 $P_r = P_T + P_f + P_c$，则可推得汽车传动系传动效率的计算式：

$$\eta_T = \frac{P + P_f + P_c}{P + P_r} \qquad (4-10)$$

因此，利用底盘测功机在相同转速工况下，测取 P、P_r、P_f 和 P_c，即可得出传动系传

动效率 η_T。

2）检测方法

在具有反拖装置的底盘测功机上，检测传动效率的方法如下。

（1）测取驱动轮输出功率。将被测车辆驱动轮置于底盘测功机滚筒上，使汽车运转，在汽车和底盘测功机运转部件温度正常的情况下，重复三次测出规定挡位选定车速下的实测驱动轮输出功率 P。

（2）测取反拖传动系的功率。驱动轮输出功率测完后，发动机熄火，将变速器置于原挡位，踩下离合器，起动底盘测功机反拖装置，以与检测 P 时相同的速度带动滚筒、驱动轮以及汽车传动系转动，重复三次测出其反拖功率，该功率即为 P_r。

（3）测取驱动轮滚动阻力和底盘测功机传动系统消耗的功率。测取 P、P_r 后，使底盘测功机滚筒停转，拆下两侧驱动轮半轴，起动底盘测功机反拖装置，以与检测 P 时相同的速度带动滚筒和驱动轮转动，重复三次测出其反拖功率，该功率即为 P_f+P_c。对于轿车来说，由于驱动轮载荷与从动轮载荷相差不多，因此检测 P_f+P_c 时，可在底盘测功机上用反拖从动轮的功率来代替 P_f+P_c，这样不需拆下驱动轮半轴，使检测方便、快捷。

（4）计算传动效率。将 P、P_r 和 P_f+P_c 三次测取的均值代入式（4-10），求出传功效率 η_T。

3）检测标准

传动系传动效率的正常值如表 4-2 所示。若被检汽车传动系传动效率低于正常值，则说明其传动系消耗的功率过大，传动系的技术状况较差。传动效率低的原因可能是传动系部件装配调整不当、润滑不良。

表 4-2　传动系传动效率的正常值

汽车类型		传动效率 η_T
轿车		0.90 ~ 0.92
载货汽车和客车	单级主减速器	0.90
	双极主减速器	0.84
4×4 越野汽车		0.85
4×4 载货汽车		0.80

2. 汽车滑行性能检测

汽车滑行性能检测的参数有：滑行距离和滑行阻力。滑行距离是指汽车加速至某一预定车速后摘挡，利用汽车具有的动能来行驶的距离。滑行阻力是指汽车空挡、制动解除时，汽车由静止至开始移动所需的推力或拉力。汽车传动系的传动效率越高，则汽车的滑行阻力越小，滑行距离越长，说明汽车的滑行性能越好。因此，可利用汽车的滑行性能来评价汽车传动系的总体技术状况。

1）滑行距离的检测

（1）检测方法。

a. 路试检测。

• 使车辆空载，轮胎气压符合规定，并走热汽车保证传动系温度正常。

• 在纵向坡度不超过 1% 的平坦、干燥和清洁的硬路面上，风速不大于 3 m/s 时，进行路试。

● 当被测车辆行驶速度高于规定车速（30 km/h）后，置变速器于空挡，开始滑行，在规定车速（30 km/h）时用速度计或第五轮仪测量滑行距离。

● 在试验路段往返各进行一次滑行距离检测，取两次检测的算术平均值作为检测结果。

b. 用底盘测功机检测。

● 使车辆空载，轮胎气压符合规定。

● 根据被测车辆的基准质量选定底盘测功机相应的飞轮转动惯量。当底盘测功机所配备的飞轮装置的惯量级数不能准确满足被测车辆的当量惯量需要时，可选配与被测车辆整备质量最接近的转动惯量级，但应对检测结果作必要的修正。

● 将被测车辆驱动轮置于底盘测功机滚筒上，运转汽车，使汽车传动系统和底盘测功机运转部件温度正常。

● 将被测车辆加速至高于规定车速（30 km/h）后，置变速器于空挡，利用储存在底盘测功机旋转质量中的动能、驱动轮及传动系旋转部件的动能，使汽车驱动轮继续运转直至车轮停止转动。此时，测功机滚筒滚过的圈数与滚筒圆周长之乘积相当于汽车的滑行距离。利用底盘测功机的测距装置，记录汽车从规定车速（30 km/h）开始的滑行距离。

（2）检测标准。

滑行距离的检测标准，与摘挡滑行后的检测车速、汽车整备质量及汽车的驱动轴数有关。汽车空载、轮胎气压符合规定值时以初速 30 km/h 的滑行距离应满足表 4-3 的要求，否则说明传动系技术状况不良。

表 4-3　滑行距离的检测标准

汽车整备质量 M/kg	单轴驱动车辆滑行距离/m	双轴驱动车辆滑行距离/m
$M<1\ 000$	≥130	≥104
$1\ 000 \leqslant M \leqslant 4\ 000$	≥160	≥120
$4\ 000 < M \leqslant 5\ 000$	≥180	≥144
$5\ 000 < M \leqslant 8\ 000$	≥230	≥184
$8\ 000 < M \leqslant 11\ 000$	≥250	≥200
$M>11\ 000$	≥270	≥214

2）滑行阻力的检测

（1）检测方法。

检测时，车辆应空载，轮胎气压应符合规定。先将被测车辆停在平坦、干燥和清洁的硬路面上，解除制动，将变速器置于空挡，然后用拉力传感器拉（或用压力传感器推）被测车辆，当被测车辆从静止开始移动时，记下传感器的拉力（或压力）值，该值即为汽车的滑行阻力。

（2）检测标准。

滑行阻力的检测标准与汽车整备质量有关。在规定的检测条件下，汽车滑行阻力应满足式（4-11），否则说明传动系技术状况不良。

$$P_s \leqslant 1.5\%Mg \tag{4-11}$$

式中：P_s——滑行阻力（N）；

　　　M——汽车的整备质量（kg）；

　　　g——重力加速度（9.8 m/s^2）。

3. 传动系游动角度检测

传动系游动角度是离合器、变速器、万向传动装置和驱动桥的游动间隙之和。它能表明整个传动系统的磨损和调整情况，因而可用传动系游动角度来诊断汽车传动系的技术状况。由于游动角度可分段检测，因而还可用总成部件的游动角度对传动系有关部件的技术状况进行诊断。其游动角度可利用数字式或指针式游动角度检测仪检测。

1）用数字式游动角度检测仪检测

（1）检测原理。

数字式游动角度检测仪由倾角传感器和测量仪两部分组成，二者以电缆相连。倾角传感器的作用是将传感器感受到的倾角变化转换为线圈电感量的变化，从而改变检测仪电路振荡频率。因此，倾角传感器实际上是一个倾角频率转换器，其外壳是一个长方形的壳体，上部开有 V 形缺口，并配有带卡扣的尼龙带，可方便地固定在传动轴上，检测时可与传动轴同步摆动；其内部结构如图 4-5 所示，核心部件是弧形线圈、弧形磁棒和摆杆。弧形线圈固定在外壳的夹板上，其位置随外壳的摆动而变化，弧形磁棒通过摆杆和芯轴支承在夹板的两轴承上，可绕芯轴轴线转动。在重力作用下，摆杆始终偏离垂线某一固定角度 α_0。检测时，若传感器外壳随传动轴摆动，则弧形线圈也随之摆动，因而线圈与弧形磁棒的相互位置发生变化，从而改变了线圈的电感量及电路的振荡频率，其频率的变化量则反映了传动轴的游动角度。

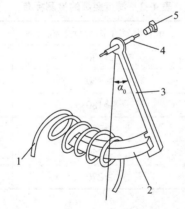

1—弧形线圈；2—弧形磁棒；3—摆杆；4—芯轴；5—轴承。

图 4-5　倾角传感器内部结构

测量仪实际上是一台专用的数字式频率计，其作用是直接显示传感器测出的倾角。测量仪采用数字集成电路，由传感器送出的振荡信号，经计数门进入主计数器，在置成的补数基础上累计脉冲数。计数结束后，在锁存器接收脉冲作用下，将主计数器的结果送入寄存器，并由荧光数码管将结果显示出来。使用中，将游动范围内的两个极限位置的倾角读出，其差值即为游动角度。

（2）检测方法。

利用数字式游动角度检测仪检测时，应先将其传感器固定在被测轴上，再左、右转动被测轴至两极限位置，使传感器检测出被测轴游动角度的信号，然后通过测量仪记下传感器在两极限位置的倾斜角度，两角度之差即为被测轴的游动角度。

传动系游动角度的检测，常采用分段检测方法。下面以发动机前置后驱动的一般载货汽车的传动系为例进行说明。检测时，将传感器始终固定在传动轴上，然后进行分段检测。

a. 变速器输出轴与传动轴游动角度的检测。将驱动桥支起，进行驻车制动（固定变速器输出轴），左、右转动传动轴至极限位置，测量仪显示的两角度之差即为变速器输出轴与传动轴之间的游动角度。

b. 离合器从动盘与变速器输出轴游动角度的检测。将驱动桥支起，使变速器挂入选定挡位，离合器处于接合状态，左、右转动传动轴至极限位置，测量仪显示的两角度之差再减去已测得的变速器输出轴与传动轴之间的游动角度，即为离合器从动盘与变速器输出轴在选定挡位下的游动角度。

c. 传动轴与驱动轮游动角度的检测。变速器挂入空挡，踩下制动踏板，左、右转动传动轴至极限位置，测量仪上显示的两角度之差即为传动轴与驱动轮之间的游动角度。

显然，上述三段游动角度之和即为所检测的传动系游动角度。

2）用指针式游动角度检测仪检测

指针式游动角度检测仪由指针、刻度盘和测量扳手组成，如图4-6所示。使用时，指针固定在被测轴上，可与轴同步转动；刻度盘则在适当部位固定不动，作为指针的刻度目标，用来显示指针的转动角度；测量扳手用于转动被测轴，而扳手上的刻度和指针，则用于指示转动扳手所施加的力矩。

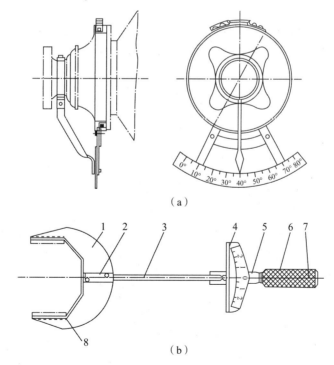

（a）

（b）

1—卡嘴；2—指针座；3—指针；4—刻度盘；5—手柄；6—手柄套筒；7—定位销；8—可换钳口。

图4-6　指针式游动角度检测仪

（a）指针与刻度盘的固定；（b）测量扳手

检测传动系游动角度的方法是，先分段检测传动系各个环节的游动角度，然后求和得出传动系总的游动角度。检测各段游动角度时，先应合理地固定指针及刻度盘，然后用测量扳手将被测轴从一个极限位置转至另一个极限位置，其轴上指针在固定不动的刻度盘上所转过的角度即为被测轴的游动角度。

3）检测结果分析

传动系游动角度实际上是传动系各传动副间隙的总体反映，这些间隙主要是变速器、主减速器、差速器中的齿轮啮合间隙，变速器输入轴、传动轴、半轴的花键连接间隙，十字轴颈与滚针轴承的间隙以及滚针轴承与万向节间的间隙。这些间隙因长期的动力传递及传动副的相对滑移而逐渐增加。研究表明，传动系各总成和机件的磨损与其游动角度有着密切关系，传动系总的游动角度随汽车行驶里程的增加而呈线增加。当传动系游动角度过大时，传动系的工作条件将会恶化，将加速零件的磨损并增大传动的噪声，使传动系传动效率降低。因此，应控制传动系的游动角度，使其在规定的范围之内，通常中型载货汽车传动系游动角度及各分段的游动角度应不大于表4-4所列数据。

表4-4　中型载货汽车传动系游动角度诊断参考数据

传动系部位	游动角度	传动系部位	游动角度
离合器从动盘与变速器输出轴	5°～15°	传动轴与驱动轮游动角度	55°～65°
变速器输出轴与传动轴	5°～6°	整个传动系	65°～86°

4.2.2　离合器的检测与诊断

1. 离合器的检测

离合器打滑使发动机动力不能有效地传递至驱动轮，汽车动力性下降，摩擦片磨损严重，造成汽车起步困难，同时也影响汽车的正常行驶。加速时，车速不能随发动机转速的提高而迅速上升；负载上坡传递大转矩时，打滑更为明显，严重时会烧坏摩擦片。

采用离合器打滑测定仪可对离合器打滑进行检测。如图4-7所示，该仪器由闪光灯、高压电极、电容、电阻等构成。

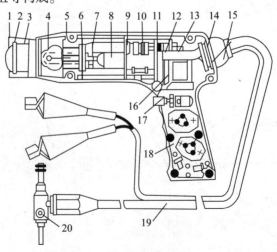

1—环；2—透镜；3—框架；4—闪光灯；5—护板；6、9、11、12、18—隔板；7—电阻器；8、10—电容器；13—二极管；14—支持器；15—座套；16—变压器；17—开关；19—导线；20—传感接头。

图4-7　离合器打滑测定仪结构

离合器打滑测定仪的基本工作原理是频闪原理，即如果在确定时刻，照射一束光脉冲于转动零件的某一转角位置，转动零件的旋转频率与光脉冲的频率相同或成整数倍时，由于人的视觉暂留现象，似乎觉得零件静止不动。

检测时，可把驱动轮置于底盘测功机或车速表试验台滚筒上，也可支起驱动桥，汽车变速器挂直接挡，此时若离合器不打滑，则发动机转速与传动轴转速相同。必要时，可用行车制动器或驻车制动器增加传动系统负荷和离合器所传递的转矩。测定仪以汽车蓄电池作为电源，由发动机火花塞或一缸点火高压线通过电磁感应给测定仪的高压电极输入信号脉冲，控制闪光灯的闪光时间，使闪光灯的闪光频率与发动机转速成整数倍。若把闪光灯发出的光脉冲投射到传动轴某一点，传动轴与发动机转速相同时，光脉冲每次照射该点，使人感到传动轴并不旋转；离合器打滑时，传动轴转速比发动机转速慢，光脉冲每次照射点均位于上次照射点的前部，使人感觉传动轴慢慢向相反的方向转动，显然其转动的快慢即可反映离合器打滑的严重程度。

2. 离合器的故障诊断

汽车在使用过程中，经常需要踏下和松开离合器踏板，使离合器分离与接合，因此离合器的技术状况会随汽车行驶里程的增加而逐渐变坏，严重时会造成打滑、分离不彻底、抖动和异响等故障。

1）离合器打滑

（1）故障现象。

汽车起步困难；汽车在行驶中车速不能随发动机转速的提高而提高，感到行驶无力；上坡满载行驶时深感动力不足，可嗅到离合器摩擦片的焦味。

（2）故障原因。

离合器打滑的根本原因是压盘不能牢固地压在从动盘摩擦片上，或摩擦片的摩擦系数过小，使离合器摩擦力矩严重不足。其具体原因如下。

a. 离合器操纵系统调整不当，导致离合器踏板无自由行程。

b. 从动盘摩擦片磨损逾限或压盘、飞轮的工作面磨损过甚，导致分离轴承压在分离杠杆上，使离合器踏板无自由行程。

c. 从动盘摩擦片烧损、硬化、铆钉外露或有油污，使离合器摩擦副的摩擦系数过小。

d. 压紧弹簧变形、损坏，使弹力不足。

e. 压盘、飞轮、从动盘变形，导致传递转矩下降。

f. 分离轴承运动发卡而不能回位。

（3）故障诊断。

汽车静止时，分离离合器，起动发动机，拉紧驻车制动器，把变速器换入一挡，缓抬离合器踏板使离合器逐渐接合，同时踩下加速踏板，若发动机无负荷感，汽车不能起步，发动机又不熄火，说明离合器打滑；汽车在行驶中，急踩加速踏板，若发动机转速提高而车速不变，则表明离合器打滑。当离合器打滑时，可按下述方法诊断故障的具体原因。

a. 检查离合器踏板自由行程。若无自由行程，则应检查离合器操纵系统是否调整不当、踏板复位弹簧是否疲劳或折断、踏板操纵杆系是否卡滞、分离轴承是否不能回位、分离杠杆内端是否调整过高。若自由行程正常，则进行下步检查。

b. 检查从动盘摩擦片。拆下离合器壳底盖，挂空挡并踩下离合器踏板，转动从动盘摩擦片查看是否有烧损、硬化、铆钉外露或油污等现象。若有，则应更换从动盘摩擦片；若从动盘摩擦片完好，则进行下步检查。

c. 拆下离合器检查。检查压紧弹簧是否变形损坏或弹力不足。检查压盘、飞轮、从动盘是否变形，以确定故障部位。

2）离合器分离不彻底

（1）故障现象。

发动机怠速运转时，踩下离合器踏板换挡困难；挂低速挡时，离合器踏板尚未完全放松，汽车就起步或发动机熄火。

（2）故障原因。

离合器分离不彻底的根本原因是：离合器踏板踩到底时，其压盘远离从动盘的移动量过小，或离合器主从动件变形导致压盘与从动盘摩擦片有所接触不能分离。其具体原因如下。

a. 离合器踏板自由行程过大。

b. 离合器分离杠杆调整不当，使其内端的后端面不在同一平面内，或其分离杠杆内端高度过低。

c. 从动盘翘曲、铆钉松脱、摩擦片松动。

d. 压盘受热变形，翘曲超限。

e. 双片离合器中间压盘支撑弹簧弹力不均或个别弹簧折断、中间压盘调整不当。

f. 从动盘毂花键槽与变速器第一轴花键齿卡滞。

g. 离合器操纵机构中传动部分紧固螺栓松动或失效。

h. 离合器操纵机构卡滞，其踏板踩不到底。

i. 离合器液压操纵机构中油液不足，或管路中有空气。

（3）故障诊断。

先将变速器处于空挡，使发动机运转，再踩下离合器踏板，进行挂一挡试验。若换挡困难并伴有齿轮撞击声，强行挂入挡位后汽车前冲，发动机熄火，则说明离合器分离不彻底。当离合器分离不彻底时，可按下述方法诊断故障的具体原因。

a. 检查离合器操纵机构是否卡滞，传动是否失效，保证其工作正常。

b. 检查离合器踏板自由行程是否符合标准。若自由行程过大，则调整离合器自由行程至正常值，然后起动发动机检验调整后的情况。此时，若离合器工作正常，则说明其故障原因是离合器踏板自由行程过大。若自由行程正常，则进行下步检查。

c. 检查分离杠杆内端的后端面是否在同一平面。用手扳动分离拨叉，使分离轴承前端轻轻靠在分离杠杆内端。转动离合器一周，察看它们的接触情况。若只有部分分离杠杆内端与分离轴承接触，则离合器分离时其压盘会失去对于飞轮的平行状态，从而造成离合器分离不彻底，此时，需重新调整分离杠杆。若各分离杠杆内端的后端面在同一平面，则进行下步检查。

d. 检查分离杠杆内端高度是否过低。若过低，则故障可能由此引起，其原因是分离杠杆内端高度调整不当或磨损过甚，应重新调整分离杠杆。

e. 对于双片式离合器，还应检查中间压盘的分离情况。若中间压盘及其从动盘在离合器分离过程中无轴向活动量，说明故障在此，可重新调整。调整后若还分离不彻底，可能是中间压盘支撑弹簧折断、过软或中间压盘本身轴向移动卡滞所造成。

f. 经上述检查和调整后，若离合器仍分离不彻底，则可能是从动盘翘曲变形严重、从动盘铆钉松脱、摩擦片松动、从动盘摩擦片过厚、从动盘花键滑动卡滞所致。

g. 对于离合器液压操纵机构，若在排除空气和添足油液后，离合器能分离彻底，则故障为原液压操纵机构内有空气或油液不足，导致踩离合器踏板无力，有效行程减小。

3）离合器发抖

（1）故障现象。

汽车起步出现振抖，起步伴有轻微冲撞，不能平顺起步，严重时车身明显抖动。

（2）故障原因。

离合器发抖的根本原因是从动盘摩擦片表面与压盘表面、飞轮接触表面之间正压力分布不均，在同一平面内接触时间不同，使得主、从动盘接触不平顺。其具体原因如下。

a. 分离杠杆变形或调整不当，各分离杠杆内端的后端面不在同一平面。

b. 压盘、从动盘翘曲变形严重，飞轮工作端面的轴向圆跳动超标。

c. 压紧弹簧弹力不均匀，个别弹簧弹力减弱或折断。

d. 从动盘摩擦片厚度不均、衬片破裂、表面不平、铆钉外露或松动。

e. 从动盘毂花键槽与变速器第一轴花键齿磨损过甚、间隙过大。

f. 从动盘摩擦片减震弹簧失效或折断，缓冲片破损。

g. 发动机支架、变速器与飞轮壳、飞轮与离合器盖的紧固螺栓松动。

（3）故障诊断。

让发动机怠速运转，挂低速挡，缓缓放松离合器踏板并轻踏加速踏板，使汽车起步，有振动感即为离合器发抖。当离合器发抖时，可按下述方法诊断故障的具体原因。

a. 检查分离杠杆内端的后端面是否在同一平面。如不在同一平面，则会使主、从动盘接触不平顺引起离合器振动，应按规定进行调整。

b. 检查发动机前后支架、变速器与飞轮壳、飞轮与离合器盖的紧固螺栓是否松动。如有松动，则离合器接合时的冲击载荷会引起松动部件的振动，应按规定力矩拧紧。

c. 若上述情况良好，则应拆卸离合器，检查压盘及从动盘是否翘曲，摩擦片是否破裂、厚度不均、表面不平、铆钉松动，压紧弹簧或膜片弹簧是否断裂，减震弹簧是否失效，从动盘毂花键槽与变速器第一轴花键齿配合是否松旷等。

4）离合器异响

（1）故障现象。

离合器在分离或接合的变工况时出现连续或间断的比较清晰的响声。

（2）故障原因。

离合器产生异响的根本原因在于离合器部分零件严重磨损及主、从动件传力部位松旷，而当离合器主、从动件接合或松开的瞬间，由于惯性冲击的作用，在松旷处造成金属零件之间不正常摩擦或撞击而产生异响。其具体原因如下。

a. 分离轴承磨损严重、缺油或损坏。

b. 离合器踏板复位弹簧与分离轴承复位弹簧过软、折断或脱落。

c. 双片式离合器中间压盘的传动销与销孔磨损松旷。

d. 从动盘毂花键槽与变速器第一轴花键齿磨损松旷。

e. 从动盘铆钉头外露、钢片断裂、减震弹簧折断或失效。

（3）故障诊断。

a. 在变速器挂入空挡、发动机怠速运转时，控制离合器踏板，利用离合器分离与接合时发出的响声诊断其故障所在。

●踏下离合器踏板少许，使分离杠杆与分离轴承接触。若听到有"沙沙"的响声，则为分离轴承异响；若润滑分离轴承后仍然发响，则说明轴承磨损松旷。若继续踏下离合器踏板少许，并略提高发动机转速，如金属摩擦的响声增大，则说明分离轴承损坏。

●将离合器踏板踩到底时，若听到一种"咔啦、咔啦"的响声，当反复改变发动机转速时，其响声会更明显，而松开离合器踏板后其响声消失，则对于双片式离合器来说，其异响多为中间压盘销孔与传动销磨损松旷撞击所致；对于单片式离合器，其异响多为离合器压盘与盖配合传力处松旷撞击所致。

b. 在汽车起步时，控制离合器踏板，根据离合器发出的响声诊断其故障所在。

●逐渐放松离合器踏板，在离合器将要接合时听到尖锐啸叫，随即踏下踏板，响声消失，放松踏板响声又出现，这是从动盘钢片破碎或铆钉头外露刮碰压盘或飞轮所致。

●松开离合器踏板，在离合器接合、汽车起步时，若发出金属撞击声，且重车起步时更为明显，则为从动盘毂花键槽与变速器输入轴花键齿配合松旷或从动盘减震器弹簧折断所致。

4.2.3　手动变速器的检测与诊断

变速器是汽车传动系中的主要变速机构，它的作用主要有：扩大发动机传至驱动轮的扭矩、转速的变化范围，以适应不同使用条件的要求；在发动机旋转方向不变的前提下，实现汽车倒向行驶；利用空挡，切断动力传递，便于发动机起动、怠速或换挡。

手动变速器是通过各种大小不同的齿轮组合，获得不同的传动比，其传动比的变化不是连续的，而是分级变速。驾驶员通过操纵变速杆直接操纵变速器换挡机构，选择不同挡位的传动齿轮进行变速。图4-8为汽车手动变速器及操纵机构的一般组成。

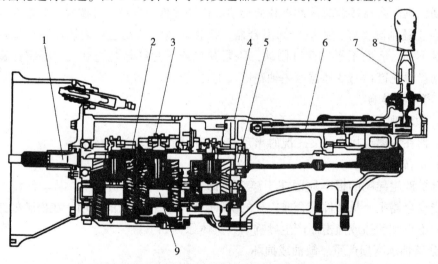

1—第一轴（输入轴）；2—变速齿轮；3—接合套；4—壳体；5—第二轴（输出轴）；
6—变速拉杆；7—变速杆；8—手柄；9—中间轴。

图4-8　汽车手动变速器及操纵机构的一般组成

变速器在工作负荷的作用下，随着汽车行驶里程的增加，内部各零件的磨损、变形也随之加大，引起各零件间的配合关系变坏，从而引起一系列的故障。其常见的故障有跳挡、换挡困难和异响等。

1）变速器跳挡

（1）故障现象。

汽车在行驶过程中，特别是重载加速或爬坡时，变速杆自动跳回空挡位置，换挡啮合副自动脱离啮合状态。

（2）故障原因。

变速器跳挡的根本原因是换挡啮合副在动力传递时，产生较大的轴向作用力，使其啮合副脱离啮合位置；或变速器挂挡时，啮合副未能全齿长啮合，当汽车振动或变负荷行驶时，导致跳挡。其具体原因如下。

a. 自锁装置的凹槽和钢球磨损严重或自锁弹簧疲劳、折断。

b. 换挡拨叉及拨叉轴磨损严重，换挡拨叉与拨叉槽配合间隙过大。

c. 换挡拨叉及拨叉轴弯曲变形严重。

d. 换挡齿轮、齿圈或齿套，在啮合部位沿齿长方向磨损形成锥形。

e. 变速器轴与轴承磨损松旷，壳体变形，啮合齿轮的轴线不平行。

f. 滑动齿轮与轴的花键磨损严重，配合间隙过大。

g. 变速器轴轴向间隙过大。

（3）故障诊断。

汽车在中、高速行驶时，采用突然加、减速的方法，使齿轮承受较大的交变负荷，检查是否跳挡；或利用汽车上坡或平路高速行驶时的点制动，使变速器传递较大的负荷，检查是否跳挡。逐挡进行路试，若变速杆在某挡自动跳回空挡，即诊断该挡跳挡。当变速器某挡跳挡时，可按下述方法诊断故障的具体原因。

a. 检查该挡的自锁能力。用手扳动变速杆作挂、退挡的手感检查，若感觉阻力很小，则说明该挡位的自锁能力差，故障在自锁装置，如拨叉轴凹槽和钢球磨损严重或自锁弹簧疲劳、折断等。若自锁能力正常，则进行下步检查。

b. 检查换挡齿轮的啮合情况。将变速杆重新挂入该挡，然后拆下变速器盖察看换挡齿轮的啮合情况。若换挡齿轮或齿套未完全啮合，就用手推动跳挡的齿轮或齿套，如能进入正确啮合，则故障为换挡拨叉及拨叉轴弯曲或磨损过大、换挡拨叉与拨叉槽配合间隙过大、换挡拨叉固定螺栓松动。若换挡齿轮啮合良好，则进行下步检查。

c. 检查换挡齿轮的磨损状况。用手将换挡滑动齿轮或齿套退回空挡位置，检查其啮合部位沿齿长方向是否磨成锥形，若为锥形，则容易跳挡。若齿形良好，则进行下步检查。

d. 检查换挡齿轮的配合间隙。用手晃动换挡齿轮，检查花键槽与花键的配合是否松旷，检查相啮合齿轮的轴向间隙或径向间隙是否过大，若配合松旷或间隙过大，则换挡齿轮在传动中容易摆动而出现跳挡。若间隙正常，则进行下步检查。

e. 检查变速器轴与轴承的磨损情况。若轴与轴承磨损松旷，轴向间隙过大，则容易导致跳挡。若轴与轴承间隙正常，则故障可能是变速器壳体变形、轴线不平行所致。

2）变速器换挡困难

（1）故障现象。

汽车行驶时，变速器不能顺利地挂入挡位，挂挡时往往伴有齿轮撞击声。

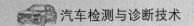

（2）故障原因。

变速器换挡困难的根本原因是汽车换挡时待啮合齿的圆周速度不相等，或换挡拨叉轴移动时的阻力过大。其具体原因如下。

a. 离合器分离不彻底，或离合器调整不当。

b. 变速杆弯曲变形及操纵机构调整不当。

c. 换挡拨叉轴弯曲变形，拨叉轴与其导向孔配合过紧或缺油严重锈蚀。

d. 换挡拨叉弯扭变形与拨叉轴不垂直。

e. 锁止装置弹簧的弹力过大，其锁止钢球或锁销损坏。

f. 同步器损坏。

（3）故障诊断。

首先判断离合器是否能分离或分离是否彻底，在确定离合器工作正常的情况下，起动发动机进行汽车起步和路试的换挡试验：由低速挡顺序换到高速挡，再由高速挡顺序换至低速挡。若某挡位不能挂入或勉强挂入后又难以退出，或挂挡过程中有齿轮撞击声，则说明该挡位换挡困难。当变速器换挡困难时，可按下述方法诊断故障的具体原因。

a. 检查操纵机构。检查变速杆是否弯曲变形，对于长距离操纵式，还应检查变速杆行程是否足够，调整是否合适；拆下变速器盖，检查拨叉轴的运动情况，以确定拨叉叉轴是否弯曲变形，是否缺油锈蚀，是否与导向孔配合过紧；检查锁止弹簧的弹力是否过大，锁止钢球或锁销是否损坏；检查换挡拨叉是否弯扭变形，拨叉轴与其叉轴是否垂直。若变速器操纵机构正常，则进行下步检查。

b. 检查同步器。对锁环式同步器检查的主要项目是：同步器是否散架，同步器锁环内锥面螺旋槽、锁环的环齿、锁环的缺口是否磨损过度，同步器滑块是否磨损超标，花键毂的轴向槽是否磨损严重，同步器弹簧弹力是否过弱。若同步器损坏出现故障，则会导致换挡困难。

3）变速器异响

（1）故障现象。

变速器在工作过程中发出不正常的响声，如"呼隆、呼隆"声及尖锐、清脆的金属撞击声。

（2）故障原因。

变速器异响的根本原因是轴承磨损松旷、齿轮啮合失常和润滑不良。其具体原因如下。

a. 啮合齿轮的轮齿磨损严重，啮合间隙过大；齿轮内孔表面磨损严重，配合松旷；个别轮齿折断或齿面剥落、脱层及缺损；齿轮轴向圆跳动或径向圆跳动超标。

b. 轴承磨损严重，轴承内（外）座圈与轴颈（孔）配合松动；轴承弹子碎裂、滚道损坏。

c. 变速器轴产生弯曲变形或其轴承松旷引起齿轮啮合间隙或位置不当。

d. 齿轮或轴上的配合花键过度磨损。

e. 同步器磨损严重或损坏。

f. 变速器自锁装置损坏。

g. 变速器缺少润滑油或油质不符合要求。

（3）故障诊断。

变速器内部运动机件较多，发出的声响比较复杂，因此在诊断变速器异响故障时，既要根据响声特征，又要根据异响出现的时机，来正确地判断、分析异响发出的部位及产生异响的原因。其诊断方法如下。

a. 检查变速器内的润滑油，当油量不足或油质不符合要求时，换油再试，若异响消除，则故障为润滑不良所致。

b. 汽车行驶时，若挂入任何挡位，变速器均发出一种无节奏的"呼隆、呼隆"的响声，且车速越快，响声越大；汽车空挡，离合器接合时，响声不减，而踏下离合器踏板，响声消失，则可诊断为第一轴轴承响。

c. 汽车行驶时，若将变速杆挂入任何挡位都发出"呼隆、呼隆"的响声，而挂入空挡时不响，则可诊断为第二轴或中间轴轴承响。

d. 起动发动机，使其怠速运转，将变速器置于空挡，若变速器发出尖锐、清脆的金属撞击声，则多为常啮合齿轮异响。若空挡不响，挂入某挡位就发响，则为挂入挡位的换挡齿轮异响。

e. 汽车路试时，若齿轮的异响均匀而过大，则多为齿面磨损过甚、啮合间隙过大或花键配合间隙太大所致；若异响过大而不均匀，则多为齿面损伤、齿面变形、轮齿折断或齿轮轴变形所致。

f. 汽车路试挂挡时，若经常发出齿轮的撞击声，则多为同步器损坏而丧失无冲击的换挡功能所致；或为变速器自锁装置中换挡拨叉轴凹槽、钢球磨损严重及自锁弹簧疲劳、折断造成挂挡时越位所致。

4.2.4 自动变速器的检测与诊断

1. 自动变速器的检测

自动变速器的检测可为其故障诊断排除提供依据，并为其修复质量达到要求提供保障。自动变速器检测的主要内容是：基础检查、手动换挡试验和机械试验等三大项目。

1）基础检查

自动变速器的油位不当、油质不佳、操纵机构调节不当及发动机怠速不正常，是引起自动变速器故障的最常见原因。通常把这些部件的检查与重新调整，称为自动变速器的基础检查。

基础检查的目的是检验自动变速器是否在正常前提条件下进行工作。通过基础检查，常常可以解决许多故障，并避免误判自动变速器故障。因此，当自动变速器出现故障时，应首先进行基础检查。基础检查的主要项目如下。

（1）发动机怠速的检查。

发动机怠速过高或过低，均可导致自动变速器工作不正常。当怠速过低时，挡位转换易引起车身振动，严重时可导致发动机熄火；而怠速过高时，则会产生过度的换挡冲击。因此，在对自动变速器作进一步检查之前，先检查发动机的怠速是否正常。其检查方法如下。

a. 将自动变速器变速杆置于 N 位或 P 位。

b. 起动发动机，使发动机处于正常的工作温度。

c. 使发动机稳定在怠速下运转。

d. 检查发动机怠速转速。

若怠速转速不符合标准，过高或过低均应予以调整。

（2）节气门全开的检查。

节气门能否全开直接关系到发动机输入功率是否正常，若加速踏板踩到底而节气门不能全开，则会引起发动机加速不良、全负荷时发动机输出功率不足及汽车的最高车速下降。检查时，加速踏板踩到底，节气门应全开；松开加速踏板，节气门应回到怠速位置，否则应予以调整。

（3）节气门阀拉索的检查。

在带有节气门阀拉索的自动变速器中，节气门阀拉索把节气门与自动变速器的节气门阀连接起来，通过节气门与节气门阀的联动，将发动机负荷信号转换成节气门阀的油压信号，以此来控制主油压随节气门开度变化而变化。节气门阀拉索的调整是否合适直接关系到发动机负荷是否被适当地传至节气门阀。若拉索调整过松，则节气门阀控制的液压会低于正常值，引起换挡点过低从而导致功率消耗过大；若拉索调整过紧，则会使节气门阀控制液压过高，引起换挡点过高从而导致换挡冲击。

检查方法主要有目视检查法、手感试验法、记号检查法等。记号检查法是将节气门全开，使拉索的标记在规定的位置，其拉索的松紧程度应合适，否则应重新调整。

（4）空挡起动开关的检查。

检查时，接通点火开关，将变速杆拨至各个挡位，观察挡位指示灯与变速杆位置是否一致。将变速杆依次置于各位，起动发动机，看在 P 位和 N 位时，发动机能否起动，R 位时倒车灯是否亮起。

正常情况时，挡位指示灯应与变速杆所处的位置一致，变速杆只有在 P 位和 N 位时，发动机才可以起动，而在其他任何位置都不能起动，变速杆置于 R 位时，倒车灯应亮起。检查时如果不符合上述要求，则应调整。

（5）超速挡控制开关的检查。

检查的目的是确认自动变速器的超速挡电控系统工作是否正常。检查时，将自动变速器运转至正常工作温度（70 ~ 80 ℃），然后发动机熄火，打开点火开关，连续接通并断开超速挡（O/D）控制开关，若变速器内的相应电磁阀有"咔嗒、咔嗒"的操作声，则说明超速挡电控系统工作正常。

（6）强制降挡开关的检查。

一般的强制降挡开关安装在加速踏板下面的底板或者加速踏板杠杆上端的支架上。先检查强制降挡开关是否良好地固定在安装位置上、加速踏板踩到底时是否能够控制强制降挡开关、导线连接是否良好，然后用万用表对线路的电阻和电压进行测量。开关的电阻值在正常情况下只有小阻值（3 ~ 10 Ω）和大阻值（30 Ω 以上）两种状态；在点火开关接通情况下，开关接通与断开时，电压应有明显的变化。

（7）自动变速器油面高度的检查。

自动变速器（ATF）油面的高低对自动变速器性能的影响极大。若油面过低，变速器油泵吸入空气，使空气混入自动变速器油内，会降低液压控制装置的液压，从而导致变速器中的离合器和制动器容易打滑，使加速性能变坏；油面过低时还会加速变速器油的氧化，加快变速器油的变质，使变速器内齿轮润滑不良而易于损坏。油面过高时，容易造成变速器油异常发热，使油质变差，导致润滑不良，从而加快变速器齿轮的磨损；过多的变速器油容易引起控制阀体上的排油孔阻塞而造成排油不畅，影响离合器、制动器的平顺分离，使换挡不稳定；另外，油面过高，在车速很高时自动变速器内部压力将会过高，使变速器油容易泄漏。

检查时，将汽车置于平路上，发动机及变速器处于正常工作温度，在发动机怠速运转时，将变速杆在所有挡位上都停留片刻，再回到 P 位，然后拔出油尺，并擦干油尺后，将其放回且全推到底，再拉起油尺查看液面高度。ATF 油面必须位于机油尺所示的液面最大值和最小值之间，油面过高时应将多余的油被放掉，油面过低时应检查变速器上是否有泄漏，确认正常后，添加 ATF 油直至达到油尺上的指定液面位置。

（8）自动变速器油品质的检查。

在检查自动变速器油面高度的同时可检查其油品质，先观察油尺中变速器油滴的颜色，再嗅一下油液的气味，然后用手指捻一下油液，则可根据油的颜色及其污染程度判断自动变速器油的品质。当油液透明、呈粉红色且不含杂质或颗粒时，油质正常。ATF 油液可能变为红色，有一点接近棕色，但这并不意味着它受了污染，也属正常之列

变速器油品质变差将会使自动变速器不能正常工作和导致变速器损坏。自动变速器油的状况是自动变连器工作状态的集中反映，因而可根据变速器油品质的变化情况，判断变速器是否有故障。具体判断如下。

a. 当自动变速器油有金属屑或黑色颗粒时，说明变速器齿轮、离合器或制动器存在严重磨损。

b. 当自动变速器油有烧焦味时，说明自动变速器油工作时，油液的温度太高，应检查油面是否过高或过低，油液冷却器、滤清器或管路是否堵塞，自动变速器的离合器及制动器是否打滑。

c. 当自动变速器油变成深褐色、棕色时，说明自动变速器部件高负荷运转，或某些部件打滑、损坏而引起变速器过热；说明变速器油使用时间过长。

上述三种情况，均表明自动变速器油的品质恶化，应及时更换。自动变速器油底壳内若有少量金属颗粒或摩擦材料属正常现象，但自动变速器油中若金属颗粒多、油液烧焦较为严重，则说明自动变速器技术状况恶化，应更换自动变速器总成。

2）手动换挡试验

手动换挡试验是指人为地使自动变速器脱离车上自动变速器 ECU 的控制，由测试人员手动进行的各挡位试验。

（1）试验目的。

区别故障存在于电子控制系统还是机械系统（包括液力变矩器、齿轮变速器和换挡执行器）或被压控制系统，以缩小故障的检测范围。

（2）试验方法。

a. 脱开自动变速器的所有换挡电磁阀线束插头，使 ECU 不能通过换挡电磁阀来控制换挡。

b. 确定自动变速器变速杆位置与挡位的关系，不同车型的电子控制自动变速器，在脱开换挡电磁阀线束插头后，挡位和变速杆的关系不完全相同，应参照本车维修资料确定其对应关系。

c. 起动发动机进行路试或台架试验，将变速杆置于不同挡位，观察变速杆位置与各挡

位车速的变化情况。

（3）性能分析。

试验时，若每一挡动作都正常，其变速杆位置与各挡位车速具有正确的对应关系，则说明故障在电子控制系统；若某挡位动作异常或前进各挡很难区分，则说明故障在自动变速器机械系统和液压控制系统部分。

3）机械试验

自动变速器的机械试验是在进行基础检查、手动换挡试验后确认是机械系统和液压系统故障后进行的试验，目的是区分故障是机械系统引起的，还是液压控制系统引起的，并同时诊断出故障的具体部位。其机械试验的主要内容有：失速试验、时滞试验、液压试验和道路试验。

（1）失速试验。

失速试验测试的是发动机处于失速工况下所能达到的最高转速，即失速转速。失速工况是指变速杆处于前进挡或倒挡位置的条件下，踩住制动踏板并完全踩下加速踏板时，发动机运转所处的工况。很显然，在失速工况下，自动变速器的输出轴转速为零，而变矩器壳体及泵轮随发动机一起转动，因此，发动机就处于最大转矩工况。

a. 试验目的。

根据失速转速来诊断发动机的整体性能和自动变速器的综合性能。主要是检查发动机的输出功率、变矩器性能、自动变速器的离合器及制动器是否打滑。

b. 试验方法。

• 试验准备。应确保自动变速器油面高度正常，汽车驻车制动、制动踏板良好，应有发动机转速测量仪表，必要时可安装发动机转速表。

• 汽车运行，使发动机及自动变速器热机至正常工作温度。

• 用三角木抵紧车轮，同时采取可靠的驻车制动。

• 起动发动机，使发动机正常运转。

• 将变速杆置于 D 位，并将制动踏板和加速踏板同时踩到底，迅速记下发动机的最高转速，该转速即为失速转速。

• D 位失速转速测出后，立即松开加速踏板。注意：从加速踏板踩下到松开整个过程的时间不得超过 5 s，否则自动变速器油液会因温度过高而变质，自动变速器的密封件等零件会因油压过高而损坏。

• 将变速杆置于 P 位或 N 位，使发动机怠速运转 1～2 min。

• 将变速杆置于 R 位，重复上述测试，并记下其失速转速。

若有必要进行重复试验，则要等到自动变速器温度恢复到正常后才能开始。

c. 性能分析。

不同车型的自动变速器都有其失速转速标准值，如赛欧轿车 AF13 自动变速器失速转速的标准值为（2 400±150）r/min。若失速转速与标准值相符，则说明自动变速器的油泵、主油路油压及各个换挡执行元件工作基本正常；若失速转速高于标准值，则说明主油路油压过低或换挡执行元件打滑；若失速转速低于标准值，则可能是发动机动力不足或液力变矩器有故障。

（2）时滞试验。

自动变速器换挡滞后时间是指在发动机怠速运转时，将变速杆从 N 位换到 D 位或 R

位开始至感觉到轻微振动时为止的一段时间。时滞试验就是测量自动变速器换挡的滞后时间。

a. 试验目的。

根据滞后时间的长短来判断自动变速器离合器、制动器磨损情况和控制油压是否正常。

b. 试验方法。

● 汽车运行,使发动机及自动变速器热机至正常工作温度。

● 拉紧驻车制动,将变速杆置于 N 位,使发动机怠速运转。

● 将变速杆从 N 位换到 D 位,同时用秒表测量从移动变速杆至有振动感时止的时间,该时间称为 N→D 滞后时间。

● 将变速杆从 N 位换到 R 位,用秒表测出滞后时间,该时间称为 N→R 滞后时间。

为提高检测的准确性,试验时,N→D 滞后时间和 N→R 滞后时间各测 3 次取平均值,且每次检测间隔时间至少 1 min,以使离合器、制动器恢复至原始状态。

c. 性能分析。

滞后时间的大小取决于自动变速器油路油压、油路密封情况以及离合器和制动器的磨损情况,因此可根据滞后时间的长短来判断主油路油压及换挡执行元件的工作是否正常。下面以赛欧 AF13 自动变速器为例进行说明。

● 换挡滞后时间的标准是:N→D 带后时间小于 0.7 s;N→R 滞后时间小于 1.2 s。

● 若 N→R 的滞后时间过长,则有可能:管路油压过低;多片式倒挡离合器 C2、多片式离合器 C3 或制动器 B2 工作不良。

● 若 N→D 滞后时间过长,则有可能:管路油压过低;多片式前进离合器 C1、多片式离合器 C3 或单向离合器 F1 工作不良。

(3)液压试验。

液压试验是在自动变速器运转时,对液压控制系统油路中的油压进行测量,来判断液压控制系统工作状况是否正常的一种方法,它为分析自动变速器的故障提供依据,以便于有针对性地进行修复,还可以进一步验证失速试验、时滞试验、道路试验的判断结果。

a. 试验目的。

利用其测量的压力判断自动变速器各种泵、阀的技术状况、密封性能和节气门阀拉索的调整状况。

b. 试验方法。

液压试验的方法因其试验内容及自动变速器型号的不同而略有差异,其试验内容多为主油路油压、速控阀油压、节气门阀油压、R 位制动器油压及各挡离合器油压的测量。按其测量要求,多在壳体上设计有各自的测压孔,其多少因机型而异。下面以轿车自动变速器的主油路油压测量为例进行说明。

● 让汽车运行,使发动机及自动变速器达到正常工作温度。

● 将车辆停放在水平地面上,检查发动机怠速,检查自动变速器油的液位高度,如不正常,应予以调整。

● 施加制动,牢牢地挡住车轮。

● 将专用 A/T 油压表组件与管路压力检查孔相连接。

● 起动发动机,使发动机正常运转。

● 将变速杆置于 D 位,分别检测发动机在怠速、失速转速处运转时的管路压力,其持续时间不能超过 5 s。

●将变速杆置于 N 位或 P 位，使发动机怠速运转 1 ~ 2 min，以冷却自动变速器。

●将变速杆置于 R 位，分别检测发动机在怠速、失速转速处运转时的管路压力，其持续时间不能超过 5 s。

c. 性能分析。

正确的油路压力是自动变速器正常工作的先决条件，油压过高，会使自动变速器出现严重的换挡冲击，甚至损坏控制系统；油压过低，会造成换挡执行元件打滑，加剧其摩擦片的磨损，甚至使换挡执行元件烧毁。对于因油压过低而造成换挡执行元件烧毁的自动变速器，如果仅仅更换烧毁的摩擦片而没有找出故障的真正原因并加以修复，更换后的摩擦片经过一段时间的使用后往往会再次烧毁。因此，对油压试验的结果进行分析及故障诊断非常重要。

不同车型不同自动变速器的规定油压不完全相同，应以厂家提供的数据为标准。赛欧 AF13 自动变速器管路油压标准是：D 位，怠速时为 0.37 ~ 0.43 MPa，失速转速时为 1.10 ~ 1.28 MPa；R 位，怠速时为 0.54 ~ 0.63 MPa，失速转速时为 1.47 ~ 1.69 MPa。若测得的压力与标准值不符，则说明 ATF 泵或液压控制系统有故障。

（4）道路试验。

自动变速器的道路试验是诊断、分析自动变速器故障的最有效手段之一。它是通过测试自动变速器变速杆位于不同位置时的汽车行驶状况，来检查自动变速器总体工作情况的。

a. 试验目的。

检查自动变速器的换挡点、换挡冲击、振动、噪声和打滑等方面的情况，为诊断自动变速器的故障提供依据。另外，道路试验还可用于检验修复后的自动变速器的工作性能和修理质量。

b. 试验方法。

路试前自动变速器的基础检查必须合格，发动机和底盘应无故障，并让汽车适当运行使发动机和自动变速器达到正常的工作温度。道路试验时，通常应将超速挡开关置于 ON 位置，并将模式开关置于普通模式或经济模式位置。试验时应使自动变速器在每个选挡位置都使用，以便检查各挡的使用性能。道路试验应在平直的路面上进行，其试验方法如下。

●升挡的检查。将变速杆置于 D 位，踩下加速踏板，使节气门保持在 1/2 开度左右，让汽车起步加速，检查自动变速器的升挡情况。自动变速器在升挡时发动机会有瞬时的转速下降，同时车身有轻微的冲击。检测人员则可根据车身冲击及车速变化的感觉来进行升挡检查。自动变速器工作正常时，汽车起步后随着车速的升高，检测人员能感觉自动变速器顺利地依次由最低挡升至最高挡。若自动变速器不能升至高挡（3 挡或超速挡），则说明自动变速器电子控制系统或换挡执行元件有故障。

●换挡点的检查。换挡点是指自动变速器升挡或降挡的时刻，通常用换挡时的车速来表征。因此，检查换挡点实际是检查换挡时的车速。由于换挡点与节气门的开度有一定关系，因此换挡点检查也就是查看及感觉在不同节气门开度和不同车速时，有无换挡动作。由于降挡时刻在汽车行驶中不易察觉，因此在道路试验中一般很少检查自动变速器的降挡车速，通常只通过升挡车速来判断自动变速器有无故障。升挡点车速检查如下。

将变速杆置于 D 位，踩下加速踏板，并使节气门保持在某固定开度，让汽车起步加速。当察觉到自动变速器升挡时，记下升挡车速。通常各种自动变速器维修手册给出了多种节气门开度的各挡换挡点车速，作为升挡点车速的标准值，也可根据各种自动变速器的换挡图，求出不同节气门开度下自动变速器的升挡车速作为标准。但由于不同车型自动变速器各挡位的传动比大小都不尽相同，因而其升挡车速的标准值也不完全一样。路试时应将换挡点车速检测值与原车提供的标准值比较来判断换挡点是否正确。当升挡车速保持在标准范围内，而且汽车行驶中加速良好，无明显的换挡冲击，则说明其换挡点正确。若汽车行驶中加速无力，升挡车速明显低于标准范围，说明升挡车速过低（即过早升挡），其控制系统存在故障；若汽车行驶中有明显的换挡冲击，升挡车速明显高于标准范围，则说明升挡车速过高（即太迟升挡），其控制系统及换挡执行元件可能存在故障。

• 换挡质量的检查。在进行换挡点检查的同时还应进行换挡质量的检查，主要检查换挡时有无换挡冲击。正常时，电子控制自动变速器的换挡冲击应十分微弱。若换挡冲击太大，说明自动变速器的控制系统或换挡执行元件有故障，其原因可能是油路油压过高或换挡执行元件打滑，应作进一步检查。当发动机转速在非换挡时有突然升速现象，则说明换挡执行元件打滑。

• 锁止离合器工作状况的检查。液力变矩器中的锁止离合器，其锁止时的车速与发动机节气门开度有关，当车速过低时，锁止离合器将处于分离状态。因此，路试检查时，让汽车加速至超速挡，以高于 80 km/h 的车速行驶，并让节气门开度保持在低于 1/2 开度的位置，使液力变矩器进入锁止状态。此时，快速将加速踏板踩下至 2/3 开度，同时检查发动机转速的变化情况。若发动机转速没有太大的变化，说明锁止离合器处于锁止状态；若发动机转速猛增，则表明锁止离合器没有锁止，其原因通常是锁止离合器控制系统存在故障。

• 发动机制动作用的检查。将变速杆置于前进低挡（S、L 或 2、1）位置，在汽车以 2 挡或 1 挡行驶时，突然松开加速踏板，检查是否有发动机制动作用。若松开加速踏板后车速即随之快速下降，则说明发动机有制动作用；否则，说明自动变速器电子控制系统或前进挡离合器及强制制动器有故障。

• 强制降挡功能的检查。将变速杆置于 D 位，保持节气门开度为 1/3 左右，在以 2 挡、3 挡或超速挡行驶时突然将加速踏板完全踩到底，检查自动变速器是否被强制降低一个挡位。在强制降挡时，发动机转速会突然上升至 4 000 r/min 左右，并随着加速升挡，转速逐渐下降。若踩下加速踏板后没有出现强制降挡，则说明强制降挡功能失效；若在强制降挡时发动机转速升高反常，达到 5 000 ~ 6 000 r/min，并在升挡时出现换挡冲击，则说明换挡执行元件打滑。

• 其他挡位的检查。

1 挡检查：将变速杆置于 1 位或 L 位，汽车以最大节气门开度从静止开始加速，正常时，自动变速器应无异响，离合器不打滑，自动变速器不应有升挡现象。

R 位检查：停车后，将变速杆置于 R 位，将加速踏板猛踏到底，汽车能无异响地迅速倒车而不打滑为正常。

P 位检查：先将车辆停放在规定坡度值的坡道上，施加驻车制动，并将变速杆置于 P 位，然后松开驻车制动，此时汽车不滑动为正常。

2. 自动变速器的故障诊断

1）自动变速器电子控制系统故障的诊断

（1）故障诊断的基本方法。

a. 利用汽车专用诊断仪诊断。

现代汽车专用诊断仪的诊断功能强大，利用其诊断自动变速器电子控制系统的故障十分方便。诊断时，将汽车专用诊断仪和汽车上的专用故障检测插座连接，按检测人员的要求，汽车专用诊断仪可进行如下工作。

●故障码的读取。按照一定的操作方式进入系统的自诊断模式，调出自动变速器的故障码。通过故障码的读取，可对自动变速器电控系统中大部分传感器及开关线路的短路、断路、损坏所导致的无输出信号故障和执行器、ECU的故障进行诊断。

●故障码的清除。当需要清除自动变速器电控系统故障码时，操作汽车专用诊断仪，可快速方便地清除ECU存储器中的故障码，能免除人工清除故障码造成的众多麻烦。

●电子控制系统工作过程的检测。诊断仪可对自动变速器ECU及其控制电路、传感器、执行器及开关等进行检测，并可将ECU的运行情况和各输入、输出电信号瞬时值，如各传感器的信号、ECU的计算结果、控制模式以及向各执行器发出的控制信号等电路诊断参数在屏幕上显示出来，使自动变速器整个电子控制系统的工作情况一目了然。检测人员可将检测数据与标准值进行比较，从而准确地判断出故障发生的部位。

●对汽车进行模拟试验。通过诊断仪向自动变速器ECU发出指令，对汽车进行模拟试验，例如：模拟汽车加速、换挡等各种行驶状态，检测电子控制自动变速器ECU发出的换挡控制、锁止控制、油压控制等各种控制信号是否正常；或模拟某个电磁阀工作，检查其性能是否正常等。这种功能特别适合诊断自动变速器电控系统执行器及其控制电路的故障。

●路试诊断。在汽车行驶过程中，利用专用汽车诊断仪诊断故障效果较好。行驶时，利用诊断仪检查ECU发出换挡控制信号的时刻，可以准确地判断ECU的换挡控制是否正常。若换挡控制不正常，发出换挡信号的时刻太早、太迟或没有发出换挡信号，则说明控制系统的ECU、传感器或控制电路有故障；若换挡控制信号正常，但ECU发出信号后自动变速器没有响应，则说明换挡电磁阀或控制电路有故障；若ECU发出换挡信号后自动变速器有响应，但出现打滑现象，则可以准确地判断出打滑的是哪一个挡位或哪一个换挡执行元件，从而有针对性地进行拆修。

b. 利用人工法读取故障码诊断。

当无汽车专用诊断仪时，可以利用人工方法进入电控系统的自诊断模式进行故障码的读取，然后根据故障码的含义进行故障诊断。不过，不同公司电子控制自动变速器故障码的人工读取与清除方法不同，其故障码的含义也各不相同。

●故障码的读取。

●利用故障码表诊断故障。

●故障码的清除。

c. 根据故障现象诊断。

目前，电子控制自动变速器的自诊断系统还不能检测出电控系统中所有类型的故障，特别是部分执行器的故障以及传感器精度误差引起的故障。因此，在无故障码或不能取得故障码的情况下，对自动变速器电子控制系统的故障，则要根据具体现象进行分析，并通过检测工具和一定的检测手段以及被测车型的详细维修技术资料进行诊断。例如，在电子控制自动变速器控制电路中，其ECU插头的端子都有规定的测量条件及相应端子参数标准，当电子控制系统发生故障时，其测量参数将会发生变化，此时利用常用检测工具可测出其电压条件的变化，可以诊断故障；利用检测工具检测控制电路的短路、断路情况以及控制元件的性能参数，可以确诊故障部位。

（2）主要部件的故障诊断。

a. 传感器故障诊断。自动变速器 ECU 是依赖传感器提供的信号进行控制的，而一旦传感器损坏或工作不正常，则变速器电子控制系统将会工作失常，出现故障。因此，传感器故障的诊断是电子控制系统故障诊断的重要一环。

● 变速器输入、输出转速传感器。自动变速器的转速传感器多为磁电式传感器，其常见的故障是：传感器感应线圈短路或断路；传感器信号线短路或断路。自动变速器输入、输出转速传感器检测信号的原理相同，其结构及参数因车型不同而略有差异，但对其故障的诊断方法却基本相同，下面以输出转速传感器为例说明其常规诊断步骤。

检查传感器的动态信号。方法是：将汽车驱动桥用举升装置举起，在自动变速器 ECU 相应传感器信号端子之间接上电压表，使发动机运转，将变速杆置于 D 位，若电压表指针摆动，其电压在 0.5 V 以上（电压随车速上升而增大），说明传感器有输出脉冲，其工作正常；若无电压或信号太弱，则进行下步诊断。

检查转速传感器。方法是：关闭点火开关，拔出转速传感器的 2 芯插头，然后用万用表电阻挡测量传感器两端子之间的电阻。传感器电阻的标准通常是几百欧到几千欧不等，因车型而异，其标准可通过维修手册获得。

若测出的阻值为零，则说明传感器有短路故障；若阻值为 ∞，则说明存在断路故障。只要阻值不符合标准，均应更换传感器。若测量值符合标准，则说明传感器本身电路无故障，但此时无动态信号，可能是传感器安装不当或传感器转子与磁极的间隙为零所致，也可能是传感器与自动变速器 ECU 端子之间线路的短路或断路故障引起，这可通过万用表对转速传感器信号电路进行检查而确诊。

● 挡位开关。挡位开关存在故障时，可导致挡位开关信号不正确，造成自动变速器工作失常。挡位开关常见的故障有：挡位开关安装位置不当、挡位开关内部触点接触不良等。下面以丰田雷克萨斯 LS400 自动变速器挡位开关为例说明挡位开关一般故障的诊断方法。

用举升机举起汽车后，拔下挡位开关线束插接器，检测各挡位下各端子之间的通断情况。将变速杆置于各挡位时，所测得的通断情况应如图 4-9 所示。若有多个挡位端子间的通断情况与标准不符，则应检查并调整操纵机构和挡位开关的安装位置，再进行检测，若不能恢复正常，则应更换挡位开关；若有个别挡位端子间不导通，则说明挡位开关内部触点接触不良，应更换挡位开关。

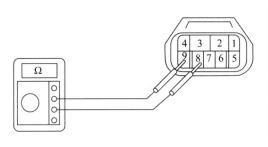

图 4-9 LS400 轿车自动变速器挡位开关的故障诊断

b. 控制电磁阀的故障诊断。自动变速器 ECU 是通过对各种控制电磁阀的通、断电，使其产生动作从而改变液压系统中的控制油路或控制压力的。因而控制电磁阀产生故障时，自动变速器不能正常工作。控制电磁阀常见的故障有：电磁阀线圈短路或断路；电磁阀阀芯阻滞；电磁阀电源或控制信号异常。自动变速器控制电磁阀的类型有脉冲式（如压力调节电磁阀）和开关式（如换挡电磁阀）两种，尽管它们的工作方式有所不同，但其故障的诊断方法却基本相似，下面以开关式电磁阀为例说明其常规诊断步骤。

●检查电磁阀的电阻。方法是：关闭点火开关，拨开电磁阀插头，测量电磁阀电阻，其标准电阻因车型而异，范围一般为 10～40 Ω，通常在维修手册中可查到。

若电阻值不正常，则说明电磁阀存在短路或断路故障；若电阻值符合标准，则进行下步诊断。

●检查电磁阀的动作。方法是：将蓄电池电源串联一个 20 A 的熔断器，并按照规定的极性将电磁阀的两端子与蓄电池电源的正、负极作通电与断电的测试，注意是否听到"咔嗒"声。

若无声音，则表示电磁阀不能动作，原因是电磁阀阻滞或损坏，存在机械故障；若有"咔嗒"声，动作灵敏，则表示电磁阀的机械性能正常，电磁阀本身无机、电故障，可进行下步诊断。

●进行路试检查。若自动变速器在小节气门开度时换挡优良，而在重载或节气门全开时换挡粗暴，则电磁阀可能存在渗漏故障。有的电磁阀在小节气门开度时工作很好，但当压力增加后会渗漏。

注意：脉冲式电磁阀由于其线圈电阻较小（1～6 Ω），因而在进行电磁阀的动作检查时，应将蓄电池电源串联一个 8～10 W 的灯泡，不可直接与蓄电池电源相连，否则会烧毁电磁线圈。

c. 自动变速器 ECU 的故障诊断。

●利用 ECU 的故障自诊断功能诊断。自动变速器 ECU 存在故障时，电控自动变速器的自诊断系统会将其故障信息以故障码的形式存入计算机存储器中。通过汽车专用诊断仪或人工读取 ECU 的故障码，可以诊断 ECU 是否存在故障。

●利用 ECU 端子标准参数进行诊断。ECU 端子标准参数是指自动变速器处于正常工作状态时，在规定的测量条件下，其 ECU 各端子具有的电路参数，如电压。通常，ECU 端子的标准参数由原厂提供，各种车型的标准参数也不尽相同。利用 ECU 端子的标准参数进行诊断，就是通过测量 ECU 各端子的电路参数来诊断 ECU 工作是否正常的一种方法。其诊断方法如下。

接通点火开关，按照规定的测量条件操作自动变速器，用万用表测试笔测试 ECU 各端子的电路参数。将测试值与各自相应的标准值进行比较从而诊断故障，若在检测中发现某一端子的实际工作参数与标准值不符，则表明 ECU 或控制电路存在故障。通过检测，若输入传感器、开关部分、执行器及控制线路正常，则表明 ECU 存在故障。

在测试 ECU 端子的电路参数时应注意：检测前应将各插头、ECU 电源确切可靠地连接，并确保蓄电池电压正常；必须使用高阻抗的万用表，低阻抗的电压表可能会损坏 ECU。

●利用 ECU 的输出信号诊断。若 ECU 的输入信号正常而输出信号不正常，则 ECU 可能存在故障。ECU 输出信号可通过万用表进行检测。正常情况下，ECU 发出的换挡信号电压与换挡的挡位具有严格的对应关系，如表 4-5 所示。其规律是：随着挡位的升高，万用表的指示电压将作阶跃性增大，每次电压增大的时刻即为 ECU 发出升挡控制信号的时刻。若换挡时测出的信号电压与规定的标准电压不符，则说明换挡控制信号不正常。若 ECU 输入信号正常，则可能是 ECU 存在故障或控制电路存在故障。

表 4-5 换挡信号电压与挡位的对应关系

换挡挡位	换挡信号电压/V
1 挡	0
2 挡	2
2 挡、锁止离合器接合	3
3 挡	4
3 挡、锁止离合器接合	5
4 挡	6
4 挡、锁止离合器接合	7

● 利用代替法诊断。将性能良好的同型号的自动变速器 ECU 替换可疑的 ECU 进行检查。若替换后，控制电路的工作状态由异常变为正常，自动变速器工作正常，则表示原 ECU 有故障。

2）自动变速器机械及液压控制系统故障的诊断

在确认自动变速器电控系统无故障后，自动变速器仍然不能正常工作，则表明机械或液压控制系统存在故障。机械及液压控制系统故障多集中在液压控制机构的堵、漏、卡和执行元件的磨损、失调等方面。通常，其故障可通过机械试验，即失速试验、液压试验、时滞试验及道路试验加以区分和诊断。

尽管每种车型的电子控制自动变速器的具体结构有所差异，但它们的工作原理及控制方法是基本相同的，造成每种故障的原因，特别是一些常见故障的原因，都具有一定的范围。因此，可通过参考常见故障的诊断方法来进行各种故障诊断。通常将自动变速器机械及液压控制系统常见故障的诊断方法制成诊断表，表中列出每种故障产生的各种可能原因和故障诊断步骤，可参考诊断表进行故障诊断。各种车型自动变速器的诊断表可由原车维修手册提供。只要根据不同车型、不同故障来灵活运用故障诊断表，就可以缩小故障的诊断范围，减少故障的诊断时间，提高故障的诊断效率。

有些机械或液压控制系统故障可能由多种原因引起或者说有多个产生故障的部位，其故障的诊断通常比较复杂，因而要做到真正确诊故障，必须要熟悉其结构、原理、诊断标准及故障机理。

4.2.5　驱动桥的检测与诊断

1. 驱动桥的调整

1）主、从动锥齿轮轴承装配与轴承预紧度的调整

主、从动锥齿轮轴承安装时都应具有一定的预紧力，以消除轴承多余的轴向间隙，平衡前后轴承的轴向负荷，这对主、从动锥齿轮工作时保证正确的啮合和前后轴承获得比较均匀的磨损都是必要的。

（1）主动锥齿轮轴承装配与轴承预紧度调整。主动锥齿轮轴承的预紧度可以通过调整垫片调整。大多数情况下两轴承距离已定，可用增减两轴承内圈或外圈之间的垫片调整轴承预紧度。

有的汽车不用调整垫片，而是通过精选隔套的长度来调整轴承的预紧度。

近年来有的汽车用弹性波形套替换隔套来调整预紧度。波形套采用冷拔低碳无缝钢管制造，其上有一波形框或其他容易产生轴向变形的结构，当轴承预紧后，波形套超过了弹性极限进入塑性变形范围，从而使轴承预紧度保持在规定范围内，所以弹性波形套是一种调整迅速、精确有效的装置。但由于塑性变形，波形套拆装一次就缩短一次，需要加一层垫圈，而一个垫圈经拆装 3 ~ 4 次就会因屈服点过分降低而报废，这是它的一个主要缺点。

主动锥齿轮轴承预紧度的检查是按预紧力矩来检查的，其装配和调整的方法大致相同。

装配时，先将轴承外圈涂上机油，压入轴承座孔内，并将后轴承压入主动锥齿轮轴颈上，装入轴承座孔，依次装入调整垫片、前轴承、万向节凸缘、平垫圈，然后按规定力矩拧紧锁紧螺母，检查轴承预紧度。安装锁紧螺母时应注意：一面转动轴承座壳，一面旋紧螺母，以免轴承在座上歪斜。

检查时，将轴承座壳夹在台虎钳上，用弹簧秤沿凸缘的切向测量所需的拉力。拉力值不符合规定时需调整。注意：测量时轴承应润滑，在顺一个方向旋转不少于 5 圈后进行。

如无弹簧秤，也可凭经验检查，用于转动凸缘应转动灵活无阻滞，沿轴向推拉凸缘应感觉不到轴向间隙为合适。

（2）从动锥齿轮轴承的装配与轴承预紧度的调整。根据主减速器结构形式的不同有所区别，一般是调整中间轴承盖两边的调整垫片的厚度来实现。将中间轴和轴承装入主减速器壳内，再装两边调整垫片和轴承盖，拧紧轴承盖固定螺钉。检查时，用手转动从动锥齿轮应能灵活转动。将百分表固定在主减速器壳上，触头抵住从动齿轮背面，用撬棒左右撬动，表上指示的轴向移动量应小于 0.05 mm。如不用百分表，则撬动时感觉不到轴向移动即可。还有的汽车是调整轴承盖上的调整螺母。

2）主、从动锥齿轮啮合印痕和啮合间隙的调整

锥齿轮必须具有正确的啮合印痕和啮合间隙才能正常工作和达到正常的使用寿命。正确的啮合印痕和间隙是通过齿轮的轴向移动改变其相对位置来实现的。

主动锥齿轮可通过增减主动锥齿轮座与主减速器壳之间的调整垫片来调整，或通过增减主动锥齿轮背面与轴承之间的垫片厚度来调整，这种结构形式在调整锥齿轮轴向位移的同时，也必须等量增减轴承预紧度调整垫片的厚度，使已经调好的轴承预紧度不会改变。

从动锥齿轮轴向位移的调整装置与轴承预紧度调整是共享的。在轴承预紧度调好之后，只要将左、右两侧的调整垫片从一侧调到另一侧，或一侧的调整螺母松出多少，另一侧等量旋进多少，这样可以在保持轴承预紧度不变的情况下，达到啮合调整的目的。

调整齿轮啮合印痕和啮合间隙时，若印痕和侧隙出现矛盾，应尽可能迁就印痕，侧隙可稍大些，但最大不可超过 1 mm，否则需重新选配齿轮。

2. 驱动桥的故障诊断

驱动桥的主减速器、差速器、半轴等不仅承受很大的径向力、轴向力，还要承受巨大的扭力，而且经常受到剧烈的冲击载荷，因此零件会产生磨损，破坏了原先完好的技术状况，造成驱动桥异响、过热、漏油等，影响汽车的正常使用。

1）驱动桥异响

（1）故障现象。

汽车行驶时，驱动桥内出现较大噪声，尤其在急剧改变车速时响声明显，且车速愈高，响声愈大。

（2）故障原因。

驱动桥产生异响的根本原因是驱动桥的传动部件磨损松旷、调整不当或润滑不良。当

驱动桥承受较大动载荷工作时，技术状况变坏的传动部件会发出不正常的响声。其具体原因如下。

a. 齿轮或轴承由于磨损使配合间隙过大，产生松旷。

b. 主、从动齿轮啮合不良。

c. 主、从动齿轮间隙或轴承间隙调整不当。

d. 差速器行星齿轮、半轴齿轮与垫片磨损严重，轮齿折断，半轴齿轮花键槽与半轴花键齿磨损松旷。

e. 差速器壳连接螺栓松动。

f. 主减速器润滑油量不足或油质不符合要求。

（3）故障诊断。

当驱动桥异响时，可根据汽车路试的行驶工况、驱动桥声响的特征及其变化情况诊断故障部位。

a. 汽车行驶，在急剧变化车速的瞬间或车速不稳定时，如驱动桥发出明显的金属撞击声，多为主减速器齿轮啮合间隙过大所致。

b. 汽车挂挡行驶时，如驱动桥发出连续的混浊噪声，而脱挡滑行响声减弱或消失，多为主减速器锥齿轮正面磨损严重、齿面损伤、啮合印痕调整不当使齿轮啮合不良所致。

c. 汽车挂挡行驶时，如驱动桥发出一种杂乱的"哗啦、哗啦"噪声，车速越高，响声越大，而汽车脱挡滑行时声音减小或消失，多为主减速器轴承磨损松旷所致。例如，汽车加速、滑行都响，多为轴承预紧度调整不当或轴承缺油引起轴承烧蚀所致。

d. 汽车转弯行驶时，如驱动桥发响，而直线行驶时响声减弱或消失，则是行星齿轮、半轴齿轮的齿面严重磨损、损伤、轮齿变形所致。

e. 汽车挂挡行驶时，如驱动桥突然发出连续、强烈的"当、当"金属碰击声，多为其齿轮的轮齿折断。

2）驱动桥过热

（1）故障现象。

汽车行驶一定里程后，用手触摸驱动桥，有无法忍受的烫手感觉。

（2）故障原因。

驱动桥过热的根本原因是驱动桥工作时摩擦阻力过大。其具体原因如下。

a. 轴承装配过紧，或轴承预紧度过大。

b. 齿轮啮合间隙过小。

c. 驱动桥润滑油量太少、油质太差，润滑油黏度过大或过小。

d. 油封过紧。

（3）故障诊断。

汽车行驶一定里程后（一般为30~60 km），用手触摸驱动桥壳各个部位，若轴承或油封处局部过热，则故障为轴承装配过紧或油封过紧；若驱动桥壳整体过热，则先检查润滑油的数量、质量及润滑油的黏度，当不符合要求时，换油再试。若故障消失，则说明驱动桥润滑不良；若故障依存，则说明齿轮啮合间隙过小。

3）驱动桥漏油

（1）故障现象。

齿轮润滑油从后桥减速器和半轴油封或其他衬垫处向外渗漏。

（2）故障原因。

a. 桥壳内油面太高。

b. 主减速器油封损坏。

c. 半轴油封安装不正或损坏。

d. 主减速器轴承预紧度过大，轴承运转中油温过高使油封老化变质，桥壳内腔压力升高引起漏油。

e. 后桥壳盖接合面不平或衬垫损坏。

f. 后桥通气孔堵塞，桥壳内压升高。

g. 放油螺塞处漏油。

（3）故障诊断。

a. 检查后桥润滑油油面，若过高则应放出多余的油。

b. 检查后桥通气孔有无堵塞，主动齿轮和半轴齿轮的油封是否损坏，必要时予以疏通或更换。

c. 检查齿轮和轴承是否配合过紧，视情况予以调整。

d. 检查后桥壳盖平面及放油螺塞，若漏油则需修整或更换。

知识小结

离合器打滑测定仪可用于对离合器打滑进行检测，其基本工作原理是频闪原理，由闪光灯、高压电极、电容、电阻等构成。

自动变速器检测的主要内容有基础检查、手动换挡试验和机械试验三大项目。

自动变速器电子控制系统故障诊断的方法有利用汽车专用诊断仪诊断、利用人工法读取故障码诊断和根据故障现象诊断。

习题 ▶▶ ▶

1. 填空题

（1）离合器打滑测定仪主要由_____、_____、_____、_____构成。

（2）自动变速器检测的主要内容有_____、_____、_____。

（3）自动变速器的机械试验的主要内容由_____、_____、_____、_____构成。

（4）自动变速器检测的主要内容有_____、_____和_____三大项目。

（5）驱动桥随着技术状况的下降会出现_____、_____、_____故障。

2. 单项选择题

（1）汽车在行驶中，发动机转速不能随车速同步增加，可判定为离合器_____。

A. 打滑　　　　　B. 抖动　　　　　C. 漏油　　　　　D. 异响

（2）关于驱动桥过热的根本原因，以下说法中正确的是_____。

A. 驱动桥的传动部件磨损松旷、调整不当或润滑不良

B. 主、从动齿轮间隙或轴承间隙调整不当

C. 驱动桥工作时摩擦阻力过大

D. 主减速器润滑油量不足或油质不符合要求

（3）一般自动变速器油的颜色为_____。

A. 蓝色   B. 黑色   C. 绿色   D. 红色

3. 多项选择题

（1）离合器打滑的根本原因有_____。

A. 离合器部分零件严重磨损及主、从动件传力部位松旷

B. 压盘不能牢固地压在从动盘摩擦片上

C. 摩擦片的摩擦系数过小

D. 离合器踏板踩到底时，其压盘远离从动盘的移动量过小

（2）以下关于自动变速器 ECU 的故障诊断方法，正确的有_____。

A. 利用 ECU 的故障自诊断功能诊断 B. 利用 ECU 的输出信号诊断

C. 利用 ECU 端子标准参数进行诊断 D. 利用代替法诊断

4. 判断题

（1）（　　）当怠速过高时，挡位转换易引起车身振动，严重时可导致发动机熄火。

（2）（　　）时滞试验就是测量自动变速器换挡的滞后时间。

（3）（　　）变速器换挡困难的根本原因是汽车换挡时待啮合齿的圆周速度不相等，或换挡拨叉轴移动时的阻力过大。

（4）（　　）主减速器油封损坏会导致驱动桥出现过热故障。

5. 简答题

（1）离合器打滑、分离不彻底的原因是什么？如何诊断？

（2）电子控制自动变速器检测与诊断的基本原则是什么？

（3）如何对电子控制自动变速器电控系统的故障进行诊断？

4.3 转向系统的检测与诊断

4.3.1 液压助力转向系统的检测与诊断

为了操纵轻便、转向灵敏和提高行车的安全性能，目前，轿车、大客车和重型载货汽车广泛采用助力转向系统。普通的助力转向系统是在机械转向系统的基础上加了一套转向助力装置，常用的转向助力装置大多为液压式，它主要由动力转向泵、动力油缸、转向控制阀、转向储液罐和油管等组成。下面以齿轮齿条式液压助力转向系统为例来说明助力转向系统的检测与诊断方法。

1. 液压助力转向系统的检测

1）检查储液罐油液

合理的液面高度和良好的油质是保证液压助力转向系统正常工作的前提，因此应检查储液罐油液，其检查步骤如下。

（1）将汽车停放在平坦的地面上。

（2）在发动机怠速时，转动转向盘至左、右极限位置数次，使转向液温度达到 80 ℃左右。

（3）检查转向液是否起泡或乳化，若转向液起泡或乳化，则表示转向液内已渗入空

气，此时应进行排气操作。

（4）检查转向液油质，若转向液变质或使用期限已到，则应更换油液。

（5）检查储液罐液位高度，确保液位在储液罐的液位上限和下限之间。若油面高度低于液位下限，则系统有泄漏，应检查并修理泄漏部位。然后视情更换或添加推荐使用的转向液，使液位在上限附近。

2）检查液压助力转向系统是否有空气

当液压助力转向系统渗入空气后，由于空气的可压缩性，易引起转向系统内的油压波动，从而造成汽车转向操作不稳、忽轻忽重，影响汽车的转向安全性。因此，对液压助力转向系统是否渗入空气应仔细检查。

检查时，发动机怠速运转，先查看转向盘居中时的转向储液罐液位，然后查看转向盘向左或向右转到极限位置时的转向储液罐液位有无变化。若系统内有空气，转向盘转动时，系统内油压升高，空气被压缩，则储液罐的液位将明显降低；若系统内无空气，由于液体不可压缩，则储液罐的液位变化很小。另外，系统内有空气，当转向盘向左或向右转到极限位置时，泵内或转向器内有时会产生异响。当转向液压系统内有空气时，应将空气排出。

3）检测动力转向泵传动带的紧度

汽车动力转向泵工作的动力来自发动机，是通过传动带传递的。若传动带过松，则传动带易打滑，将会导致泵供油量降低，转向系统的油压过低，使转向沉重；若传动带过紧，则会导致泵轴及轴承受力增加，从而加快零件的磨损，降低机件及传动带的使用寿命，同时增加发动机功率的消耗。因此，动力转向泵传动带的松紧度应适当。其紧度的检测方法常用的有如下三种。

（1）传动带张紧力规检测法。

先在动力转向泵的传动带上安装传动带张紧力规，然后利用传动带张紧力规测量其张紧力，如图4-10（a）所示。其张紧力应符合各自车型的标准，否则应予以调整。

（2）传动带静挠度检测法。

在动力转向泵传动带的中部施加100 N的力，测量传动带的静挠度，如图4-10（b）所示。其挠度值应符合各自车型的标准，否则应予以调整。

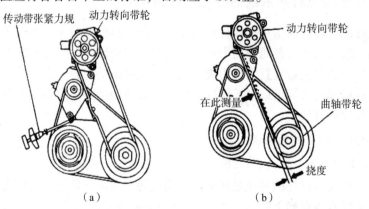

图4-10　动力转向泵传动带的紧度检测

（a）传动带张紧力规检测；（b）传动带静挠度检测

（3）传动带运转检测法。

汽车停在干燥路面上，发动机运转使油液升到正常温度后，左右转动转向盘，当转向盘转到极限位置时，动力转向泵输出油压最大，此时传动带的负荷最大，如果打滑，说明传动带紧度不够或泵内有机械损伤。

4）检测动力转向泵输出压力

检测动力转向泵的输出油压，主要是为了确定动力转向泵或转向器是否有故障。为准确地测出动力转向泵的输出油压，检测前应使储液罐液位正常和动力转向泵传动带的张紧力符合标准。由于各车型助力转向系统的结构型式不同，因而检测动力转向泵输出压力时应采用厂家推荐的检测步骤，并用其规定压力对检测结果进行评价。动力转向泵输出压力的一般检测步骤如下。

（1）准备工作。

先将压力表连接在动力转向泵与转向控制阀的压力管道之间，完全开启压力表阀门；然后起动发动机并使其怠速运转，将转向盘从左、右转动的极限位置之间连续转动 3～4次，以提高转向液温度并排出系统内的空气，确保转向液温度升至 80 ℃以上。

（2）检测发动机怠速时泵输出的最高压力。

发动机怠速运转，关闭压力表阀门（注意关闭时间不要超时），观察压力表读数（见图 4-11a），其压力应不低于标准值；否则，意味着转向泵输出压力太低，不能有效助力转向，即动力转向泵有故障。

（3）检测发动机转速变化时的压力差。

将压力表阀门全开，分别检测发动机在规定的低转速（如 1 000 r/min）和某一高转速（如 3 000 r/min）时动力转向泵的输出压力（见图 4-11b），两者的压力差应不超过规定值；否则，动力转向泵的流量控制阀有故障。

（4）检测转向盘转至极限位置时转向泵的输出压力。

使压力表阀门全开且发动机怠速运转，在转向盘转至左、右极限位置时，记下压力表的读数（见图 4-11c），其压力值应不低于规定值。若压力太低，则意味着转向器有内部泄漏故障。

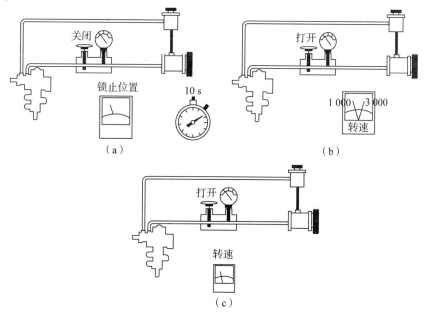

图 4-11 动力转向泵输出压力检测

（a）检测泵最高压力；（b）检测发动机转速变化时的压力差；（c）检测转向盘转至极限位置时的压力

5）检测动力转向操纵力

在转向储液罐液位正常及转向泵传动带张紧力符合要求时，使发动机怠速运转，在转向液温度正常后，用测力计原地检测两个方向的转向盘转向力（见图4-12），该力最大值即为转向操纵力。

转向操纵力应不大于各车型的规定值。若转向操纵力过大，则说明助力转向工作不正常，应首先检查动力转向泵。若动力转向泵压力正常，则应检查转向控制阀、动力油缸及转向器。

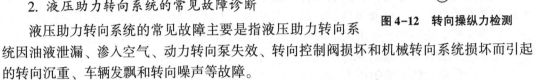

图4-12 转向操纵力检测

2. 液压助力转向系统的常见故障诊断

液压助力转向系统的常见故障主要是指液压助力转向系统因油液泄漏、渗入空气、动力转向泵失效、转向控制阀损坏和机械转向系统损坏而引起的转向沉重、车辆发飘和转向噪声等故障。

1）转向沉重

（1）故障现象。

装有液压助力转向系统的汽车，本来转向应是很轻便的，但在汽车行驶中却感到转向困难、转向沉重。

（2）故障原因。

a. 储液罐缺油或油液高度低于规定要求。

b. 各油管接头处密封不良，有泄漏现象。

c. 转向液压回路中渗入了空气。

d. 油管变形、油路堵塞。

e. 动力转向泵传动带张紧力不足，传动带打滑。

f. 动力转向泵内部磨损、泄漏严重，使泵输出压力达不到标准。

g. 动力转向泵内调压阀失效，使输出压力过低。

h. 转向控制阀、动力油缸内部泄漏。

i. 机械转向系统损坏或调整不当。

（3）故障诊断。

a. 检查轮胎气压是否正常，按规定气压充气。

b. 检查液压助力转向系统各油管接头是否泄漏，检查油管有无损坏、变形或裂纹。一旦发现油管有缺陷应予以更换；若油管接头泄漏，应予以拧紧，必要时更换油管重接。

c. 检查储液罐内的油液质量和液面高度。若油液变质则应重新更换规定油液；若液面低于规定高度，则应找出油液液面过低的原因，重新加油使液面达到规定的液面高度。

d. 检查油路中是否渗入空气，若发现储液罐中的油液有气泡，则说明油路中有空气渗入，此时应检查空气渗入的原因，检查油管接头松动、油管裂纹、密封件损坏、储液罐液面过低等情况并排除故障，然后对液压系统进行排气操作，最后加注转向液至规定的液面高度。

e. 检查动力转向泵传动带的张紧程度，察看传动带是否打滑或有无损坏。发现问题应按规定调整传动带紧度或更换新传动带。

f. 就车重检。起动发动机，将转向盘向左、向右极限位置来回转动，若转向轻便，则说明故障通过上述步骤已经排除；若左、右转向仍然沉重，则故障可能在动力转向泵、动力油缸或转向传动机构；若左、右转向助力不同，则故障可能在转向控制阀。

　　g. 检测动力转向泵输出油压以确诊故障所在部件。检测前将与规定油压相适应的压力表（带阀门）连接在动力转向泵压力输出口与转向控制阀压力输入油管之间，如图4-11（a）所示。检测时，打开压力表阀门至全开，起动发动机使其在怠速运转，转动转向盘至左极限或右极限位置，测量转向泵的输出油压。若油压达不到原厂规定的压力，且在逐步关闭压力表阀门时，油压也不能提高，则说明动力转向泵有故障；若油压未达到原厂的规定值，但在逐步关闭压力表阀门时油压有所提高，油压可达到规定值，则说明动力转向泵良好，故障在转向控制阀或动力油缸；若检测时油压正常，则故障在机械转向系统。

　　h. 检查机械转向系统。转动转向盘，查看与转向柱轴相关的元件是否转动灵活，查看万向节、各传动杆件球头连接部位是否过紧，查看万向节推力轴承是否缺油或损坏，发现问题应予以调整或更换重装，若这些均正常，则故障在转向器。应检查齿轮齿条转向器，调整齿条顶块的压紧力，使齿条与齿轮的侧向间隙合适，保证齿条移动自如，对于弯曲的齿条应予以更换。

　　2）车辆发飘

　　（1）故障现象。

　　车辆发飘是指转向盘居中时，汽车向前行驶过程中从一侧飘向另一侧的现象。发飘的汽车直线行驶时，容易跑偏。

　　（2）故障原因。

　　a. 转向控制阀扭力杆弹簧损坏或太软，难以克服转向器逆传动阻力，使控制阀不能及时回位。

　　b. 油液脏污使阀芯与阀套运动受到阻滞。

　　c. 转向控制阀阀芯偏离中间位置，或虽然在中间位置但与阀套槽肩两边的缝隙大小不一致。

　　d. 机械转向系统的传动间隙过大，或连接件松动，或磨损过甚。

　　e. 车轮定位不当。

　　f. 轮胎压力或尺寸不正确。

　　（3）故障诊断。

　　a. 检查机械转向系统传动部件的连接件是否松动，各部件间隙是否过大、传动是否松旷，排除机械转向系统故障。

　　b. 检查轮胎尺寸，调节轮胎气压。

　　c. 检查油液是否脏污。对于新车或大修后的车辆，由于不认真执行走合维护的换油规定，往往易使油液脏污。对于脏污的油液应进行更换。

　　d. 检查转向控制阀。在不起动发动机的情况下转动转向盘，凭手感判断转向控制阀是否开启或运动自如，若有怀疑，一般应进行拆卸检查。

　　e. 经上述检查若车辆仍然发飘，则应检查悬架元件是否损坏、车轮定位是否正确、车轮转动是否阻滞，以确诊故障所在。

　　3）转向噪声

　　（1）故障现象。

　　汽车转向时出现过大的噪声。

（2）故障原因。

a. 机械转向系统传动部件松动导致转向噪声过大。

b. 动力转向泵损坏或磨损严重。

c. 动力转向泵传动带轮松动或打滑引起噪声过大。

d. 转向控制阀性能不良。

e. 油管接头松动或油管破裂，使液压系统渗入空气导致噪声过大。

f. 滤油器滤网堵塞，或是液压回路中有过多的沉积物。

（3）故障诊断。

a. 转向时若发出"咔嗒"声，则可能是转向柱轴接头松动、横拉杆松动或球形接头松动，应检查上述部位，必要时进行紧固或更换损坏的部件；若转向柱轴摆动严重，则应更换转向柱总成；若转向器安装过松，则应进行紧固；对连接处的润滑部位应进行必要的润滑。另外，转向泵带轮松动也会发出"咔嗒"声，所以还应检查转向泵带轮是否松动，必要时拧紧或更换带轮，以消除其噪声故障。

b. 转向时若发出"嘎嘎"声，且转向盘从一侧极限位置转到另一侧极限位置时，噪声更大，则可能是动力转向泵传动带打滑所致。此时，可检查传动带松紧程度及磨损情况，视需要张紧或更换传动带。

c. 转向时若转向泵发出"咯咯"声，则可能是转向液中有气泡，以致油液流动时产生气动噪声。此时，首先应检查液面高度，若液位过低，则应检查、排除泄漏故障，并向储液罐加油液到正确位置；然后检查软管是否破损或卡箍是否松开，致使空气进入系统，必要时更换损坏的软管或卡箍。确认助力转向系统内液体有空气渗入后，应将空气从助力转向系统中清除，以消除气动噪声。若转向泵发出"嘶嘶"声或尖叫声，而转向液压系统无漏气现象，且传动带紧度正常，则说明油路有堵塞处或转向泵严重磨损及损坏，应予以修复或更换。

d. 当转向盘处于极限位置或原地慢慢转动转向盘时，转向器发出严重的"嘶嘶"声异响，则可能为转向控制阀性能不良，应更换控制阀进行对比检查，以确诊故障。

4.3.2 电动助力转向系统的检测与诊断

电动助力转向（Electric Power Steering，EPS）系统是电子技术在汽车上的推广应用，也是中小型乘用车助力转向技术的发展方向。EPS 的 ECU 根据扭矩传感器的扭矩及转向信号和车速信号调节电动机的转向助力扭矩。该系统由装在转向器输入端的扭矩传感器、电磁离合器、电动机及变速器（减速机构）、控制单元（EPS/ECU）等元件组成。下面以铃木奥拓轿车 EPS 为例来说明 EPS 系统的检测与诊断方法。

EPS 系统一般具有故障自诊断功能，以监测、诊断系统的工作情况。当系统出现故障时，ECU 将其故障信息以代码形式显示出来，以使维修人员快速、准确地判断出故障类型及故障部位。

1. 警告灯的检查

当点火开关处于 ON 位时，EPS 警告灯应点亮（见图 4-13），发动机起动后警告灯熄灭为正常。警告灯不亮时，检查灯泡是否损坏，熔丝和导线是否断路。

若发动机起动后，警告灯仍亮时，首先应考虑该系统是否处于保险状态（只有常规转向工作，无电动助力），并通过其自诊断系统进行必要的检查。

图 4-13 EPS 警告灯点亮

2. 自诊断检查的操作

将万用表直流电压挡的正测试棒接在 EPS 自诊断连接器的接线柱上，负测试棒搭铁，接通点火开关 ON 挡，故障码即由小到大的顺序显示出来。故障码及其含义如表 4-6 所示。

表 4-6 故障码及其含义

故障码	检查诊断项目	故障码	检查诊断项目
11	扭矩传感器（主）	41	直流电动机
12	扭矩传感器（副）	42	直流电动机电流
13	扭矩传感器（主、副侧电压差过大）	43	直流电动机过电流
21	车速传感器（主）	44	直流电动机锁止
22	车速传感器（主、副侧电压差过大）	51	电磁离合器
23	车速传感器（主）电压急减	54	FCPS 控制装置
31	交流发电机 L 端子	55	扭矩传感器 F/F 回路不良

3. 组成元件的检查

1）直流电动机的检查

从转向机上断开电动机的导线插接器（见图 4-14a），给电动机加上蓄电池电压时，电动机应有转动声音。若没有声音，则应更换转向机总成。

2）扭矩传感器的检查

从转向机总成上拆下扭矩传感器及其连接器（见图 4-14b），测定扭矩传感器主侧端子③与⑤之间和副侧端子⑨与⑩之间的电阻，其标准值应为（2.18±0.66）kΩ。

若不符合要求，则为扭矩传感器异常，应更换转向机总成。用万用表直流电压挡测量上述各端子之间的电压来判定扭矩传感器是否良好。

检查时，转向盘应处于中间位置，电压约 2.5 V 为良好，4.7 V 以上为断路，0.3 V 以下为短路。

3）电磁离合器的检查

从转向机上断开电磁离合器的导线插接器（见图 4-14b），将蓄电池的正极接到电磁离合器端子①上，蓄电池的负极与端子⑥相接。

在接通与断开端子⑥的瞬间，离合器应有工作声音，若没有声音，则表明电磁离合器有故障，应更换转向机总成。

4）车速传感器的检查

从变速器上拆下车速传感器，用手转动车速传感器的转子检查其能否顺利运转，若有卡滞则应予更换。

测定车速传感器导线插接器（见图4-14c）的主侧端子①与②之间及副侧端子④与⑤之间的电阻值，其值等于（165±20）Ω为良好。

若与上述不符，则必须更换车速传感器。

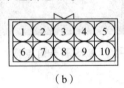

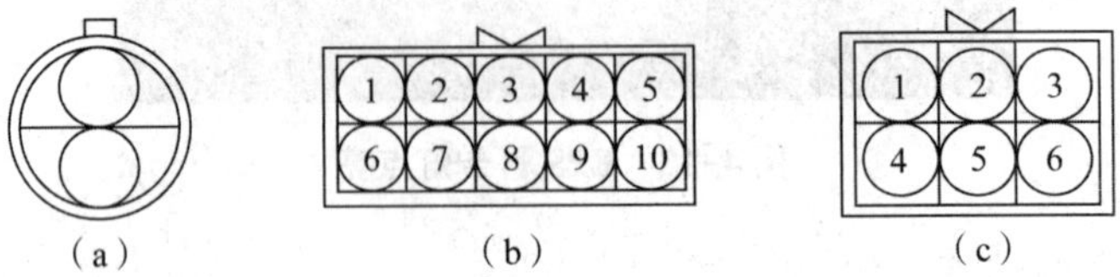

（a）　　　　　　　（b）　　　　　　　（c）

图4-14　EPS导线插接器

（a）直流电动机导线插接器；（b）扭矩传感器和电磁离合器的导线插接器；
（c）车速传感器导线插接器

知识小结

普通的助力转向系统是在机械转向系统的基础上加了一套转向助力装置，常用的转向助力装置大多为液压式，它主要由动力转向泵、动力油缸、转向控制阀、转向储液罐和油管等组成。

液压助力转向系统的常见故障主要是指液压助力转向系统因油液泄漏、渗入空气、动力转向泵失效、转向控制阀损坏和机械转向系统损坏而引起的转向沉重、车辆发飘和转向噪声等故障。

电动助力转向ECU根据扭矩传感器的扭矩及转向信号和车速信号调节电动机的转向助力扭矩。

习题

1. 填空题

（1）液压助力转向系统主要由_____、_____、_____、_____、_____组成。

（2）检测动力转向泵输出压力时，需将压力表连接在_____和_____的压力管道之间。

（3）电动助力转向系统主要由_____、_____、_____、_____等组成。

（4）电动助力转向ECU根据_____、_____和_____来调节电动机的转向助力扭矩。

2. 单项选择题

（1）液压助力转向系统是在机械转向系统的基础上增加了_____。

A. 电磁离合器　　　B. 控制单元　　　C. 转向助力装置　　　D. 变速器

（2）液压助力转向系统液压回路中渗入了空气，会造成＿＿＿＿＿＿。

A. 自动跑偏　　　　B. 转向沉重　　　　C. 车辆发飘　　　　D. 转向噪声

3. 多项选择题

（1）检测动力转向泵传动带张紧度的方法中，正确的有＿＿＿＿＿＿。

A. 传动带张紧力规检测法　　　　　　B. 传送带松紧度检测法

C. 传动带静挠度检测法　　　　　　　D. 传动带运转检测法

（2）以下关于液压助力转向系统故障的原因，正确的有＿＿＿＿＿＿。

A. 液压助力系统油液泄漏　　　　　　B. 动力转向泵失效

C. 液压助力系统渗入空气　　　　　　D. 转向控制阀损坏

4. 判断题

（1）（　　）若液压助力转向系统内有空气，转向盘转动时，储液罐的液位将明显降低。

（2）（　　）若转向液起泡或乳化，则表示转向液内已渗入水。

（3）（　　）检测动力转向泵输出压力时，需将压力表连接在动力转向泵与转向控制阀的压力管道之间。

（4）（　　）当点火开关处于 ON 位时，EPS 警告灯应点亮，发动机起动后警告灯仍亮为正常。

5. 简答题

（1）动力转向泵传动带张紧度的检测方法有哪些？如何检测？

（2）如何通过 EPS 警告灯诊断电动助力转向系统的故障？

4.4　制动系统的检测与诊断

4.4.1　盘式制动器的检测与诊断

1. 盘式制动器概述

盘式制动器适用于前轮驱动的车辆，目前大部分轿车的前、后轮均采用盘式制动器。盘式制动器由旋转元件（制动盘）、固定元件（钳盘）等组成。盘式制动器分类如下。

1）全盘式制动器

在重型和超重型载货汽车上，要求有更大的制动力，为此采用了全盘式制动器。全盘式制动器摩擦副的固定元件和旋转元件都是圆盘形的，分别称为固定盘和旋转盘，全部工作面可同时与摩擦片接触，其结构及原理与摩擦离合器相似。

2）钳盘式制动器

钳盘式制动器主要由制动钳及制动盘组成。制动衬块及其促动装置都安装在横跨在制动盘两侧的夹钳形支架中，总称为制动钳。钳盘式制动器的制动钳为固定元件，制动盘为旋转元件。

钳盘式制动器按制动钳固定在支架上的结构形式分为固定钳盘式和浮动钳盘式两种，分别如图 4-15、图 4-16 所示。

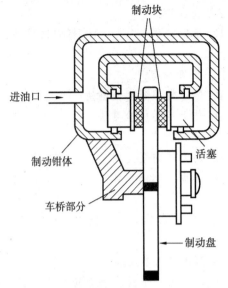

图 4-15　固定钳盘式制动器

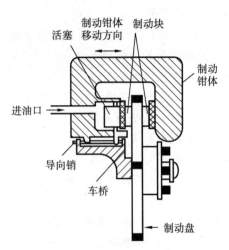

图 4-16　浮动钳盘式制动器

固定钳盘式制动器相对要大一些、重一些，散热较好，比较适用于反复紧急制动及大功率的赛车。

浮动钳盘式制动器应用于大多数车辆的前轮制动器。制动钳固定在独立的支撑板上，支撑板用螺栓固定在车辆的悬挂装置上，制动钳可在支撑板上的一定范围内自由移动。轿车基本上都采用浮动钳盘式制动器。

2. 盘式制动器的检查

盘式制动器每 15 000 km（通常的常规保养期限）应该进行一次检查，发现不符合要求的部件就需要及时更换，避免影响行车安全。盘式制动器的检查主要包括对制动盘和制动钳的检查。

1）制动盘的检查

制动盘的工作表面有轻微的锈斑、划痕和沟槽，可用砂纸砂磨清除。当工作表面有严重磨损或划痕、裂纹时，应对制动盘进行车削加工（现在一般不采用）或更换新的制动盘。通常两轮的制动盘应同时更换。

（1）制动盘厚度的检查。

制动盘使用磨损会使其厚度减小，厚度的偏差可判断制动盘的平行度。如图 4-17 所示，用外径千分尺在制动盘与摩擦片接触的中心位置（距离盘外缘 10 mm 的距离）最少三个点等距离测量厚度，厚度的减少量不得少于标准厚度 2 mm。测量时只能使用千分尺，不能用游标卡尺。

（2）制动盘轴向圆跳动的检查。

如图 4-18 所示，百分表针压在距制动盘边缘约 10 mm 处，转动制动盘旋转一周（尽量不要直接用手扳动制动盘，可以通过转动半轴等方式来避免直接扳动制动盘而造成制动盘跳动量增大的问题），观察百分表，大多数轿车最大跳动量不得大于 0.06 mm。制动盘过度的轴向圆跳动会使制动踏板抖动或使制动衬片磨损不均匀。这项检查只有在平时行车制动过程中出现制动抖动时才进行检查，日常维护保养不需要进行此操作。

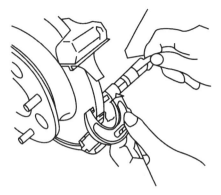

图4-17　制动盘厚度的检查

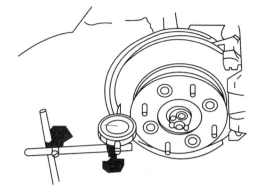

图4-18　制动盘轴向圆跳动的检查

2）制动钳的检查

（1）制动钳壳体检查。

制动钳壳体不得有严重锈蚀和损伤现象，检查导向装置是否磨损或变形，弹性夹弹性是否正常，支架是否有裂纹或磨损，支架弹簧是否变形，制动衬块支撑板有无损伤。若有上述现象，应及时修理或更换。检查制动钳防尘罩，若有破损、裂纹、老化、变形等损伤，应更换其损坏的防尘罩。

（2）制动摩擦衬块磨损的检查。

制动衬块根据车辆行驶里程检查其厚度，大多数车辆的制动钳都设有检查口，以便于观察衬块的厚度，可以通过游标卡尺的深度测量功能直接测量制动衬块的厚度，如图4-19所示。大部分车辆的前、后轮制动摩擦衬片厚度（包括后板）磨损极限为7 mm，当摩擦衬片厚度（包括后板）只有7 mm时，必须更换摩擦衬片。

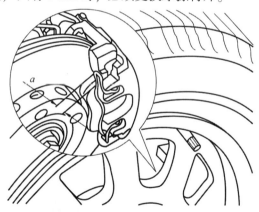

图4-19　制动衬块厚度的检查

4.4.2　鼓式制动器的检测与诊断

1. 鼓式制动器概述

与其他形式的制动器相比，鼓式制动器在对制动踏板施加相同的力后产生的制动力更大，常用于中型以上的客车、货车和一些轿车的后制动器。鼓式制动器的组成如图4-20所示。

鼓式制动器的旋转元件是制动鼓，固定元件是制动蹄，制动时制动蹄在促动装置作用下向外转动，外表面的摩擦片压靠到制动鼓的内圆柱面上，对制动鼓产生制动摩擦力矩。

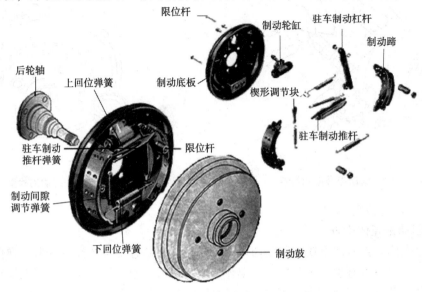

图 4-20　鼓式制动器的组成

凡对制动蹄端加力使蹄转动的装置统称为制动蹄促动装置。制动蹄促动装置有轮缸、凸轮和楔块三种形式。

以液压制动轮缸作为制动蹄促动装置的制动器称为轮缸式制动器，多用于轿车；以凸轮作为促动装置的制动器称为凸轮式制动器，通常利用气压使凸轮转动，多用于大型汽车的气压制动系统；用楔块作为促动装置的制动器称为楔式制动器，适用于冰雪路面制动，可缩短制动距离15%。

1）基本结构

制动器的固定部分包括制动底板、制动蹄等元件；旋转部分为制动鼓；张开机构为轮缸；定位调整机构有支撑销、复位弹簧等。

制动时，轮缸活塞在制动液的作用下向外推动制动蹄，制动蹄克服复位弹簧的弹力向外张开，压向制动鼓，产生制动力矩使汽车制动。解除制动时，制动液压力消失，在复位弹簧的作用下制动蹄复位。

（1）制动底板。

制动底板是鼓式制动器的基础，所有摩擦总成部件安装在制动底板上。底板安装在后桥轴端支撑座上，底板具有防尘和防水、保护制动器不受污染的功能。制动轮缸固定在底板上方，支架、止挡板紧固在底板下方。下复位弹簧使制动蹄的下端钳入底板的切槽中。

（2）定位调整机构。

复位弹簧使两制动蹄的上端压靠到推杆上，楔形调节板在其拉簧作用下，向下拉紧在制动蹄与推杆之间。定位销、定位弹簧及弹簧座用以限制制动蹄的轴向移动，并保持蹄面与底板的垂直。

（3）制动鼓。

制动鼓安装在车轮轮毂上，与车轮一起旋转，内表面与制动蹄摩擦片匹配。制动鼓常由铸铁或带铸铁摩擦片的铸铝制成。

（4）制动蹄。

制动蹄由钢材焊制，制动蹄的外面部分弯曲与制动鼓外形相匹配，制动摩擦片铆在制动蹄外部表面上，制动蹄端部与轮缸接触。制动蹄内圆腹板上有制动蹄复位弹簧、自行调节装置、驻车制动连杆装置等。

（5）制动轮缸。

制动轮缸为单活塞或双活塞内张型液压轮缸，常用的双活塞结构如图4-21所示。轮缸体内有两活塞及两皮碗，弹簧使皮碗、活塞、制动蹄紧密接触。制动时，液压油进入两活塞间油腔，进而推动制动蹄张开，实现制动。轮缸缸体上有放气螺栓，以保证制动灵敏可靠。

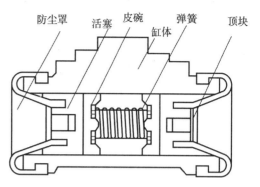

图4-21 双活塞制动轮缸的结构

每次安装新的摩擦片都要检修或更换轮缸，防止由于厚的摩擦片使轮缸活塞充分向内移动，皮碗磨损制动液渗漏。

2）制动间隙

制动蹄在不工作的原始位置时，其摩擦片与制动鼓间的间隙一般为0.25～0.5 mm。若间隙过小，则不易彻底解除制动，造成摩擦副拖磨；若间隙过大，则使制动踏板行程过长，驾驶员操作不便，也会使制动器工作推迟。制动器在工作过程中，摩擦片的不断磨损将导致制动器间隙逐渐增大。目前，大多数轿车都装有制动器间隙自调装置，也有一些载货汽车仍采用手工调节。大部分轿车的鼓式制动器在汽车上装配好以后只需进行一次完全制动，就可以将制动间隙调整到规定值。

3）鼓式制动器的自增力作用

目前双向自增力式制动器多用于轿车后轮，兼充作驻车制动器，如图4-22所示。其特点是两蹄在前进和倒车时都是领蹄，倒车、前进制动效果一样。制动鼓正向和反向旋转时均能借蹄鼓间的摩擦起自增力作用。它的结构主要采用双活塞式制动轮缸，可向两蹄同时施加相等的促动力。制动鼓正向（如图4-22中箭头所示）旋转时，前制动蹄为第一蹄，后制动蹄为第二蹄；制动鼓反向旋转时则情况相反。

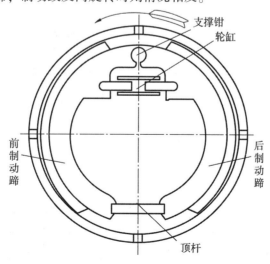

图4-22 双向自增力式制动器

2. 鼓式制动器的检修

对于 15 000 km 常规保养的车辆来说，鼓式制动器不像盘式制动器那样每次都拆开来进行检查，只需要对鼓式制动器的车轮螺栓的拧紧力矩进行校紧即可，拧紧力矩一般为 90 N·m 左右。鼓式制动器每 30 000 km 就需要进行拆解检查。

1）检查制动摩擦蹄片的厚度

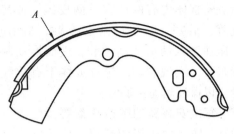

图 4-23　摩擦蹄片的厚度

利用制动器底板上的观察孔检查制动摩擦片厚度和拖滞情况，用游标卡尺测量蹄片的厚度，如图 4-23 所示。如桑塔纳车的摩擦片厚度为 5.0 mm，磨损极限值为 2.5 mm（不包括底板）。铆接的摩擦片铆钉头与摩擦片表面的深度不得小于 1 mm，以免划伤制动鼓内表面。

制动蹄不得有裂纹和变形，支撑销与支撑销孔的配合应符合原规定。

2）制动鼓的检查

检查制动鼓表面有无烧损、刮痕和凹陷，若有，应修磨加工，用游标卡尺检查制动鼓尺寸，如图 4-24 所示。如桑塔纳制动鼓内径为 200 mm，磨损极限值为 201 mm。用百分表检查摩擦表面径向圆跳动量为 0.05 mm，车轮轴向圆跳动量为 0.20 mm。如果超过规定值时应更换新件。

将制动蹄摩擦片表面修磨干净后，紧靠在制动鼓上，检查二者的接触面积应不小于60%，如图 4-25 所示。

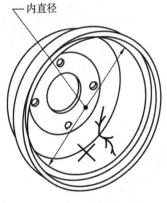

图 4-24　制动鼓尺寸

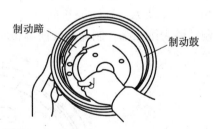

图 4-25　制动鼓与制动蹄结合面的检查

3）制动器定位弹簧和复位弹簧的检查

制动器的定位弹簧和复位弹簧相邻两圈的间隙大于 0.10 mm，说明弹力衰退应更换。若弹簧两端的拉钩断裂，则必须更换新件。

4）制动分泵的检查

先检查泵体内孔与活塞外圆表面是否有锈蚀、划伤等现象，再用量缸表和外径千分尺测出泵体内孔孔径、活塞外圆直径，计算出活塞与泵的间隙，使用极限为 0.15 mm，必要时修理或更换。

同时，应该对磨损警报灯导线的状况和走向、ABS 齿圈的清洁状况、ABS 传感器固定、线束走向及固定、制动钳回位情况等进行检查。

4.4.3　驻车制动器的检测与诊断

1. 驻车制动器概述

驻车制动分为中央驻车制动和车轮驻车制动两类。中央驻车制动系统的制动器安装在变速器或分动器之后，称为中央制动器，其制动力矩作用在传动轴上。车轮驻车制动系统的制动器安装在后轮行车制动器中。

轿车驻车制动一般采用车轮驻车制动装置，它是在后轮制动器中加装必要的机构，使之兼充驻车制动器，结构简单、紧凑，称为复合式制动器。

驻车制动的操纵机构采用机械式制动，用机械锁止方法可靠地保证汽车在原地停驻，并在任何情况下不自动滑行。现在有些轿车采用机电式驻车制动，如奥迪 A6 等。轿车机械锁止驻车制动装置如图 4-26 所示。

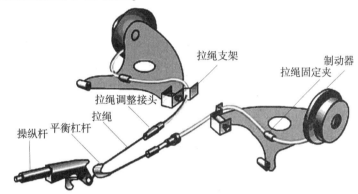

图 4-26　轿车机械锁止驻车制动装置

1）带驻车制动机构的鼓式制动器

桑塔纳轿车采用后轮鼓式驻车制动装置，如图 4-27 所示。

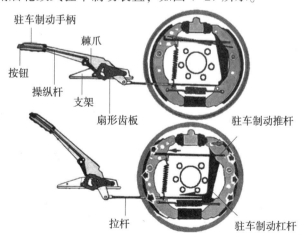

图 4-27　带驻车制动机构的鼓式制动器

驻车制动时，将驻车制动拉杆拉到制动位置，制动钢索将制动杠杆下端向前拉，上端以平头销为支点，使驻车制动杠杆向左移动，将前制动蹄与制动鼓压紧，推杆停止移动，则制动杠杆的中间支撑点为新支点，将驻车制动杠杆向右移动，使后制动蹄也与制动鼓压紧。松开驻车制动杆，在复位弹簧的作用下，制动蹄恢复原位。

2）带驻车制动机构的钳盘式制动器

钳盘式驻车制动系统根据形式不同，分为带促动机构的浮式制动钳、盘鼓结合式和电控机电式三种形式。这里只讨论凸轮促动式的浮式制动钳。

凸轮促动式驻车制动机构如图4-28所示。自调螺杆穿过制动钳体的孔旋装在切有粗牙螺纹的自调螺母中，螺母凸缘的左边部分被扭簧紧箍着。扭簧的一端固定在活塞上，而另一端则自由地紧靠螺母凸缘。推力球轴承固定在螺母凸缘的右侧，并被固定在活塞上的挡片封闭。轴承与挡片之间的装配间隙，即等于制动器间隙为标准值时完全制动所需的活塞行程。膜片弹簧使螺杆右端斜面与驻车制动杠杆的凸轮斜面始终贴合。

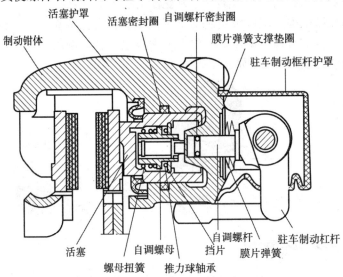

图4-28　凸轮促动式驻车制动机构

2. 驻车制动器的检查与调整

1）驻车制动器的检查

（1）随车检查。

a. 举升车辆使后轮悬空。

b. 松开手刹操纵杆，检查后轮是否可以自由转动、有无卡滞。观察仪表板上驻车指示灯是否熄灭。

c. 将驻车制动器拉起两个棘齿时（听到"嗒嗒"两声响），检查驻车制动器是否开始起作用。

d. 将驻车制动器拉起4~6个棘齿时，检查驻车制动器是否已经将后轮完全锁死。在检查过程中，驻车制动器的检查不要超过8个棘齿。

（2）拆解检查。

a. 检查制动拉索是否破裂，拉索接头是否损坏，若有，应更换拉索总成。检查拉索润滑是否良好。

b. 检查制动手柄锁止板与棘爪是否变形或损坏，若有，应更换制动手柄总成。若制动手柄套破裂或损坏，也应更换。

c. 检查拉索滑轮和销轴转动是否灵活，磨损是否严重，如有不良，应更换。

2）驻车制动器的调整

驻车制动器的调整如图4-29所示，具体步骤如下。

a. 松开驻车制动器手柄。

b. 用力踩下制动器踏板一次。

c. 驻车制动器手柄拉起 4 个齿。

d. 拧紧调整螺母，直到两个后车轮用手转不动为止。

e. 松开驻车制动器，检查两个后轮是否能自由转动。如果不能自由转动，需要重复上述步骤重新进行调整。

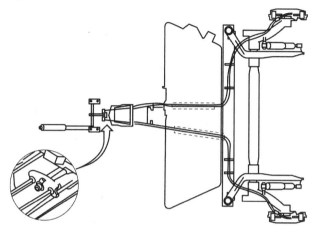

图 4-29　驻车制动器的调整

3. 驻车制动器的故障诊断

驻车制动器一般位于传动轴上，轿车的后轮制动器兼作驻车制动器。驻车制动器通过机械装置操纵，停车时使用。

1）制动效能不良

（1）故障现象。

拉紧驻车制动后，仍能起步，或不能稳定地停靠在坡道上，而产生溜滑现象。

（2）故障原因。

a. 制动器间隙过大，蹄片与鼓的接触面积太小，制动蹄或片上沾油或硬化、铆钉外露，制动鼓或盘变形严重。

b. 操纵机构各部磨损松旷，间隙过大，或者钢索过长。

（3）故障诊断与排除方法。

应检查制动间隙是否过大，若间隙过大，应进行调整。检查拉杆行程是否过长，各轴销是否松旷。若上述正常，则可能是制动蹄片粘油，铆钉外露，制动鼓或制动盘变形、不平等。

2）制动器拉杆手柄不能定位

（1）故障现象。

拉紧驻车制动后不能松手，一松手，手柄即退回原位。

（2）故障原因。

a. 锁扣拉杆变形卡滞。

b. 拉杆弹簧失效、折断。

c. 棘爪与棘齿磨损过甚导致失去自锁作用。

d. 操纵杆变形等。

（3）故障诊断与排除方法。

若按下锁扣按钮，松手后不复位，可能是拉杆变形或弹簧折断失效；若能复位但不能定位，可能是棘爪与棘齿磨损过甚所致。

3）制动器异响

安装于传动轴上的制动器，制动鼓或盘安装于变速器第二轴凸缘。而制动蹄片及支架则安装于变速器壳体。行驶中产生异响时，主要有下述原因。

a. 驻车制动盘翘曲。

b. 制动蹄或制动盘拉紧小弹簧脱落。

c. 第二轴凸缘螺母松退。

d. 第二轴凸缘配合花键松旷。

e. 变速器壳体上的固定支架松动。

行驶中若有连续的金属敲击声，可适当拉紧驻车制动。若声音减小或消失，多为制动盘敲击制动鼓。

停车后，将变速器置于空挡，检查第二轴凸缘是否松动。

4.4.4　制动助力器的检测与诊断

1. 真空助力器的工作原理

制动助力装置能提高汽车的制动效能，减轻驾驶员的劳动强度。根据制动助力装置的力源不同，可分为真空助力器和液压助力器两种。液压助力器应用较少，少数没有足够真空的蜗轮增压发动机及柴油发动机适用。目前，大部分轿车采用真空助力器。发动机节气门后方的真空经软管及单向阀进入助力器气室。真空助力器是利用真空能（负气压）对制动踏板进行助力的装置，对其控制是利用踏板机构直接操纵。蜗轮增压发动机为了保证真空供给，在节气门后方与助力器之间增加了电控真空泵。大众车系真空助力器系统如图4-30所示。真空助力器主要由真空伺服气室和控制阀两部分组成。

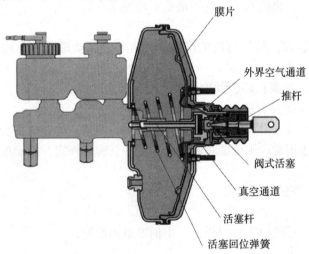

膜片

外界空气通道

推杆

阀式活塞

真空通道

活塞杆

活塞回位弹簧

图4-30　大众车系真空助力器系统

真空伺服气室由前、后壳体组成，其间夹装有伺服气室膜片，将伺服气室分成前、后两腔。前腔经真空单向阀通向发动机节气门后方（即真空源），后腔膜片座毂筒中装有控制阀，控制阀由空气阀和真空阀组成，空气阀与控制阀推杆固装在一起，控制阀推杆借调整叉与制动踏板机构连接。

1）放松状态

真空助力器的放松状态如图4-31所示，此时外界空气通道关闭，真空通道打开膜片前后的压力相等，膜片被复位弹簧固定在最终位置上。

2）部分制动状态

真空助力器的部分制动状态如图4-32所示，当踩下制动踏板时，活塞杆被移动至左面。这时，真空通道被封闭并且外界空气通道被打开，膜片后面的真空度下降。由压力差产生的力克服活塞复位弹簧的力，从而把膜片、推杆和制动总泵中的活塞向左推。外界空气通道和真空通道一直打开至制动总泵中的液压压力，直到阀活塞停止运动为止。外界空气通道和真空通道被关闭，从而处于准备工作状态。任何施加在制动踏板上力的变化均会导致膜片前、后压力的变化，从而导致制动力的增加或减小。

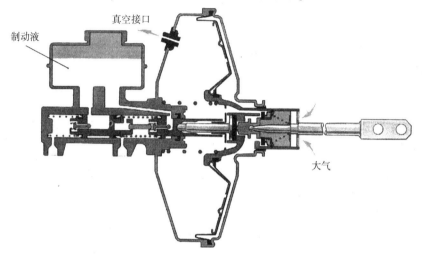

图4-31 放松状态

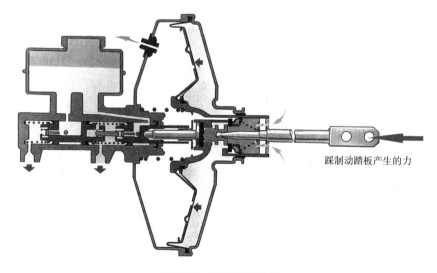

图4-32 部分制动状态

3）完全制动状态

真空助力器的完全制动状态如图4-33所示。在完全制动位置，真空通道被关闭而且外界空气通道被完全打开。这时，膜片前、后的压力差达到最大值，只有通过增加制动踏板上的作用力，才可能进一步增加施加在制动总泵活塞上的力。

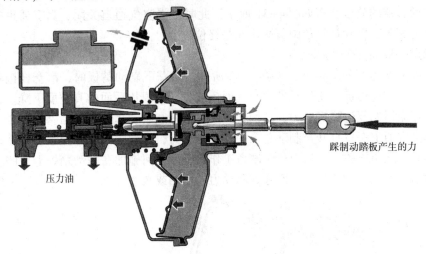

压力油

踩制动踏板产生的力

图4-33 完全制动状态

2. 真空助力器的检查

1）检查气密性

（1）起动发动机。

（2）发动机运转 1~2 min 后，停止运转。

（3）用相同的制动力踩动制动踏板几次，并观察踏板行程。如果第一次踏板下沉很深，第二次和第三次踩下踏板时其行程逐次减小，表示气密性良好，如图4-34所示。

（4）如果踏板行程不变，表明气密性较差。

2）工作状态检查

（1）在发动机停止运转的状态下，用相同的力踩踏板，踏板行程应该不改变。

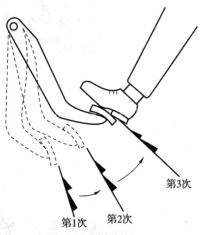

第3次

第1次 第2次

图4-34 踏板行程应变小

（2）在发动机工作以后，如果踏板行程有增加，说明工作良好；如果没有变化，说明工作不良。

3）检查助力器内部零件

将助力器总成拆开，应将所有金属元件泡在酒精中，并用干净布擦拭橡胶皮膜和塑料零件。可用蘸有酒精的布擦除厚积的尘垢，要特别注意不要使橡胶件接触酒精。

擦净橡胶件并注意检查每个橡胶件是否有切痕、裂口以及其他损伤。这些零件关系到气流的控制，所以如存在任何有妨碍橡胶件使用的问题，应立即更换。严重损坏的零件或修复非常费事、费时的零件应更换。对怀疑有问题的零件也应及时更换。

4）检查、调整助力器活塞杆和总泵活塞之间的间隙

（1）调整助力器活塞杆的长度以使活塞杆和总泵活塞之间的间隙在规定范围内，如图4-35所示。

（2）利用总泵的专用工具将销压入，直到和活塞接触为止，如图4-36所示。

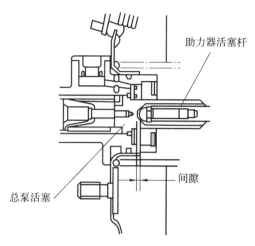

图 4-35　助力器活塞杆与总泵活塞的间隙

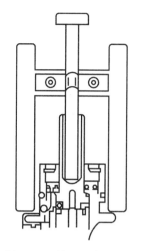

图 4-36　销压入专用工具

（3）将专用工具翻转并将它安装于助力器之上，调节助力器活塞杆长度直到其端部和销子端部接触为止。

（4）通过旋转调节活塞杆的螺纹来调整间隙，如图 4-37 所示。

（5）如果更换整个制动助力器总成，应将发动机上节气门后方的真空排空。

（6）助力器单向阀安装在真空软管内，单向阀失效将造成制动踏板沉重。其工作性能可用压缩空气进行检查，压缩空气应能按阀体上的箭头方向通过，反向时则不通。也可用嘴吸法检验其单向通过性。单向阀密封不良时，应更换新件。

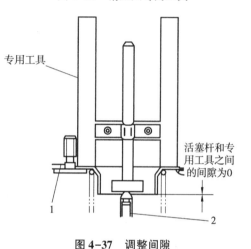

图 4-37　调整间隙

（7）更换真空助力器时，最好将制动主缸一起移动安装，要更换制动主缸和真空助力器间的密封圈。

▌知识小结

　　盘式制动器适用于前轮驱动的车辆，目前大部分轿车的前、后轮均采用盘式制动器。盘式车轮制动器由旋转元件（制动盘）、固定元件（钳盘）等组成。

　　鼓式制动器的旋转元件是制动鼓，固定元件是制动蹄，制动时制动蹄在促动装置作用下向外转动，外表面的摩擦片压靠到制动鼓的内圆柱面上，对制动鼓产生制动摩擦力矩。

　　驻车制动器一般位于传动轴上，轿车的后轮制动器兼作驻车制动器。驻车制动器通过机械装置操纵，停车时使用。随着技术状况的下降，驻车制动器可能出现制动效能不良、拉杆手柄不能定位、异响等故障。

　　制动助力装置能提高汽车的制动效能，减轻驾驶员的劳动强度。根据制动助力装置的力源不同，可分为真空助力器和液压助力器两种。

习题 ▶▶ ▶

1. 填空题

(1) 盘式车轮制动器由_____、_____等组成。

(2) 随着技术状况的下降，驻车制动器可能出现_____、_____、_____等故障。

(3) 真空助力器主要由_____、_____两部分组成。

2. 单项选择题

(1) 我国国家标准规定任何一辆汽车都必须具有_____。

A. 行车制动系　　　B. 驻车制动系　　　C. 第二制动系　　　D. 辅助制动系

(2) 领从蹄式制动器一定是_____。

A. 等促动力制动器　　　　　　　B. 不等促动力制动器

C. 非平衡式制动器　　　　　　　D. 以上都不对

3. 多项选择题

以下关于驻车制动器可能出现的故障，正确的有_____。

A. 制动效能不良　　　　　　　　B. 制动器拉杆手柄不能定位

C. 制动器异响　　　　　　　　　D. 制动跑偏

4. 判断题

(1) (　　) 领从蹄式制动器是平衡式制动器。

(2) (　　) 在汽车制动过程中，当车轮抱死滑移时，路面对车轮的侧向力小于零。

(3) (　　) 真空伺服气室由前、后壳体组成，其间夹装有伺服气室膜片，将伺服气室分成前、后两腔。

5. 简答题

(1) 简述盘式制动器制动盘厚度的检查方法。

(2) 简述驻车制动器制动效能不良的故障诊断方法。

4.5　行驶系统的检测与诊断

4.5.1　汽车悬架系统的检测与诊断

1. 汽车悬架系统的检测

悬架系统是汽车底盘的一个重要装置，通常由弹性元件、导向装置和减震器三部分组成。汽车悬架系统的故障将直接影响汽车的行驶平顺性、操纵稳定性和行驶安全性。因此，悬架系统的技术状况和工作性能，对汽车整体性能有着重要影响，其工作性能是十分重要的。

汽车悬架系统工作性能的检测方法有经验法、按压车体法和试验台检测法。经验法是通过人工外观检视的方法，主要从外部检查悬架系统的弹簧是否有裂纹，弹簧和导向装置的连接螺栓是否松动，减震器是否漏油、缺油和损坏等。按压车体法既可以人工按压车体，也可以用试验台的动力按压车体。按压使车体上下运动，观察悬架系统的减震器和各部件的工作情况，凭经验判断是否需要更换或修理减震器和其他部件。

悬架装置检测台能快速检测、诊断悬架系统的工作性能，并能进行定量分析。根据激振方式不同，悬架装置检测台可分为跌落式和共振式两种类型。其中，共振式悬架装置检测台根据检测参数的不同，又可分为测力式和测位移式两种类型。

1）悬架装置检测台的工作原理

（1）跌落式悬架装置检测台。

测试中，先通过举升装置将汽车升起一定高度，然后突然松开支撑机构，车辆落下产生自由振动。用测量装置测量车体振幅或者用压力传感器测量车轮对台面的冲击压力，对振幅或压力分析处理后，评价汽车悬架系统的工作性能。

（2）共振式悬架装置检测台（见图4-38）。

通过试验台的电动机、偏心轮、蓄能飞轮和弹簧组成的激振器，迫使试验台台面及其上被检汽车悬架装置产生振动。在开机数秒后断开电动机电源，从而由蓄能飞轮产生扫频激振。由于电动机的频率比车轮固有频率高，因此蓄能飞轮逐渐降速的扫频激振过程总可以扫到车轮固有振动频率处，从而使"台面-汽车"系统产生共振。通过检测激振后振动衰减过程中力或位移的振动曲线，求出频率和衰减特性，便可判断悬架装置减震器的工作性能。

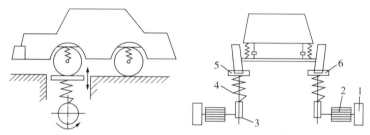

1—蓄能飞轮；2—电动机；3—偏心轮；4—激振弹簧；5—台面；6—测量装置。

图4-38 共振式悬架装置检测台

测力式和测位移式悬架装置检测台（见图4-39），一个是测振动衰减过程中的力，另一个是测振动衰减过程中的位移量，由于共振式悬架装置检测台性能稳定、数据可靠，因此应用广泛。

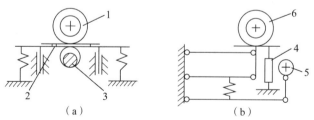

（a） （b）

1、6—车轮；2—力传感器；3—偏心轴；4—位移传感器；5—偏心轮。

图4-39 测力式和测位移式悬架装置检测台结构

（a）测力式；（b）测位移式

2）共振式悬架装置检测台的结构

共振式悬架装置检测台一般由机械部分和电气控制部分组成。

（1）机械部分。

共振式悬架装置检测台的机械部分由箱体和左右两套相同的振动系统构成，如图4-

40 所示。每套振动系统由上摆臂、中摆臂、下摆臂、支承台面、激振弹簧、驱动电动机、蓄能飞轮和传感器等构成。传感器一端固定在箱体上，另一端固定在台面上。

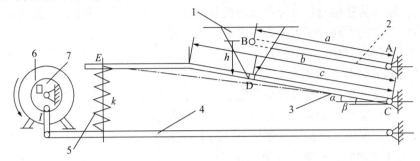

1—支承台面；2—上摆臂；3—中摆臂；4—下摆臂；5—激振弹簧；6—驱动电动机；7—偏心惯性结构。

图 4-40　共振式悬架检测台机械部分

上摆臂、中摆臂和下摆臂通过三个摆臂轴和六个轴承安装在箱体上。上摆臂和中摆臂与支承台面连接，并构成平行四边形的四连杆机构，以保证上下运动时能平行移动，以及台面受载时始终保持水平。中摆臂和下摆臂端部之间装有弹簧。

驱动电动机的一端装有蓄能飞轮，另一端装有凸缘，凸缘上有偏心轴。连接杆一端通过轴承和偏心轴连接，另一端和下摆臂端部连接。

检测时，将汽车驶上支承平台，启动测试程序，驱动电动机带动偏心机构使整个"台面-汽车"系统振动。激振数秒钟达到角频率为 ω_0 的稳定强迫振动后，断开驱动电动机电源，接着由蓄能飞轮以起始频率为 ω_0 的角频率进行扫频激振。由于停在台面上车轮的固有频率处于 ω_0 和 0 之间，因此蓄能飞轮的扫频激振总能使"台面-汽车"系统产生共振。断开驱动电动机电源的同时，启动采样测试装置，记录数据和波形，然后进行分析、处理和评价。

（2）电气控制部分。

共振式悬架装置检测台电气控制部分主要由微机、传感器、A/D 转换器、电磁继电器及控制软件等组成。控制软件是悬架装置试验台电气控制部分与机械部分联系的桥梁。软件不仅实现对悬架装置试验台测试过程的控制，同时也对悬架装置试验台所采集的数据进行分析和处理，并最终将检测结果显示和打印出来。

3）用检测台检测悬架特性的方法

（1）汽车轮胎规格、气压应符合规定值，车辆空载，不乘人。

（2）将车辆每轴车轮驶上悬架检测台，使轮胎位于台面的中央位置，驾驶员离车。

（3）启动检测台，使激振器迫使汽车悬挂产生振动，使振动频率增加至超过振荡的共振频率。

（4）在共振点过后，将激振源关断，振动频率减少，并将通过共振点。

（5）记录衰减振动曲线，纵坐标为动态轮荷，横坐标为时间，测量共振时动态轮荷。计算并显示动态轮荷与静态轮荷的百分比及其同轴左右轮百分比的差值。

2. 悬架装置工作性能的诊断标准

车轮接地性指数可以表征悬架装置的工作性能，它表明了悬架装置在汽车行驶中确保车轮与路面相接触的最小能力。汽车行驶中，所有车轮的接地性指数是不一样的，这是由各轮悬架装置工作性能不一、各轮承受载荷不一、各轮气压不一等造成的。如果在检测上，人为使各轮承受的载荷和轮胎气压一致，那么，车轮接地性指数就主要决定于悬架装置的工作性能。因此，完全可以用车轮接地性指数评价悬架装置的工作性能。

在欧美一些国家，悬架装置检测台已被广泛应用在检测汽车悬架装置工作性能上。欧洲使用的悬架装置检测台主要的生产厂家有德国的 HOFMANN 公司和意大利的 CEMB 公司等。它们生产的悬架检测台在检测中，悬架检测台台板连同其上的被检汽车按正弦规律作垂直振动，激振振幅固定而频率变化。力传感器感应到车轮作用到台板上的垂直作用力，并将力信号存入存储器。当对全车所有车轮悬架装置检测完后，微机将力信号进行分析和处理，便可获得车轮的接地性指数。

欧洲减震器制造协会（EUSAMA）推荐的评价车轮接地性指数的参考标准如表 4-7 所示，可供我国检测悬架装置工作性能时参考。

表 4-7　车轮接地性指数参考标准

车轮接地性指数/%	车轮接地状态	车轮接地性指数/%	车轮接地状态
60～100	优	20～30	差
45～60	良	1～20	很差
30～45	一般	0	车轮与路面脱离

4.5.2　车轮动平衡的检测与诊断

高速行驶的汽车，若车轮不平衡，则会引起车轮的跳动和摆振，这不仅影响汽车的行驶平顺性和操纵稳定性，而且车辆还难以控制，也影响汽车行驶的安全性，同时还加剧轮胎及有关机件的磨损和冲击，使汽车的有关机件容易受到损坏，缩短汽车的使用寿命。因此，必须对车轮的不平衡进行检测，并进行必要的平衡作业。

1. 车轮不平衡的概念

1）车轮静不平衡

若车轮的质心与旋转中心不重合，则该车轮为静不平衡。静不平衡的车轮在旋转时，由于存在着不平衡质量，因而产生离心力，如图 4-41 所示。该离心力 F 可分解为一个水平分力 F_x 和一个垂直分力 F_y。车轮每转动一周，垂直分力 F_y 在通过车轮旋转中心垂直线的 a、b 两点时达到最大值且方向相反，易使车轮上下跳动，对于转向轮由于陀螺效应还可导致转向轮摆振；而水平分力 F_x 在通过车轮旋转中心水平线的 c、d 两点时达到最大值且方向相反，易引起车轮前后窜动，对于转向轮，它将产生绕主销来回摆动的力矩，造成转向轮摆振。当左、右

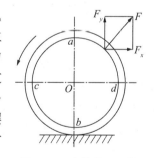

图 4-41　车轮静不平衡

转向轮的不平衡质量相互处于 180° 位置时，转向轮摆振将最为严重，从而影响汽车行驶的操纵稳定性。

为消除车轮的静不平衡状态，应进行车轮平衡作业，方法是：在车轮适当位置，加一平衡块，使平衡块质量和不平衡质量所产生的离心力大小相等，方向相反。这样车轮旋转时，二者的合力等于零，车轮就达到了静平衡。

2）车轮动不平衡

若车轮的质心偏离其旋转轴线或车轮的惯性主轴与其旋转轴线不重合，则该车轮为动

不平衡。当该车轮高速转动时，车轮产生较大的离心力或力矩，造成车轮上下振动或左右摆动，出现不平衡现象。

即使是静平衡的车轮，若其质量分布相对于车轮纵向中心面不对称，也会导致车轮动不平衡。假定在不同平面内径向位置相反的 a 点和 b 点（见图4-42a）分别具有作用半径相同、质量相等的质点 m_1 和 m_2，则说明车轮质心与车轮旋转轴线重合，车轮处于静平衡状态。当该车轮旋转时，m_1 和 m_2 将分别产生离心力，虽然其离心力合力为零，但离心力构成的合力矩却不为零。因而，在车轮转动时，由离心力作用而产生的方向反复变动的力偶 M，使车轮处于动不平衡中。若转向轮动不平衡，则车轮转动时，由于力偶 M 的作用，将会造成转向轮绕主销摆振，如图4-42（b）所示。

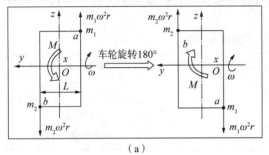
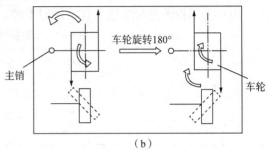

（a）　　　　　　　　　　　　　　　　　（b）

图4-42　车轮的动不平衡

（a）车轮动不平衡受力；（b）动不平衡引起转向轮摆振

为消除车轮的动不平衡，应对车轮进行动平衡作业，方法是：在轮辋两平面适当位置，加装适当质量的平衡块。当车轮旋转时，其平衡块产生的离心力及力偶，正好抵消车轮动不平衡力及力偶的作用，使车轮处于动平衡。

2. 车轮不平衡的检测原理

1）车轮静不平衡检测原理

车轮静不平衡检测时，不考虑不平衡质量在车轮宽度上的分布，只将车轮视为无厚度的旋转圆盘。

图4-43为车轮静不平衡检测原理，假设不平衡质量 m 集中在 r（轮辋半径）处。检测时，车轮以角速度 ω 旋转，产生离心力 F，而 F 在应变梁 y 方向产生应变力，导致应变梁产生应变。理论分析表明：应变梁产生的应变正比于车轮的不平衡力。因此，通过图中传感器检测应变梁产生的最大应变就可确定车轮的不平衡力，从而测得不平衡质量 m，而依据最大应变产生的时刻，则可测得不平衡质量的位置。就车式车轮平衡机就是根据这一原理工作的。

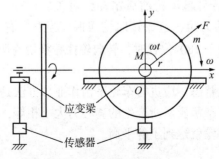

图4-43　车轮静不平衡检测原理

2）车轮动不平衡检测原理

图4-44（a）为某一离车式车轮平衡机的结构，图4-44（b）为该平衡机的检测原理。设车轮不平衡质量为 m_1 和 m_2，并集中在轮辋的边缘处。车轮转动时，由 m_1、m_2 引起的离心力分别为 F_1 和 F_2，水平传感器 A 和垂直传感器 E 感受的支反力分别为 F_A 和 F_E。该平衡机的测试、校正原理是根据传感器处的动反力来求取两校正面（轮辋两边缘）上离心力 F_1、F_2，再根据 F_1、F_2 来确定两校正面所需的平衡块质量和安装方位。

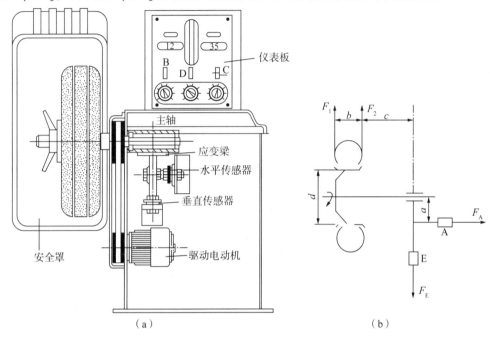

（a）

A—水平传感器；E—垂直传感器。

图4-44　车轮动不平衡检测原理

（a）离车式车轮平衡机的结构；（b）检测原理

根据力和力偶的平衡条件有：

$$\sum F_y = 0, \quad F_1 + F_2 - F_E = 0 \tag{4-12}$$

$$\sum M = 0, \quad F_1(b + c) + F_2 c - F_A a = 0 \tag{4-13}$$

联立式（4-12）、式（4-13），解得

$$F_1 = \frac{a}{b}F_A - \frac{c}{b}F_E \tag{4-14}$$

$$F_2 = \frac{b + c}{b}F_E - \frac{a}{b}F_A \tag{4-15}$$

式中：a——平衡机结构参数，为已知常数；

b——被测车轮的宽度，可用专用工具测量；

c——被测车轮在平衡机上的安装尺寸，由平衡机生产厂提供的专用工具测得；

F_A、F_E——传感器支承处反力，由相应传感器转换成电信号测出。

由式（4-14）和式（4-15）计算出 F_1、F_2 后，再依据离心力公式 $F = m\omega^2 r$ 即可计算出不平衡质量 m_1 和 m_2：

$$m_1 = \frac{F_1}{\omega^2 r} = \frac{2F_1}{\omega^2 d} \tag{4-16}$$

$$m_2 = \frac{F_2}{\omega^2 r} = \frac{2F_2}{\omega^2 d} \tag{4-17}$$

式中：ω——车轮平衡时平衡机主轴的转动角速度；

r——不平衡质量（即平衡块）到车轮旋转轴线的距离，一般平衡块安装在轮辋边缘，故 $r=d/2$，d 是被测车轮的轮辋直径，可以根据轮胎代号读取。

不平衡质量 m_1 和 m_2，由仪表板的不平衡质量仪表显示，其不平衡质量的相位由相位仪表显示。

3. 车轮不平衡的检测

由于动平衡的车轮肯定是静平衡的，而静平衡的车轮却不一定是动平衡，因此对车轮一般是进行动不平衡检测，只有当车轮外径和轮宽之比大于或等于 5 时，才采用静不平衡检测。车轮不平衡检测按其检测方式可分为就车式检测和离车式检测两种。就车式检测是指在不拆卸车轮的状况下，直接在车上对车轮进行不平衡检测；离车式检测是指将车轮从车上拆下后装在车轮平衡机上进行的检测。

1）车轮不平衡的就车检测

（1）就车式车轮平衡机。

图 4-45 为就车式车轮平衡机的检测示意图。就车式车轮平衡机主要由驱动装置、传感器支架、电测系统、光电相位检测装置、指示装置等组成。

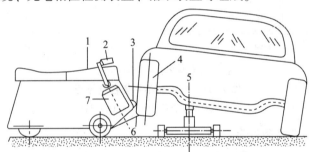

1—仪表板；2—手柄；3—光电传感器；4—被测车轮；5—传感器支架；6—摩擦轮；7—驱动电动机。

图 4-45　就车式车轮平衡机的检测示意图

驱动装置由驱动电动机和摩擦轮组成，检测从动车轮时，将摩擦轮直接贴靠于车轮的胎面，驱动电动机通过摩擦轮驱动车轮旋转，而检测驱动轮时，可直接由发动机经传动系驱动被测车轮。

传感器支架由可调支架、底座、传感器等组成。检测时，传感器支架在车桥下支承就位，承受车桥重力和不平衡振动力，并将振动信号传给支架内的力传感器。该传感器于是将不平衡力信号转变成电信号输送给电测系统。

电测系统用来计算和处理各传感器输出的信号，以便得到车轮不平衡质量值和相位值。由于传感器支架的安装位置随被测车型和操作人员的习惯及现场条件而定，完全是随机的，因此其电测系统必须具有自标定功能。所谓自标定功能，是指能根据已知不平衡质量所引起的不平衡力大小和相位，反算出实测的不平衡力对应的不平衡质量大小和相位。

光电相位检测装置包括一个强光源和两个光电管，它装在平衡机驱动小车前下部靠近被测轮胎处，其强光源用以照射轮胎上的反光标志，为光电管提供相位信号以供计算机识别，计算机同时根据两个光电管接受反光信号的前后来判断车轮的旋转方向。

指示装置由不平衡度表和相位显示表组成。不平衡度表用来指示车轮的不平衡质量，相位显示表用来指示车轮的不平衡位置。

（2）就车式检测车轮不平衡。

就车式车轮平衡机用于车轮不平衡的就车检测，其检测车轮不平衡作业的一般步骤和方法如下。

a. 被测车轮的准备。去掉车轮轮辋上已有平衡块，清除轮胎表面的泥土和花纹中的石子，检查轮胎气压，视必要充至规定值，在轮胎侧面任意处贴上白色反光标志或用白粉笔涂上记号。

b. 安装传感器支架。用举升器顶起车桥，将车桥落座于传感器支架上，调节支架使被测车轮升离地面。

c. 检查车轮转动情况。用于转动车轮，查看车轮是否转动自如，车轮轴承有无松旷，如不正常，应视情况作适当调整或处理。

d. 把摩擦轮紧压在被测车轮上，按下第一次试验按钮，起动电动机带动摩擦轮和被测车轮高速旋转，注意使车轮旋转方向与汽车前进时一致。待转速上升到选定转速时，分离摩擦轮同时释放按钮，测量系统记录与不平衡力及其相位有关的原始数据并存入CPU，指示仪表将闪烁显示这组未标定的不平衡数值和相位。

e. 在反光标志处加装计算机预设的标定质量，将摩擦轮紧压在被测车轮上，按下第二次试验按钮，电动机带动摩擦轮和被测车轮高速旋转，当转速达到设定值时指示灯亮，再分离摩擦轮同时释放按钮，于是测量系统把第一次试验测得的数据转换成为应加装的平衡块质量和相位，并显示在仪表板上，这就是平衡机的自标定功能。

f. 根据显示的质量，在指定相位上加装平衡块，同时去掉标定质量块。再起动平衡机检测剩余不平衡量，看是否满足法规要求。若达不到要求，则进行第二次复试；若仍然达不到要求，则可拆下车轮进行离车平衡作业。

对于平衡要求较高的车辆，为了消除阻尼造成的相位误差，平衡时可令车轮左右各转一次，取两次的平均值为最后测定值。

（3）就车式检测特点。

a. 检测效率高。直接在车上对车轮进行不平衡检测作业，不需拆装车轮，检测速度快，效率高，适用于检测线。

b. 检测效果好。就车式检测实际上是对车轮以及与其相连的旋转元件进行的综合平衡性检测，包括对制动鼓或制动盘的平衡检测，它解决的是车轮实际使用状态的系统平衡问题，效果较好。

c. 平衡难度相对较大。当车轮旋转系统调整不当、系统各部件严重变形及不平衡时，就车式检测平衡车轮的难度较大。

目前，车轮不平衡的就车式检测方法在汽车检测站、4S店得到了广泛应用。

2）车轮不平衡的离车检测

（1）离车式车轮平衡机。

离车式车轮平衡机目前应用最多的是硬式支承的动平衡机，它主要由驱动装置、转轴与支承装置、显示与控制装置、制动装置、机箱和车轮防护罩等组成。

驱动装置一般由电动机、传动机构等组成，可驱动转轴旋转；转轴由支承装置支承，其支承装置的传感器能将动反力转变为电信号输出，转轴的外端通过锥体和快速螺母等固装被测车轮；显示与控制装置多为微机式，能将传感器送来的电信号通过微机运算、分析、判断后，在屏幕上显示出不平衡量及相位，其操作也有屏幕显示提示；制动装置可使车轮快速停转；车轮防护罩可防止车轮旋转时其上的平衡块或花纹内夹杂物飞出伤人。

车轮平衡机开机后，微处理器在确认设备各单元状态正常的前提下，提示正常信息，经过一些必要的操作步骤就可以进行车轮的平衡操作。检测时，微处理器通过驱动接口控制平衡机转轴运转，平衡传感器检测到的不平衡信号经过处理后传送到微处理器端口，处理器对不平衡信号与主轴的角度信号进行综合分析，计算出不平衡值及相位并通过 LED 单元显示出来。检测时，通过键盘和 LED 单元可实现人机对话。

（2）离车式检测车轮不平衡。

离车式车轮平衡机用于车轮不平衡的离车检测，下面以 KWB-4 系列车轮平衡机为例说明检测车轮动不平衡的一般步骤和方法。

a. 车轮检测准备。去掉车轮轮辋上已有的平衡块，清除轮胎表面的杂物，检查轮胎气压并视必要充至规定值。

b. 装夹车轮。根据被测车轮轮辋中心孔的大小选择合造的锥体压盘，再用酒精或汽油把转轴及锥套接触面擦拭干净，然后把车轮对中安装到平衡机转轴上，并用快速螺母装夹牢固。

c. 打开电源开关，检查指示与控制装置的面板是否指示正确，并确保其正常。设备初始安装或使用过程中，怀疑测量不准时应运行自校准程序，以保平衡机测量准确。

d. 选择检测功能。开机后平衡机的功能状态为默认状态（即普通动平衡状态），因为一般情况下都选择此项功能状态。当被平衡车轮的轮辋两边缘均可用挂钩式平衡块时，可选用动平衡状态，这样可在车轮内侧和外侧同时加平衡块平衡。

e. 输入车轮参数。测量轮辋直径、轮辋宽度和轮机距离参数，并将其输入微机。不少平衡机具有自动测量轮机距离和轮辋直径的功能。注意：很多平衡机要求轮辋直径、轮辋宽度和轮机距离的单位是英寸。

f. 放下车轮防护罩。起动平衡机前，一定要先放下车轮保护罩，以保证使用者的安全。注意：车轮旋转期间不要抬起轮罩，如出现异常，应先关闭电源停机，待车轮停转后再开启轮罩。

g. 测量车轮不平衡量。按起动按钮，车轮旋转，平衡机则自动进入车轮平衡检测程序。当测量完成时，平衡机显示板会自动显示车轮两侧的不平衡量及其相位，车轮自动制动直至停止。

h. 确定车轮平衡点。打开车轮防护罩，将车轮绕转轴旋转，当外侧不平衡位置指示——5 个 LED 全亮时，表示车轮外侧的最高点为平衡点位置；当内侧不平衡位置指示——5 个 LED 全亮时，表示车轮内侧的最高点为平衡点位置。

i. 加装平衡块。分别在轮辋两侧边缘不平衡点加上相应质量的平衡块，若不平衡量超过平衡块的最大质量，可两个以上平衡块并列使用，但这时应注意因多个平衡块占用较大的扇面会使其有效质量低于实际质量的影响。

j. 平衡后测量。放下车轮防护罩，重新起动平衡机进行再次检测，观察剩余不平衡量是否满足法规要求。安装平衡块后有可能产生新的不平衡，应重新进行平衡作业，直至不平衡量符合要求。一般认为车轮不平衡量小于 5 g 即为合格。

k. 检测结束，关闭主机电源。

若车轮经离车式车轮动平衡机平衡后再装车行驶仍出现不平衡现象，则最好再用就车式车轮动平衡机进行校对或平衡，以达到整个车轮旋转系统平衡的目的。

（3）离车式检测特点。

a. 检测精度高。将车轮从车上拆下后，装在平衡机上进行检测，影响车轮不平衡的因素少，因此能对车轮的不平衡进行高精度测量。

b. 平衡作业简单。离车式检测出不平衡时，不需考虑其他因素，可直接对车轮进行平衡作业，且作业简单。

c. 检测速度慢。检测时，需将车轮从车上拆和装，从离车式平衡机上装和拆，拆装车轮麻烦，使检测速度相对较慢。

4. 检测结果分析

车轮不平衡检测时，若其不平衡量小于该车型的规定值，则对该车轮不必进行平衡；若其不平衡量超标，则应进行平衡作业。实际上往往通过平衡作业就可使车轮平衡性满足要求，但当不平衡值过大时，或通过平衡作业难以达到要求时，应对车轮进行进一步检查，以找出故障原因。车轮不平衡的主要原因如下。

a. 轮辋、制动鼓严重变形。

b. 轮毂与轮辋加工质量不佳，如中心不准、轮胎螺栓孔分布不均、螺栓质量不佳等。

c. 轮胎存在异常磨损、局部损坏或轮胎修补方法不当。

d. 轮胎本身质量分布不均匀，如轮胎产品质量欠佳。

e. 安装位置不正确，如内胎充气嘴位置不符合要求。

f. 车轮平衡块脱落。

▌知识小结

汽车悬架系统工作性能的检测方法有经验法、按压车体法和试验台检测法。

共振式悬架装置检测台一般由机械部分和电子电器控制部分组成。

机械部分由箱体和左右两套相同的振动系统构成，每套振动系统由上摆臂、中摆臂、下摆臂、支承台面、激振弹簧、驱动电动机、蓄能飞轮和传感器等构成。

电气控制部分主要由微机、传感器、A/D 转换器、电磁继电器及控制软件等组成。

若车轮的质心与旋转中心不重合，则该车轮为静不平衡。若车轮的质心偏离其旋转轴线或车轮的惯性主轴与其旋转轴线不重合，则该车轮为动不平衡。

习题

1. 填空题

（1）悬架系统是汽车底盘的一个重要装置，通常由_____、_____和_____组成。

（2）汽车悬架系统工作性能的检测方法有_____、_____和_____。

（3）_____表明了悬架装置在汽车行驶中确保车轮与路面相接触的最小能力。

（4）就车式车轮平衡机主要由_____、_____、_____、_____、_____等组成。

（5）车轮不平衡检测按其检测方式可分为_____和_____两种。

2. 单项选择题

（1）共振式悬架装置检测台的组成部分包括机械部分和_____部分。

A. 传感器　　　　　B. 电磁阀　　　　　C. 电气控制　　　　　D. 执行器

（2）下列说法正确的是_____。

A. 动平衡的车轮是静平衡的，静平衡的车轮也一定是动平衡的

B. 动平衡的车轮是静平衡的，静平衡的车轮不一定是动平衡的

C. 动平衡的车轮不一定是静平衡的，静平衡的车轮一定是动平衡的

D. 动平衡的车轮不一定是静平衡的，静平衡的车轮也不一定是动平衡的

（3）对于最大设计车速不低于 100 km/h、轴载质量不超过 1 500 kg 的载客汽车，应用悬架检测台检测悬架特性，测得的吸收率应不小于_____，同轴左右轮吸收率之差不得大于_____。

A. 40%　　　　　B. 45%　　　　　C. 10%　　　　　D. 15%

3. 多项选择题

（1）进行车轮动不平衡检测时，应测量哪几个参数_____。

A. 轮辋直径　　　B. 轮辋宽度　　　C. 轮胎宽度　　　D. 边缘距离

（2）就车式检测检测车轮不平衡的特点，正确的有_____。

A. 检测精度高　　　　　　　　　B. 检测效率高

C. 平衡难度相对较大　　　　　　D. 检测效果好

4. 判断题

（1）（　　）共振式悬架装置检测台的机械部分主要由微机、传感器、A/D 转换器、电磁继电器及控制软件等组成。

（2）（　　）车轮接地力和车轮接地性指数都可以表征悬架装置的工作性能。

（3）（　　）动平衡的车轮肯定是静平衡的。

（4）（　　）目前应用最多的就车式车轮平衡机是硬式支承的动平衡机。

5. 简答题

（1）为何要检测悬架性能？怎样检测？

（2）什么是车轮的静不平衡和动不平衡？如何检测和平衡？

4.6　车轮定位的检测与诊断

4.6.1　车轮定位常识

车轮定位包括前轮定位、后轮定位，即四轮定位。前轮定位参数是指前轮前束、前轮外倾角、主销后倾角和主销内倾角，后轮定位参数主要是指后轮前束、后轮外倾角。车轮定位参数是车桥技术状况的重要诊断参数，其检测方法有静态检测和动态检测两种。

1. 车轮定位的静态检测

车轮定位的静态检测是指汽车静止时，使用测量仪器对车轮定位参数进行的测量。其测量仪器主要有：气泡水准式车轮定位仪和各种形式的四轮定位仪。

1）车轮定位参数检测原理

（1）车轮前束检测原理。

车轮前束是指汽车同轴上的左右轮，其前端距离小于后端距离的现象，如图4-46所示。车轮前束既可用 A 与 B 的差值（mm）表示，也可用前束角表示。车轮前束常用的检测方法有：拉线式测量法和光电测量法等。

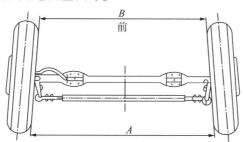

图 4-46 车轮前束

a. 拉线式测量法。根据前束的定义，在车体摆正、前轮处于直行位置时，分别测量同轴左右车轮最后端和最前端对应位置（可以是在车轮内侧面上或车轮中心平面上对应点）间的距离 A、B 值，即可得到车轮前束值$(A - B)$。

b. 光电测量法。四轮定位仪检测时，安装在两前轮和两后轮上的机头内均装有发光器和光接收器，这样既可利用同一轴上左、右轮互为基准（见图4-47a），也可利用同一侧的前、后轮互为基准（见图4-47b）来测量车轮前束。

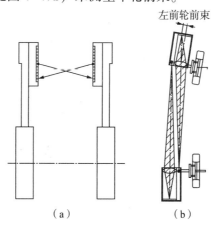

图 4-47 前束值光电测量法示意图

（a）左、右轮互为基准；（b）前、后轮互为基准

安装在车轮上的传感器有不同的类型，现以光敏晶体管式传感器为例说明其检测原理。安装在两前轮和两后轮上的光敏晶体管式传感器均有光线发射器和光线接收器，光线接收器是一组等距离排列的光敏晶体管，光敏晶体管在不同位置上接收到光线照射时，其光敏管产生的电信号即代表了前束值的大小。

当前束为零时，同一轴左、右轮上的传感器发射出的光束应重合。当车轮存在前束时，在右轮传感器上接收到的光束位置偏移值（注意正负号），则表示左侧车轮的前束值或前束角；同理，在左轮传感器上接收到的光束位置偏移值，则表示右侧车轮的前束值或前束角。由于车轮的前束值很小，因此检测时因基准偏转带来的误差很小，可以忽略不计。

（2）车轮外倾角检测原理。

车轮外倾角是指车轮中心平面向外倾斜的角度，如图4-48所示。检测车轮外倾角时，必须保证车体摆正，车轮处于直行位置，因为车轮偏转时车轮外倾角将发生变化。车轮外倾角的检测，通常以重力方向作为基准，常用的检测方法有：气泡水准仪测量法和倾角传感器测量法等。

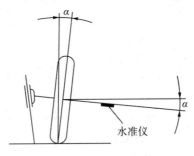

图4-48　车轮外倾角

a. 气泡水准仪测量法。检测时，通过支架在车轮旋转平面的垂直方向安装水准仪，于是水准仪上测量外倾角的气泡管也垂直于车轮旋转平面，因此气泡管与水平面的夹角与车轮外倾角相等。气泡管中的水泡偏移量与车轮外倾角大小成比例，气泡管可按角度刻度。也可将气泡管调回水平位置，用气泡的位移量或角度调节量来反映车轮外倾角的大小。

b. 倾角传感器测量法。对于光电式四轮定位仪，安装在被测车轮上的机头内装有电子倾角传感器。检测时，利用电子倾角传感器把车轮的外倾角信号转换成电信号，从而测得车轮外倾角。

（3）主销后倾角和主销内倾角检测原理。

主销后倾角和主销内倾角均不能直接测出，而只能利用转向轮转动时建立的几何关系，进行间接测量。下面以主销后倾角检测为例进行说明。

主销后倾角测量时，将转向轮分别向内、向外转动一定角度，此时主销后倾角与车轮外倾角会发生相应变化。在一定条件下，主销后倾角与车轮外倾角的变化近似为线性关系。根据其几何关系可得：

$$\gamma = \arctan \frac{\sin\alpha_i - \sin\alpha_o}{\sin\delta_i - \sin\delta_o} \tag{4-18}$$

式中：γ——主销后倾角；

δ_i、δ_o——分别为转向轮向内、向外转动的角度；

α_i、α_o——分别为转向轮向内转动 δ_i、向外转动 δ_o 角度时的车轮外倾角。

为减少主销内倾对主销后倾角测量的影响，提高测量精度，可采用相对测量法，使车轮向内、向外转动角度相同，即 $\delta_o = -\delta_i = \delta$，代入式（4-18）得：

$$\gamma = \arctan \frac{1}{2\sin\delta}(\sin\alpha_i - \sin\alpha_o) \tag{4-19}$$

因为主销后倾角和车轮外倾角都很小，可以近似地取 $\sin\alpha = \alpha$，$\tan\gamma = \gamma$，故式（4-19）

可简化为：

$$\gamma = \frac{1}{2\sin\delta}(\alpha_i - \alpha_o) = C_o(\alpha_i - \alpha_o) \qquad (4-20)$$

式中：C_o——比例系数，$C_o = 1/(2\sin\delta)$，取决于转向轮的转动角度。多数车轮定位仪规定转向轮转动角度 δ 为20°，此时 $C_o = 1.46$；也有四轮定位仪规定 δ 为10°，此时 $C_o = 2.88$。

式（4-20）表明：主销后倾角与车轮外倾角的变化量成正比，只要测出转向轮内、外转动一定角度时车轮外倾角的变化量（$\alpha_i - \alpha_o$），再乘以比例系数 C_o，即可得到主销后倾角。

四轮定位仪通常利用安装在转向轮上机头内的倾角传感器，检测转向轮内转和外转一定角度时，转向轮平面倾角的变化量（$\alpha_i - \alpha_o$）来间接测出主销后倾角。

主销内倾角测量与主销后倾角测量在原理上相同，只是角度测量平面与主销后倾角测量时旋转了90°。四轮定位仪通常利用安装在转向轮上机头内的倾角传感器，检测转向轮内转和外转一定角度时，万向节枢轴绕其轴线转动的角度变化量来间接测出主销内倾角。

2）四轮定位仪检测简介

四轮定位仪是专门用来测量车轮定位参数的设备。它适用于不但具有前轮定位，而且具有后轮定位汽车的四轮定位参数检测。四轮定位仪的形式多种多样，按测量技术的不同，可分为机-电式和光-机-电式；按测试方式的不同，可分为拉线式、光学式和图像式；按通信方式的不同，可分为有线式和无线式，其中无线式四轮定位仪又分为红外式和蓝牙式。下面以目前主流的蓝牙 CCD 图像式四轮定位仪为例，介绍四轮定位仪的结构、原理。

（1）四轮定位仪的结构。

四轮定位仪由主机、传感器机头、通信系统和机械部分等组成，其外形如图4-49所示。

图4-49　四轮定位仪外形

a. 主机，也称上位机，由一台标准个人计算机及四轮定位专用软件构成，是使用者的操作控制平台。它具有指令下达、数据处理、结果显示及打印输出等功能。

b. 传感器机头，也称下位机，是四轮定位仪的核心部件。每个传感器机头内装有主控板、两个倾角传感器、两个 CCD 图像传感器、两个红外发射管、蓝牙通信板及电源等。主控板由单片机及其外围电路组成，接受主机指令并完成相应操作，最后将结果传输至计算机；相互垂直安装的两个倾角传感器，分别用于测量车轮外倾角、主销内倾角及后倾角；CCD 图像传感器与相应的红外发射管用于测量车轮前束并确定四轮的相互位置关系；蓝牙通信板用于接收、完成上位机命令，并将测量数据回传给计算机。

c. 通信系统。它采用蓝牙无线通信技术，实现上位机与下位机之间信息的相互交换。

d. 机械部分。它由轮夹、转角盘、转向盘固定架和制动踏板固定架组成。轮夹有四个，其作用是将传感器机头快速夹装在汽车轮辋上；转角盘两个，汽车两转向轮置于其上，其作用是适应检测时转向轮偏转的需要；转向盘固定架的作用是根据需要固定汽车转向盘，以保证测试过程中汽车方向不会发生改变；制动踏板固定架的作用是固定汽车制动踏板，以保证测试过程中汽车不会发生前后移动。

（2）四轮定位仪的工作原理。

检测时，各传感器机头通过轮夹与汽车轮辋相连，于是四轮定位参数信息可通过四个传感器机头的各种传感器来反映。传感器机头中的 CCD 图像传感器分别感应与其相对应的红外发射管的图像，由于传感器的图像反映了其与对应的红外发射管的相互关系，通过八个 CCD 图像传感器的图像（见图 4-50）可以计算出四个轮辋的相互关系，再加上各机头上两个倾角传感器测量的倾角，即可确定车轮的所有定位参数。

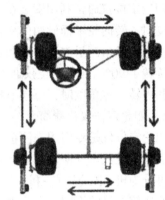

图 4-50　CCD 图像传感器测量示意图

各传感器机头检测四轮定位参数时，需通过蓝牙无线通信技术传输数据。蓝牙无线通信技术是一种开放的低成本、短距离无线连接技术，是可以实现一对多通信的技术。计算机通过 COM 口，将命令发给蓝牙控制器，进行信号调理，并以无线电方式传输至各个机头。各个机头有其固有的编码，其内部的蓝牙通信板接收到命令后，通过识别完成上位机命令，并将测量数据经蓝牙通信板返回给数据处理系统。

四轮定位参数的数据处理由主机完成。通过专用软件，主机对检测的数据进行处理，并与原厂设计参数进行对比，同时指导使用者对汽车定位参数进行调整，最终打印出相应的报表。

（3）四轮定位仪的使用方法。

a. 测试前的准备。

● 对被测车辆进行预检查。检查：轮胎气压是否符合规定、轮胎尺寸是否一致；轮辋变形是否严重；车轮轴承间隙是否正常；悬架系统、万向节及其拉杆的球头销有无过大间隙等。若不符合要求，则应先行修复，否则会导致检测的数据不准确。

● 根据汽车轴距和轮距确定转角盘和后滑板的位置，确保检测时各车轮能处于同一水平面，避免倾角测量产生误差。

● 用锁销将转角盘锁紧，将汽车行驶到举升机上，使前轮正好位于转角盘中心，当车轮处于直线行驶状态时，转角盘的指针应与刻度盘上的 "0" 刻度对齐。车辆停稳后，进行驻车制动，以确保车辆不移动和人员安全，然后松开锁销。

● 将轮夹装在轮辋上，然后按规定的前后左右位置分别将传感器机头牢固地安装在汽车相应的四个车轮上。

● 调节各传感器机头，使水准仪气泡处于中间位置，以保证传感器机头处于水平位置。

b. 基本操作程序。

●打开设备电源，启动计算机。经过计算机自检进入 Windows 操作系统，系统自动运行四轮定位仪的专用软件，显示器屏幕进入测量程序主界面。

●点击车型选定，进入下一层菜单，选择车型数据并开始检测或偏心补偿。

●偏心补偿。为减少轮辋变形及轮夹安装误差对检测精度的影响，四轮定位仪设计了偏心补偿功能，以补偿双侧车轮的同轴度。偏心补偿时，架起车轮并松开驻车制动器，按界面提示操作要求，依次对各车轮进行偏心补偿。

●按显示器界面的提示，将驻车制动器拉紧，用制动踏板固定架将行车制动踏板压紧，将车辆二次举升复位，使前轮落在转角盘中心，再用力压几下前后车身，使汽车恢复原始状态。然后，按下传感器的 MEMORY 键或键盘的 M 键，就进入测量界面。若不作偏心补偿，则无步骤 c 和 d，按 F1 键会直接进入测量界面。

●按显示器界面的提示，逐项进行所需的四轮定位参数检测与调整。

（4）四轮定位仪的检测特点。

a. 操作简单、使用方便。现代四轮定位仪的操作界面清晰，具有适时帮助系统，把复杂的四轮定位检测简化成了"看图操作"，屏幕中的菜单、图形或数字能指引操作人员快捷正确地检测或调整车轮定位。

b. 测量参数全面、准确。现代四轮定位仪由于采用了先进的测量系统和科学的检测方法，因此可以全面、准确地测量车轮前束、车轮外倾角、主销后倾角、主销内倾角、推力角、轴距差和轮距差等定位参数。

c. 适应车型多。现代四轮定位仪的车型数据齐全，一般都带有世界上两万多种汽车的车轮定位数据及调整方法，用户还可自己扩展补充新的汽车定位数据资料。

d. 检测效率高。现代四轮定位仪的传感器机头在车轮上能快捷定位，其检测系统能实现快速校准、快捷搜索数据查询系统、快速查找所测车型数据以及自动提示测量进度，并保存或打印测量结果，这些都可以最大限度地提高工作效率。

3）车轮定位的检测分析

（1）检测标准。

汽车车轮定位值的大小是根据汽车的设计要求确定的，不同的车型其值有所不同。因此，汽车车轮定位的检测标准应是该车技术条件规定的车轮定位参数值。

（2）检测结果分析。

a. 前轮定位分析。

●前轮前束应符合标准。若前轮前束超标，则容易导致车轮侧滑，轮胎磨损加剧，严重时，轮胎呈羽毛状的磨损。当前轮前束超标时，应对其进行调整，使之满足要求。前轮前束的调整通常是依赖左、右转向横拉杆中的调整螺母进行的。调整时，左右车轮应对称调整，以保证汽车直线行驶时左、右前轮的前束角相等，否则汽车易出现跑偏、转向轮与车身干涉等现象。

●前轮外倾角应符合标准。若前轮外倾角超标，则易使车轮侧滑，导致轮胎的快速磨损及转向拉力，影响行车安全。若两前轮的外倾角相差较大，则车辆易向正外倾角较大的一侧偏驶；前轮负外倾值过大时，容易出现车轮"飞脱"的危险。前轮外倾角一般不可调整，因此，当前轮外倾角超标时应检查悬架系统零部件是否弯曲变形或损坏，万向节、车桥是否变形或装配不良，待找出原因排除故障后，重新测量前轮外倾角，直至符合标准为止。

• 主销后倾角和主销内倾角应符合标准。若主销后倾角、主销内倾角过大，则易导致汽车转向沉重、转向轮回正过猛；而主销后倾角、主销内倾角过小，则不利于转向轮的自动回正。主销内倾角一般不可调整，而主销后倾角是否可调整因车型而异。因此，当主销后倾角和主销内倾角超标时，应检查悬架系统零部件、万向节、车桥或车身是否弯曲变形或者装配不良，待找出原因并排除故障后，重新测量主销定位参数，直至符合标准为止。

b. 后轮定位分析。许多高档轿车都设置有后轮定位。对于前驱动和独立后悬架的汽车，若后轮定位不当，即使前轮定位良好，仍然会有不良的操纵性和轮胎早期磨损。

• 后轮前束应符合标准。若后轮前束值过小，则对于前轮驱动、后轮从动的车辆，后轮容易出现前张现象；若后轮前束值过大，则汽车在正常行驶时，特别是在满载行驶时，难以与后轮运动外倾角相匹配，后轮侧滑严重。这些均会导致后轮行驶阻力过大，轮胎磨损加剧，行驶操纵性变差。因此，当后轮前束超标时，应查明原因排除故障，根据标准予以调整，直至符合标准为止。

• 后轮外倾角应符合标准。若后轮外倾角过大，则对于前轮驱动、后轮从动的车辆，难以抵消汽车高速行驶且驱动力较大时后轮出现的负前束；若后轮外倾角过小，则对于采用独立后悬架的车辆，其后轮运动的负外倾角将会很大。这些均会导致后轮外倾与后轮前束不匹配，造成轮胎磨损严重，汽车行驶性能和操纵性能不良。当后轮外倾角超标时，应检查后悬架系统零部件是否装配不良、是否弯曲变形或损坏，待找出原因排除故障后，重新测量后轮外倾角，直至符合标准为止。

2. 车轮定位的动态检测

车轮定位的动态检测是指汽车以一定车速行驶时，用测量仪器或设备检测车轮定位产生的侧向力或由此引起的车轮侧滑量，来反映车轮定位的状况。目前，常用车轮侧滑量作为车轮定位动态检测的参数，其测量设备是侧滑试验台。

1）车轮侧滑机理

车轮定位参数不正确，会引起车轮承受侧向力而侧滑。其中，尤以车轮外倾和前束两参数对车轮侧滑量的影响为最大。

（1）车轮外倾引起侧滑。

为提高转向车轮工作时的安全性，转向车轮设置一定的外倾角。这样可防止汽车承载后车轮内倾引起的轮毂在路面对车轮垂直反力的轴向分力作用下，压向外端的小轴承，使小轴承和紧固螺母载荷增大，严重时紧固螺母损坏，出现车轮"飞脱"的危险。但是，转向前轮外倾后，在向前滚动时，具有向外滚开的趋势。虽然在刚性前轴的约束下，前轮并不能真正地向外分开滚动，但前轴分别给两前轮向内的侧向力和轮胎在地面上的滑磨是实际存在的。因此，在汽车行驶时，两车轮在向前滚动的同时向内侧滑。

（2）车轮前束引起侧滑。

为减少和消除车轮外倾造成的轮胎滑磨及磨损增加的危害，车轮设置前束。车轮具有前束后，在向前滚动时，具有向内收拢的趋势。虽然在刚性前轴的约束下，车轮并不能真正地向内收拢，但车轴分别给两车轮向外的侧向力及轮胎在地面上的滑磨也是实际存在的。因此，在汽车行驶时，同轴上的两车轮在向前滚动的同时向外侧滑。

（3）外倾与前束的综合作用。

车轮定位中，外倾与前束在车上同时存在，若车轮外倾与前束配合得当，则车轮在向前滚动过程中，车轮外倾与前束产生的作用于车轮的侧向力因其大小相等、方向相反而抵消，车轮处于向前直行的滚动状态，无侧滑现象。若车轮外倾与前束配合不当，则两者产生的对车轮的侧向力失去平衡，车轮将会向侧向力大的一方侧滑。

2）车轮侧滑量测量原理

车轮的侧滑量可利用图4-51所示的双滑板装置进行测量。该装置的双滑动板互不连接，均通过滚动装置平放于地面，且在沿汽车行驶的纵向受约束不能移动，而在横向则可自由滑动。

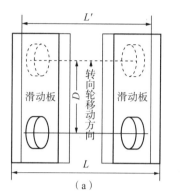
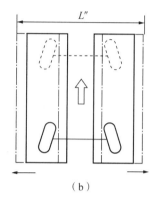

图4-51 侧滑量测量原理

（a）车轮外倾引起的侧滑；（b）车轮前束引起的侧滑

假定让两个只有外倾而无前束的车轮缓慢地向前通过可以左右滑动的滑板时，由于车轮轮胎与滑板之间摩擦系数很大，因而两侧滑板会在车轮侧向力作用下，分别向内滑动，如图4-51（a）所示。该滑动量即为车轮外倾引起的侧滑量，其单个车轮的平均侧滑量为X_1，则：

$$X_1 = (L - L')/2 \tag{4-21}$$

式中：L——滑板静态时两板外侧间距；

L'——滑板向内侧滑后两板外侧间距。

假定让两个只有前束而没有外倾的车轮缓慢地向前通过可以左右滑动的滑板时，则两侧的滑板在侧向力的作用下分别向外侧滑动，如图4-51（b）所示。该滑动量即为前束引起的侧滑量，其单个车轮的平均侧滑量为X_2，则：

$$X_2 = (L'' - L)/2 \tag{4-22}$$

式中：L''——滑板向外侧滑后两板外侧间距。

实际上，目前一般汽车转向前轮同时存在着外倾与前束，因此在两前轮通过可以左右滑动的滑板时，其侧滑量X为前束和外倾两者的综合，即$X = X_2 - X_1$。只有在外倾与前束配合得当时，二者产生的侧向力相互抵消，才能保持车轮无侧滑，此时滑动板无侧滑，$X=0$。若两者配合不当，则侧向力失去平衡，车轮将沿着较大侧向力的方向侧滑，产生侧滑量，此时$X \neq 0$。当$X>0$时，两轮向外侧滑；当$X<0$时，两轮向内侧滑。

侧滑试验台就是利用上述滑动板原理来检测车轮侧滑量的。

3）车轮侧滑量的检测

（1）侧滑量检测试验台。

目前，国内车轮侧滑量的检测大多采用双滑板式侧滑试验台。图4-52为电气式侧滑试验台的结构，它主要由测量装置、指示装置和报警装置等组成。

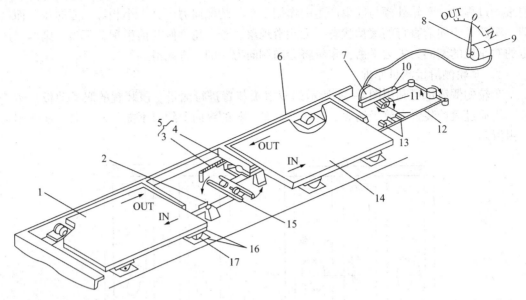

1—左滑动板；2—导向滚轮；3—复位弹簧；4—摆臂；5—回位装置；6—框架；7—产生电信号的自整角电动机；
8—指示机构；9—接受电信号的自整角电动机；10—齿条；11—小齿轮；12—连杆；13—限位开关；
14—右滑动板；15—双销叉式曲柄；16—轨道；17—滚轮。

图4-52　电气式侧滑试验台的结构

a. 测量装置。它主要由左右两块滑动板、杠杆机构、回位装置、位移传感器及信号传递装置等组成，能将车轮侧滑量测出并传给指示装置。滑动板的长度一般有500 mm、800 mm和1 000 mm 三种，滑动板表面与轮胎之间可以看成是无滑动的。滑动板在外力作用下，通过滚轮、轨道和两板之间的杠杆机构（双销叉式曲柄），能进行左右等量的相对运动。当车轮正前束（IN）过大时，滑动板向外侧滑动；当车轮负前束（OUT）过大时，滑动板向内侧滑动；当侧向力消失时，在回位装置作用下两滑动板回到零点位置；当关闭锁止装置时，两滑动板被约束锁止。

按滑动板滑动量传递给指示装置方式的不同，测量装置可分为电气式和机械式两种。

● 电气式测量装置。如图4-52所示，它是把滑动板的滑动量通过位移传感器变成电信号，再经过放大、处理而传输给指示装置的一种测量装置。该装置的位移传感器有自整角电动机式、电位器式和差动变压器式等多种形式。

● 机械式测量装置。它是通过连杆和L形杠杆等零件，把滑动板与指示装置机械地连接在一起，并将滑动板滑动量直接传递给指示装置的一种测量装置。

b. 指示装置。它是把测量装置传递来的车轮侧滑量信号按规定的单位加以显示的装置。指示装置有机械式和电气式两类。目前大多数采用电气式，而电气式又分为数字式和指针式两种。图4-53为指针式侧滑量指示装置，其标定时按汽车每行驶1 km侧滑1 m为1格刻度，指示装置在刻度的两侧有IN、OUT字样，并分别刻有7格以上的刻度。当指示装置的指针指向某一刻度时，该刻度的数值可反映其侧滑量的大小，而指针的位置则可反映其侧滑的性质，若指针指向IN边，则表示滑板向外侧滑动；若指针指向OUT边，则表示两侧滑板向内侧滑动；若指针指向0，则表示车轮无侧滑。

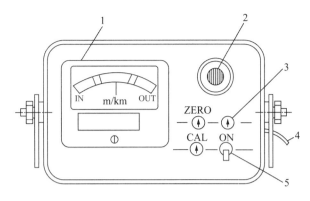

1—指示仪表；2—蜂鸣器或信号灯；3—电源指示灯；4—电线；5—电源开关。

图 4-53　指针式侧滑量指示装置

c. 报警装置。在检测车轮侧滑量时，为便于快速表示测量结果是否合格，当侧滑量超过规定值后，其报警装置能根据测量装置的限位开关等发出信号，用蜂鸣器或信号灯报警，因而无须再读取指示仪表的数值，节约了检测时间。由于它实行的是定性检测，故其报警装置也称为定性显示装置。

（2）侧滑量检测方法。

侧滑量的检测应根据侧滑试验台使用说明书规定的步骤进行。一般侧滑试验台的侧滑量检测方法如下。

a. 汽车在检测前，应将轮胎充气至规定气压，并除去轮胎表面的油污、水渍及花纹沟槽内的夹杂物。

b. 打开试验台滑动板的锁止装置，并接通电源。注意指示仪表的指针应指示"零"位置。

c. 将汽车垂直对正侧滑试验台，并使转向盘处于汽车直线行驶位置。

d. 将汽车以 3 ~ 5 km/h 的车速平稳驶向试验台滑板，在行进过程中，不允许转动转向盘或制动汽车。

e. 当被测汽车前轮完全通过试验台滑板时，观察仪表指示的方向并读取最大值，该值即为被测前轮的侧滑量。

f. 检测完毕，锁止滑动板并切断电源。

4）侧滑量检测分析

（1）检测标准。

GB 7258—2017《机动车运行安全技术条件》规定：对前轴采用非独立悬架的汽车，用双侧滑板试验台检测时，前轮侧滑量值应在 ± 5 m/km 之间。对于轿车的前轮侧滑，一般在 ±3 m/km 之间。规定侧滑量方向为外正内负。

（2）检测分析。

车轮侧滑量是反映车轮前束与车轮外倾综合作用的参数，因此当侧滑量超标时，应根据其侧滑性质重点查找车轮前束与车轮外倾的匹配情况。侧滑量超标时，若指针指向 IN 边（或读数为+），则表明前束太大或外倾角太小甚至车轮内倾；若指针指向 OUT 边（或读数为−），则表明前轮外倾角太大或前束过小甚至为负前束。总之，车轮侧滑量超标，则说明车轮外倾与前束匹配不当，此时应加以调整。

车轮的外倾角通常不可调整，因而调整时只能调前束。绝大多数情况下，侧滑不合格都可以通过前束调整得到解决，但侧滑调整合格后并不一定说明其车轮定位符合设计要求。因此，为确保行车安全，建议通过静态车轮定位检测与调整来解决车辆的侧滑不合格问题。

4.6.2 车轮定位故障诊断

1. 方向跑偏故障诊断

行驶跑偏是指汽车在直线上行驶时，若驾驶人轻握转向盘，行驶方向会自动朝一侧偏离。造成这种现象的原因主要如下：前轮定位失准，左、右侧轴距不一致；左、右侧行驶阻力不一致；左、右车轮半径不一致等。

其中，前轮定位失准最为复杂，它又包括主销后倾角不等、前轮外倾角不等、主销内倾角不等几种原因。具体分析如下。

1）主销后倾角不等

汽车转向轮系统设置主销后倾角的目的是使汽车在行驶中遇外力作用而产生方向偏离时，能产生回正力矩使车轮自动回到原来中间的位置。

如图 4-54（a）所示，在这里用 α 表示主销后倾角。此时，作用在车轮的地面垂直反力 F_z 与主销轴线在空间上相错，设置回正力力臂为 b。按照图 4-54（b），将 F_z 分解为 F_z' 和 F_z''，其中 F_z' 与主销轴线平行，F_z' 与 F_z'' 相交，则 F_z'' 产生促使车轮绕主销转动的力矩 M_α。左轮产生的转动力矩 $M_{\alpha l} = F_{zl}'' \times b_l$，右轮产生的转动力矩 $M_{\alpha r} = F_{zr}'' \times b_r$，如图 4-54（c）所示，$M_{\alpha l}$ 有使左轮绕主销向右偏转的趋势，$M_{\alpha r}$ 有使右轮绕主销向左偏转的趋势。由于左、右转向轮是通过转向机构相互连接的，因此若 $M_{\alpha l}$ 与 $M_{\alpha r}$ 大小相等，则两者相互抵消，行驶方向不会产生偏离；若 $M_{\alpha l} > M_{\alpha r}$，行驶方向将向右偏离；若 $M_{\alpha l} < M_{\alpha r}$，行驶方向将向左偏离。

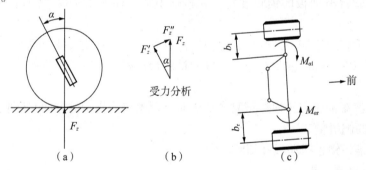

图 4-54　主销后倾角不等对跑偏的影响

综上所述，在其他条件相同的情况下，当主销后倾角不相等时，汽车可能向主销后倾角较小的一边跑偏。

2）前轮外倾角不等

设置前轮外倾角的目的是避免其在承载时变形而出现内倾，使轮胎磨损均匀，减轻轮毂外轴承的负荷。如果左、右轮外倾角 β 不一致（见图 4-55），将使地面垂直反作用力到主销轴线的距离不一致，在其他条件相同的情况下，将使 $M_{\beta l}$ 与 $M_{\beta r}$ 不一致。此时，汽车将向外倾角大的一侧跑偏。

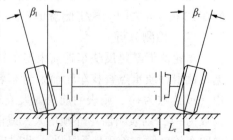

图 4-55　前轮外倾角不等对跑偏的影响

3) 主销内倾角不等

主销内倾角既有自动回正作用，又有使转向轻便的作用（见图4-56），但若左、右侧主销内倾角不一致，则同样会导致主销轴线接地点到车轮接地点的距离不一致。在其他条件相同的情况下，会导致地面切向反力对主销的力矩不一致。

对于后轮驱动汽车，前轮切向力方向向后，有促使向主销内倾角较小的一边跑偏的倾向，如图4-56（b）所示；对于前轮驱动汽车，受驱动力作用时，驱动力方向向前，有促使向主销内倾角较大一边跑偏的倾向，如图4-56（c）所示；前轮驱动汽车，受到制动力的作用时，切向力方向向后，汽车向主销内倾角较小的一边跑偏，如图4-56（d）所示。

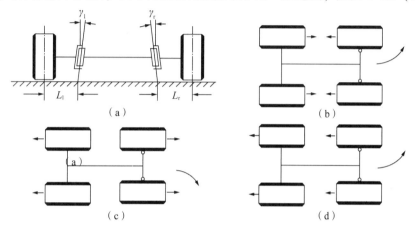

图4-56 主销内倾角不等对跑偏的影响

4) 左、右侧轴距不一致

汽车在使用中，由于某种原因车架发生变形，引起左、右侧车轮轴距不一致，此时往往伴随着产生车轮定位失准的状况。车轮定位失准的影响如前所述。对于左、右侧轴距不一致，其影响如图4-57所示。假设 $L_r > L_l$，则前轴中点的速度方向将偏离汽车几何中心线，行驶方向将偏向轴距较小的一侧。

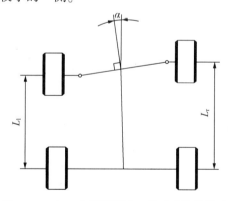

图4-57 左、右侧轴距不一致对跑偏的影响

5) 轮胎胎面变形

如果轮胎胎面不平，自身不能保持向前直行滚动，则此轮胎自然会引起行车跑偏。一般检验方法是，将左右轮胎对调来判断是否改变跑偏的方向，如果改变则是轮胎的问题。

6) 转轴磨损的记忆跑偏

这是因为转轴轴承不良摩擦引起的跑偏。其现象如下：当向右转向后，汽车会向右跑偏；当向左转向后，汽车会向左跑偏，如同汽车有记忆一样。排除方法是更换转向轴承。

7）加减速时的扭力跑偏

汽车在加减速时会产生跑偏，这是非常危险的跑偏。

另外，由于磨损不一致或气压不一致导致左、右侧车轮运动半径不相等，汽车将向运动半径较小的一侧偏离；由于两前轮轴承松紧度不一致，或一侧制动间隙过小，不能完全释放等原因，某一侧行驶阻力偏大，则汽车将向行驶阻力大的一侧偏驶；由于调校、润滑等原因，某一侧转向主销转动不灵，汽车会向主销转动不灵的一侧跑偏。

8）路面左右高度差

中国车辆靠右侧行驶，正常情况下，左侧车轮会高于右侧车轮，因此车辆重心偏右，故产生的侧向分力使车辆向右跑偏。

9）侧风影响

车辆高速行驶时，抓地能力下降，较大的侧风会使车辆向顺风方向偏驶。

10）轮胎

同一车桥左右安装不同花纹、不同品牌、不同气压、不同磨损程度、不同排水方式的轮胎都会造成偏驶。

11）底盘故障

左右车轮轴承磨损程度不同；悬架拉杆、摇臂、胶套变形或破损；制动系统沉重，双回路制动系统不正常。以上底盘问题都会造成车辆跑偏。

2. 转向盘不正故障诊断

在水平路面上正直行驶，无需任何转向修正，车辆应沿直线行驶。

如果发生了转向盘不正的情况。在路试时，车辆是否有向一侧或另一侧跑偏的现象。

1）有跑偏现象

在校正转向盘不正状态之前，车辆的跑偏问题必须被修正，进行"跑偏诊断"部分。

2）没有跑偏现象

由转向盘不正引起。有时候转向盘不正可能由部件损坏或配合不正确导致。

（1）部件问题。

a. 在有些车辆上，可能会是转向部件装配不当。

b. 检查所有花键轴总成，包括转向盘到转向轴。

c. 通常，定位标记有助于校正部件定位。

（2）定位方式。

a. 如果后轮前束是可调整的，选择四个车轮定位（推进线定位）。设置推进角为零，以后轮为基准调整前束。

b. 如果后轮前束不可调整或不能被调整，进行前轮定位（推进线定位）。推进角不是零时，可补偿前轮前束设置。若要做到这一点，选择四个车轮定位，但不要调整后车轮。

c. 如果可选前轮定位（车体中心线），前车轮不可与后车轮方向相同。这将导致转向盘不正。

3. 车辆振动故障诊断

1）振动诊断，先要路试

路试车辆以确定是否在特定速度下车辆发生振颤、抖动，或其他振动，要注意车速和发动机转速。进行路试时，要测试行车制动和驻车制动，要注意在制动过程中是否发生振动。

2）振动分析

如果确认存在下列所描述问题之一，请对号分析。

（1）只在制动过程中有振动。

检查车轮上的制动鼓或制动蹄片偏心量在驻车制动时的影响。另外，要检查所有四个车轮的偏心量。如果车轮中任一个有过大偏心量，要通知用户并征得许可后进行维修。

制动蹄片或制动鼓进行表面处理，并更换旧衬垫和制动蹄后，进行路试。查看振动是否消除。

a. 振动已消除。制动器维修已解决问题。检查悬架部件引起振动的潜在问题。

b. 振动没有消除。存在另外的问题。维修解决了制动系统中的一个问题，而还有另外的问题。路试车辆，回到"振动诊断"流程。

（2）即使驻车制动时振动也只发生在某一发动机转速下。

a. 发动机相关振动。在空挡热车测试或制动力矩测试时，会产生一个与发动机有关的振动问题。

b. 空挡热车测试。取决于用户报修的情况，该测试设计目的是找到与振动相关的发动机转速（r/min）。利用该测试验证用户报修的车辆在怠速、升挡或降挡时发生的振动。将车辆置于空挡或驻车挡。

• 缓慢提高发动机转速，查找与用户报修相匹配的干扰。

• 如果有可能，要观察振动发生时的转数值和频率值。

c. 制动力矩测试。该测试可找出发动机转速与在空挡热车测试时没有发现的车辆振动之间的关系。它也适用于与发动机载荷或力矩相关的振动测试。

• 锁止前车轮。

• 将车辆置于驱动挡，并同时使用脚制动和驻车制动。

• 慢慢提高发动机转速，查找用户所描述的振动。

• 注意振动发生时发动机的转速。如果可能，获取频率值。

d. 发动机振动。关闭发动机，检查和校正如下项目。

• 传动带是否松弛或老化。

• 附件支架是否破损或松弛。

• 电动机或变速器支架是否老化或破损。

• 风扇叶片是否松弛或损坏。

• 发动机是否调节到规范状态。

（3）仅在特定速度下产生振动。

a. 慢加速测试。这一测试是为找出发动机转速或车辆速度的相关状况。若要进一步分析，需要进行其他测试。

• 在平坦水平的路面上，慢加速至高速。

• 查找用户所描述的振动。

• 在振动发生时 注意观察车速（km/h）和发动机转速（r/min）。如果有可能，获取频率值。

该测试之后，执行空挡降挡测试和降挡测试。

b. 空挡降挡测试。

• 在平坦水平路面上，提高车速到比振动发生时高一些。

• 将变速杆置于空挡，在整个振动区间降挡。注意空挡时是否出现振动。

如果振动仍然出现在空挡，振动明显因车速引起。据此，排除发动机和变矩器是故障原因。根据症状或频率，维修将集中在轮胎和车轮或传动轴和驱动桥。

（4）空挡时不发生振动。

空挡时不发生振动，执行降挡测试。

a. 在平坦水平路面上，提高车速到报修振动发生时，注意发动机转速。

b. 接下来，减速降挡至下一级低速挡（从超速挡降到驱动挡，从驱动挡到二挡等）。

c. 以先前的发动机转速来驾驶车辆。如果相同转速时振动再现，发动机或变矩器是最有可能产生故障的地方。可用更低挡和空挡重复进行这一测试，以确认结果。

有些情况，振动因受转矩或发动机负荷的增加而更明显。同样情况也会发生在特定发动机转速或车速（km/h）下。

（5）振动发生在空挡。

a. 排除车轮问题。解决车轮问题前，检查和纠正如下问题。

● 轮胎不平衡。

● 车轮和轮胎径向和横向误差。

● 轮载和车轮螺栓误差。

b. 驱动系检查。检查驱动系不平衡。检查球节或轴承磨损、传动轴角度不当、伸缩式球节阻滞等情况。按制造商的推荐纠正存在的问题。

检查是否采取了排除振动问题的纠正措施。如果没有采取纠正措施，则进行修理。如果所有常规排除故障的手段都已采用，振动不明显，则轮胎、制动器、发动机、传动系统均没有问题。

有些情况，噪声振动可能与底盘振动干涉。其他非共性原因有松弛的轮圈、配件问题、排气系统振动或噪声。

知识小结

　　车轮定位包括前轮定位、后轮定位，即四轮定位。前轮定位参数是指前轮前束、前轮外倾角、主销后倾角和主销内倾角，后轮定位参数主要是指后轮前束、后轮外倾角。

　　汽车车轮定位的检测方法有静态检测法和动态检测法两种类型。

　　车轮定位的静态检测是指汽车静止时，使用测量仪器对车轮定位参数进行的测量。其测量仪器主要有：气泡水准式车轮定位仪和各种形式的四轮定位仪。

　　车轮定位的动态检测是指汽车以一定车速行驶时，用测量仪器或设备检测车轮定位产生的侧向力或由此引起的车轮侧滑量，来反映车轮定位的状况。目前，常用车轮侧滑量作为车轮定位动态检测的参数，其测量设备是侧滑试验台。

习题

1. 填空题

（1）前轮定位参数包括_____、_____、_____和_____。

（2）车轮前束的检测有_____、_____。

（3）四轮定位仪由_____、_____、_____、_____等构成。

（4）车轮定位参数不正确，会引起车轮承受侧向力而侧滑，其中_____和_____对车轮侧滑量的影响为最大。

2. 单项选择题

（1）检测前轮侧滑量的主要目的是确定_____之间的配合是否恰当。

A. 前轮前束值与前轮外倾角　　　　　　B. 主销后倾角和前轮前束值

C. 主销内倾角和前轮外倾角　　　　　　D. 前轮前束值和主销内倾角

（2）用双侧滑板试验台对轿车检测时，前轮侧滑量的标准值值应在_____之间。

A. ±2 m/km　　　B. ±3 m/km　　　C. ±4 m/km　　　D. ±5 m/km

3. 多项选择题

（1）后轮定位参数主要有_____。

A. 后轮前束　　　B. 后轮外倾角　　　C. 主销内倾角　　　D. 主销后倾角

（2）四轮定位仪的检测特点，正确的有_____。

A. 操作简单、使用方便　　　　　　B. 适应车型多

C. 测量参数全面、准确　　　　　　D. 检测效率高

4. 判断题

（1）（　　）四轮定位仪不能检测后轮外倾角和后轮前束等定位参数。

（2）（　　）为减少轮辋变形及轮夹安装误差对检测精度的影响，四轮定位仪设计了偏心补偿功能。

（3）（　　）检测汽车侧滑量时，汽车应高速垂直侧滑板驶向侧滑试验台，使前轮平稳通过滑动板。

（4）（　　）前轮定位失准，左、右侧轴距不一致将导致汽车行驶跑偏。

5. 简答题

（1）为何要检测车轮定位？车轮定位的检测方法有哪些？

（2）简述四轮定位仪的检测原理。

4.7　底盘电子控制系统的检测与诊断

4.7.1　汽车防抱死制动系统的检测与诊断

汽车防抱死制动系统（Anti-Lock Brake System，ABS）是指汽车在制动过程中防止车轮抱死拖滑的控制系统。现代汽车广泛使用电子控制的 ABS。

1. ABS 检测诊断的注意事项

汽车行驶时，若 ABS 故障指示灯持续点亮，说明 ABS 存在故障，此时应及时对 ABS 进行检测诊断，操作时应注意下列事项。

（1）检修 ABS 之前，要判断其故障到底是 ABS 本身引起的还是普通制动系统引起的，不能只局限于 ABS，因为普通制动系统工作不正常也会导致 ABS 工作不正常。因此，检修 ABS 时应首先确保普通制动系统工作正常。

（2）在点火开关处于接通位置时，不要拆装系统中的 ABS 线束插头和电气元件，以免损坏 ABS ECU。

（3）对于带有高压蓄能器的 ABS，在拆下 ABS 高压管之前应先泄压，使蓄能器中的高压制动液完全释放，以免高压制动液喷出伤人。释放蓄能器高压制动液的方法是：先关闭点火开关，然后反复踩、放制动踏板，直至制动踏板变得很硬为止。

（4）ABS 电气元件及插头、接口，特别是 ABS ECU 端子不能沾染油污，否则会引起线路接触不良或短路，影响系统正常工作。

（5）制动液压系统没有完全装好时，不能接通点火开关，以免 ABS 电动泵通电泵油。

（6）要注意车轮转速传感器和传感器齿圈不能被污染，否则，车轮转速信号就不准确，从而影响系统控制精度，严重时导致 ABS 无法正常工作。

（7）若拆下或更换任何一个制动系统的液压部件和油管，应视情添加制动液，并必须按规范给制动液压系统排气。

（8）要求供给 ABS 的电压正常，否则，正常的 ABS 也会工作不正常。

（9）ABS 中的电气元件，如 ABS ECU、ABS 调压器、传感器很多都是不可维修的。若发生损坏，则应予以更换。

2. ABS 检测诊断的基本方法

ABS 故障的现象是多样的，故障的原因是复杂的，其故障的诊断较普通制动系统难度较大。但如果采用合适的方法，则往往可以快速诊断和排除 ABS 故障。

1）ABS 故障的初步检查

初步检查是在 ABS 出现明显故障或感觉 ABS 工作不正常时首先采用的检测方法。初步检查的主要内容是直观检查和试车检查。

（1）直观检查。

ABS 故障的直观检查就是检查容易触及的与 ABS 故障内容有关的部件，以保证 ABS 有正常的工作条件。

a. 检查驻车制动是否完全释放。

b. 检查制动储液罐液面是否符合规定。

c. 检查所有的制动管路有无损坏变形和泄漏迹象。

d. 检查 ABS 电路熔断器是否完好，导线是否破损，插座是否牢固。

e. 检查蓄电池容量和电压是否符合规定，正负极导线的连接是否可靠。

f. 检查 ABS ECU 插接器连接是否牢靠。

g. 检查电路连接处是否腐蚀、损坏、松脱或接触不良，ABS 的各搭铁线搭铁是否可靠。

h. 检查轮胎磨损是否严重。

i. 检查车轮转动有无阻滞，轮载轴承间隙是否正常。

通过直观检查，常常可以发现 ABS 故障的原因，并可以及时排除，从而提高 ABS 故障诊断排除的效率。

（2）试车检查。

ABS 故障的试车检查就是路试时，观察汽车行驶及制动过程中发生的现象，以进一步确认 ABS 故障。通常用下面几种方法判断 ABS 故障。

a. 根据 ABS 故障指示灯判断故障。正常情况下，在点火开关接通或起动发动机时，ABS 故障指示灯应闪亮 4 s 左右（因车型而异）熄灭。在试车期间及停车过程中，ABS 故障指示灯应保持熄灭。若 ABS 故障指示灯点亮，则表明 ABS 有故障。

b. 根据制动轮胎的印迹判断故障。试车在 40 km/h 以上速度紧急制动时，若在路面上留下较长的拖印痕迹，则说明车轮制动抱死，ABS 存在故障。若制动效果好，只留下很短的拖印痕迹，则说明 ABS 工作正常，因为汽车在经历低速制动停车时，车轮会出现短暂的抱死状态。

c. 根据制动时汽车的方向稳定性判断故障。试车若以较小的制动强度制动，其方向稳定性较好，但试车以较高的车速（如 60 km/h）在直道或弯道紧急制动时，汽车有严重的侧滑、甩尾现象，说明 ABS 存在故障。

d. 根据制动踏板的感觉判断故障。在高速试车时，踩下制动踏板，感到踏板有轻微振动，则表明 ABS 在工作。踏板振动是因 ABS 工作时，制动系统轮缸的压油经历着减压→保压→增压的循环过程。当试车时，踩下制动踏板，若感觉不到制动踏板的连续振动，说明 ABS 发生了故障。

2）ABS 故障码的读取

在电子控制 ABS 中，一般都具有故障自诊断功能。当 ABS 出现故障时，应利用其自诊断功能，采用一定的方法进入系统中的自诊断模式，读取故障码。进入自诊断模式读取故障码的方法大致可归纳为下述三种。

（1）借助专用诊断测试仪读取故障码。

借助专用诊断测试仪与 ABS 故障诊断通信接口相连，按照一定的操作规程，通过与 ABS ECU 双向通信，从测试仪的显示器或指示灯上显示故障码或故障信息。图 4-58 所示的 ELIT 检测仪是法国雪铁龙公司的专用诊断测试仪，它可同时用于电子控制 ABS、发动机电子控制系统、自动变速器电子控制系统的检测与故障诊断。对于装有 BOSCH ABS 5.3 的神龙富康、爱丽舍等轿车，其 ABS 故障的检测诊断采用 ELIT 检测仪最好。检测时，ELIT 的通信插头应与驾驶室内仪表台左下方的 16 路诊断接口连接，它对 ABS 的检测具有系统识别、读取故障码、删除故障码、参数测量、激活检测、ABS 的第二级排气等功能。

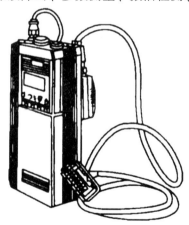

图 4-58　ELIT 检测仪

（2）连接自诊断起动电路，人工读取故障码。

汽车电子控制 ABS 中设有自诊断插座，检测人员可按规定的操作，跨接诊断插座中的相应端子或其他方法，根据故障指示灯的闪烁规律，读取故障码。下面以丰田雷克萨斯 LS400 型轿车的 ABS 为例说明故障码的读取方法。

a. 将点火开关接通，脱开维修插接器插头。

b. 用跨接线连接 TDCL 或检查用插接器的端子 T_C 和 E_1，如图 4-59 所示。

c. ABS 故障指示灯则以闪烁的频率显示故障码。其正常码及故障码的闪烁规律如图 4-60 所示，若有两个或更多故障码，则数字最小的故障码首先显示，ABS 故障码的含义如表4-8所示。

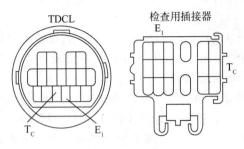

图4-59 TDCL 和检查用插接器

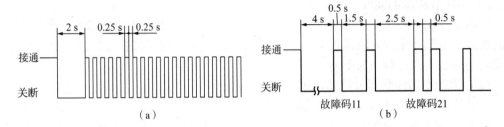

图4-60 ABS 正常码及故障码的闪烁规律

（a）正常码；（b）故障码11与21

表4-8 ABS 故障码的含义

故障码	ABS 指示灯	故障诊断
11	闪烁	ABS 电磁继电器电路断路
12	闪烁	ABS 电磁继电器电路短路
13	闪烁	制动泵电动机继电器电路断路
14	闪烁	制动泵电动机继电器电路短路
21	闪烁	前右轮三位电磁阀电路断路或短路
22	闪烁	前左轮三位电磁阀电路断路或短路
23	闪烁	后右轮三位电磁阀电路[1]（或后轮电磁阀电路）断路或短路
24	闪烁	后左轮三位电磁阀电路断路或短路
31	闪烁	前右轮车速传感器信号出错
32	闪烁	前左轮车速传感器信号出错
33	闪烁	后右轮车速传感器信号出错
34	闪烁	后左轮车速传感器信号出错
35	闪烁	前左或后右车速传感器电路断路
36	闪烁	前右或后左车速传感器电路断路
37	闪烁	前车速传感器转子故障
41	闪烁	蓄电池电压过低或过高
43	闪烁	TRC 控制系统失灵[2]
51	闪烁	制动泵电动机闭锁
持续码	一直点亮	ABS ECU 失灵

注：①仅指不带 TRC 的轿车。

　　②仅指带 TRC 的轿车。

d. 故障码读取完毕后，在端子 T_c 和 E_1 上取下跨接线，关闭点火开关。

（3）利用汽车仪表板上的信息显示系统读取故障码。

有的汽车仪表板上具有驾驶员信息系统，检测人员可按照一定的自诊断操作程序，从信息显示屏上显示 ABS 的故障码或故障信息。

3）ABS 故障诊断

根据 ABS 故障码，多数情况下只能了解故障大致范围和基本情况。但为了确诊故障的性质、具体原因和部位，必须利用合适的检测工具采用一定的方法对电路或控制元件进行深入的检测诊断。

（1）ABS 故障诊断工具。

对 ABS 故障进行深入诊断的常用工具是专用诊断仪、万用表和故障检测盒。

a. 专用诊断仪。一般汽车生产厂家都为维修站推荐或配有相应的诊断测试仪。这种测试仪不仅能读出故障码，还能与万用表配合，对 ABS 的电路参数、传感器和执行器等有关参数进行测量，通过与标准参数比较，从而确诊故障部位。采用专用诊断仪还可以进行激活检测，更快速方便地诊断故障，如 ELIT 检测仪可以对 BOSCH ABS 5.3 中的泵电动机进行激活检测，激活后，若能听到泵的运转声，则说明泵电动机正常。

b. 万用表。万用表是最基本的诊断仪器，在没有专用检测仪时，可直接对 ABS 电控系统插接器端子或线路进行测试，并将测得的端子电位参数及传感器、执行器的电阻参数与相应的维修说明书上提供的标准参数进行比较，从而确诊故障。利用万用表检测速度较慢，而且要求测试人员对 ABS 电控系统插接器各端子的位置及名称都比较熟悉。

c. 故障检测盒。为了提高测试效率，现在不少维修站采用专用的故障检测盒与万用表配套测量。使用时，拔开 ABS ECU 插接器，将故障检测盒分别与 ABS ECU 插接器插座（ECU 侧）和插接器线束侧插头相连。这样，故障检测盒的检测插孔就与 ABS ECU 各个端子相连接，其插孔号与 ABS ECU 端子号一一对应，通过万用表对故障检测盒相应插孔的检测，就可得到 ABS ECU 端子及其连接部件的电路参数，无须直接测量有关端子，使检测变得方便、快捷。图 4-61 为爱丽舍、富康等轿车专用的故障检测盒及其连接方式。

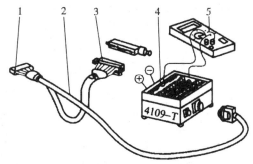

1—插接器（接控制单元）；2—线束；3—插接器（接信号）；4—接线盒；5—万用表。

图 4-61　爱丽舍、富康等轿车专用的故障检测盒及其连接方式

（2）ABS 故障诊断方法。

各种车型甚至同一车型不同的生产年代，其 ABS 的结构、电路参数、故障码及其含义也不尽相同。因而对 ABS 故障深入诊断时，首先应熟悉被诊断车型的 ABS 结构及控制电路，掌握被诊断车型的 ABS 技术资料及诊断标准，然后利用必要的检测诊断工具如专用诊断仪、万用表、故障检测盒等采用下列适当的方法来确诊故障的部位和故障原因。

a. 根据故障码进行故障诊断。当读取故障码后，先根据车型在维修手册中查出故障码所代表的故障现象和故障部位，然后根据各故障码对应故障的诊断工艺流程、检查方法进行诊断，主要是对电路及其电控元件进行检查。诊断排除故障时，要严格按照维修手册中的规定方法和步骤进行。故障排除后，应对 ABS ECU 内的故障码进行清除；否则，尽管 ABS 故障排除，且系统恢复正常，但 ABS ECU 的存储器仍然记忆着原故障信息，行车时其故障指示灯会点亮。

b. 根据故障征兆表进行故障诊断。当 ABS 无故障码显示，但故障依然存在时，则说明故障出现在 ABS 自诊断系统检测的范围之外。此时，可按被诊断车型的 ABS 故障征兆表提供的线索及故障诊断流程，通过检测工具对 ABS 电路及电控元件进行故障诊断并排除故障。表 4-9 为丰田雷克萨斯 LS400 ABS 的故障征兆表。

表 4-9　丰田雷克萨斯 LS400 ABS 的故障征兆表

序号	故障征兆	诊断步骤
1	ABS 不工作	1. 检查故障码，再次确认输出的是正常码 2. 检查 IG 电源电路 3. 检查车速传感器电路 4. 用检测仪检查 ABS 执行器，若不正常，则检查液压系统是否漏油 5. 若以上都正常而故障依然存在，则更换 ABS ECU
2	ABS 功能减弱	1. 检查故障码，再次确认输出的是正常码 2. 检查车速传感器电路 3. 检查停车灯开关电路 4. 用检测仪检查 ABS 执行器，如果不正常，则检查液压系统是否漏油 5. 若以上都正常而故障依然存在，则更换 ABS ECU

c. 根据 ABS ECU 端子及电路参数进行故障诊断。ABS ECU 端子及电路都有规定的测量条件及相应的端子参数标准。当 ABS 出现故障时，其测量参数将会发生变化。此时，可通过检测工具测量其端子及相应的电路参数，与维修手册中的标准值比较进行故障诊断。诊断时，一般可通过插接器检查 ABS 电控系统各有关电路的电压、电阻或导通情况，然后根据资料提供的故障诊断表诊断其故障部位。其常用的检查方法如下。

在 ABS ECU 插接器连接的状态下，按照规定的检测条件，用万用表测量 ABS ECU 各端子的对地电压，如图 4-62（a）所示。所测的电压值应在标准范围内，否则说明 ABS ECU、电控元件或电路有故障。

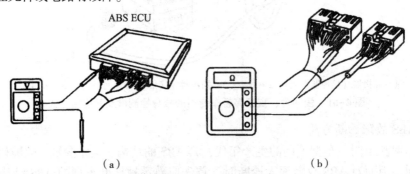

（a）　　　　　　　　　　　　　　　　　（b）

图 4-62　检测 ABS 电路参数

（a）测量 ABS ECU 各端子的对地电压；（b）测量有关端子之间的电阻或导通情况

断开 ABS ECU 插接器，在线束侧插头上检测有关端子之间的电阻值或导通情况，如图 4-62（b）所示。若所测的电阻值或导通情况与规定的标准不符，则说明某电路或电控元件存在故障。

3. 电子控制 ABS 常见故障的诊断

对于不同车型的 ABS，尽管其结构、控制方式不同，ABS 故障的检测诊断过程略有差异，但其常见故障的诊断原理及方法是相似的，具有借鉴的意义。下面以爱丽舍、富康等轿车的电子控制 ABS 为例介绍其常见故障的诊断方法。

1）ABS 泵电动机故障

（1）故障现象。

接通点火开关，ABS 故障指示灯点亮；利用 ELIT 检测仪读出的故障信息为泵电动机故障。

（2）故障原因。

a. 泵电动机内部线路断路或短路。

b. 泵插接器松脱或接触不良。

c. 传递电路发生故障。

（3）故障诊断。

a. 接通点火开关，ABS 故障指示灯常亮，用 ELIT 检测仪确认是 ABS 泵电动机故障信息。

b. 用 ELIT 检测仪清除故障信息，确定无故障码。

c. 症状模拟试验：水平或垂直地轻微摇动与 ABS 有关的插接器和线束；用手指轻轻振动液压单元及 ABS ECU 总成。

d. 用 ELIT 检测仪重新检查故障码，看故障信息是否再现。若无故障码，则说明与 ABS 有关的插接器可能会引起间歇性故障。若故障信息再现，则进行下步诊断。

e. 使用 ELIT 检测仪对泵电动机进行激活检测。方法是：将 ELIT 检测仪与车上 16 路诊断插头连接（见图 4-63），启动 ELIT 检测仪，在系统测试中进入 ABS 检测的多功能菜单，选择激活检测，然后移动光标，选择液压泵电动机，并按确认键进行激活检测。检测时，如果能听到泵的运行声，说明泵电动机正常，则故障可能在 ABS ECU，可更换 ABS ECU 后重试来确诊故障。

f. 如果激活检测时，泵电动机不运行，则关闭点火开关，拔掉泵电动机的插接器，接通点火开关，用万用表的电压挡检测泵电动机的输入电压，其电压值应为蓄电池电压。若电压值异常，则进行步骤 h；若电压值正常，则进行下步诊断。

g. 拔掉泵电动机的插接器，用万用表的电阻挡直接测量泵电动机的电阻，其正常阻值为 2 Ω。当电阻为 0 时，表示泵电动机内部导线短路；当电阻为 ∞ 时，表示泵电动机内部导线断路。若泵电动机损坏，则应予以更换。

h. 检查蓄电池电压及 ABS 熔断器，如正常，则故障可能在 ABS ECU，可更换 ABS ECU 后重试来确诊故障。

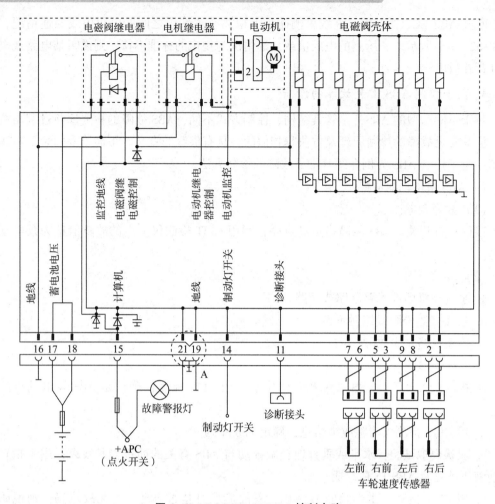

图4-63 BOSCH ABS 5.3 控制电路

2）车轮转速传感器故障

（1）故障现象。

接通点火开关，ABS 故障指示灯点亮；利用 ELIT 检测仪读出的故障为左后、右前、右后、左前车轮转速传感器故障。

（2）故障原因。

根据车轮转速传感器的结构原理（见图4-64）分析，其转速传感器故障的可能原因如下。

a. 车轮转速传感器线圈断路或短路。

b. 插接器连接处接触不良。

c. 车轮转速传感器与 ABS ECU 不匹配。富康轿车 29 齿齿圈的车轮转速传感器与 48 齿齿圈的车轮转速传感器所对应的 ABS ECU 不能互换。

d. 车轮转速传感器及其传感器转子安装不当，间隙不符合要求。

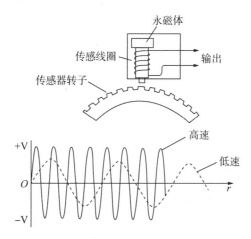

图4-64　车轮轮速传感器结构原理

（3）故障诊断。

a. 接通点火开关，ABS故障指示灯常亮，用ELIT检测仪确认是车轮转速传感器故障。

b. 用ELIT检测仪清除故障信息，确定无故障码。

c. 症状模拟试验：水平或垂直地轻微摇动与ABS有关的插接器和线束；用手指轻轻振动液压单元及ABS ECU总成。

d. 用ELIT检测仪重新检查故障码，看故障信息是否再现。若无故障码，则说明与ABS有关的插接器可能会引起间歇性故障。若故障信息再现，则进行下步诊断。

e. 检查车轮转速传感器及其转子齿圈的状况和固定情况，确保车轮转速传感器安装正确，齿圈齿数符合要求。传感器与转子齿圈齿顶的间隙应为0.3～1.2 mm。

f. 关闭点火开关，拔下ABS ECU插接器插头。

g. 用万用表电阻挡在ABS ECU插接器线束侧相应车轮转速传感器端子（图4-63中：左后轮转速传感器为9-8；右前轮转速传感器为5-3；右后轮转速传感器为2-1；左前轮转速传感器为7-6）处测量各车轮转速传感器线圈电阻。转速传感器在20℃时的标准电阻值应为（1 600±320）Ω。

若电阻值正常，则进行步骤i；若电阻值太小，则说明车轮转速传感器或线路有短路故障；若电阻值太大，则说明插接器及线路可能接触不良；如果电阻为∞，则说明车轮转速传感器或线路有断路故障。当电阻值异常时，进行下步诊断。

h. 拔下异常的车轮转速传感器2通道插接器（见图4-63），直接测量车轮转速传感器电阻，若电阻值为0或∞，则说明有短路或断路故障，应更换有故障的车轮转速传感器；若电阻值正常，则说明原来检测的异常是由连接线路造成的，应检查线路连接和插接器的状况，排除其接触不良或短路、断路故障。恢复正常后，进行下步诊断。

i. 清除故障信息，进行路试。若ABS故障指示灯点亮且显示同样的故障信息，则故障可能在ABS ECU，可更换ABS ECU后重试来确诊故障。

3）车轮转速传感器无信息故障

（1）故障现象。

车速大于40 km/h时，没有速度信息，ABS故障指示灯点亮；利用ELIT检测仪读出的故障为左后、右前、右后、左前车轮转速传感器无信息故障。

（2）故障原因。

a. 车轮转速传感器线圈断路或短路。

b. 车轮转速传感器线路与搭铁线短路。

c. 插接器连接处接触不良。

d. 车轮转速传感器及其传感器转子安装不当，间隙不符合要求。

（3）故障诊断。

a. 接通点火开关，ABS故障指示灯常亮，用ELIT检测仪确认是车轮转速传感器无信息故障。

b. 用ELIT检测仪清除故障信息，确定无故障码。

c. 症状模拟试验：水平或垂直地轻微摇动与ABS有关的插接器和线束，用手指轻轻振动液压单元及ABS ECU总成。

d. 用ELIT检测仪重新检查故障码，看故障信息是否再现。若无故障码，则说明ABS有关的插接器可能会引起间歇性故障。若故障信息再现，则进行下步诊断。

e. 检查车轮转速传感器及其转子齿圈的状况和固定情况，确保车轮转速传感器安装正确，使传感器电极与转子齿圈齿顶的间隙为 $0.3 \sim 1.2$ mm。

f. 关闭点火开关，拔下ABS ECU插接器插头。

g. 测量车轮转速传感器的输出电压。方法是将车桥顶起，转动相应车轮，用万用表电压挡在ABS ECU插接器线束侧相应车轮转速传感器端子（见图4-63）处测量车轮转速传感器的输出电压，最小车速测量值为 2.75 km/h，对应电压为 120 mV。若测得的电压值大于 0.1 V，且随车轮转速的增加而升高，说明车轮转速传感器及线路正常，则进入步骤k；若测得的电压值过小或为0，则为不正常，应进行下步诊断。

h. 用万用表电阻挡在ABS ECU插接器线束侧测量不正常车轮转速传感器端子之间的线圈电阻。标准电阻值应为（$1\,600 \pm 320$）Ω。若电阻值正常，则进行步骤j；若电阻值异常，则进行下步诊断。

i. 拔下异常的车轮转速传感器的2通道插接器（见图4-63），直接测量车轮转速传感器电阻，若电阻值为0或∞，则说明有短路或断路故障，应更换有故障的车轮转速传感器；若电阻值正常，则说明原来检测的异常是由连接线路造成的，应检查线路连接和插接器的状况，排除其接触不良或短路、断路故障。恢复正常后，进行下步诊断。

j. 检查车轮转速传感器导线与搭铁线的绝缘电阻，其阻值应大于 20 MΩ，否则为不正常，应更换车轮转速传感器，进行下步诊断。

k. 清除故障信息，在车速大于 40 km/h 时路试。若ABS故障指示灯点亮且显示同样的故障信息，则故障可能在ABS ECU，可更换ABS ECU后重试来确诊故障。

4）ABS电磁阀故障

（1）故障现象。

接通点火开关，ABS故障指示灯点亮；利用ELIT检测仪读出的故障为ABS电磁阀故障。

（2）故障原因。

a. 电磁阀电磁线圈短路或断路。

b. 电磁阀正极与搭铁线短路。

c. ABS ECU 的信息与电磁阀实际控制不符。

（3）故障诊断。

a. 接通点火开关，ABS 故障指示灯常亮，用 ELIT 检测仪确认是 ABS 电磁阀故障。

b. 用 ELIT 检测仪清除故障信息，确定无故障码。

c. 症状模拟试验：水平或垂直地轻微摇动与 ABS 有关的插接器和线束，用手指轻轻振动液压单元及 ABS ECU 总成。

d. 用 ELIT 检测仪重新检查故障码，看故障信息是否再现。若无故障码，则说明 ABS 有关的插接器可能会引起间歇性故障。若故障信息再现，则进行下步诊断。

e. 检查电磁阀电阻。用万用表电阻挡检查各电磁阀线圈的电阻，若电阻为∞，则说明线圈有断路故障；若电阻值过小或为 0，则说明线圈有短路现象。若电磁阀存在故障，则应予以更换。如正常，则进行下步诊断。

f. 检查电磁阀正极与搭铁线有无短路。用万用表电阻挡检查电磁阀正极与搭铁线之间的电阻，若电阻值过小或为 0，则说明电磁阀正极短路。若电磁间存在故障，则应予以更换。如正常，则进行下步诊断。

g. 清除故障信息，进行路试。若 ABS 故障指示灯点亮且显示同样的故障信息，则故障可能在 ABS ECU，可更换 ABS ECU 后重试来确诊故障。

5）ABS ECU 故障

（1）故障现象。

接通点火开关，ABS 故障指示灯点亮；利用 ELIT 检测仪读出的故障为 ABS ECU 故障。

（2）故障原因。

a. 元件老化、内部电路短路或断路。

b. 微机系统中的 CPU、存储器、接口电路等芯片或电路烧坏。

c. 微机裂损、搭铁不良。

（3）故障诊断。

a. 接通点火开关，ABS 故障指示灯常亮，用 ELIT 检测仪确认是 ABS ECU 故障。

b. 用 ELIT 检测仪清除故障信息，确定无故障码。

c. 症状模拟试验：用手指轻轻振动液压单元及 ABS ECU 总成。

d. 用 ELIT 检测仪重新检查故障码，看故障信息是否再现。若无故障码，则说明 ABS ECU 存在间歇性故障。若故障信息再现，则进行下步诊断。

e. 拆下原 ABS ECU，换上工作正常的同型号的 ABS ECU 进行路试，此时若 ABS 工作恢复正常，则表明原 ABS ECU 有故障。ABS ECU 存在故障时，应更换 ABS ECU。

4.7.2 电控悬架系统的检测与诊断

1. 电子控制悬架系统概述

随着电子技术、传感器技术的飞速发展，电子控制的悬架系统在汽车上已得到了广泛的应用。性能优异的悬架系统，既能使汽车的乘坐舒适性达到令人满意的程度，又能使汽车的操纵稳定性达到最佳状态。电子控制悬架系统可从行驶舒适性和安全性出发，使悬架的弹簧刚度和减震器的阻尼随汽车行驶状态而变至最优状态，同时还可根据车载情况及汽车运行工况自动调整车身高度，以保持汽车行驶所需要的高度及汽车行驶姿势的稳定。为便于对电子控制悬架系统的检测与诊断，现对其电子控制系统作一简要介绍。

图 4-65 为雷克萨斯 LS400 轿车电子控制空气悬架系统电路图。该控制系统主要由空气弹簧、阻尼可调减震器、悬架 ECU、高度传感器、转向盘转角传感器、节气门位置传感器、悬架控制执行器、高度控制阀、排气电磁阀、高度控制开关、悬架控制开关、空气压缩机等组成。该悬架有两套控制系统，一是弹簧刚度和减震器阻尼控制系统，它能根据轿车行驶状况，自动调整弹簧刚度和减震器的阻尼，从而选择最佳的空气弹簧刚度和减震器阻尼特性的组合，以获得良好的舒适性和操纵稳定性，其 LRC 开关用于选择空气弹簧和减震器的工作模式：当 LRC 开关处于 SPORT 位置时，系统进入"高速行驶自动控制"；当 LRC 开关处于 NORM 位置时，系统对悬架的刚度、阻尼进行"常规值自动控制"。二是汽车高度控制系统，它能根据轿车内乘员人数和装载质量多少以及车速的高低，自动调节车身高度，其高度控制开关和高度 ON/OFF 控制开关用于选择车身高度控制的工作模式。当高度 ON/OFF 控制开关处于 OFF 位置时，系统不执行车身高度控制。当高度 ON/OFF 控制开关处于 ON 位置，高度控制开关处于 HIGH 位置时，系统对车身高度进行"高值自动控制"；高度控制开关处于 NORM 位置时，车身高度则进入"常规值自动控制"状态。电子控制悬架系统一般都具有故障自诊断功能，以监测、诊断系统的工作情况，诊断系统故障。

2. 电子控制悬架系统的检测与诊断

对于不同车型的电控悬架系统，由于其结构、控制方式的不同，其故障的检测与诊断方法也略有差异。下面以雷克萨斯 LS400 轿车电子控制空气悬架系统为例，介绍其故障的检测与诊断方法。

1）故障的初步诊断

利用指示灯对系统进行初步诊断。指示灯的状态（亮、熄、闪烁及其闪烁频率）与系统所处的工况有关，因此，利用指示灯对系统进行初检效果较好。

（1）当点火开关置于 ON 位置时，若高度控制 NORM 指示灯以 1 s 的间隔闪烁，则表明悬架控制系统有故障。当故障出在 ECU 本身时，两个高度指示灯都熄灭。

（2）当点火开关置于 ON 位置时，其 SPORT、NORM、HI 指示灯不亮，其故障可能在汽车高度控制供电电路或指示灯电路。

（3）当点火开关置于 ON 位置时，其 SPORT、NORM、HI 指示灯亮 2 s，然后全部熄灭，其故障可能在悬架控制执行器供电电路。

（4）当接通点火开关、LRC 开关拨到 NORM 侧时，SPORT 指示灯仍然亮着，其故障可能在 LRC 开关电路。

（5）当发动机运转时，将高度控制开关拨到 NORM 侧，HI 指示灯仍然亮着，其故障可能在高度控制开关电路。

（6）将点火开关转至 ON 位置，用跨接线连接 TDCL 或检查用插接器端子 T_C 和 E_1，按表 4-10 中所示的检测项目和对应的操作方法，分别在发动机停转和运转状态下，观察高度控制 NORM 指示灯的状态，若观察结果与表中相同，则系统正常；若某项观察结果与表中不同，则该项目的控制电路可能存在故障。

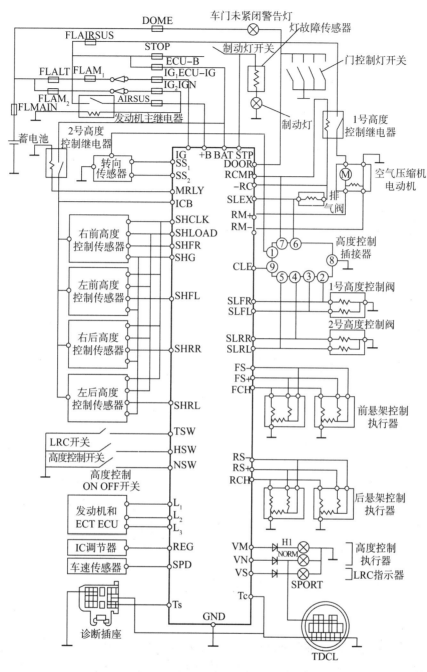

图 4-65　雷克萨斯 LS400 轿车电子控制空气悬架系统电路图

表 4-10　高度控制 NORM 指示灯检测表

检查项目	操作方法 1	NORM 指示灯		操作方法 2	NORM 指示灯	
		停机	运转		停机	运转
转向传感器	转向盘居中	闪烁	常亮	转向盘转角 45°以上	常亮	闪烁
制动灯开关	松开制动踏板	闪烁	常亮	踩下制动踏板	常亮	闪烁

检查项目	操作方法 1	NORM 指示灯		操作方法 2	NORM 指示灯	
		停机	运转		停机	运转
门控灯开关	所有车门关闭	闪烁	常亮	所有车门打开	常亮	闪烁
节气门位置传感器	松开加速踏板	闪烁	常亮	加速踏板踩到底	常亮	闪烁
高度控制开关	置于 NORM 位	闪烁	常亮	置于 HIGH 位	常亮	闪烁
LRC 开关	置于 NORM 位	闪烁	常亮	置于 SPORT 位	常亮	闪烁
高度控制 ON/OFF 开关	置于 ON 位	闪烁	常亮	置于 OFF 位	常亮	闪烁

注：表中 NORM 指示灯的闪烁是指以 0.25 s 的间隔方式闪烁。

2）故障的自诊断

在进行故障自诊断时，首先应通过一定的程序或利用解码器或利用人工方法使系统进入自诊断状态，然后读取故障码，待故障排除后，还应将其存储器内的故障码清除。

（1）读取故障码。

人工读取故障码的方法如下。

a. 将点火开关转到 ON 位置。

b. 用跨接线跨接 TDCL 插座或检查插接器中的 T_C 端子和 E_1 端子（见图 4-59）。

c. 将高度控制 ON/OFF 开关置于 ON 位置。

d. 根据仪表板上高度控制 NORM 指示灯的闪烁情况读取故障码。

e. 故障码读取完毕后，脱开 T_C 端子和 E_1 端子之间的跨接线。

（2）根据故障码诊断故障。

读取故障码后，可根据各种车型提供的故障码含义诊断其故障。

（3）清除故障码。

系统故障排除后应清除存储器内的故障码，其清除方法有下列两种。

a. 在关闭点火开关的情况下，用跨接线将高度控制插接器端子⑨与⑧（见图 4-65）跨接，同时使检查插接器端子 T_s 与端子 E_1 跨接。保持这一状态达 10 s 以上，然后接通点火开关并脱开以上各端子。

b. 在关闭点火开关的情况下，拆下 1 号接线盒中的 ECU-B 熔丝（见图 4-65）10 s以上。

3）故障的深入检测

对于初步诊断及自诊断确定的故障，还应进行详细的深入检测，以便查出故障的确切原因。检测时，应使用推荐的检测工具按汽车制造商维修手册提供的方法和步骤进行。有时一个故障是由多个原因引起的，检测时可根据维修手册中提供的故障征兆表的顺序进行。对系统进行检查修理并清除故障码后，应对系统进行路试运行，然后再通过观察指示灯看是否还有故障存在，若系统还存在故障，应重新检修。

4）汽车高度调整功能的检测

先将汽车停在水平地面上，使轮胎气压正常，然后进行检测，其步骤如下。

a. 将汽车处于 NORM 高度调整的状态下。

b. 用专用工具检查汽车高度。

c. 起动发动机，将高度控制开关从 NORM 位置切换到 HIGH 位置。

d. 检测完成高度调整所需的时间和汽车高度变化量。其正常调整时间：从操作高度控制开关至压缩机起动约需 2 s；从压缩机起动至高度调整完毕需 20~40 s。汽车高度值调整的正常变化量为 10~30 mm。

e. 起动发动机，将高度控制开关从 HIGH 位置切换到 NORM 位置，并检测完成此次高度调整所需的时间和汽车高度变化量。其车身高度下降调整的正常时间及汽车高度调整的正常变化量与车身高度上升调整的情况大致相同。

4.7.3　驱动防滑转系统的检测与诊断

驱动防滑转系统（Anti-Slip Regulation，ASR）是指汽车在驱动过程中防止驱动车轮发生滑转的控制系统。驱动防滑转系统有时也称为驱动力控制系统，其英文缩写为 TRC。现代高档轿车广泛使用电子控制 TRC。下面以雷克萨斯 LS400 轿车的 TRC 为例说明其故障的检测诊断方法。

1. TRC 故障检测诊断的一般步骤

TRC 故障的现象是多样的，故障的原因是复杂的，其故障诊断的难度较大。因此，对于 TRC 故障的诊断，往往需要通过 TRC 电路图的分析，采用一定的步骤，利用 TRC 的自诊断、专用检测仪器诊断及人工的深入诊断来综合进行。TRC 故障检测诊断及排除的一般步骤如下。

（1）对 TRC 进行初步检查。

（2）确认故障情况和故障症状。

（3）利用专用检测仪器或人工法读取 TRC 系统自诊断的故障情况，初步确定故障部位。

（4）根据读解的故障信息，利用必要的工具如检测盒、万用表等对故障部位进行深入的快速检查，确诊故障的部位和故障原因。

（5）排除故障。

（6）TRC 故障排除后，进行故障信息的删除步骤；否则，尽管 TRC 故障排除，且系统恢复正常，但 TRC ECU 存储器仍然记忆着原故障情况。

（7）检查 TRC 故障指示灯是否仍然持续点亮。如果指示灯仍然持续点亮，则说明 TRC 系统中仍有故障存在，或故障已经排除，而故障信息未被删除，应继续排除故障或重新删除故障信息。

（8）当 TRC 故障指示灯不再点亮后，进行路试，确认 TRC 系统恢复正常。

2. TRC 故障的自诊断

在电子控制 TRC 中，均设有故障自诊断功能。出现故障时，自诊断系统对故障进行记忆，并点亮仪表板上的 TRC 故障指示灯。可通过连接跨接线的方法，使系统进入故障自诊断模式。

1）TRC 故障码的读取

（1）接通点火开关。

（2）用跨接线连接 TDCL 或检查用插接器的端子 T_C 和 E_1，如图 4-59 所示。

（3）按 TRC 故障指示灯的闪烁规律读取故障码。故障码的闪烁规律如图 4-60 所示，若有两个或更多故障出现，则数字最小的故障码首先显示。TRC 部分故障码的含义如表 4-11 所示。

（4）故障码读取完毕后，在端子 T_C 和 E_1 上取下跨接线，关闭点火开关。

表 4-11　TRC 部分故障码的含义

故障码	TRC 故障指示灯	故障诊断
11	闪烁	TRC 制动主继电器电路断路
12	闪烁	TRC 制动主继电器电路短路
13	闪烁	TRC 节气门继电器电路断路
14	闪烁	TRC 节气门继电器电路短路
15	闪烁	长时间向 TRC 制动泵电动机供电（制动液渗漏）
21	闪烁	主制动缸关断电磁阀电路断路或短路
22	闪烁	蓄压器关断电磁阀电路断路或短路
23	闪烁	储液罐关断电磁阀电路断路或短路
24	闪烁	辅助节气门执行器电路断路或短路
25	闪烁	步进电动机运行时达不到 ECU 指示的位置

2）故障码的清除

当 TRC 故障排除后，或进行确认故障时，均应清除故障码。

（1）用跨接线连接 TDCL 或检查用插接器的端子 T_c 和 E_1。

（2）在 3 s 内踩下制动踏板 8 次或 8 次以上，储存在 ECU 中的故障码即被清除。

（3）检查 TRC 故障指示灯是否显示正常码，若仍然显示故障码，则表明该故障码所代表的故障是目前存在的故障。

（4）在 TDCL 或检查用插接器端子上拆下跨接线。

3. TRC 故障的诊断方法

1）根据故障码表诊断故障

当读取故障码后，先根据车型在维修手册中查出故障码所代表的故障现象和故障部位，然后根据各故障码对应故障的诊断工艺流程、检查方法，对电路及其电控元件进行检查，诊断排除故障。诊断排除故障时，要严格按照维修手册中的规定方法和步骤进行。

2）根据故障征兆表诊断故障

当读取故障码时，显示正常码，而 TRC 仍然工作不正常，则说明故障超出 TRC 自诊断的范围，此时应先根据维修手册中提供的故障征兆表进行初步诊断，然后则根据其故障诊断流程进行故障的确诊并排除故障。雷克萨斯 LS400 的 TRC 故障征兆表如表 4-12 所示。

表 4-12　雷克萨斯 LS400 的 TRC 故障征兆表

序号	故障征兆	故障诊断
1	TRC 工作不正常	1. 检查故障码，再次确认输出的是正常码 2. 检查 IG 电源电路 3. 检查液压系统是否漏电 4. 检查车速传感器电路 5. 检查空挡起动开关电路 6. 如以上检查均正常，而问题仍然存在，则应更换 ABS/TRC ECU

续表

序号	故障征兆	故障诊断
2	TRC 指示灯故障	1. 检查 TRC 指示灯电路 2. 检查 ABS/TRC ECU
3	TRC OFF 指示灯故障	1. 检查 TRC OFF 指示灯电路 2. 检查 ABS/TRC ECU
4	不能进行故障码检查	1. 检查 TRC 指示灯电路 2. 检查诊断电路 3. 检查 ABS/TRC ECU
5	即使在 N 位或 P 位, TRC 泵电动机仍在工作	1. 检查空挡起动开关电路 2. 检查 ABS/TRC ECU

3）根据 TRC 指示灯诊断故障

在实际应用中，可根据 TRC 故障指示灯及 TRC 关断指示灯的点亮情况进行故障的诊断与排除。雷克萨斯 LS400 的 TRC 指示灯故障诊断表如表 4-13 所示。

表 4-13　雷克萨斯 LS400 的 TRC 指示灯故障诊断表

序号	故障现象	可能原因	
		故障部位	故障类型
1	点火开关置于 ON 位置后, TRC 故障指示灯点亮不到 3 s	TRC 故障指示灯或电路	断路或短路
2	TRC 关断指示灯一直亮着	TRC 关断开关或电路	断路或短路
3	点火开关置于 ON 位置后, TRC 关断指示灯点亮不到 3 s	TRC 关断指示灯或电路	断路或短路

4）根据 TRC ECU 端子及电路参数诊断故障

TRC ECU 端子及电路都有规定的测量条件及相应端子参数标准。当 TRC 出现故障时，其测量参数将会发生变化。此时，可通过检测工具测量其端子及相应的电路参数，与维修手册中的标准值比较进行故障诊断。诊断故障时，一般可通过插接器检查 TRC 电控系统中各有关电路的电压、电阻或导通情况，然后根据资料提供的故障诊断表诊断其故障部位。

4.7.4　车身电子稳定系统的检测与诊断

1. 车身电子稳定系统概述

车身电子稳定系统（Electronic Stability Program, ESP）以 ABS 为基础，通过外围传感器收集转向盘转动角度、侧向加速度等信息，并经微处理器进行加工，再由液压调节器向车轮制动器发出制动指令，来实现对侧滑的纠正。ESP 综合了 ABS（防抱死制动系统）、EBD（电子制动力分配系统）、TCS（牵引力分配系统）、VDC（车辆动态控制系统）四个系统，提供全方位的安全保障，使车辆在各种状况下保持最佳的稳定性。为便于对车身稳定控制系统的检测与诊断，现以景逸 SUV 中 ESP 8.0 系统为例作简要介绍。

ESP 除用到了 ABS 和 TCS 的轮速传感器和液压调节器外，还包含了一个集成有侧向加速传感器、横摆角速度传感器和转向角传感器的模块。轮速传感器用来测量车轮的即时转速，带有 ECU 的液压调节器用于增加或减少车轮制动器中的制动压力，转向角传感器用于记录驾驶员的转向意图，横摆角速度传感器和侧向加速传感器用来测量汽车围绕其纵轴的回转运动和离心力。有些车型，还配备有与发动机管理系统进行通信的 CAN 线。

在汽车行驶过程中，转向角传感器监测汽车转弯方向和角度，轮速传感器检测各车轮转速、节气门开度，制动主缸压力传感器监测制动力，而侧向加速传感器和横摆角速度传感器监测汽车的侧倾和横摆速度。ECU 根据这些信息进行计算后判断汽车要正常安全行驶和驾驶者操纵汽车意图的差距，然后由 ECU 发出指令，调整发动机的转速和车轮上的制动力，如果实际行驶轨迹与期望的行驶轨迹发生偏差，则 ESP 自动控制对某一车轮施加制动，从而修正车辆的过度转向或转向不足，以避免汽车打滑、转向过度、转向不足和抱死，保证汽车的行驶安全。

2. ESP 故障的检测与诊断

当 ESP 出现故障时，汽车仪表盘上的 ESP 故障指示灯会常亮。此时，可使用 X431 解码仪读取故障代码，通过代码查找故障，检测故障点并排除故障。

1）传感器故障

ESP 失效多是由于传感器故障引起的。

（1）轮速传感器故障。

轮速传感器是 ESP 中一个非常重要的传感器，一共有四个轮速传感器安装在各个车轮上。景逸 SUV 的轮速传感器为霍尔式，从轮速传感器上引出两根线：一根 12 V 的电源线，一根信号线。当 12 V 电源线正常时，慢慢转动车轮，读取信号线的电压，如果信号线无电压变化，则轮速传感器损坏；如信号线电压在 0.5 ~ 1 V 之间变化，则说明轮速传感器正常。如果轮速传感器正常而出现故障码，则检查轮速传感器线路。

（2）转向角传感器故障。

转向角传感器安装在汽车转向柱上，其作用是向 ESP ECU 传送转向盘转角信号。景逸 SUV 的转向角传感器有四根线：一根电源线，一根搭铁线，还有两根 CAN 线。对于转向角传感器故障，可采用排除法来判断，首先检测电源线和搭铁线是否正常，然后检测 CAN 线是否正常，如果所有的线路正常无故障，则判断转向角传感器损坏。转向角传感器损坏后，一般要进行更换，更换转向角传感器后，一定要对传感器进行初始化设定。X431解码仪可以对转向角传感器进行重新匹配。

（3）横摆角速度和侧向加速传感器故障。

横摆角速度和侧向加速传感器装在一个壳体内。该传感器模块同样是引出四根线：一根电源线，一根搭铁线，还有两根 CAN 线。该传感器模块出现故障的可能原因有：

a. ECU 供电不良；

b. 电源线与传感器接触不良；

c. 搭铁线接触不良或断路；

d. CAN 线传输故障或传感器损坏。

如果检测所有的线路均正常，仍然出现故障码时，则判断是该传感器损坏。更换传感器后，将车停在平路面上，进行传感器初始化设定。

2）液压控制单元故障

ESP 液压控制单元安装在发动机舱左后角，其作用是通过液压单元内的各阀控制各车轮分泵的压力。通过控制液压单元内各分泵的进液阀和出液阀，实现增压、保压、卸压等状态。

液压控制单元可能出现的故障如下：

a. 电磁阀供电回路故障；

b. ESP 液压调节器内的电磁阀故障，制动油路、ESP 液压调节器电气故障；

c. 液压/机械故障。

检测故障时，可通过 X431 解码仪来进行故障诊断。再使用诊断仪，对 ESP 液压调节器的电磁阀进行元件测试。

3）回流泵电动机故障

ESP 液压控制单元集成了回流泵电动机。ABS、TCS、ESP 功能未激活时，回流泵电动机继电器断开，回流泵电动机处于静止状态。当 ABS 进入减压调节阶段或 TCS/ESP 主动制动策略被激活时，ECU 通过控制回流泵电动机继电器的接地状态，使回流泵电动机运转，从而减少轮缸制动压力或实现主动增压。

回流泵电动机故障可能的原因有：

a. 回流泵电动机继电器线路故障；

b. 回流泵电动机继电器故障；

c. 回流泵电动机外部连线故障；

d. 接地不良（地线接电源会导致电动机烧毁）；

e. 供电电源不良；

f. 回流泵电动机故障；

g. ESP 内部回流泵电动机线路故障。

检测故障时，可通过 X431 解码仪来进行故障诊断。排除故障后，采用 X431 解码仪对带 ESP 液压调节单元的元件进行动态测试，正常时会听到回流泵电动机运转的"嗡嗡"声。

▍知识小结

在电子控制 ABS 中，一般都具有故障自诊断功能。当 ABS 出现故障时，应利用其自诊断功能，采用一定的方法进入系统中的自诊断模式，读取故障码。

电子控制悬架系统可从行驶舒适性和安全性出发，使悬架的弹簧刚度和减震器的阻尼随汽车行驶状态而变至最优状态，同时还可根据车载情况及汽车运行工况自动调整车身高度，以保持汽车行驶所需要的高度及汽车行驶姿势的稳定。

EBD 必须在 ABS 的基础上工作，从硬件而言，它并没有增加新的元器件，而是通过软件升级和改变应用程序来实现制动力的合理分配，这样也就降低了成本。

ESP 以 ABS 为基础，通过外围传感器收集转向盘转动角度、侧向加速度等信息，并经微处理器进行加工，再由液压调节器向车轮制动器发出制动指令，来实现对侧滑的纠正。

习题 ▶▶▶ ▶

1. 填空题

（1）ABS 故障初步检查的主要内容是_____和_____。

（2）电控 ABS 由_____、_____和_____组成。

（3）电子控制悬架系统的功能有_____、_____和_____。

（4）汽车电子稳定系统的英文简写是_____。

2. 单项选择题

（1）车轮速度传感器出现故障，以下哪项不可能是故障原因_____。

A. 传感头脏污　　　　　　　　　　　B. 传感头与齿圈间隙不符要求

C. 线圈断路　　　　　　　　　　　　D. 制动盘磨损严重

（2）装有 ABS 的汽车，轮速传感器向 ECU 发出的信号类型是_____。

A. 电流　　　　　B. 频率　　　　　C. 电阻　　　　　D. 电压

3. 多项选择题

（1）装有 ABS 的汽车进行道路测试时，以下说法正确的有_____。

A. 当 ABS 灯亮时，ABS 不工作

B. 制动时发生踏板海绵感是正常现象

C. 制动时有一个回弹行程，即踏板反应

D. 在干燥路面上装有 ABS 的汽车制动距离相对较小

（2）以下关于 ASR，不正确的有_____。

A. ASR 指的是制动防抱死系统

B. 只对驱动车轮实施控制

C. 对所有车轮均实施控制

D. ASR 在汽车制动后车轮出现抱死时起作用

（3）悬架 ECU 的功能，正确的有_____。

A. 提供稳定电源　　　　　　　　　　B. 传感器信号放大

C. 输入信号的计算　　　　　　　　　D. 提供自诊断信号

4. 判断题

（1）（　　）制动时，制动踏板会轻微震动，这是 ABS 起作用的正常现象。

（2）（　　）在检测汽车电子控制空气悬架时，在开动汽车之前，应起动发动机将汽车的高度调整到正常状态。

（3）（　　）ASR 只对驱动轮实施制动控制。

（4）（　　）ASR 控制系统通过改变发动机辅助节气门的开度来控制发动机的输出功率。

（5）（　　）EBD 的机械系统、液压系统与 ABS 完全一致。

5. 简答题

（1）简述 ABS 检测诊断的基本方法，如何诊断 ABS 主要部件的故障？

（2）简述电子控制悬架系统检测与诊断的基本方法。

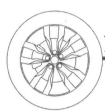

第五章

车身控制及娱乐舒适
系统的检测与诊断

引　例

　　一台车辆，行驶过程中出现碰撞，安全气囊弹出。在更换安全气囊及相关控制模块后车辆依然无法起动。经查阅相关维修资料，该车装备安全型蓄电池接线柱，在安全气囊工作时也会工作，断开发动机油泵等供电。更换接线柱后故障排除。此故障要求我们在车辆维修过程中能够从车身整体出发，俯瞰全部系统，掌握每个系统的功能并能理解各系统之间的关联。

5.1　电源及电源管理系统

5.1.1　电能供给

1. 要求

　　汽车电气系统由作为能量转换器的发电机、作为能量储存的一个或多个蓄电池和用电器件组成。起动机依靠蓄电池电能起动汽车发动机。在汽车行驶时必须向点火系统、燃料喷射系统、ECU、安全性和舒适性电子装置、照明和其他仪器设备供给电能。为给蓄电池充电，发电机要提供必要的电能。汽车舒适性和安全性要求的不断增加，显著地加大了对电气系统电能的需求。随着越来越多的汽车部件（组件）实现电动化（如电动座椅调整、电动驻车制动器、电动转向辅助），这种趋势仍将继续。发电机额定功率从小型汽车的1

kW 到高档汽车的超过 3 kW。该功率稍低于用电器件消耗功率的总量，这意味着在汽车行驶时有时要由蓄电池供给电能。但无论如何，所有用电器件消耗的电能应保证行驶时蓄电池总是处于充电状态或至少充、放电平衡状态。

2. 汽车电气系统任务

在发动机工作时发电机供给电能（电流 I_G），如图 5-1 所示。当蓄电池亏电，发电机同时为蓄电池和用电器供电。当蓄电池满电，发电机供给电能仅需满足用电器使用即可。如果电气系统中用电器件电流 I_V 大于发电机电流 I_G（如在发动机怠速时），则蓄电池放电，电气系统电压降到带负载的蓄电池电压。

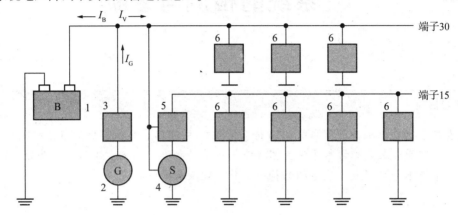

1—汽车蓄电池；2—发电机；3—发电机调压器；4—起动机；5—行驶开关；6—用电器件；
I_B—蓄电池充电电流；I_G—发电机电流；I_V—用电器件电流。

图 5-1　汽车电气系统简图

发电机的最大电流与发动机转速、发电机温度有关。在发动机怠速时发电机只能输出它的额定功率的 55% ~ 65%。在直接低温冷起动后，从发动机中等转速起发电机就能提供 120% 的额定功率给电气系统。如果发动机是在热状态，视外界空气温度和发动机负载，发动机室温度可达到 60 ~ 120 ℃，发动机室高温引起发电机绕组的高电阻，从而降低发电机最大功率。

电气系统中蓄电池、发电机、起动机和用电器件的选择必须保证蓄电池均衡的充电平衡，以能随时起动发动机和发动机停机后在一定时间内一些用电器件还能工作。

3. 14 V 汽车电气系统结构和工作原理

汽车电气系统可用能量转换器（发电机）、能量储存器（蓄电池）和用电器件之间的相互作用描述，如图 5-2 所示；发动机曲轴经楔形带（三角带）带动发电机，并将机械能转换为电能。发电机调压器限制输出功率，以不超过在调压器中调节的设定电压（14.0 ~ 14.5 V）。

在取出点火钥匙时只向少数的用电器件提供电能（如防盗报警、汽车收音机、驻车采暖）。向用电器件供电的接头称为"端子 30"（持久用电正极）。

其他的用电器件接在"端子 15"上，这时所有的用电器件都连在供电线上。

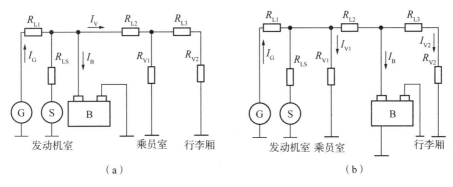

G—发电机；B—蓄电池；S—起动机；R_L—电缆电阻；R_V—用电器件电阻；

I_G—发电机电流；I_V—用电器件电流；I_B—蓄电池充电电流。

图5-2　蓄电池安装位置

（a）安装在发动机室；（b）安装在行李厢中

1）用电器件功率

（1）用电器件用电分级。

按用电器件用电或接通持续时间分类如下。

a. 持续用电器件，它们总是接通的（如电动燃料泵、发动机控制）。

b. 长时间用电器件，在需要时接通并延续较长时间（如近光前照灯、汽车收音机、电动冷却风扇）。

c. 短时间用电器件，它们只是短时间接通（如转向灯、电动座椅调整、电动风窗玻璃升降机构）。

（2）与行驶时间有关的用电器件功率。

在行驶时所需的用电器件功率时刻变化。特别是在发动机起动后前几分钟用电器件消耗的功率很高（如后风窗玻璃加热、座椅采暖、外后视镜加热），之后消耗功率下降。

在几分钟后断开这些用电器件，之后消耗功率的主要是持续用电器件和长时间用电器件。

（3）静态电流用电器件。

各种用电器件和ECU在停车时还需要供给电能。总静态电流是所有接入的这些用电器件的各静态电流之和。在发动机停机后大多用电器件短时断开电源（如车内照明），而有些用电器件总是处于激活状态（如防盗报警装置）。

静态电流需由蓄电池供给。最大静态电流值由汽车生产厂家定义，此值作为确定蓄电池的依据。轿车上的静态电流典型值通常不超过80 mA。

2）发电机输出电能及电路

（1）发电机电能输出。

发电机的重要组件是固定的定子和在定子中转动的转子，转子由发动机曲轴经三角带驱动。在三个定子绕组中感应交流电压（交流发电机）。当在转子线圈中通电（励磁电流）时，则产生磁场。励磁电流由发电机分支电路供给（自励磁）。感应电压与转子转速和励磁电流大小有关。发电机产生的交流电由二极管整流，如图5-3所示。

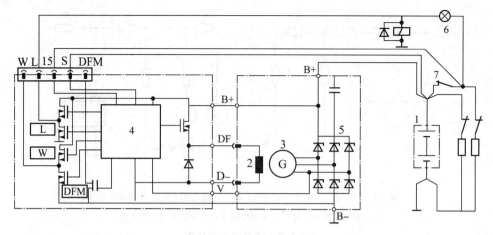

1—蓄电池；2—发电机转子；3—发电机定子；4—发电机调压器；

5—整流二极管；6—充电指示灯；7—行驶开关；

DF—发电机磁场端子；DFM—发电机磁场监视器。

图5-3　发电机、发电机电压调节器和蓄电池相互作用

由于发电机中感应电压与发动机转速有关，所以在发动机低转速时电压较低。在发动机怠速 n_L 时，发电机在通常的传动比（曲轴转速与发电机转速之比）1∶3～1∶2.5 时只输出发电机额定电流的一部分（见图5-4）。在发电机转速为 6 000 r/min、全负载时才能达到额定电流。为达到发电机的名义功率，在汽车行驶时发电机转速必须高于中等转速。汽车在较多低速成分的行驶循环特别危险，因为可提供的发电机功率在接入高功率用电器件时不足以全部供给，还要靠蓄电池补充供电。

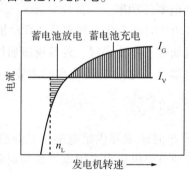

I_V—用电器件用电电流；I_G—发电机电流；n_L—发动机怠速。

图5-4　发电机供电电流与转速的关系

如果发电机电压高于蓄电池电压，蓄电池充电电流流入蓄电池，并给蓄电池充电。发电机调压器限制发电机电压，使电气系统电压保持在约 14 V。

发电机产生的电能增加发动机燃料消耗，每产生 100 W 电能时在汽车百公里行驶路段要多消耗 0.17 L 燃油，且与发电机效率和发动机效率有关。

（2）发电机输出电能的电路。

发电机输出电能的电路分为四部分，分别是预调电路、励磁电路、充电电路以及电压调节电路。

a. 预调电路，如图 5-5 所示。电流流向为：启动器蓄电池+/30→行驶开关/控制灯 D+→励磁绕组→调节器 DF→支架 D-/B-→启动器蓄电池-/31。

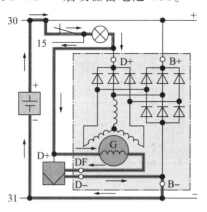

图 5-5　预调电路

b. 励磁电路，如图 5-6 所示。电流流向为：定子绕组→励磁二极管→接线柱 D+→励磁绕组→调节器 DF→支架 D-/B-→负二极管→定子绕组。

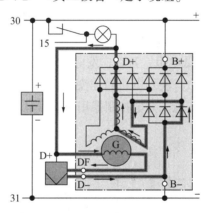

图 5-6　励磁电路

c. 充电电路，如图 5-7 所示。电流流向为：定子绕组→正发光二极管→接线柱子 B+→蓄电池/电器→支架 B-→负发光二极管→定子绕组。

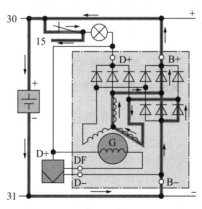

图 5-7　充电电路

d. 电压调节电路，如图 5-8 所示。电压调节器必须使发电机的电压在任何转速和负载情况下都基本上稳定地保持在所需要的范围。

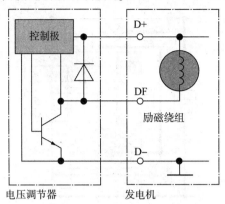

图 5-8　电压调节电路

发电机电压通过励磁电流的周期性接通和关闭得到调节。发电机电压的给定值由接线柱支架 D+采集。超过实际值的时候，励磁电流（DF）通过终极晶体管短时间中断。

一个与转子绕组并联的空载二极管起过压保护作用，使之不受感应过压的损伤。配备有多功能电压调节器（MFR）的发电机具有以下功能：其一，起动时，通过发动机起动装置使励磁电流延时接入，以降低电阻；其二，发电机负载发生变化时，励磁电流不突然改变，而是慢慢改变（柔性接入），使发电机转速变化不大；其三，不受充电控制灯影响的预调方式，由调节器通过 DF 实施。充电控制器用作故障显示，与 KI. 61E 上面的调节器连接，如图 5-9 所示。

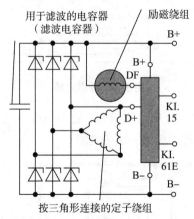

图 5-9　带电压调节器的发电机

紧凑型发电机的定子绕组，可以采用三角形连接，用整流二极管代替功率二极管，有助于过压保护。

3）电气系统中的电压调节

（1）起动时产生励磁场。

欲使发电机定子绕组产生感应电压，需在转子中形成磁场。发动机起动后的低转速不足以使发电机自励磁，首先的自励磁由蓄电池承担。负载下的发电机扭矩阻碍发动机起动过程并干扰发动机怠速稳定性。为此，在发动机起动阶段，调压器将蓄电池供电的励磁电流进行调节，直到发动机高速运转后发电机才参与发电。

（2）汽车行驶时的电压调节。

调压器通过脉宽调制（PWM）调节转子绕组中的电流，使在蓄电池端子 B+ 上的电压等于设定值。PWM 信号频率为 40~200 Hz。占空比与用电器件要求的电能多少有关。在负载变化时，电气系统电压随之变化。通过 PWM 信号匹配，调压器调节励磁电流，以跟随电压变化。

励磁绕组接头称为发电机磁场（Dynamo Field）端子，并标识为 DF。发电机调压器输出作为发电机磁场监视器（DF-Monitor，DFM）的 PWM 信号，以通过发电机负载率了解其他 ECU 情况。

电压调节器为调节输出电压，需要蓄电池的电压值。调压器通过蓄电池端子 B+ 得到蓄电池电压值。当蓄电池和调压器之间连接电缆过长并通过大电流时，则会产生电压降，使发电机的输出功率降低，蓄电池可能得不到充足的充电。补救措施是用连在蓄电池正极上的一根单独电缆给调压器供电。

调压器的总线（Bus）控制可实施多种功能（如电能回收功能）。车辆行驶时，在接通高负载用电器件并因此产生电压降时，可迅速调节发电机状态，防止发电机给发动机急剧加载。

（3）充电指示灯。

充电指示灯由发电机调压器控制。在发动机点火时充电指示灯亮，在发电机供电时熄灭。一旦调压器识别出故障，调压器接通充电指示灯（如发电机由于三角带断裂发生故障、励磁电路断路或短路、发电机和蓄电池间的充电电缆断开）。

4）蓄电池充电

由于蓄电池的化学变化过程，理想的蓄电池充电电压在冷状态时需较高，在热状态时则需较低。气泡电压曲线给出了最大充电电压，在该电压下蓄电池不产生气泡。当发电机电流 I_G 大于所需的用电器件电流 I_V 和与温度有关的允许的最大蓄电池充电电流 I_B 之和时，发电机调压器限制发电机电压。

调压器通常安装在发电机上，在蓄电池硫酸液温度和调压器温度之间有较大偏差时，直接检测蓄电池硫酸液温度能精确调节电压。

发电机、蓄电池和用电器件布置影响充电电缆上的电压降，因而影响充电电压。如果全部用电器件连接在蓄电池侧，则全部电流 $I_G = I_V + I_B$ 流经充电电缆。由于电压降大，充电电压相应地要低一点。如果全部用电器件连接在发电机侧，则在充电电缆上的电压降较低，充电电压要高一点。带有可直接测量蓄电池上的实际电压值的调压器就可消除该电压降。

5.1.2 电气系统结构

1. 单蓄电池电气系统

单蓄电池电气系统中，蓄电池用作电能储存器，承担起动过程的电能供给和在发动机停机或发电机功率不够（发动机怠速阶段）时给用电器件供电。单蓄电池电气系统是目前最广泛采用的方案，也是汽车上供给电能的低成本方案。

设计单蓄电池电气系统的车用蓄电池时，必须寻找各种不同要求的折中。在起动过程中蓄电池承受 300~500 A 的负载电流，与此相关的电压降对一些用电器件有不利的影响（如在有微控制器装置上的低电压复位），并应尽量减小电压降。

汽车行驶时只需较少的电能。为可靠供给电能，蓄电池容量起着决定作用。蓄电池功率和容量这两个性能无法同时优化。

2. 双蓄电池电气系统

在两个蓄电池的双蓄电池电气系统（见图 5-10）中，起动蓄电池和供电蓄电池可通过电气系统 ECU 将"为起动过程所需的大功率"功能和"为电气系统用电器件供电"功能的这两种蓄电池功能分开，以避免起动时在电气系统中引起大的电压降，并保证即使在供电蓄电池处于低充电状态时仍可冷起动。

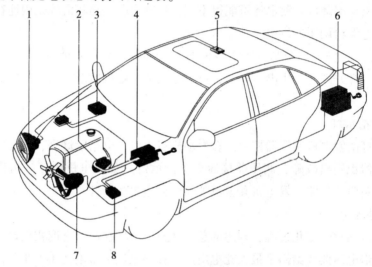

1—照明设备；2—起动机；3—发动机 ECU；4—起动蓄电池；
5—电气系统其他用电器件（如操纵活动车顶）；6—供电蓄电池；7—发电机；8—电气系统 ECU。

图 5-10　双蓄电池电气系统

5.1.3　电能管理任务

电能管理（EEM）控制电能流向，并同时保证电能供给，以保持起动发动机能力和减少蓄电池进一步放电。此外，电能管理还可稳定蓄电池电压和即便在发动机停机时仍能优化舒适性系统的可供使用性。当汽车行驶时，保证蓄电池正常或补偿充电平衡；当发动机停机时，监控电能需要。此外，通过用电器件相互协调接通可降低电能峰值负载。电能管理如图 5-11 所示。

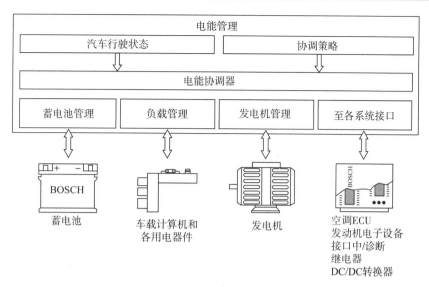

图 5-11 电能管理

采取的措施部分有时相互矛盾。例如，关闭舒适性用电器件就会影响舒适性，取消停车-起动功能使燃料消耗增加。到底优先采取哪个措施和为保证充电平衡可能优先采取哪个相应措施与汽车生产厂家有关。

1. 静态模式的负载管理（静态电流管理）

建立在蓄电池传感器上的静态电流管理定期监控蓄电池工作状态和发动机停机时的起动能力。利用精确的蓄电池工作识别，可通过静电电流管理优化用电器件的可使用性，即舒适性用电器件接通时间可最长化。在威胁到起动能力时电能管理给显示模块发送一个信息，通知使用者。另外，在接近起动能力极限时负载管理减少电能消耗（如降低空调风扇功率），直至断开各个用电器件，如切断驻车采暖、信息娱乐、导航系统、车载电话等这些舒适性用电器件，以尽可能长久保持起动能力。

2. 行驶中的电能管理

在激活发电机时，电能管理的任务除了负载管理外，首先是发电机管理，包括能量回收功能和到其他系统的电能管理接口，如发动机管理。

3. 接通用电器件

负载管理协调用电器件接通和断开。在高功率加热系统（如前风窗玻璃加热和 PTC 加热器）的控制中同样要参与负载管理。

在汽车行驶中保证再次起动能力也是电能管理的重要任务。在蓄电池的临界工作状态，负载管理为降低电能需要，以能尽快给蓄电池再次充电，将优先断开具有蓄热性能的舒适性用电器件（如加热系统）。但断开舒适性功能受到使用者阻止，因为使用者在很少的情况下才接受。为此，电气系统设计应使这种情况很少发生。可感觉到的影响必须向使用者显示，以说明电气系统偏离了正常工作状态。

4. 增加发电机功率

为减少电能需要，可交替给舒适性用电器件供电，或为满足电能需要，可通过提高发动机转速增加发电机功率的补充供电（如提高发动机怠速或取消停机、起动功能）。为提高发动机怠速，电能管理通过数据总线将这种要求传输给发动机控制，但这些措施会直接影响燃料消耗和噪声辐射，为此必须在汽车上单独调整。

在能量回收期间，汽车动能至少可部分地转化为电能，并输入到蓄电池中储存。能量回收功能要求通过接口，以预先给出的蓄电池设定电压和识别蓄电池工作状态的蓄电池电子传感器信号控制发电机。

在汽车惯性行驶断开电路期间给发电机确定一个高的设定电压以加快向蓄电池充电。在汽车惯性行驶中产生的电能不消耗发动机燃料。在低效率产生电能的行驶状态，降低发电机电压和蓄电池再次缓慢供电，为产生电能消耗最少的燃料。

充满电的蓄电池不会吸收电荷，因此能量回收只是对部分充电的蓄电池（Partial State of Charge，PSOC，部分充电状态）才有可能。它偏离常规的目标是尽可能给蓄电池充满电的充电策略。为保证起动能力，蓄电池无论如何不能低于它的最小工作状态，即电能管理系统必须知道当前的蓄电池工作状态。

能量回收功能增加了蓄电池充、放电循环次数，在配车时要专门检测它对蓄电池老化的影响。推荐采用 AGM（Absorbent Glass Mat，玻璃毡吸收体）蓄电池以提高可能的电能流量（在整个蓄电池寿命内的电能流量，以 A·h 计，在整个蓄电池寿命内的临界流量可提高 3 倍）。

能量回收算法必须考虑电压变化对用电器件的影响，因为这种影响可以被察觉（如空调风扇转速变化或灯的不稳定闪动）。按能量回收功能的循环和计算，可节省燃料 1% ~4%。

5.1.4 电源系统的故障检测

1. 电源系统故障诊断的基本方法

1）充电系统指示灯诊断

充电系统指示灯用来显示充电系统的工作状态，点火开关位于 ON 位置发动机不运转时，该灯点亮，发动机起动后该灯应熄灭。若打开点火开关后该灯不亮或发动机运行后该灯常亮，则说明系统出现故障，此时应对充电系统进行检查。

2）蓄电池检查

（1）检查蓄电池状态。

检查蓄电池是否损坏或变形。如果蓄电池严重损坏、变形或存在泄漏，则更换蓄电池。

（2）检查每单格的电解液量。

a. 免保养的蓄电池。

- 如果蓄电池的电解液量在低线以下，则更换蓄电池。
- 如果蓄电池的电解液量在低线以上，则在起动发动机时检查蓄电池电压。
- 如果电压低于 9.6 V，则更换蓄电池或对其进行充电。

提示：在检查蓄电池电压之前，关闭所有的电气系统（大灯、鼓风机、后除雾器等）。

b. 非免保养的蓄电池。

- 如果蓄电池的电解液量在低线以下，向每单格添加蒸馏水。然后，对蓄电池进行充电并检查电解液的比重。标准比重：20 ℃时为 1.25 ~1.28。
- 如果蓄电池的电解液量在低线以上，则在起动发动机时检查蓄电池电压。如果电压低于 9.6 V，则更换蓄电池或对其进行充电。

提示：在检查蓄电池电压之前，关闭所有的电气系统（大灯、鼓风机、后除雾器等）。

3）检查蓄电池端子和熔断器

（1）检查并确认蓄电池端子无松动或腐蚀。如果端子腐蚀，应清洁或更换端子。

（2）测量熔断器的电阻。标准电阻：低于 1 Ω。如果结果不符合规定，则必要时更换熔断器。

4）传动皮带检查

（1）检查皮带有无磨损、破裂或其他损坏的痕迹。如果发现有缺陷，则更换 V 型皮带。传动皮带损坏的状态如图 5-12 所示。

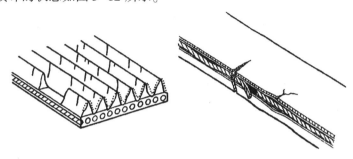

图 5-12　传动皮带损坏的状态

（2）用手检查并确认皮带是否滑出皮带轮底部的槽。如果滑出，则更换 V 型皮带，并正确安装新的 V 型皮带。传动皮带的安装位置如图 5-13 所示。

（a）　　　　　　　　　　　（b）

图 5-13　传动皮带的安装位置

（a）正确；（b）不正确

5）休眠电流的检查

当车辆熄火，并将车辆锁止后，有一些模块还将继续工作，如防盗模块中的一些子系统。这将导致蓄电池继续给用电模块提供电力，在线路中依然存在电流。这种类型的电流称为休眠电流。休眠电流通常不超过 80 mA，但该数值需要根据对应车型维修手册而最终确定。车辆如果出现接地故障、模块故障等情况，会使休眠电流过大，从而导致车辆放置一段时间（如 24 h，也和蓄电池本身状态有关）后无法起动。

休眠电流可用电流钳、万用表、示波器等多种方法进行测量。为了保证良好的结果并避免测量过程中可能出现故障，休眠电流测量前的准备工作如下。

（1）将车辆停放在一个能够不受干扰地进行休眠电流测量的位置。

（2）蓄电池必须已充满电且不允许连接蓄电池充电器。如有必要，必须事先对蓄电池充电。

（3）打开车前盖并拉起车前盖触点开关（模拟关闭的车前盖）。

（4）打开后行李厢盖，并在后行李厢盖处于打开状态时将后行李厢盖锁用螺丝起子联锁（模拟关闭的后行李厢盖）。

（5）打开手套箱（识别用电器断开）。

（6）打开驾驶员侧车门并重新关闭（模拟上车）。

（7）起动车辆，并运转至少 5 s 以上，然后重新关闭。

（8）将具备无钥匙便捷登车及起动系统的车辆的遥控器或识别传感器从插口槽中拔出，并且不要放在车辆上。

（9）重新打开驾驶员侧车门并在驾驶员侧车门处于打开状态时将驾驶员侧车门锁用螺钉起子联锁（模拟锁车）。

6）空载与负载性能的诊断

（1）空载性能诊断。

a. 如图 5-14 所示，将电压表和电流表连接到充电电路上。

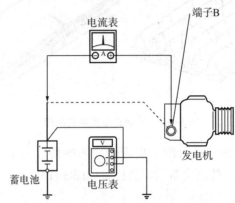

图 5-14 空载与负载性能测试的连接

将导线从发电机端子 B 上断开，并将其连接到电流表的负极（-）引线上。

将电流表的正极（+）引线连接到发电机端子 B 上。

将电压表正极（+）引线连接到蓄电池正极（+）端子上。

将电压表负极（-）引线接地。

b. 检查充电电路。

将发动机转速保持在 2 000 r/min，检查电流表和电压表的读数。

标准电流：10 A 或更小。标准电压：13.2～14.8 V。如果结果不符合规定，则更换发电机。

如果蓄电池充电不足，电流表读数有时会高于标准电流。

（2）检查负载充电电路。

a. 发动机转速为 2 000 r/min 时，打开远光灯，并将加热器鼓风机开关转到 HI 位置。

b. 检查电流表读数。

标准电流：30 A 或更大。如果电流表读数低于标准电流，则更换发电机。

如果蓄电池充电充足，电流表读数可能会低于标准电流。在此情况下，操作刮水器马达和车窗除雾器以增加负荷，然后再次检查充电电路。

2. 电源系统故障诊断与排除

电源系统的故障主要以是否充电来表现，主要有不充电、充电电流过小和充电电流过大等故障。若出现不充电或充电电流过小故障，首先检查发电机传动带是否存在松旷打滑等现象，若皮带正常，则根据不同的车型电源系统的结构和原理进行故障诊断。充电电流过大的主要原因为发电机内部电压调节器故障或电流传感器（带有能量管理系统）故障。不同车型的电源系统原理有较大差异，应结合具体车型进行故障排除。

1）无能量管理功能的电源系统故障诊断与排除

若打开点火开关后，电源系统指示灯不点亮，说明指示灯控制电路出现故障，此时应按照电路图进行故障检查。若发动机运行后电源指示灯常亮或蓄电池长期充电不足，此时应按照如下程序进行系统检查。

（1）将发动机转速维持在 2 500 r/min，分别在关闭用电负载和开启全部用电负载后测量蓄电池端电压，电压值应为 13.2 ~ 14.8 V。

（2）测量发电机输出端子和蓄电池正极端子之间的电压降，应低于 0.5 V；若超出范围，则更换连接电缆。

（3）测量蓄电池负极端子与发电机金属外壳之间的电压降，应低于 0.5 V；若超出范围，则更换连接电缆。

（4）测量励磁电路是否出现断路、短路故障。

（5）若线路均无异常，则更换发电机总成。

2）有能量管理功能的电源系统故障诊断与排除

将点火开关置于 ON 位置，使用故障诊断仪确认是否该设置会引起充电系统故障的发电机或蓄电池电流传感器故障诊断码。

如果设置了故障诊断码，应按照维修手册中"故障诊断码（DTC）列表"中规定的程序予以诊断排除。若无故障代码，则按照如下程序进行系统检查。

（1）将点火开关置于 OFF 位置，测量蓄电池端子电压。在室温条件下，电压读数应该为 12 V 或更高。如果不在规定值内，则执行蓄电池检查或测试。

（2）关闭车辆附件，打开发动机，将发动机转速增至 2 500 r/min。确认蓄电池电压为 13.2 ~ 14.8 V。如果不在规定的范围内，则更换发电机。

（3）打开发动机，将发动机转速增至 2 500 r/min。打开所有车辆附件，确认蓄电池电压为 13.2 ~ 14.8 V。如果不在规定的范围内，则更换发电机。

知识小结

要对电源管理系统进行故障诊断，首先要明确电源管理不仅是对蓄电池的充电和放电。这其中还包括：对蓄电池充多少电、放多少电；蓄电池当前电容量的状态；对蓄电池充电放电过程的控制；用电器用电的逻辑控制等多方面。在之后，还需要思考蓄电池供电的路线以及搭铁、休眠电流等方面。只有对车辆供电系统进行全方位的掌握后，对电源系统的故障解决将会简单。在掌握这一过程，建议认真阅读对应车辆供电系统相关的电路图，这将帮助我们尽快理解控制逻辑关系。

习题 ▶▶▶ ▶

1. 填空题

(1) 通常休眠电流不超过_____。

(2) 发电机输出电能的电路分为四部分，分别是_____、_____、_____以及_____。

2. 单项选择题

(1) 正常情况下，蓄电池电解液的相对密度一般为_____。

A. 1.24～1.28　　　　B. 1.15～1.20　　　　C. 1.35～1.40　　　　D. 1.00～1.12

(2) 蓄电池极板上的活性物质在放电过程中都转变为_____。

A. 硫酸铅　　　　　　B. 二氧化铅　　　　　C. 铅　　　　　　　　D. 水

3. 判断题

(1) (　　) 将蓄电池的正负极板各插入一片到电解液中，即可获得12 V的电动势。为了防止冬天结冰，蓄电池电解液的密度越高越好。

(2) (　　) 12 V蓄电池由6个单格电池并联组成。

(3) (　　) 休眠电流指的是车辆停止运行后的电流。

4. 简答题

(1) 调节器为什么可以控制交流发电机的输出电压？

(2) 说明能量管理系统的主要功能有哪些。

(3) 如何测量休眠电流？

(4) 如何检测蓄电池？

(5) 一台车辆的蓄电池损坏，需要更换。维修厂由于没有相同型号的蓄电池，于是更换一个电池容量大一些或小一些的，这种做法是否可行？为什么？

5.2　信号装备及组合仪表的检测与诊断

5.2.1　照明设备

1. 前照灯

夜间行驶的前照灯是近光前照灯。产生明-暗边界（HDG）特征的近光前照灯是照明技术的里程碑之一。

通过明-暗边界（上部为暗，下部为明形成一个光分布），它适合在所有的交通状况下达到可接受的视野。一方面，在会车时，使炫目控制在一定限度；另一方面，可在明-暗边界下部达到较大的照明强度。

除了最大的视野和最小的炫目影响外，在近程范围光分布必须满足一些要求。必须安全地在弯道上行驶，即光分布必须足以侧向地到达路边。

远光前照灯要以能达到的最大距离照亮道路，从而达到在交通场合中的所有物体上与距离有关的高的照明强度。因此，远光前照灯只有在没有会车炫目时才使用。

1）对前照灯的基本要求

汽车前照灯的照明效果对夜间行车安全影响很大，世界各国多以法律的形式规定了前照灯的照明标准，其基本要求主要有如下两个方面。

（1）前照灯应能保证车前有明亮而又均匀的照明，使驾驶员能够看清车前100 m内路面上的物体。随着现代汽车行驶速度的不断提高，对前照灯的要求也越来越高，现代高速汽车前照灯的照明距离应达到200～250 m。

（2）前照灯应防止炫目，以避免夜间两车相会时发生交通事故。

2）前照灯的调整

前照灯在使用过程中，会因灯泡老化、反射镜变暗、照射位置不正而使前照灯的发光强度不足或照射位置不正确，影响汽车行驶速度和行车安全，因此必须对前照灯进行检测和调整，前照灯的检测包含发光强度和照射位置两个方面。

（1）发光强度。

前照灯的发光强度一般用前照灯检测仪进行检测。它利用光电池受光线照射后产生电动势，再由光度计（实质上是电流表）来指示前照灯的发光强度。前照灯的发光强度高，光电池产生的电流大，光度计指示的值就高。

（2）照射位置。

前照灯的光束照射位置是光轴中心相对于前照灯配光镜几何中心在垂直方向偏上或偏下、水平方向偏左或偏右的距离。对于对称配光特性的前照灯，通常把光束最亮区域的中心作为光轴中心，用此检测光束的照射位置。对于非对称配光特性的前照灯，一般以光束明暗截止线交点或中心作为光轴中心，用此检测光束的照射位置。前照灯的远光通常都采用对称式配光，光形分布具有水平方向宽、垂直方向窄等特点。

我国规定前照灯的近光采用非对称式配光，光形分布是近光光束最亮部分向右下偏移，在配光屏幕上具有明显的明暗截止线。图5-15为用屏幕法来检测前照灯的光束照射位置。国家标准对汽车前照灯光束照射位置的规定是：机动车在检验前照灯的近光光束照射位置时，被测车辆空载（允许乘坐一名驾驶员），轮胎气压正常，汽车正对屏幕10 m处，光束明暗截止线转角或中心的高度应为 $(0.6～0.8)H$（H 为前照灯中心高度），其水平方向位置向左偏或向右偏均不得大于100 mm，如图5-15、图5-16所示。四灯制前照灯远光单束灯的调整，要求在屏幕上光束中心离地面高度为 $(0.85～0.90)H$，水平位置要求左灯向左或向右偏均不得大于170 mm。前照灯光束照射位置不符合规定要求时应利用上下、左右调整螺钉进行调整，装有远、近双丝灯的前照灯以调整近光光束为主。具体的参数需查阅车型的维修手册说明。

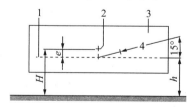

1—虚线；2—中心标记；3—测试屏；4—转折点；

H—前照灯中心离支持面的高度（cm）；

h—测试屏虚线距支持面的高度（cm）；e—校准尺寸。

图5-15 屏幕法检测前照灯照射位置

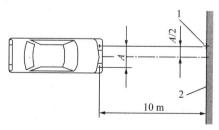

1—中心标记；2—测试屏；A—两前照灯中心距。

图5-16 测试屏与车辆纵轴的相对位置

2. 其他照明和信号灯

1）转向信号灯及闪光器

当汽车要驶离原方向，需接通左侧或右侧转向信号灯，以提醒其他车的驾驶员，其组成主要包括开关、信号灯和闪光器，其中闪光器是主要器件。当遇有特别情况时，所有转向信号灯应同时闪烁，作为危险警告信号。

转向信号闪光器是使转向信号灯按一定时间间隔闪烁的器件，可根据不同的原理运作。目前使用的闪光器主要有电热式、电容式、电子式。由于电子式闪光器（又称晶体管闪光器）具有性能稳定、可靠性高、寿命长的特点，已获得广泛应用。电子式闪光器可分为触点式（带继电器）和无触点式（不带继电器）。

（1）触点式晶体管闪光器。

如图 5-17 所示，当接通电源开关和转向灯开关后，主线路为蓄电池正极→电源开关 SW→接线柱 B→R_1→继电器 J 的触点→接线柱 S→转向开关 K→转向灯及转向指示灯（左或右）→搭铁→蓄电池负极，转向灯亮。当继电器 J 的触点闭合时，转向灯亮，触点断开时，转向灯灭，而触点的闭合与否取决于晶体管的导通状况，电容 C 的充放电使晶体管反复导通截止，这样触点也就时通时断，使转向信号灯闪烁发光。

（2）无触点式晶体管闪光器。

无触点式晶体管闪光器又称全电子式闪光器，即把触点式晶体管闪光器中的继电器去掉，采用大功率晶体管来取代原来的继电器，如图 5-18 所示，本闪光器电路的振荡部分实际上是一个典型的非稳态多谐振荡器，其电路结构对称，也就是说，$R_1 = R_4$、$R_2 = R_3$、$C_1 = C_2$，VT_1 与 VT_2 为同型号的晶体管，且其参数相同。闪光器的输出级采用一只大功率晶体管 VT_3。当 VT_3 导通时，可将转向灯电路接通，使灯点亮；当 VT_3 截止时，转向灯电路被切断而使灯变暗，从而发出频率为 70～90 次/min 的闪光信号。

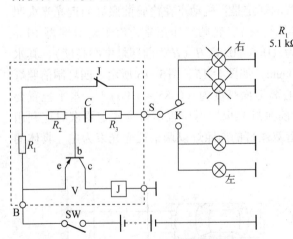

图 5-17　触点式晶体管闪光器电路

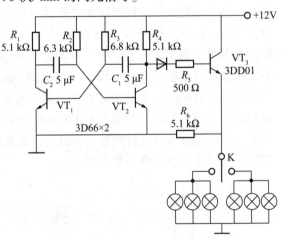

图 5-18　无触点式晶体管闪光器电路

此外，目前大部分厂家直接使用计算机来控制转向信号灯的工作，将转向开关和危险警告灯开关的信号送给计算机，由计算机直接控制转向灯的闪烁。图 5-19 为上海通用科鲁兹的转向灯控制电路。该电路将汽车转向灯开关信号和危险警告灯信号送给车身控制模块 BCM，由车身控制模块控制转向灯的闪烁频率。

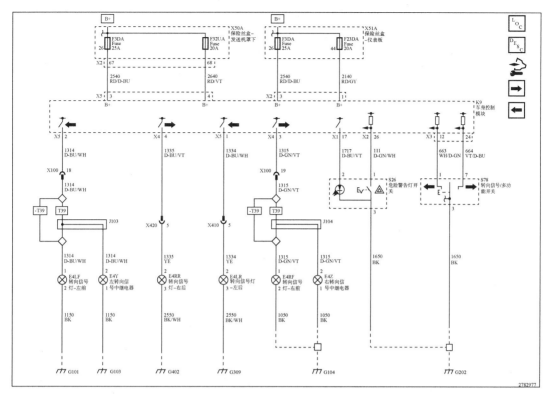

图 5-19　上海通用科鲁兹的转向灯控制电路

2）制动信号灯

制动信号灯安装在车辆尾部，用于通知后面车辆该车正在制动，以避免后面车辆与其后部相撞。

制动信号灯由制动开关控制，根据控制的方式不同可分为气压式、液压式和机械式三种。其中，气压式和液压式制动开关一般装于制动管路中，工作情况都是利用气压或液压使开关中两接线柱相连，从而导通制动信号灯电路，这两种开关经常在载重货车上使用。小型轿车经常使用机械式制动开关，一般安装于制动踏板下方，当踩下制动踏板时，制动开关内的活动触点便将两接线柱接通，使制动灯点亮；当松开踏板后，断开制动灯电路。

目前，大部分车辆将制动信号送给 ECU，由 ECU 来控制制动灯的通断。

3）倒车灯与倒车蜂鸣器

倒车灯安装于车辆尾部，给驾驶员提供额外照明，使其能够在夜间倒车时掌握车辆尾部状态，也警告后面车辆，该车驾驶员想要倒车或正在倒车。当点火开关接通变速器换至倒车挡时，倒车灯点亮。

倒车开关装在变速器盖上，为了提醒后面行人或车辆注意，有些车上装有倒车蜂鸣器。自动挡车的倒车灯开关与变速器开关一体，由变速器开关为变速器 ECU 提供倒车信号，再通过网线将此信号送给仪表 ECU，点亮倒车灯。

3. 汽车灯系的故障与检修

汽车灯系的故障通常为两类：一类是器件本身的故障，另一类是线路故障。我们应先检查器件本身的故障，如没有，则应按各系统的线路逐级检查，认真查明出现故障的原因及可能存在的隐患，正确地加以排除。在处理故障时，一般应重点检查以下两项内容：一是是否有短路、接线柱接触不良处（断路）；二是熔断器是否熔断，在车上均可采用试灯法和万用表进行检查。

1）各种灯光的常见故障

汽车灯光的常见故障一般有灯光不亮、灯光亮度下降、灯泡频繁烧坏等。

（1）灯光不亮。

引起灯光不亮的原因主要有灯泡损坏、保险熔断、灯光开关或继电器损坏及线路短路或断路故障等。在进行故障诊断时，应根据电路图对电路进行检查，判断出故障的部位。

a. 灯泡或熔断器损坏。

如果一只灯不亮一般为灯丝烧断，将灯泡拆下后检查，若灯泡损坏，则更换新灯泡。如果几只灯都不亮，按喇叭，喇叭不响，则可能是总熔断器熔断；若同属一个熔断器的灯泡都不亮，则可能是熔断器熔断。处理这两类故障时，在将总熔断器复位或更换新的保险之前，应查找超负荷的原因，方法是：将熔断器所接各灯的接线从灯座拔掉，用万用表电阻挡测接灯端与搭铁之间的电阻，若电阻较小或为0，则可断定线路中有搭铁故障，排除故障后，再把熔断器复位或更换新的熔断器。

b. 灯光开关、继电器及线路的检查。

灯光开关的检查。可用万用表检查开关各挡位的通断情况，若与要求不符，应更换灯光开关。

继电器的检查。将继电器线圈直接供电，检查继电器是否能正常工作，如不能正常工作，应更换继电器。

线路的检查。在检查时可用万用表或试灯逐段检查线路，找出短路或断路故障的部位。

（2）灯光亮度下降。

若灯光亮度下降，多为蓄电池电量不足或发电机及调节器故障所引起。另外，导线接头松动或接触不良，导线过细或搭铁不良，散光镜坏或反射镜有尘垢，灯泡玻璃表面发黑或功率过低及灯丝没有位于反射镜焦点上，均可导致灯光暗淡。

检查时，首先检查蓄电池和发电机的工作状态。若不符合要求，应先恢复电源系统的正常工作电压，在电源正常的状态下，检查线路的连接情况及灯具是否良好。

（3）灯泡频繁烧坏。

灯泡频繁烧坏一般是电压调节器不当或失调，使发电机输出电压过高造成的，应重新将工作电压调整到正常工作范围。此外，灯具的接触不良也有可能造成灯泡的频繁损坏，检查时也应注意这方面的情况。

2）信号灯光常见故障及排除

汽车上的灯光信号大体上有两种：一是闪烁信号，二是持续信号。常见故障是信号灯不亮和信号灯不能正常工作。信号灯不亮可按前面所述故障排除办法检修，信号灯其他故障及排除方法如表5-1所示。

表 5-1　信号灯其他故障及排除方法

故障现象	原因	排除方法
两侧转向灯同时亮	转向开关失效	检查转向开关
两侧转向灯闪烁频率不同	1. 两侧灯泡的功率不等； 2. 有灯泡损坏	检查灯泡型号
转向灯常亮不闪	1. 闪光器损坏； 2. 接线错误	检查闪光器及电路接线
闪频过高或过低	1. 灯泡功率不当； 2. 闪光器工作不良，触点间隙过大或过小； 3. 电源电压过高或过低	1. 检查灯泡； 2. 更换闪光器，调整触点； 3. 调整电压调节器

5.2.2　喇叭

喇叭用来警告行人和其他车辆以引起注意，保证行车安全，按其发声动力有电喇叭和气喇叭之分。气喇叭主要用于具有空气制动装置的重型载货汽车上；电喇叭具有结构简单、体积小、质量轻、声音悦耳且维修方便的特点，因而在中小型车辆中获得广泛应用。

车用电喇叭电压均为 12 V，电流为 2～3 A，线圈的电阻为 0.2～0.83 Ω。这些技术参数，可供电喇叭故障判断和检修时参考。

知识小结

前照灯在使用过程中，会因灯泡老化、反射镜变暗、照射位置不正而造成发光强度不足或照射位置不正确，影响汽车行驶速度和行车安全，因此必须对前照灯进行检测和调整。前照灯的检测包含发光强度和照射位置两个方面。

汽车灯系的故障通常为两类：一类是器件本身的故障，另一类是线路故障。我们应先检查器件本身的故障，如没有，则应按各系统的线路逐级检查，认真查明出现故障的原因及可能存在的隐患，正确地加以排除。

习题

1. 填空题

（1）前照灯应能保证车驾驶员能够看清车前_____ m 内路面上的物体。

（2）前照灯的远光通常都采用_____配光，光形分布具有水平方向_____、垂直方向_____的特点。

（3）我国规定前照灯的近光采用_____配光，光形分布是近光光束最亮部分_____，在配光屏幕上具有_____。

2. 单项选择题

（1）控制转向灯闪光频率的是_____。

A. 转向开关　　　　B. 点火开关　　　　C. 闪光器　　　　D. 驾驶员的操作

（2）前照灯灯泡中的近光灯丝应安装在_____。

A. 反光镜的焦点处　　　　　　　　B. 反光镜的焦点上方

C. 反光镜的焦点下方　　　　　　　D. 反光镜的焦点前方

3. 判断题

（1）（　　）汽车信号系统的主要信号设备有位灯、转向信号灯、后灯、制动灯和倒车灯等。

（2）（　　）前照灯由反射镜、配光屏和灯泡三部分组成。

（3）（　　）在调整光束位置时，对具有双丝灯泡的前照灯，应该以调整近光光束为主。

4. 简答题

（1）根据灯系电路，简述如何分析灯光不亮的原因和排除方法。

（2）简述转向灯常亮不闪和闪频过高或过低的原因。

（3）查阅相关资料，简述随动大灯的控制过程。

5.3　防盗系统和中控门锁的检测与诊断

汽车防盗系统，是指防止汽车本身或车上的物品被盗所设的系统，它由电子控制的遥控器或钥匙、电子控制电路、报警装置和执行机构等组成。最早的汽车门锁是机械式门锁，仅用于汽车行驶时防止车门自动打开而发生意外，不起防盗作用。随着社会的进步、科学技术的发展和汽车保有量的不断增加，后来制造的轿车、货车车门都安装带钥匙的门锁。这种门锁只控制一个车门，其他车门靠车内门上的门锁按钮进行开启或锁止。

为了更好地发挥防盗作用，有的车上装有转向锁。转向锁用来锁止汽车转向轴。转向锁与点火锁设在一起，安装在转向盘下，用钥匙来控制。即钥匙切断点火电路使发动机熄火后，将点火钥匙再左旋至极限位置，锁舌伸出嵌入转向轴槽内，将汽车转向轴机械性锁止，起防盗作用。有的汽车在变速器上设有机械锁，将变速器操纵杆锁止，使盗窃者不能挂挡而使汽车不能移动。随着汽车技术不断发展，多数轿车上安装了中央门锁，使汽车上的车门门锁和行李厢锁实现集中控制。

5.3.1　防盗系统和中控门锁的关系及中控门锁的组成

防盗系统主要工作是接收遥控器信号，判断是否可以打开车门并解锁转向盘和发动机。如果通过认证，则通过控制系统（总线系统）传递信号，控制相关部件操作，如没有通过认证，则不予操作。同时，基于总线系统的车辆，采用较多的控制模块，车辆未起动时，为防止模块消耗过多电量，通常会对控制模块进行休眠控制，仅保留防盗系统中某些模块（如车顶功能模块，用于接收并判断遥控钥匙）持续工作。遥控钥匙通过模块认证后，模块会通过唤醒线激活防盗模块，之后再进行下一步通信处理。防盗模块采用逻辑控制，相关控制见便捷登车及起动系统。

中控门锁系统一般包括门锁控制开关、钥匙操纵开关、门锁总成、行李厢开启器及门锁控制器等。图5-20为典型的中控门锁系统及其组件的安装位置。

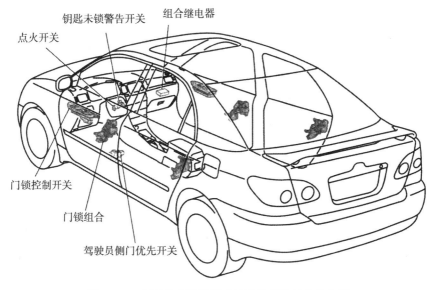

图 5-20 典型的中控门锁系统及其组件的安装位置

5.3.2 门锁控制器及中控门锁的工作原理

门锁控制器的形式比较多，常见的有继电器控制式、集成电路继电器控制式、ECU 控制式等。

1. 继电器控制的中控门锁系统

图 5-21 为门锁继电器控制的中控门锁系统电路。

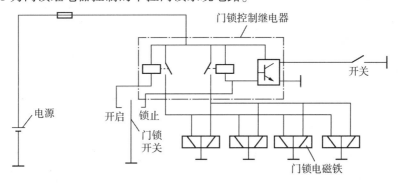

图 5-21 门锁继电器控制的中控门锁系统电路

当用钥匙转动锁芯，门锁开关中的开启触点闭合时，电流便经过蓄电池的正极、熔断器、开锁继电器线圈后经门锁开关搭铁，开锁继电器开关闭合，电流经过门锁电动机或门锁电磁线圈搭铁，四个车门同时打开。当用钥匙转动锁芯，门锁开关中的锁止触点闭合时，锁止继电器通电使其开关闭合，四个车门同时锁住。开关受车速的控制，可以实现自动闭锁。

2. 集成电路继电器控制的中控门锁系统

集成电路继电器控制的中控门锁系统中，门锁控制器由一块集成电路和两个继电器组成，集成电路可以根据各种开关发出的信号来控制两个继电器的工作。

1）用门锁控制开关锁门和开锁

（1）锁门。如图5-22所示，将门锁控制开关推向锁门（L）一侧时，门锁继电器的端子10通过门锁控制开关搭铁，将 Tr_1 导通。当 Tr_1 导通时，电流流至1号继电器线圈，1号继电器开关闭合，电流流至门锁电动机，所有车门均被锁住。此电路中的 D 和 P 代表驾驶员侧和副驾驶员侧。

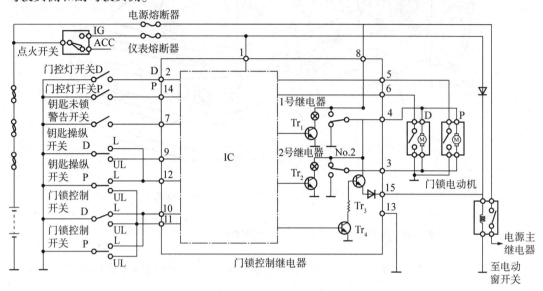

图5-22　集成电路继电器控制的中控门锁闭锁控制

（2）开锁。如图5-23所示，将门锁控制开关推向开锁（UL）一侧时，门锁继电器的端子11通过门锁控制开关搭铁，将 Tr_2 导通。当 Tr_2 导通时，电流流至2号继电器线圈，2号继电器开关闭合，电流反向通过门锁电动机，所有的车门打开。

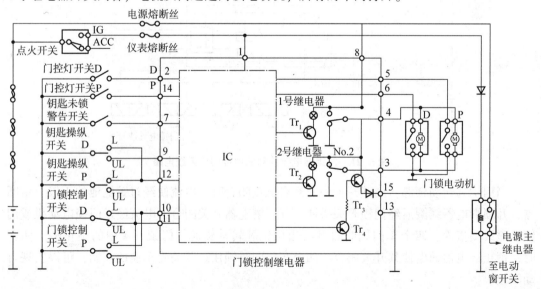

图5-23　集成电路继电器控制的中控门锁开锁控制

2）用钥匙操纵开关锁门和开锁

（1）锁门。将钥匙操纵开关转向锁门（L）一侧时，门锁继电器的端子12通过门锁控制开关搭铁，将 Tr_1 导通。当 Tr_1 导通时，电流流至 1 号继电器线圈，1 号继电器开关闭合，电流流至门锁电动机，所有车门均被锁住。

（2）开锁。将钥匙操纵开关推向开锁（UL）一侧时，门锁继电器的端子 9 通过门锁控制开关搭铁，将 Tr_2 导通。当 Tr_2 导通时，电流流至 2 号继电器线圈，2 号继电器开关闭合，电流反向通过门锁电动机，所有的车门打开。

3．ECU 控制的中控门锁系统

图 5-24 为雪佛兰科鲁兹轿车门锁控制电路，下面分析其工作过程和基本工作原理。

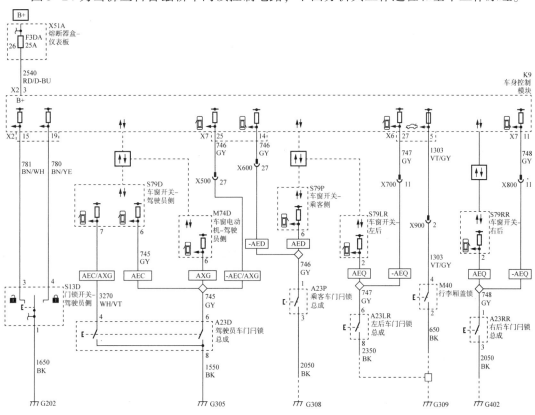

图 5-24　雪佛兰科鲁兹轿车门锁控制电路

1）使用门锁开关锁门和开锁

如图 5-24 所示，按下驾驶员侧门锁开关（S13D）的锁门或开锁按钮后，车身控制模块 K9 的相应端子电压被拉低到 0 V，车身控制模块据此信息识别锁门或开锁信号，并控制四个车门和油箱锁打开或锁止。

2）使用钥匙锁门和开锁

当使用机械钥匙从驾驶员侧和乘客侧开门时，旋转锁芯，通过门锁机械机构（A23D）可以使锁内的开关闭合，车身控制模块接收到此信号后可以完成全部车门锁门或开锁，如图 5-25 所示。

3）行李厢门锁的控制

如图 5-26 所示，当触摸后行李厢门开关（M40）时，此开关闭合，此信号传入车身控制模块中，车身控制模块据此信号为行李厢盖解锁继电器线圈提供 12 V 电压，使继电器中端子 4 和 5 导通，行李厢盖锁和提升锁电动机通电，完成解锁。

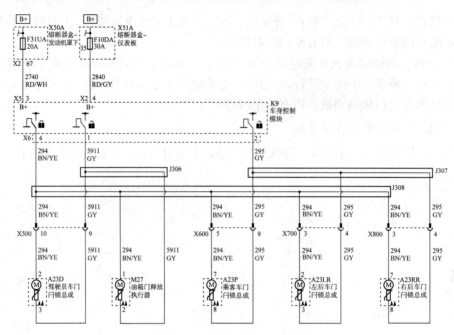

图 5-25　使用钥匙锁门和开锁

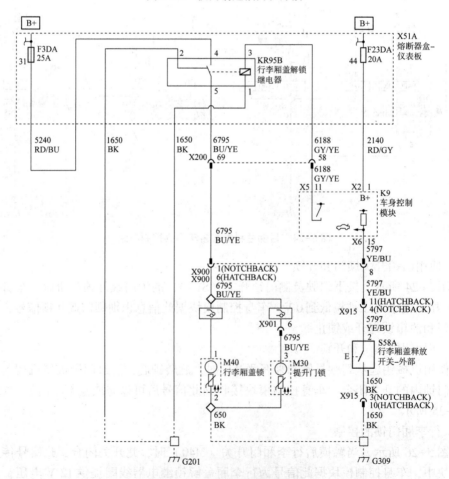

图 5-26　行李厢门锁的控制

4）使用遥控钥匙锁门和开锁

如图 5-27 所示，当在适当的距离范围内按下遥控钥匙的锁门和开锁按钮时，遥控门锁接收器（T10）会接收到相应的信息，并将该信息通过无钥匙进入控制模块（K84）传递给车身控制模块（K9），再由车身控制模块控制所有遥控车门锁接收器（K77）的锁门和开锁动作。

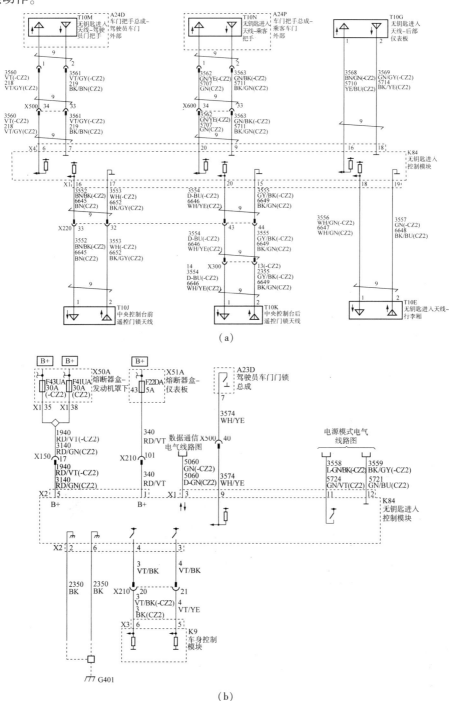

图 5-27 使用遥控钥匙锁门和开锁

（a）K84；（b）K9

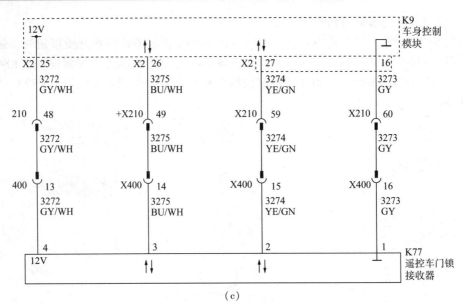

（c）

图 5-27　使用遥控钥匙锁门和开锁（续）

（c）K77

5）便捷登车及起动系统

便捷登车及起动系统，如图 5-28 所示。

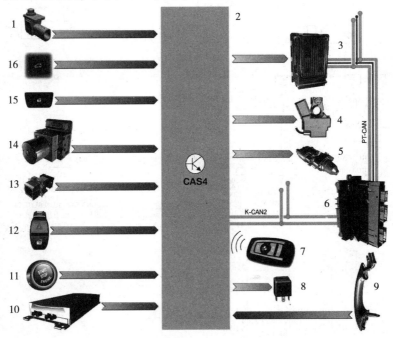

1—发动机室盖接触开关；2—便捷登车及起动系统（CAS）；3—数字式发动机电子系统（DME）；
4—智能型蓄电池传感器（IBS）；5—起动机；6—接线盒电子装置；7—钥匙发射器；8—总线端15；
9—车门外侧拉手电子装置（TAGE）；10—远程通信系统控制单元（TCU）；11—START-STOP 按钮；
12—中控锁按钮；13—制动信号灯开关（BLS）；14—动态稳定控制系统（DSC）；15—中控保险锁死按钮；
16—A 柱上的内侧行李厢盖按钮。

图 5-28　便捷登车及起动系统

当按下车门外侧拉手电子装置 9 或行李厢触摸开关时，CAS 接收到信号，通过远程通信系统控制单元 10 的低频天线向钥匙发射器 7 发送一条校验口令。通信天线将在 1 m 左右范围内发出校验口令。钥匙发射器接收该校验口令并发射无线电频率响应信息，该响应信息将由遥控车门锁接收器接收。如果响应正确，则允许进入车辆。

进入车辆后，按压 START–STOP 按钮时会触发在车内搜索识别发射器的指令。进行车内搜索是为了执行被动起动功能，进而授权起动。

进行车内搜索时，便捷登车及起动系统要求识别发射器在车上注册。

有两个天线用于车内搜索。一个天线覆盖前部车内空间，另一个覆盖后部车内空间。这些天线连接在便捷登车及起动系统上。

识别发射器通过加密无线信号做出应答。便捷登车及起动系统验证识别发射器是否属于本车。通过验证后，便捷登车及起动系统授权进行总线端控制。随后便可进行操作。

如果无法与识别发射器建立通信，组合仪表内就会显示一条检查控制信息。以此提示客户无法在车内搜索到识别发射器。

可将识别发射器保持在转向柱上的标记位置处。转向柱饰板下有一个应急起动线圈。通过该应急起动线圈可使便捷登车及起动系统与识别发射器之间建立通信。

5.3.3　中控门锁的检修

各个车型的中控门锁电路区别较大，因此在进行检修时要结合具体的维修手册进行，但基本的检修方法和流程大致相似。下面结合雪佛兰科鲁兹轿车的中控门锁系统分析其检修过程。其电路如图 5-27 所示。

若出现中控门锁故障，首先应仔细辨别其故障现象，操作并观察中控门锁的功能，在明确故障现象后再进行下一步检查。

由于该车型中控门锁采用总线控制，因此首先应判断是单个门锁故障、一侧车门故障，还是所有门锁故障。如是第一种情况，则检测对应门锁的相关器件以及线路；如是第二、第三种情况，则应对相关总线、供电线进行检查。

如果是遥控钥匙无法解锁，机械钥匙能够解锁，则应考虑遥控钥匙的供电以及车辆接收装置的故障。

此外，对于使用便捷登车及起动系统的车辆，还应考虑相关控制模块的逻辑关系，信号传递的顺序以及条件。

知识小结

车辆的防盗与中控门锁、发动机、转向盘等都有关系，该系统出现故障，车辆很多系统都会出现非正常现象。对于目前很多基于总线系统控制的车辆，防盗系统作为一个系统挂在总线上，其影响将更加广泛。因此，对于防盗系统的故障检测，重点应放在控制逻辑上，并基于控制逻辑对电路进行检测，很细微的疏漏将导致故障判断难度的增加。中控门锁系统故障的判断主要通过测试进行判断。确定单一门锁故障还是多个门锁故障之后，根据电路图进行详细诊断。

习题

1. 填空题

（1）中控门锁系统一般包括_____、_____、_____、_____及_____等。

（2）门锁总成主要由_____、_____、_____等组成。

（3）门锁控制器常见的有_____，_____，_____三种。

2. 单项选择题

中控门锁系统中的门锁控制开关用于控制所有门锁的开关，安装在_____。

A. 驾驶员侧门的内侧扶手上   B. 每个门上

C. 门锁总成中   D. 所有门的扶手上

3. 判断题

（1）（　　）电动车窗中自动控制依靠检测电阻测量车窗的位置，当检测电阻的电压减小时，表示车窗已经升到位或降到位。

（2）（　　）电动车窗一般装有两套开关，分别为总开关和分开关，这两开关之间互相独立。

4. 简答题

（1）电动车窗主要由哪些部件组成？

（2）实现车门解锁的方式有哪些？根据图5-24～图5-27，分析遥控解锁、钥匙解锁打开车门各种方式的控制方法。

5.4　娱乐舒适系统的检测与诊断

5.4.1　空调系统

1. 制冷系统

压缩一种气体时，其压力和温度都会提高。如果承受压力的制冷剂气体膨胀，则会蒸发。为此所需的热量从环境空气中吸收。制冷剂循环回路分为四个部分：①低压，气态形式；②高压，气态形式；③高压，液态形式；④低压，液态形式。

循环过程如图5-29所示。图中，A部分代表高压区，B部分代表低压区。压缩机1提高气态制冷剂8的压力并由此提高其温度。高温和高压下的气态制冷剂2进入冷凝器3，流过的空气吸收热量，热制冷剂气体冷却下来并凝结。制冷剂变为高压液态4。膨胀阀5降低制冷剂压力，同时制冷剂温度急剧下降，形成

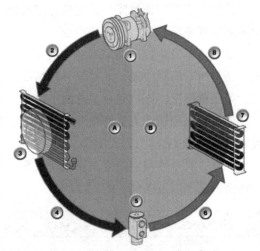

1—压缩机；2—高温高压气态制冷剂；3—冷凝器；
4—高压液态制冷剂；5—膨胀阀；6—低温低压气态制冷剂；
7—蒸发器；8—升高温度和压力的制冷剂。

图5-29　制冷剂循环过程

低温和低压下的蒸气形式制冷剂6。蒸发器7使流过的空气冷却并除湿，低温和低压制冷剂吸收热量。升高温度和压力的制冷剂8再次进入压缩机循环。

空调系统不产生冷气（制冷），而是将热量从车内排到车外。图5-29指出了空调系

统的工作原理：制冷剂在封闭的循环回路中循环并不断在液态与气态之间转换，其结果是从车内吸收热量并排到车外。

1）制冷循环

从前述的制冷原理我们已经知道，通过制冷循环可以将车内的热量转移到车外，目前车辆上采用的循环系统，冷凝器和蒸发器的结构大同小异，没有本质区别。按照压缩机的不同可以分为定排量压缩机和变排量压缩机两种。按照节流装置的不同可以分为膨胀阀式和膨胀管式两种。将压缩机和降压节流装置进行不同的组合可以形成四种循环方式。我们以 CC 表示定排量压缩机，VD 表示变排量压缩机，在降压节流装置中，以 TXV 表示膨胀阀，OT 表示膨胀管，这样就可以形成四种不同的组合，即 CCTXV、VDTXV、CCOT 和 VDOT 四种循环。下面主要以 TXV 和 OT 循环介绍其工作原理。

（1）膨胀阀（TXV）式制冷循环系统。

这种制冷循环的工作原理是压缩机将气体的制冷剂提高压力（同时温度也提高），目的是使制冷剂比较容易液化放热。高压的气体制冷剂进入冷凝器，冷凝器风扇使空气通过冷凝器的缝隙带走制冷剂放出的热量并使其液化。液化后的制冷剂进入储液干燥罐，滤掉其中的杂质、水分，同时存储适量的液态的制冷剂以免制冷负荷发生变化时制冷剂断流。从储液干燥罐出来的制冷剂流至膨胀阀，从膨胀阀中的节流孔喷出形成雾状制冷剂，雾状的制冷剂进入蒸发器，由于制冷剂的压力急剧下降，便很快蒸发汽化，吸收热量，蒸发器外部的风扇使空气不断通过蒸发器的缝隙，使其温度下降，从而使车内温度降低，蒸发器出来的气态制冷剂再进入压缩机重复上述过程。膨胀阀式制冷循环系统如图 5-30 所示，这种循环系统中的膨胀阀可以根据制冷负荷的大小调节制冷剂的流量。

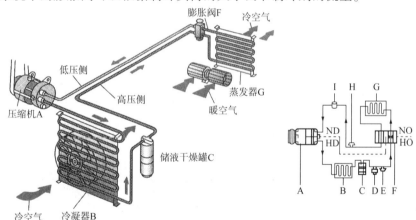

A—压缩机；B—冷凝器；C—储液干燥罐；D—高压开关；E—高压维修接线柱；
F—膨胀阀；G—蒸发器；H—低压维修接线柱；I—减震器（车辆专用）。

图 5-30　膨胀阀式制冷循环系统

膨胀阀式制冷循环系统各范围相关参数如表 5-2 所示。

表 5-2　膨胀阀式制冷循环系统各范围相关参数

范围	压缩机-冷凝器	冷凝器-膨胀阀	膨胀阀-蒸发器	蒸发器-压缩机
设备状态	气态	液态	液态/气态	气态
压力	16 bar	16 bar	1.2 bar	1.2 bar
温度	约 65 ℃	约 55 ℃	约-7 ℃	约-3 ℃

注：1 bar=1×10^5 Pa。

（2）膨胀管（OT）式制冷循环系统。

膨胀管式制冷循环系统从制冷的工作原理来看，与膨胀阀式的制冷循环系统无本质的差别，只不过将可调节流量的膨胀阀换成不可调节流量的膨胀管，使其结构更加简单，如图 5-31 所示。为了防止液态的制冷剂进入压缩机而造成压缩机的损坏，这种循环系统将储液干燥罐安装在蒸发器的出口，并按照它所起的作用更名为集液器，同时进行气液分离，液体留在罐内，气体进入压缩机，其他部分的工作过程与膨胀阀式制冷循环相同。

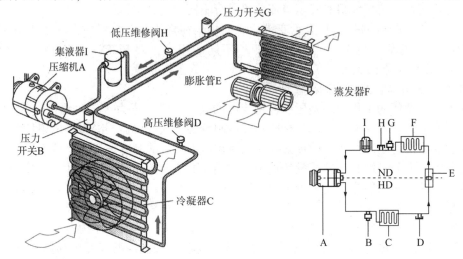

图 5-31　膨胀管式制冷循环系统

膨胀管式制冷循环系统各范围相关参数如表 5-3 所示。

表 5-3　膨胀管式制冷循环系统各范围相关参数

范围	压缩机-冷凝器	冷凝器-膨胀管	膨胀管-蒸发器	蒸发器-压缩机
设备状态	气态	液态	液态/气态	气态
压力	20 bar	20 bar	1.5 bar	1.5 bar
温度	约70 ℃	约60 ℃	>-4 ℃	>-1 ℃

2）空调的调节系统

空调的调节系统有手动调节和自动调节之分，现以手动调节为例说明空调调节系统的工作情况。手动空调的调节包括温度调节、出风口位置调节、鼓风机风速调节和空气的内外循环调节等。调节是通过空调控制面板上的拨杆或旋钮进行的，空调的控制面板如图 5-32 所示。

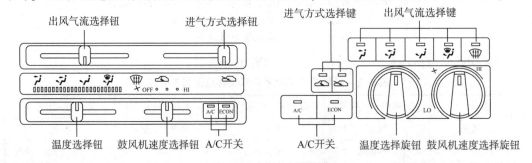

图 5-32　空调的控制面板

空调控制面板上有温度调节、气流选择、鼓风机速度、空气进气选择（内外循环选择）、空调开关（A/C）和运行模式选择开关等。其中，温度调节、气流选择、空气进气选择是通过气道中的调节风门实现的（见图 5-33），空调开关和运行模式选择开关、鼓风机速度选择通过电路控制实现。空调控制面板到调节风门的控制方式有拉线式和电动式两种，如图 5-34 所示。

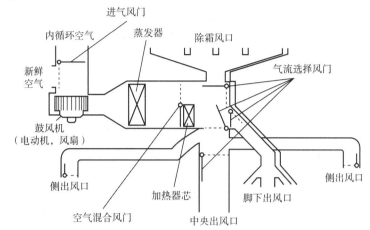

图 5-33　空调调节系统的调节风门

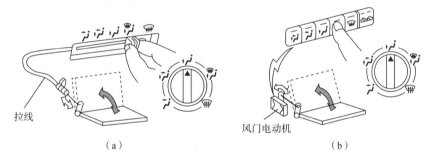

（a）　　　　　　　　　　　　　　　　　　　（b）

图 5-34　空调调节风门的控制方式

（a）拉线式；（b）电动式

3）通风系统

通风系统的作用是将车外的新鲜空气引入车内，将车内的污浊空气排出车外，同时通风系统还具有风窗除霜的作用。通风系统可使车内的空气保持新鲜，提高车辆的舒适性。目前汽车上的通风有两种基本的方式，一种是利用汽车行驶中产生的动压进行动压通风，另一种是利用车上的鼓风机进行强制通风。

4）空气净化系统

空气净化系统可以除去车内空气中的灰尘，保持车内空气清洁，部分车辆的空气净化系统还具备去除异味、杀灭细菌的作用，一些高级轿车上的空气净化系统还装备了负氧离子发生器，使车内的空气更加清新。目前大多数车辆的空气净化系统所采用的方法是在空调系统的进气系统中安装空气滤清器（见图 5-35），通过滤清器滤除空气中的尘埃，使车内的空气保

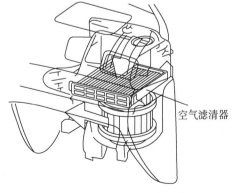

图 5-35　空气净化系统中的空气滤清器

持清洁。

　　有些车辆的空气净化系统在滤清器中加入活性炭，可吸收空气中的异味；还有些车辆在净化系统中设有香烟传感器，当传感器检测到车内存在烟气时，便通过放大器自动使鼓风机以高速挡运转，排出车内的烟气。这种净化装置如图 5-36 所示。

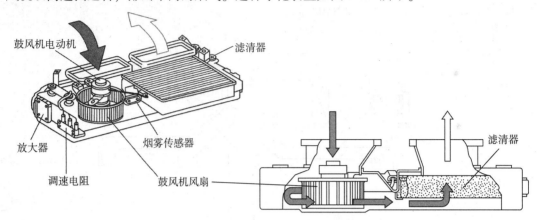

图 5-36　空气净化装置

　　高档车辆的空气净化系统除上述功能外，在系统中还有杀菌灯和离子发生器，如图 5-37 所示。

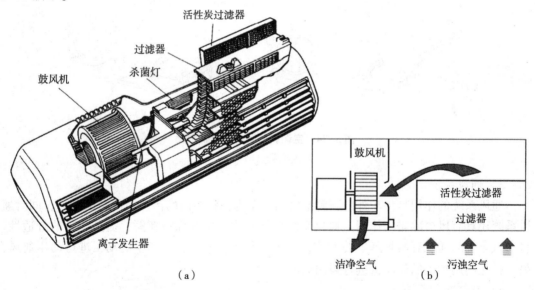

（a）　　　　　　　　　　　　　（b）

图 5-37　有杀菌灯和离子发生器的空气净化系统

（a）结构；（b）工作原理

5）空调控制系统

　　空调控制系统的功能是保证空调制冷系统正常运转，同时也要保证空调系统工作时发动机的正常运转。空调控制系统主要是通过控制压缩机电磁离合器的接合与分离实现温度控制与系统保护，通过对鼓风机的转速控制调节制冷负荷。

（1）电磁离合器的控制。

　　电磁离合器安装在压缩机上，其作用是控制发动机与压缩机的动力传递。空调制冷系统工作时，使发动机能驱动压缩机运转；制冷系统停止运行时，切断发动机到压缩机的动力传递。

电磁离合器的结构如图 5-38 所示，主要包括压力板、皮带轮和定子线圈等主要部件。压力板与压缩机轴相连，皮带轮通过轴承安装在压缩机的壳体上，皮带轮通过皮带由发动机驱动，定子线圈也安装在压缩机的壳体上。

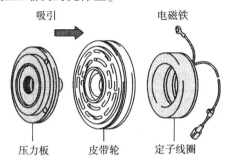

图 5-38　电磁离合器的结构

当接通空调开关使空调制冷系统进入工作状态时，电磁离合器的定子线圈通电，线圈通电后产生磁力，将压力板吸向皮带轮，使两者结合在一起，发动机的动力便通过皮带轮传递到压力板，带动压缩机运转。当空调制冷系统停止工作时，电磁离合器的定子线圈断电，磁力消失，压力板与皮带轮分离，此时皮带轮通过轴承在压缩机的壳体上空转，压缩机停止运转，如图 5-39 所示。

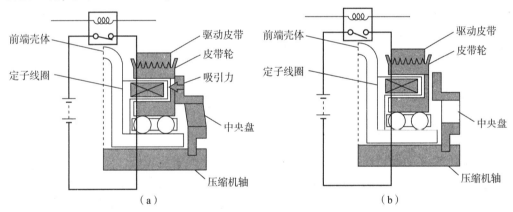

图 5-39　电磁离合器的控制

（a）电磁离合器继电器触点闭合；（b）电磁离合器继电器触点断开

（2）蒸发器的温度控制。

蒸发器温度控制的目的是防止蒸发器结霜。如果蒸发器的温度低于 0 ℃，凝结在蒸发器表面的水分就会结霜或结冰，严重时将会堵塞蒸发器的空气通路，导致系统制冷效果大大降低。为了避免这种情况的发生，就必须控制蒸发器的温度在 0 ℃以上。控制蒸发器温度的方法通常有两种：一种是用蒸发压力调节器控制蒸发器的压力来控制蒸发器的温度，另一种是利用蒸发器温度控制电路来控制蒸发器的温度。

a. 蒸发压力调节器（EPR）。

根据制冷剂的特性，只要制冷剂的压力高于某一数值，其温度就不会低于 0 ℃（对于制冷剂 R134a，此压力大约为 0.18 MPa)，因此只要将蒸发器出口的压力控制在一定的数值，就可以防止蒸发器表面结霜或结冰。蒸发压力调节器可以根据制冷负荷的大小调节蒸发器出口处的压力，确保蒸发器出口的压力使制冷剂不低于 0 ℃。

蒸发压力调节器安装在蒸发器出口到压缩机入口的管路中，如图 5-40 所示。它主要由金属波纹管、活塞、弹簧等组成，在管路中形成了一个可调节制冷剂流量的阀门。当制冷负荷减小时，蒸发器出口处制冷剂的压力就会降低，作用在活塞上向左的力 p_e 减小，此力小于金属波纹管内弹簧向右的力 p_s，使活塞向左移动，阀门开度减小，制冷剂的流量也随之减小，并使蒸发器出口处的压力升高。反之，在制冷负荷增大时，活塞可向右移动，阀门开度增大，增加制冷剂的流量，以适应制冷负荷增大的需要。

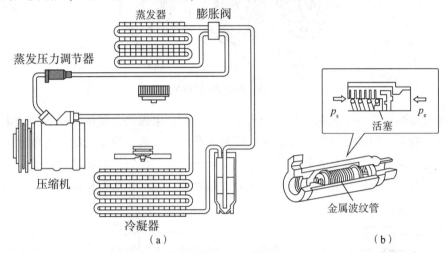

图 5-40　蒸发压力调节器安装位置及内部结构

(a) 安装位置；(b) 内部结构

b. 蒸发器温度控制电路。

目前蒸发器的温度控制电路主要有两种形式：一种是用温度开关（恒温器）直接控制压缩机电磁离合器，蒸发器温度开关安装在蒸发器的中央，当蒸发器表面温度低于某一设定值时，温度开关切断压缩机电磁离合器电路，使压缩机停止工作，防止蒸发器结冰；另一种是将热敏电阻安装在蒸发器的表面，当蒸发器表面的温度低于某一设定值时，热敏电阻的阻值变化给空调 ECU 低温信号，空调 ECU 控制继电器切断压缩机电磁离合器电路，使压缩机停转，控制蒸发器温度不低于 0 ℃。蒸发器温度控制电路如图 5-41 所示。

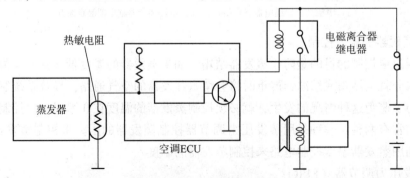

图 5-41　蒸发器温度控制电路

（3）冷凝器风扇控制。

目前，很多车辆的冷却系统采用电风扇冷却，同时空调制冷系统的冷凝器也采用同一风扇进行冷却。当冷却液温度较低时，风扇不工作；当冷却液温度升高到某一规定值时，风扇以低速运转；当温度进一步升高到另一个设定值时，风扇则以高速运转；当空调制冷系统开始工作时，不管冷却液温度高低，风扇都运转；当制冷系统压力高过一定值时，风扇则以高速运转。

风扇转速的控制有两种：一种是用一个电风扇串联电阻的方式调节风扇的转速，另一种是利用两个电风扇以串联和并联的方式调节风扇的转速。

图 5-42 为一冷凝器和散热器风扇控制电路，用压力开关、冷却液温度开关和三个继电器控制冷凝器风扇和散热器风扇的转速。此电路可以实现风扇不转、低速运转、高速运转三级控制。3 号继电器只在空调制冷系统工作时起作用，使冷凝器风扇以低速或高速运转。2 号继电器为双触点继电器，用来控制冷凝器风扇的转速。1 号继电器用于控制散热器风扇。压力开关在空调制冷系统压力高时断开，压力低时接通。冷却液温度开关在冷却液温度低时接通，温度高时断开。

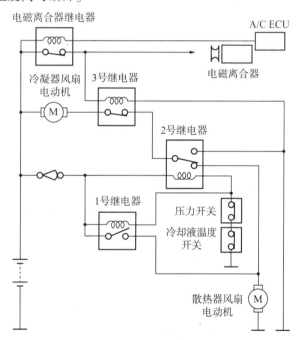

图 5-42　冷凝器和散热器风扇控制电路

不开空调时，3 号继电器不工作，冷凝器风扇也不工作。如果冷却液温度过高，冷却液温度开关断开，1 号继电器线圈断电，触点闭合，散热器风扇运转，加强散热。

打开空调，3 号继电器线圈通电，触点闭合。如果冷却液温度较低，空调系统内压力也较低，2 号继电器线圈也通电，使其下触点闭合，形成冷凝器风扇和散热器风扇的串联电路，两个风扇都以低速运转。如果冷却水温升高或制冷系统内压力增大，压力开关或冷却液温度开关切断 2 号和 1 号继电器线圈电路，使 2 号继电器的上触点闭合，1 号继电器的触点接通，将冷凝器风扇和散热器风扇连接成并联电路，两个风扇都以高速运转。

（4）制冷循环的压力控制。

a. 压力控制的功能。

空调制冷循环系统中如果出现压力异常，将会造成系统部件的损坏。如果系统压力过低，说明制冷剂量过少，这种情况将造成润滑油不能随制冷剂一起循环，使压缩机缺油而损坏。如果制冷剂量大或冷凝器冷却不良造成系统压力过高，则有可能造成系统部件损坏。因此，在空调制冷系统工作时，必须对系统压力进行监测，防止出现上述两种情况。常采用的方法是：在系统的高压管路中安装压力开关，压力开关有低压开关和高压开关之分。低压开关安装在制冷循环系统中的高压管路中，用于监测制冷循环系统中高压管路压力是否过低，如果压力低于规定值，低压开关将切断压缩机的电路使压缩机停止工作。高压开关安装在高压管路中，用于监测高压管路中压力是否过高。如果压力过高，有两种处理方法：一种是加强对冷凝器的冷却强度，使压力降低；另一种是切断电磁离合器的电路，使压缩机停止运转。通常加强冷却强度控制的压力要低于切断离合器控制电路的压力。目前空调系统中的压力开关通常将低压开关和高压开关制成一体，称为组合压力开关或多功能压力开关。多数组合压力开关可实现低压切断离合器控制电路、高压接通冷凝器风扇高速挡或切断离合器控制电路的双重功能。还有部分压力开关将上述三种功能集于一身，形成三功能压力开关。通常，低压切断离合器电路的压力为 0.2 MPa，高压接通冷凝器风扇高速挡的压力为 1.6 MPa，高压切断电磁离合器的压力为 3.2 MPa。

b. 压力开关控制的基本电路。

压力开关控制的基本电路如图 5-43 所示，压力开关一般的安装位置是储液干燥罐或高压管路。图 5-43 所示的开关均为常闭开关，也有部分压力开关高压为常开开关，具体是何种形式视车型而定。

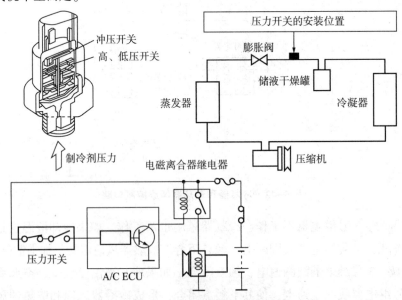

图 5-43　压力开关控制的基本电路

部分电控车辆用高压传感器替代压力开关，将压力信号转化为电信号，它不仅在临界压力起作用，而且适应性更强，使冷凝器风扇换挡更加平稳。高压传感器通常将压力信号转化为占空比信号，压力低，占空比小。

（5）发动机的怠速提升控制。

在车流量较大的道路上行驶，汽车发动机经常处于怠速运转状态，发动机的输出功率低，如果此时开启空调的制冷系统，可能会造成发动机停机，为防止这种情况的发生，在空调的控制系统中采用了怠速提升装置，如图5-44所示。

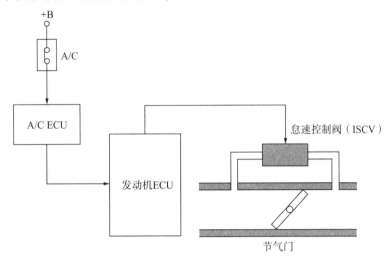

图5-44 怠速提升控制

当接通空调开关（A/C）后，发动机 ECU 便可接收到空调开启的信号，控制怠速控制阀将怠速旁通气道的通路增大，使进气量增加，提高怠速。如果是节气门直动式怠速控制机构，ECU 便控制电动机将节气门开大，提高怠速。

（6）发动机失速控制。

发动机带空调运转时，一旦有其他影响因素使发动机转速下降，将造成发动机失速而熄火。为防止这种情况发生，空调控制电路中设有防止发动机失速的控制电路。空调 ECU 通过检测点火线圈的脉冲来计算发动机的转速。当发动机的转速低于一定值时，将压缩机电磁离合器切断，如图5-45所示。

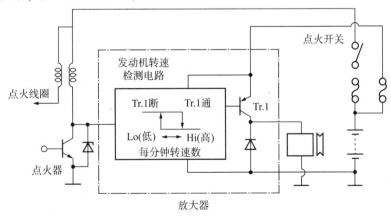

图5-45 发动机失速控制电路

（7）传动带保护控制。

当动力转向的油泵、发电机等附件与空调压缩机采用同一传动皮带驱动时，如果压缩机出现故障而锁死时，传动带将被损坏。为了防止这种情况的产生，有些空调的控制电路中采用了传动带保护控制装置。传动带保护控制电路如图5-46所示，空调ECU同时接收发动机的转速信号和压缩机的转速信号，并对这两个转速进行比较，当这两个转速的信号出现的差异超过某一限值时，空调ECU便认定压缩机出现故障，随后就切断压缩机电磁离合器的电源，使压缩机停止工作，以保证其他附件的正常运转。

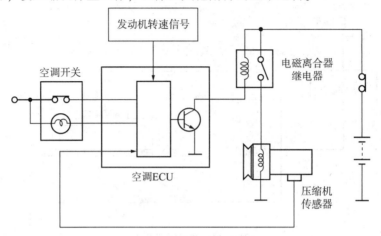

图5-46　传动带保护控制电路

（8）压缩机双级控制。

有些车辆为了提高车辆的燃油经济性采用了压缩机双级控制，如图5-47所示，在空调上有两个开关，一个是A/C开关，另一个是ECHO开关，在接通A/C开关时，空调ECU根据蒸发器温度传感器的信号在较低的温度控制压缩机电磁离合器的通断，在接通ECHO开关时，空调ECU便在较高的温度控制压缩机电磁离合器的通断，这样就可以减少压缩机工作的时间，减少汽车的燃料消耗。同时，在压缩机停机时，发动机的负载减少，汽车的动力输出可以提高。

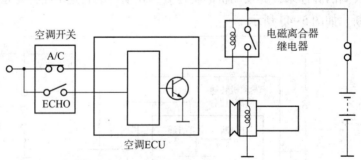

图5-47　压缩机双级控制电路

（9）双蒸发器控制。

现在有些车辆在前排和后排都有蒸发器，且两个蒸发器都采用一个压缩机，这样就面临着前后蒸发器分别控制的问题。为此，在两个蒸发器的入口处安装两个电磁阀，分别用来控制前排座位和后排座位的温度，如图5-48所示。

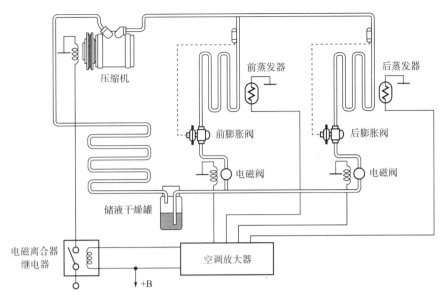

图 5-48 双蒸发器控制

（10）其他控制。

a. 冷却液温度控制。

为防止冷却液温度过高，有些空调控制电路中设有冷却液温度开关或传感器，当冷却液的温度高过一定值（一般为 105 ℃）时，切断压缩机电磁离合器电路，使压缩机停止运转。在温度下降到某设定值（大约为 95 ℃）时，再接通电磁离合器电路，使空调重新工作。

b. 压缩机温度控制。

在部分叶片式压缩机和斜盘式压缩机上装有压缩机温度开关，防止压缩机温度过高而损坏。如图 5-49 所示，当压缩机温度超过 180 ℃ 时，此开关就断开，切断了压缩机电磁离合器的电路。

c. 环境温度控制。

部分车辆在控制电路中设有环境温度开关，在环境温度低于规定值时，环境温度开关断开，切断压缩机电磁离合器的电路，使空调的制冷系统不能工作。环境温度高于规定值时，制冷系统才能进入工作状态。

6）暖风系统

汽车的暖风系统可以将车内的空气或从车外吸入车内的空气加热，提高车内的温度。汽车的暖风系统有许多类型，按热源的不同可分为热水取暖系统、燃气取暖系统、废气取暖系统等。目前小型车上主要采用热水取暖系统，大型车辆上主要采用燃气取暖系统。

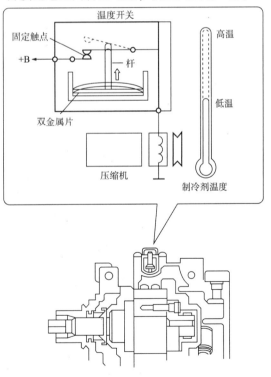

图 5-49 压缩机温度开关

2. 空调系统的检测与诊断

空调系统的故障包括暖风系统的故障、制冷系统的故障、通风系统的故障等，其中暖风和通风系统的故障主要表现为无暖风或暖风不足，检查时只需检查风道是否堵塞，暖风水路是否正常，风道中各种风门工作是否正常，故障部位比较直观，此处不再赘述。制冷系统的故障较为复杂，故障的表现主要是不制冷或制冷不足，故障的原因可以分为制冷循环系统故障和电气控制系统故障，下面分别介绍。

1) 利用空调压力表诊断制冷循环系统的故障

制冷循环系统的故障基本上都可以用空调压力表进行诊断，在系统无泄漏及压缩机电磁离合器能够吸合的情况下，将空调压力表与制冷系统的维修阀连接，起动发动机，运转空调系统，检查系统高压及低压侧的压力。

系统正常的情况下，高压侧的压力应该为 1.4 ~ 1.6 MPa，低压侧的压力应该为 0.15 ~ 0.25 MPa，如图 5-50 所示。

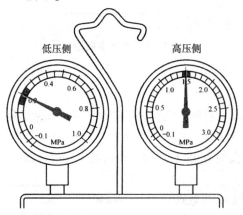

图 5-50　制冷循环系统压力正常

(1) 高低压力均偏低。

如果空调制冷不足，空调压力表的高低压表指示的压力均低（见图 5-51），同时视液镜中可以看到大量气泡，这说明系统中制冷剂不足。此时，应检查系统是否有泄漏的地方，在排除了泄漏故障后，将制冷剂补足。通常，制冷剂的泄漏伴随冷冻油的泄漏。因此，在泄漏处会出现油污，这也是查找泄漏点的思路。

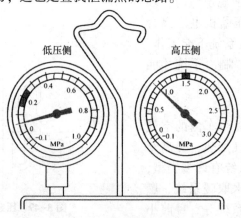

图 5-51　高低压力均偏低

（2）高低压力均偏高。

空调压力表的高低压表的指示均过高（见图5-52），视液镜中看不到气泡，甚至在低转速下也看不到气泡，造成这种现象的原因是系统中制冷剂过量或冷凝器冷却不足。排除时，要将制冷剂量调整合适，清洁冷凝器，同时还要检查车辆的冷却系统。

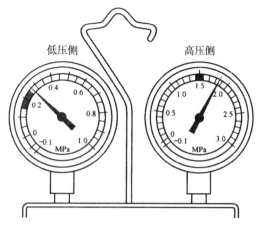

图5-52 高低压力均偏高

（3）高低压力表在空调运行过程中摇摆。

制冷时有时无，压力表在空调起动时正常，过一段时间低压表指示真空，高压表的压力也降低很多，过几秒到几分钟，表的指示又恢复正常（见图5-53），如此循环。造成这种现象的原因是系统中有水分，当系统正常制冷温度下降时，水分在膨胀阀处结冰造成冰堵，制冷循环不能进行，温度上升后，冰融化使得循环又正常进行，温度下降后，又造成冰堵，如此反复。遇到这种情况应更换储液干燥器，系统抽真空后重新加注制冷剂。

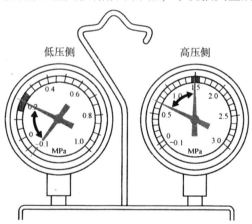

图5-53 高低压力表在空调运行过程中摇摆

（4）高压表指示过低，低压表指示过高。

如果高压表指示过低，低压表指示过高（见图5-54），关闭空调后，高低压表指示很快趋于一致，触摸压缩机，压缩机的温度也不高，这说明压缩机的效率不高，此时应更换或修理压缩机。

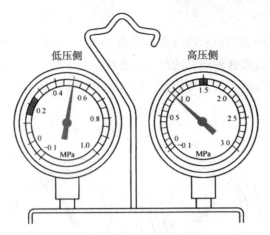

图 5-54　高压表指示过低，低压表指示过高

（5）高压压力偏低，低压压力显示或趋于真空。

如果制冷循环系统内制冷剂不能循环，低压表指示真空，高压表的压力也比正常压力低（见图 5-55）。造成这种情况的主要原因是：制冷循环系统内有堵塞情况。如果系统完全堵塞，开启空调时，由于制冷剂不循环，低压表即刻显示真空；如果未完全堵塞，低压表在开启空调时将逐渐指向真空，在堵塞部位的前后还将出现温差。堵塞的部位常发生在膨胀阀、EPR 阀及管路较细的部位。膨胀阀的感温包漏气也可能使膨胀阀不能开启而造成这种情况。排除时，要查明堵塞的原因，更换堵塞的部件，彻底清理制冷循环管路。

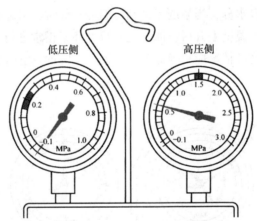

图 5-55　高压压力偏低，低压压力显示或趋于真空

（6）高低压表的压力均指示高于正常值。

在制冷剂量正常的情况下，如果高低压表的压力均指示高于正常值（见图 5-56），说明制冷循环系统中有空气进入，其表现通常为低压指示越高，制冷效果就越差。出现这种情况时，应更换制冷剂并对系统进行抽真空，排除系统中的空气。

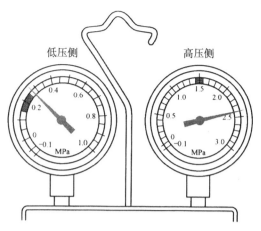

图5-56　高低压表的压力均指示高于正常值

（7）低压表指示过高，高压表指示正常。

如果低压表指示过高，高压表指示正常（见图5-57），低压管路结霜且制冷效果下降，这种情况往往由膨胀阀开度过大造成，维修时要重点检查膨胀阀热敏管的安装情况，在热敏管正常的情况下，应考虑更换膨胀阀。

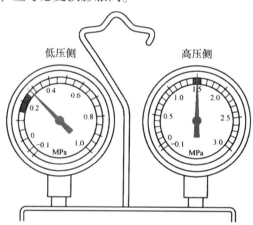

图5-57　低压表指示过高，高压表指示正常

2）空调系统控制电路的故障诊断

汽车空调制冷系统电路控制部分因车型不同而异，其电路原理及组成也有所不同。因此，在检修汽车空调电路时，应首先理解空调的电路原理，之后才可动手检查和修理。另外，在检修汽车空调电路故障时，还应结合制冷系统综合考虑。

汽车空调控制电路的故障主要表现为系统不工作或系统中某一部分不工作，在检查时首先要研读空调控制电路的电路图，再根据电路图用万用表或试灯等工具检查电路，找出故障所在，下面以丰田某车型的空调控制电路为例说明空调控制电路的检查方法。

（1）阅读空调控制电路的电路图。

图5-58为丰田某车型的空调系统的控制电路，从图中可以看出，控制电路中所包含的电器有空调放大器，执行元件有电磁离合器及真空电磁阀等，传感器及开关有双重压力开关、转速检测传感器、点火器、热敏电阻、空调开关、点火开关、鼓风机开关等，继电

器包括电磁离合器继电器、暖风继电器，保险装置包括断路器、仪表熔断器、空调熔断器等。

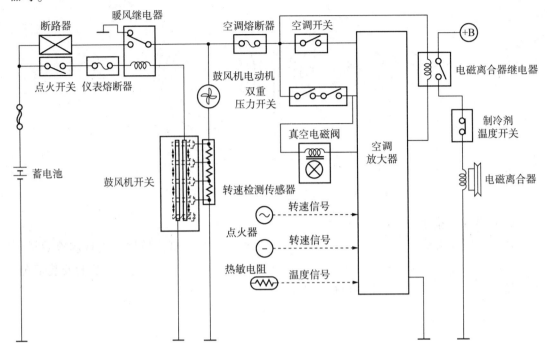

图 5-58 丰田某车型的空调系统控制电路

研读电路图后可以发现，空调压缩机电磁离合器电路在下述情况下会被切断。

a. 鼓风机开关断开。此开关断开后暖风继电器断开，控制系统电源被切断。

b. 空调开关断开，放大器的电源被切断。

c. 蒸发器温度过低。蒸发器表面温度低于某一设定值时，放大器会切断电磁离合器电路。

d. 双重压力开关断开。在制冷循环系统中压力过高或过低时，压力开关断开，空调放大器会切断电磁离合器电路。

e. 压缩机锁止。当压缩机转速与发动机转速的差值超过一定值时，空调放大器将做出压缩机已锁止的判断，从而切断电磁离合器电路。

f. 制冷剂温度过高。当压缩机内制冷剂的温度过高时，温度开关会切断压缩机电磁离合器电路。

g. 断路器、仪表熔断器、空调熔断器和暖风继电器损坏，空调放大器无供电，电磁离合器断电。

h. 电磁离合器继电器损坏。该继电器损坏会切断电磁离合器的电路。

（2）检查电路。

a. 检查电源电路。在接通鼓风机开关和空调开关后，检查空调放大器电源端有无 12 V 电压，检查电磁离合器继电器线圈处有无 12 V 电压，如有 12 V 电压，则表明电源电路正常，否则应按照电路图逐一检查空调开关、空调熔断器、暖风继电器、仪表熔断器、断路器和鼓风机开关能否工作正常。

b. 检查各传感器和开关电路。用万用表检查蒸发器热敏电阻、点火器、压缩机转速检测传感器、压力开关到空调放大器的电路是否导通，按照修理手册规定的要求检测各传感器的电阻是否符合要求，检查各开关是否能在规定的情况下导通。

c. 检查电磁离合器继电器。将继电器的空调放大器控制端直接搭铁，测试压缩机电磁离合器是否吸合，如能吸合则说明继电器良好。

d. 检查电磁离合器。将电磁离合器的电源端子直接连接蓄电池电源，检查能否吸合，如能吸合则说明离合器正常。

e. 检查插接器和电路。检查各插接器的连接是否良好，检查线路情况是否良好，检查各搭铁点接触是否良好；还可模仿故障发生的情况检查接触不良的情况，如故障发生在车辆振动时，可逐一晃动空调系统的部件，晃动某一部件故障现象出现时，该部件即为故障部件；再如下雨时出现故障，可通过人为浇水模拟故障产生的环境，检查故障的部位。

f. 如果线路中有短路故障，则线路熔断器肯定被烧断，且换上新熔断器后又会被烧断。此时应检查各连线绝缘是否破坏而搭铁，在金属上及部件内部是否有短路情况。

（3）系统部件的检查。

a. 电磁离合器。电磁离合器不吸合，应使用万用表检测电磁离合器的输入端有无 12 V 电压，如果有电压，则说明离合器可能损坏，此时应使用万用表的电阻挡测量离合器电磁线圈的电阻，应符合要求，否则应予以更换，最后还要检查离合器的机械部分是否有异常。

b. 鼓风机。鼓风机不转，应解体检修鼓风机。拆下鼓风机线路，将蓄电池 12 V 电压接在电动机上，看电动机是否能平稳转动，且空载下转速应能达到 7 000 r/min 左右。如不正常，应检查电刷接触是否良好，轴及轴承是否被卡死，电动机是否被烧坏。

c. 控制继电器。控制继电器一般为触点常开型，其故障多为继电器线圈烧坏（线圈短路或断路）、触点烧蚀、粘连、动触点卡死等。在正常情况下，当继电器线圈通电时，应能听到触点动作的轻微声音，否则说明继电器有故障，可把它从线路上拆下，用万用表测量其线圈是否良好，如线圈完好，再用万用表测量其常开触点的电阻应为无穷大，否则说明粘连；如为无穷大，可给线圈通电后进一步检查。线圈通电后，常开触点应闭合，触点回路电阻应为零，否则说明触点烧蚀或卡死，应检修或更换。

d. 压力开关。压力开关的检查应在制冷系统完好的情况下进行。其检查方法是将空调压力表接到制冷系统高低压检修阀上，用纸板盖在冷凝器散热通道上，以恶化冷凝器的冷却效果，这时冷凝压力会逐渐升高，当压力表压力达到 2.1 MPa 左右时，电磁离合器应断电，然后拿开纸板，待高压表压力降到 1.9 MPa 时，压缩机应恢复工作。如不符合上述规定，则说明压力开关已失灵，应予更换。

e. 鼓风机电阻及挡位开关。鼓风机电阻烧坏或鼓风机挡位开关接触不良，将会造成鼓风机不转动或无法调速等故障现象。检测时，可拆下鼓风机电阻及鼓风机挡位开关组件，用万用表测量各挡位电阻值。

f. 空调放大器。空调放大器的故障主要有温度控制失灵，发动机怠速控制失灵，放大器输出继电器线圈烧坏、触点烧蚀和粘连等。空调放大器的检测应在制冷系统及其他电路及元器件完好的条件下进行。最简单的方法是代换法。检查放大器时可先检查放大器内部的输出继电器线圈和触点，如线圈和触点正常，再根据线路检查各元器件是否正常。

5.4.2 多媒体系统

汽车的多媒体系统主要包括调频（FM）收音机、调幅（AM）收音机、单碟或多碟CD播放机、DVD播放机、外接音源或视频源的插口、车载电话系统、GPS等。图5-59为宝马车载多媒体系统的主机及相关配套，图5-60为宝马多媒体主机背面的接口功能。

图5-59　宝马车载多媒体系统的主机及相关配套

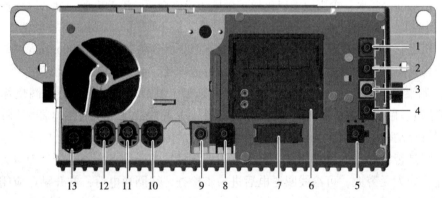

1—DAB波段天线1；2—DAB波段天线2；3—FM2天线；4—AM/FM1天线；5—GPS天线插头；6—主插头；
7—以太网接口；8—用于Wi-Fi连接的WLAN天线接口；9—蓝牙天线接口；
10—USB2接口，通过电话底板连接客户智能电话；11—USB1接口，USB/音频接口客户接入点；
12—组合仪表KOMBI的APIX连接；13—中央信息显示屏CID的APIX连接。

图5-60　宝马多媒体主机背面的接口功能

1. 传统的收音机和播放机

收音机和播放机的主机主要包括操作单元、显示单元、调谐器和放大器四部分。操作单元用来对系统进行操作，包括选择功能、调节音量、选择收音机的播放频率等一切与操作有关的内容；显示单元用来显示选择的功能、操作的结果等；调谐器用来调节电台；放大器用来对声音信号放大，推动扬声器发声。

2. 车辆集成的娱乐及导航系统

对于中高端车辆，娱乐及导航系统已经集成，各个模块功能的实现通过相关总线完成，如图5-61所示。

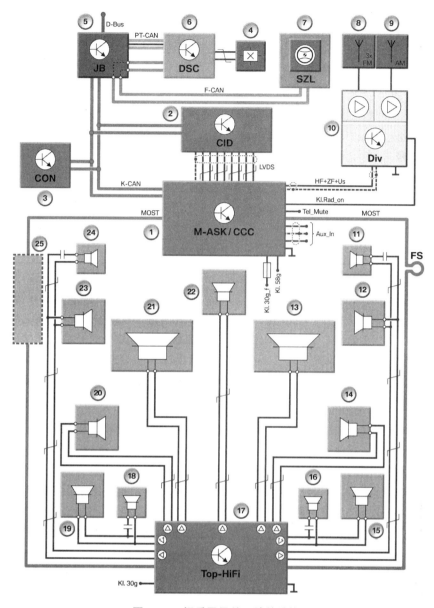

图 5-61 娱乐及导航系统的结构

对于图 5-61 所示系统，各模块的说明如表 5-4 所示。

表 5-4 娱乐及导航系统各模块说明

序号	说明	序号	说明
1	导航系统	15	右后中音扬声器 ZF 中频信号
2	中央信息显示屏	16	右后高音扬声器
3	控制器	17	顶级高保真音响放大器
4	车轮转速传感器	18	左后高音扬声器
5	接线盒控制单元	19	左后中音扬声器
6	动态稳定控制系统	20	左后车门中音扬声器

序号	说明	序号	说明
7	转向柱开关中心	21	左侧低音扬声器
8	FM1、FM2、FM3 天线	22	前部中间中音扬声器
9	AM 天线 MOST 多媒体传输系统（数字总线）	23	左前中音扬声器
10	带有多相择优模块的天线放大器 LVDS 低压差分信号	24	左前高音扬声器
11	右前高音扬声器	25	MOST 组件
12	右前中音扬声器	FS	MOST 直接存取
13	右侧低音扬声器 HF 高频信号	MOST	多媒体传输总线
14	右后车门中音扬声器	LVDS	低压差分信号系统

在该系统中，接线盒控制单元 5 为网关。在 K-CAN 上，连接控制器 3、导航系统模块 1、中央信息显示屏 2 等控制单元；在 PT-CAN 上连接动态稳定控制系统 6 等控制单元；在 F-CAN 上连接转向柱控制单元等。导航系统模块通过 MOST 总线连接顶级高保真音响放大器 17，以及相关音频、视频相关组件。通过 LVDS 低压差分信号系统连接中央信息显示屏 2。以此，使中央信息显示屏 2 不仅能够显示操纵相关音箱设备，也能通过多功能转向盘相关组件进行操作。同时，还能够显示车辆保养信息、导航信息以及全车功能设置。

3. 娱乐及导航系统的检测与诊断

目前的中低档汽车采用集成的音响系统较多，主要是集成收音机和播放机。该类型车辆的娱乐系统由于与其他系统没有过多集成，因此可以很快通过故障现象找到故障原因。由于高档汽车将不同的功能模块分开安装，通过网络系统传递信息，因此维修过程中可通过故障诊断仪进行诊断。同时，在诊断时，要排除了外界干扰的影响后，再对线路进行检查。如果是主机或模块故障，则应按照规定进行更换；如果是线路出现问题，则对线路进行修复。在对 MOST 总线进行检查时，要注意该总线为光纤传输，因此不允许锐角弯折。

知识小结

空调系统常见故障主要包括电路控制系统故障和空气调节系统故障。这里主要讨论制冷系统故障。制冷系统故障常见的检测手段是空调高压、低压的检测。如出现泄漏，由于系统中有冷冻油，泄漏处会出现油污。而通过压力则可判断制冷系统部件的故障。

对于娱乐及导航系统，要关注的是高端车辆可能采用 MOST 总线进行信号传递，掌握该类型信号的特点是诊断系统故障的有利条件。

习题

1. 填空题

（1）蒸发器的温度控制电路有两种形式：一种是_____；另一种是_____。

（2）按照压缩机的不同可以分为_____和_____两种。

（3）按照节流装置的不同可以分为_____和_____两种。

（4）蒸发器温度控制的目的是_____。

（5）冷凝器的作用是将压缩机送来的高温、高压的气态制冷剂转变为_____制冷剂。

（6）膨胀阀安装在蒸发器的_____处。

2. 单项选择题

（1）空调在运行中，如果低压表指示过高，高压表指示过低，说明_____。

A. 蒸发器有故障　　B. 膨胀阀有故障　　C. 压缩机有故障　　D. 冷凝器有故障

（2）如果发动机冷却液温度过高，空调的控制电路可_____。

A. 自动接通冷凝器风扇电路

B. 自动切断压缩机电磁离合器电路

C. 自动切断鼓风机电路

D. 自动接通散热风扇

3. 判断题

（1）（　　）冷凝器的作用是将制冷剂从气体转变为液体，同时放出热量。

（2）（　　）热力膨胀阀在制冷负荷增大时，可自动增加制冷剂的喷出量。

（3）（　　）冷凝器冷却不良时，可能会造成高压管路中压力过高。

（4）（　　）空调系统中的除霜装置的作用是防止汽车的前风窗玻璃结霜。

（5）（　　）空调系统正常工作时，低压侧的压强应在 0.12 MPa 左右。

（6）（　　）使用 R134a 制冷剂的制冷系统中的储液干燥器不能与使用 R12 制冷剂的制冷系统中的储液干燥器互换。

4. 简答题

（1）分析空调系统中高、低压的压力都过高的原因，可能出现故障的位置。

（2）一台车空调制冷不良。起动空调制冷一段时间后，用手触摸高压管路、低压管路，两者温度相差不大，分析故障原因，列出诊断流程。

5.5　常用辅助电子设备的检测与诊断

5.5.1　电动车窗

1. 电动车窗升降系统的结构和组成

目前，大多数轿车用电动车窗取代传统的摇把式车窗。电动车窗升降系统的电动机，广泛采用的是永磁式电动机，也有一些车型采用双磁场式电动机。

电动车窗升降系统一般由主控开关（主开关）、分控开关（门窗开关）及各个车窗的升降器等组成，玻璃的升降运动可以由驾驶人操纵主控开关控制全车的车窗升降，也可以由各车门上设置的分控开关分别操纵各车窗玻璃的升降。

主控开关对全车电动车窗升降系统进行总的操纵。部分车型电动车窗主控开关结构如图 5-62 所示。在主控开关上设有一个锁止开关，当启动锁止开关时，便切断各分控开关的电路，此时只能用主控开关升降各电动车窗。有些车型还增加了其他安全措施：只有当点火开关在 RUN 挡或 ACC 挡时，分控开关才能起作用。电动车窗的主控开关、分控开关与点火开关的控制关系，如图 5-63 所示。

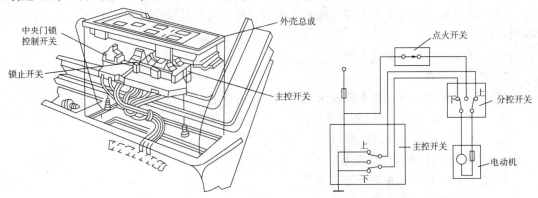

图 5-62　部分车型电动车窗主控开关结构　　图 5-63　电动车窗的主控开关、分控
开关与点火开关的控制关系

永磁式电动机通过改变电枢电流的方向来改变电动机的旋转方向，使车窗玻璃上升或下降，电动机本身不搭铁，而是到主控开关搭铁，如图 5-63 所示。

对于有些车型采用电磁式电动机的电动车窗，其电路如图 5-64 所示。其原理是电动机有两个绕向相反的励磁绕组，分别是上升绕组和下降绕组。每次工作时，给其中一个励磁绕组通电，电动机的旋转方向由励磁绕组决定，且电动机本身搭铁。

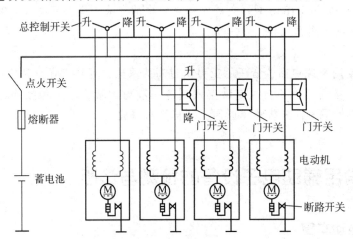

图 5-64　电磁式电动机的电动车窗电路

电动车窗升降系统的电路中，一般要设有断路保护器（电路断电器）。另一些车型的电动车窗升降系统中，断路保护器设在电动机的内部。断路保护器的作用是避免电动机因超载而烧坏。例如：当车窗玻璃处于全开状态或完全关闭状态时，控制开关继续接通或者玻璃在升降过程中被卡死，这时容易发生电流过大，导致电动机烧坏。电动车窗升降系统中断路保护器的触点一般为双金属片式结构，当车窗升降系统电路电流过大时，双金属片因温度上升产生弯曲变形使触点张开，切断电路。当电路断开后，双金属片冷却，变形消失，触点再次闭合。

2. 电动车窗检测与诊断

图5-65为福特汽车公司采用的永磁式电动机的电动车窗电路。下面以此为例阐述电动车窗的检测与诊断。

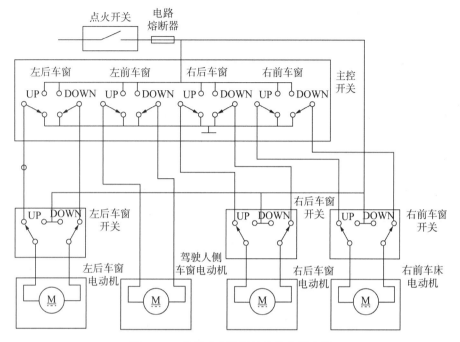

图5-65 永磁式电动机的电动车窗电路

1）控制过程（以左后车窗上升为例）

（1）主控开关控制。

当主控开关中的左后车窗开关拨到 UP 时，电流方向为蓄电池正极→点火开关→电路熔断器→主控开关中的左后车窗触点→左后车窗分控开关触点→电动机→左后车窗分控开关另一触点→主控开关中的左后车窗另一触点→搭铁，电动机旋转，带动左后车窗玻璃上升。

（2）分控开关控制。

当左后车窗分控开关拨到 UP 时，电流方向为蓄电池正极→点火开关→电路熔断器→左后车窗分控开关触点→电动机→左后车窗分控开关另一触点→主控开关中的左后车窗触点→搭铁，电动机旋转，带动左后车窗玻璃上升。

2）当车窗不升降时的故障诊断

（1）首先检测电路熔断器。如果全车所有的车窗都不升降，则应首先检测电路熔断器。用试灯或电压表检测电路熔断器两边的电压，如果两边都有电压，则说明电路熔断器正常；如果电路熔断器的输入端有电压而输出端没有，则说明该电路熔断器损坏；如果电压没有加到电路熔断器的输入端上，则说明蓄电池供电断路。

（2）检测电动机。断开电动机的线束插接器，线束插接器只有两个端子，将其中的一个端子用一根跨接线短接蓄电池的正极，而将另一个端子用一根线搭铁。如果电动机旋转，则把跨接线对调，当极性反过来后，该电动机应反转。如果电动机在一个或两个方向上都不旋转，则说明电动机有故障，必须更换。

（3）检测主控开关。如果电动机正常运转，则说明故障出在控制电路。为此要检测主控开关，在主控开关端子1和端子2之间连接试灯，连接方法如图5-66所示。当主控开关在OFF位置时，试灯应点亮。如果灯不亮，则说明到主控开关的电源线或主控开关搭铁电路开路。检查搭铁端子4的连接好坏，如果正常，则继续检测。

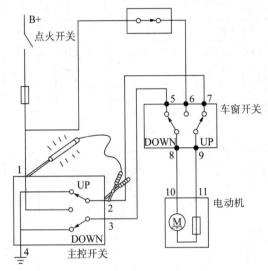

图5-66　检测主控开关

如果试灯在短接端子1和2时点亮，则此时把开关设置到UP挡，试灯应熄灭。在端子1和3之间重复这样的检测，此时要把开关设置到DOWN挡。

（4）检测分控开关。如果主控开关是好的，则检测分控开关。在端子6上应有蓄电池电压，否则检查点火开关是否闭合，检查从端子6到电路熔断器之间的电路。将试灯连接在端子8和6之间（见图5-67），试灯应点亮，直至开关拨到DOWN挡才熄灭；把试灯连接到端子6和9之间，检测UP挡。

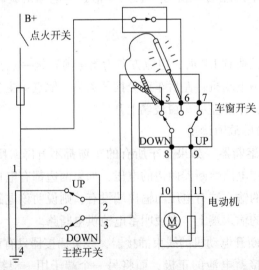

图5-67　检测分控开关

（5）如果工作速度比正常慢，则表明存在接触电阻或机械连杆机构有障碍。采用电压降检测方法查找产生接触电阻的原因。接触电阻可能存在于开关电路、搭铁回路或电动机中。如果是机械故障，则检查连杆机构有无弯曲或障碍制约。

5.5.2　电动刮水器、洗涤器

1. 刮水器

1）刮水器刮水电动机的结构和工作原理

刮水电动机一般有绕线式和永磁式两种。绕线式刮水电动机的磁极绕有励磁绕组，通电流时产生磁场，而永磁式刮水电动机的磁极用永久磁铁制成。

永磁式电动机体积小、质量轻、结构简单，使用广泛。

永磁式刮水电动机的结构如图5-68所示，主要由外壳、磁铁总成、电枢、电刷安装板及复位开关、输出齿轮及蜗轮、输出臂等组成，通电时电枢转动，经蜗轮和输出齿轮及输出轴后，把动力传给输出臂。

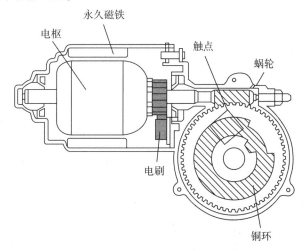

图5-68　永磁式刮水电动机的结构

为了满足实际使用的需要，刮水电动机有低速刮水和高速刮水两个挡位，且在任意时刻刮水结束后刮水片应能自动回到风窗玻璃最下端。

（1）绕线式刮水电动机的变速原理。绕线式刮水电动机可通过改变磁场强度来实现变速。改变磁场强度可以通过改变励磁电路中电流的大小来实现。实际使用的绕线刮水器的开关控制励磁电路中电阻的大小来变化其转速，此处不进行理论分析。

（2）永磁式刮水电动机的变速原理。永磁式刮水电动机是利用三个电刷来改变正、负电刷之间串联线圈的个数实现变速的，如图5-69所示。其原理是：刮水电动机工作时，在电枢内同时产生反电势，其方向与电枢电流的方向相反。如要使电枢旋转，外加电压必须克服反电势的作用。当电动机转速升高时，反电势增高，只有当外加电压等于反电势时，电枢的旋转才能稳定。

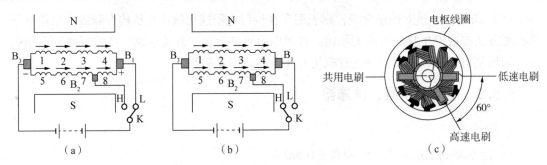

图5-69 永磁式刮水电动机的变速原理

(a) 低速旋转；(b) 高速旋转；(c) 电刷的布置

三刷永磁式刮水电动机工作时，电枢绕组产生的反电势的方向如图5-69中箭头所示。当将刮水器开关K拨向L（低速）时，如图5-69（a）所示，电源电压加在电刷B_1和B_3之间，在电刷B_1和B_3之间的两条并联支路中，每条支路中各有四个串联绕组，反电势的大小与支路中反电势的大小相等。由于外加电压需要平衡四个绕组所产生的反电势，故电动机转速较低。

当将刮水器开关K拨向H（高速）时，如图5-69（b）所示，电源电压加在电刷B_2和B_3之间。绕组1、2、3、4、8同在一条支路中，其中绕组8与绕组1、2、3、4的反电势方向相反，相互抵消后，使每条支路变为三个绕组。由于电动机内部的磁场方向和电枢的旋转方向没有变化，所以各绕组内反电势的方向与低速时相同。但是，外加电压只需平衡三个绕组所产生的反电势，故电动机的转速增高。

2）刮水电动机的控制电路及自动复位原理

图5-70为铜环式刮水器的控制电路，此电路具有自动复位的功能。下面分析其工作过程。

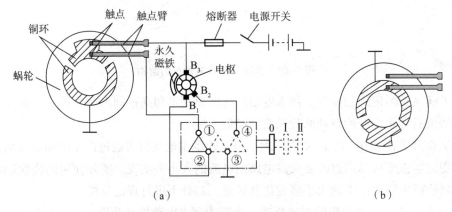

图5-70 铜环式刮水器的控制电路

(a) 电路接通；(b) 电路断开

刮水器的开关有三个挡位，它可以控制刮水器的速度和自动复位。四个接线柱分别接复位装置、电动机低速电刷、搭铁、电动机高速电刷。0挡为复位挡，Ⅰ挡为低速挡，Ⅱ挡为高速挡。复位装置在减速蜗轮（由塑料或尼龙材料制成）上，嵌有铜环。此铜环分为两部分，其中一部分铜环与电动机外壳相连（为搭铁）。触点臂用磷铜片或其他弹性材料制成，其一端分别铆接有两个触点。由于触点臂具有一定的弹性，因此在蜗轮转动时，触点与蜗轮的端面和铜环保持接触。

当接通电源开关,并把刮水器开关拨到Ⅰ挡(低速)时,电流从蓄电池正极→电源开关→熔断器→电刷 B_3→电枢绕组→电刷 B_1→刮水器开关接线柱②→接触片→刮水器开关接线柱③→搭铁→蓄电池负极,构成回路,电动机以低速运转。

把刮水器开关拨到Ⅱ挡(高速)时,电流从蓄电池正极→电源开关→熔断器→电刷 B_3→电枢绕组→电刷 B_2→刮水器接线柱④→接触片→刮水器接线柱③→搭铁→蓄电池负极,构成回路,电动机以高速运转。

当把刮水器开关拨到0挡时,如果刮水片没有停止到规定的位置,由于触点与铜环相接触,如图 5-70(a)所示,则电流继续流入电枢,其电路为蓄电池正极→电源开关→熔断器→电刷 B_3→电枢绕组→电刷 B_1→接线柱②→接触片→接线柱①→触点臂→铜环→搭铁→蓄电池的负极。由此可以看出,电动机仍以低速运转,直至蜗轮旋转到图 5-70(b)所示的特定位置,电路中断。由于电枢的运动惯性,电动机不能立即停止转动,此时以发电机方式运行,因此电枢绕组通过触点臂与铜环接通而短路,电枢绕组将产生强大制动力矩,电动机迅速停止运转,使刮水片复位到风窗玻璃的下部。

3)雨量传感器和可调间歇控制

图 5-71 为一种雨量传感器的结构,在传感器中有发光二极管发射光束。风窗玻璃干燥时,整个光束都由风窗玻璃表面反射回来,光电二极管接收全部光线。风窗玻璃潮湿时,光线折射角度发生变化。光由风窗玻璃表面反射到光电二极管内,光电二极管产生的电压信号发生变化。此信号将输入给计算机,由计算机自动控制刮水器的动作。

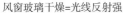

风窗玻璃干燥=光线反射强　　风窗玻璃潮湿=光线反射弱

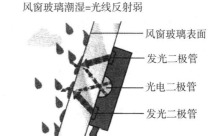

——风窗玻璃表面
——发光二极管
——光电二极管
——发光二极管

图 5-71 雨量传感器的结构

与雨量传感器配合的是可调式刮水器电子间歇控制系统。可调式间歇控制电路是指刮水器的控制电路根据雨量大小自动开闭,并自动调节间歇时间。图 5-72 为刮水自动开关与调速控制电路。电路中 S_1、S_2 和 S_3 是安装在风窗玻璃上的流量检测电极,雨水落在两检测电极之间,使其阻值减小,水流量越大,其阻值越小。

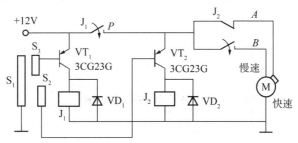

图 5-72 刮水自动开关与调速控制电路

S_1 与 S_3 之间的距离较近（约 2.5 cm），因此，晶体管 VT_1 首先导通，继电器上通电，在电磁吸力的作用下，P 点闭合，刮水电动机低速旋转。当雨量增大时，与 S_2 之间的电阻减小到使晶体管 VT_2 也导通，于是继电器 J_2 通电，在电磁吸力的作用下，A 点断开，B 点接通，刮水电动机转为高速旋转。雨停时，检测电阻之间的阻值均增大，晶体管 VT_1、VT_2 截止，继电器复位，刮水电动机自动停止工作。

图 5-73 为刮水器电子调速器电路，该调速器可根据雨量的大小或雾天的实际情况，自动调节刮水片的摆动速度，使风窗玻璃的清晰度提高，且能自动接通或关闭刮水器以达到无级调速的目的。其中，传感器 M 是用镀铜板制成的两个间隔很近但互不相通的电极。

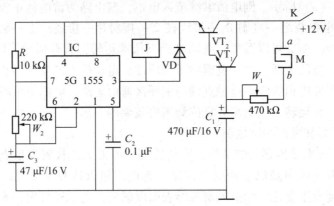

图 5-73　刮水器电子调速器电路

2. 风窗玻璃洗涤装置（电动洗涤器）

风窗玻璃洗涤装置与刮水器配合使用，可以使汽车风窗刮水器更好地完成刮水工作，并获得更好的刮水效果。

风窗玻璃洗涤装置的结构如图 5-74 所示，它主要由储液罐、洗涤泵、输液管、喷嘴等组成。洗涤泵一般由永磁直流电动机和离心叶片泵组装成为一体，喷射压力可达 70 ~ 88 kPa。

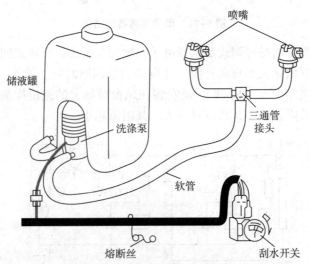

图 5-74　风窗玻璃洗涤装置的结构

洗涤泵一般直接安装在储液罐上，但也有安装在管路内的。在洗涤泵的进口处设置有滤清器。

洗涤泵喷嘴安装在风窗玻璃的下面，其喷嘴方向可以根据使用情况调整，喷水直径一般为 0.8～1.0 mm，能够使洗涤液喷射在风窗玻璃的适当位置。

洗涤液不可用自来水代替。因为自来水中含有一些杂质，同时硬度高的水在发动机舱受到高温会产生水垢，而水垢和杂质有可能堵塞喷水孔。另外，自来水在冬季结冰，也会导致水泵、储液罐等损坏。

风窗玻璃洗涤装置的控制电路结合下面的刮水器电路共同分析，此处不做单独分析。

3. 电动刮水器及洗涤装置的故障诊断与排除

1）风窗玻璃刮水器的故障检修

在对风窗玻璃刮水器系统的故障进行检修之前，首先要确定是电气故障还是机械故障。最简单的方法就是从电动机上拆下连接刮水片的机械臂。接通刮水器系统，观察电动机的运行。如果电动机工作正常，则是机械故障。

风窗玻璃刮水器系统常见的故障有：刮水器不工作、间断性工作、持续操作不停及刮水器不能复位等。下面以桑塔纳乘用车为例，分析风窗玻璃刮水器系统的故障诊断方法。

（1）刮水器不工作。

如果刮水器在所有挡位都不工作，则按照先易后难的思路，首先检查刮水器的熔断器和继电器是否正常，之后检查刮水器的供电和搭铁，最后判断是否存在机械故障。

从以上的分析过程可以知道电气故障原因主要有：

a. 刮水电动机断路；

b. 熔断器烧毁；

c. 线路连接松动、断线或搭铁不良；

d. 刮水开关接触不良或继电器触点接触不良；

e. 电动机失效，如电枢短路等。

机械故障原因主要有：

a. 蜗轮蜗杆脱离啮合或者损坏；

b. 杆件连接松脱或损坏；

c. 刮水片、传动机构等被卡住。

（2）刮水器速度比正常慢或转动无力。

电气或机械故障均能引起刮水器速度比正常慢，首先应按照上述方法确定故障在电气部分，还是在机械部分。

大多数导致刮水器动作慢的电气故障是由于接触电阻大而引起的。如果故障表现为所有的速度挡都慢，则应检查电源到刮水器开关之间的电路，主要是中间继电器、熔断丝和刮水器开关连接线端子插接是否牢固可靠。若电源供电电路正常，则应检查刮水器开关中有无接触不良的现象。

如果电源供电回路正常，则应检查刮水电动机的搭铁回路是否正常，方法是将电压表的正表笔接电动机的搭铁端（或电动机壳体），负表笔接电池负极，电压降不应超过 0.1 V，否则应修复电动机搭铁回路。

最后检查电动机轴承和蜗轮组的润滑情况。

（3）间歇刮水系统不正常。

如果刮水系统只是在间歇挡位工作不正常，首先应检查间歇继电器的搭铁是否良好。

如果搭铁正常，则利用电阻表检查继电器到刮水器开关之间的电路，如果连接线路也是良好的，则应更换间歇继电器。

（4）刮水器不能复位。

造成刮水器不能复位的原因可能是复位开关故障，也可能是刮水器开关内接触片变形。最常见的与复位开关有关的故障是当开关断开时，刮水器就停在该位置。这时，首先要拆下电动机端盖，然后接通刮水开关，观察复位开关的工作情况。当关闭刮水器开关时，复位开关应能使其常闭触点闭合到位，否则应更换复位开关。电动机复位开关的结构如图 5-75 所示。

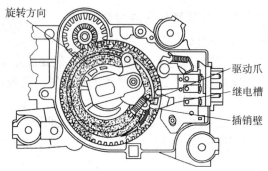

图 5-75　电动机复位开关的结构

2）风窗玻璃洗涤装置的维修

许多风窗玻璃洗涤装置的故障都是输液系统故障引起的。因此，应首先拆下泵体上的水管然后使电动泵工作，如果电动泵能够喷出洗涤液，则故障在输液系统。否则，按照下列步骤查找故障。

（1）目测储液罐内的液体存储量。检查熔断器和线路连接是否良好。

（2）打开洗涤器开关，同时观察电动机。如果电动泵工作但不喷液，检查泵内有无堵塞，排除泵体内的所有异物；如果没有堵塞，则需更换电动泵。

（3）如果电动泵不运转，用电压表或试灯检查开关闭合时洗涤泵电动机上有无电压。若有电压，用电阻表检查搭铁回路；若搭铁回路良好，则需更换电动泵。

（4）在第（3）步中，如果电动机上没有电压，则需沿线路向开关查找故障，检测开关工作是否正常。如果开关有电压输入，但没有输出，需及时更换开关。

5.5.3　电动后视镜

1. 电动后视镜的结构及工作原理

电动后视镜一般由后视镜片、电动机、后视镜固定架、后视镜罩、控制电路及控制开关等组成。在每个电动后视镜的背后装有两个可逆电动机和驱动机构，通过操作控制开关，选择 L 或 R，可选择左或右后视镜上下及左右偏转。上下方向的偏转由一个电动机控制；左右方向的偏转由另一个电动机控制。通过改变电动机的电流方向，对镜片的角度进行上、下偏转和左、右偏转调节，调节范围为 20°～30°。

2. 电动后视镜控制电路的工作原理

1）普通电动后视镜控制电路的工作原理

电动后视镜控制电路的工作原理比较简单，如图 5-76 所示，通过选择开关和遥控开关进行控制，选择开关选择是左侧还是右侧的电动后视镜；遥控开关具有上、下、左、右共四个位置控制，通过电动后视镜内的两个电动机来调节镜面角度的上、下偏转和左、右偏转，使其达到理想的位置。

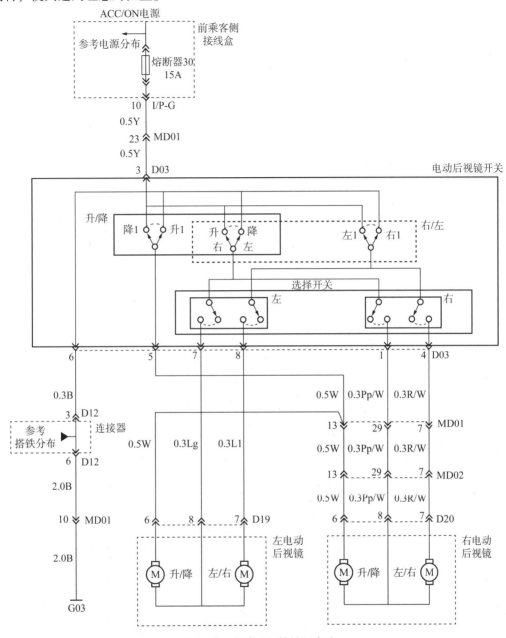

图5-76　电动后视镜控制电路

2）由ECU控制的电动后视镜的工作原理

后视镜开关是控制左、右侧后视镜上、下、左、右方向运动的组合开关，输出模拟电压信号到ECU。ECU对该开关的输入电压进行检测，并判断出后视镜开关的操作动作，本地控制左侧后视镜的两个调节电动机动作，CAN总线报文控制右侧后视镜的两个调节电动机动作。由于采用ECU控制，因此该类型电动后视镜可以增加其他附加功能，如后视镜折叠、后视镜加热等功能。该类型后视镜开关控制电路及相关执行器动作电路如图5-77、图5-78所示。

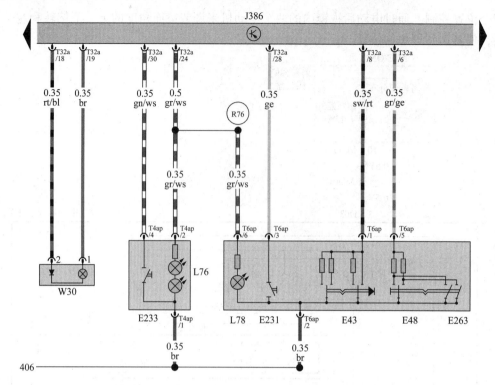

E43—后视镜调节开关；E48—后视镜调节转换开关；E231—车外后视镜加热按钮；

E233—后盖遥控开锁按钮；E263—后视镜内折开关；J386—驾驶员侧车门控制单元；

L76—按钮照明灯泡；L78—后视镜调节开关照明灯泡；W30—驾驶员侧车门警告灯。

图5-77　后视镜开关控制电路

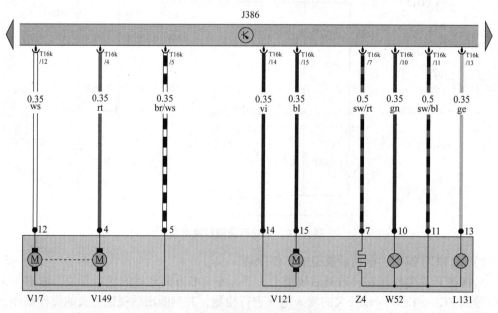

J386—驾驶员侧车门控制单元；L131—驾驶员侧外后视镜警告灯泡；T16k—16芯插头连接；

V17—驾驶员侧后视镜调节马达；V121—后视镜折叠电动机，驾驶员侧；V149—驾驶员侧后视镜调节电动机；

W52—车外后视镜内的登车照明灯，驾驶员侧；Z4—驾驶员侧可加热车外后视镜。

图5-78　后视镜及相关执行器动作电路

3. 电动后视镜的检测与诊断

对于普通电动后视镜故障的检测与诊断，首先检查熔断器、电路连接和搭铁情况，若仍不能排除故障，则应检查开关和电动机是否良好。出现故障时，要结合电路按上述的检查顺序和表5-5来分析故障的原因并找出解决方法。

表5-5　电动后视镜故障诊断表

故障现象	故障原因	故障排除方法
电动后视镜均不能动	熔断器熔断	检查确认熔断器后更换
	搭铁不良	修理
	后视镜开关损坏	更换
	后视镜电动机损坏	更换
一侧电动后视镜不能动	后视镜开关损坏	更换
	电动机损坏	更换
	搭铁不良	修理
一侧电动后视镜上下方向不能动	上下调整电动机损坏	更换
	搭铁不良	修理
一侧电动后视镜左右方向不能动	左右调整电动机损坏	更换
	搭铁不良	修理

对于配备ECU的电动后视镜系统的诊断，除上述情况外，还应考虑逻辑控制、功能设置等情况。

5.5.4　电动座椅

1. 电动座椅的结构和组成

为了提高驾驶人驾驶车辆的舒适性，驾驶人座椅可采用电动座椅。电动座椅一般具备前后滑动、靠背倾角、升降和腰部支撑调节功能等基本功能。按座椅移动的方向数目可划分为两方向、四方向和六方向。图5-79为电动座椅的电动机分布情况。

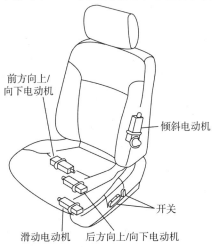

图5-79　电动座椅的电动机分布情况

电动座椅每个方向的调节机构都由一只双向电动机和传动装置等组成。传动装置主要包括：上下轨道、螺杆、连轴节支架等部件。电动座椅的电动机一般为永磁式直流电动机，利用开关可控制流经电动机的电流方向，从而使电动机有两个转动方向，以实现座椅在某两个方向上的调整。

1）电动座椅控制电路

电动座椅的控制电路如图5-80所示，它主要由蓄电池、组合控制开关和三个电动机组成。组合控制开关内部有四套开关触点。驾驶员或乘员可通过控制开关上的按钮来调节座椅的位置。

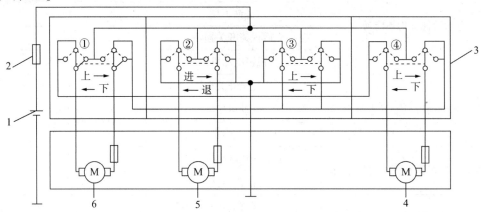

1—蓄电池；2—熔断器；3—组合控制开关；4—后高度电动机；5—前进/后退电动机；6—前高度电动机。

图5-80　电动座椅的控制电路

2）电动座椅的调节

（1）座椅前倾的调节。

a. 前部上升电路。

如需要电动座椅前部垂直上升时，可接通调节组合控制开关中的前倾开关。此时，电路中电流的流动方向如图5-81所示。电流流动的路线为：蓄电池1的正极→熔断器2→组合控制开关中①的左侧触点→前高度电动机6→电动机熔断器→组合控制开关中①的右侧触点→组合控制开关中③的右侧触点→搭铁→蓄电池负极。此时构成闭合回路，前高度电动机6转动，座椅前部垂直上升。

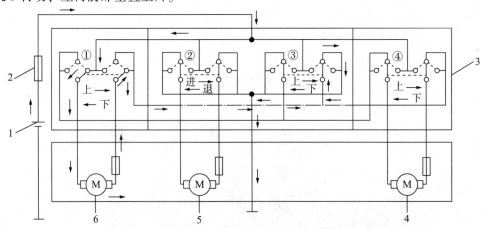

1—蓄电池；2—熔断器；3—组合控制开关；4—后高度电动机；5—前进/后退电动机；6—前高度电动机。

图5-81　电动座椅前部上升时的电流方向

b. 前部下降电路。

前部下降电路的电流流动的路线为：蓄电池 1 正极→熔断器 2→组合控制开关中①的右侧触点→电动机熔断器→前高度电动机 6→组合控制开关中①的左侧触点→组合控制开关中③的左侧触点→搭铁→蓄电池负极。此时，构成闭合回路，前高度电动机 6 反转，座椅前部垂直下降。

（2）座椅后倾的调节。

a. 后部上升电路。

如需要电动座椅后部垂直上升时，可接通调节组合控制开关中的后倾开关，这时，电流流动的路线为：蓄电池 1 的正极→熔断器 2→组合控制开关中④的左侧触点→后高度电动机 4→电动机熔断器→组合控制开关中④的右侧触点→组合控制开关中③的右侧触点→搭铁→蓄电池负极。此时，构成闭合回路，后高度电动机 4 转动，座椅后部垂直上升。

b. 后部下降电路。

后部下降电路的电流流动的路线为：蓄电池 1 的正极→熔断器 2→组合控制开关中④的右侧触点→电动机熔断器→后高度电动机 4→组合控制开关中④的左侧触点→组合控制开关中③的左侧触点→搭铁→蓄电池负极。此时，构成闭合回路，后高度电动机 4 反转，座椅后部垂直下降。

（3）座椅的上/下高度调节。

当需要调节座椅的高度时，驾驶员接通座椅的上升（或下降）开关，后高度电动机 4 和前高度电动机 6 同时通电、同向转动，实现座椅的上升（或下降）调节。

a. 座椅的上升电路。

前高度电动机 6 的电路电流流动的路线为：蓄电池 1 正极→熔断器 2→组合控制开关③的左侧触点→组合控制开关①的左侧触点→前高度电动机 6→电动机熔断器→组合控制开关①的右侧触点→组合控制开关③的右侧触点→搭铁→蓄电池的负极。此时，前高度电动机 6 正转。

后高度电动机 4 的电路电流流动的路线为：蓄电池 1 正极→熔断器 2→组合控制开关③的左侧触点→组合控制开关④的左侧触点→后高度电动机 4→电动机熔断器→组合控制开关④的右侧触点→组合控制开关③的右侧触点→搭铁→蓄电池的负极。此时，后高度电动机 4 正转。

b. 座椅的下降电路。

座椅下降调节时的电路与上升电路相似，只是此时前高度电动机 6 和后高度电动机 4 同时反转，在此不做赘述。

（4）座椅前进/后退的滑动调节。

a. 前进电路。

前进电路电流流动的路线为：蓄电池 1 正极→熔断器 2→组合控制开关②的左侧触点→前进电动机 5→电动机熔断器→组合控制开关②的右侧触点→搭铁→蓄电池负极。此时，前进电动机 5 正转，座椅前进。

b. 后退电路。

后退电路电流流动的路线为：蓄电池 1 正极→熔断器 2→组合控制开关②的右侧触点

→电动机熔断器→后退电动机 5→组合控制开关②的左侧触点→搭铁→蓄电池负极。此时，后退电动机 5 反转，座椅后退。

3）电动座椅的其他功能

图 5-82 为以宝马 7 系（G12）为例简化的电动座椅系统网络，这种电动座椅带有全部舒适型座椅，可电动调节并具有记忆功能。

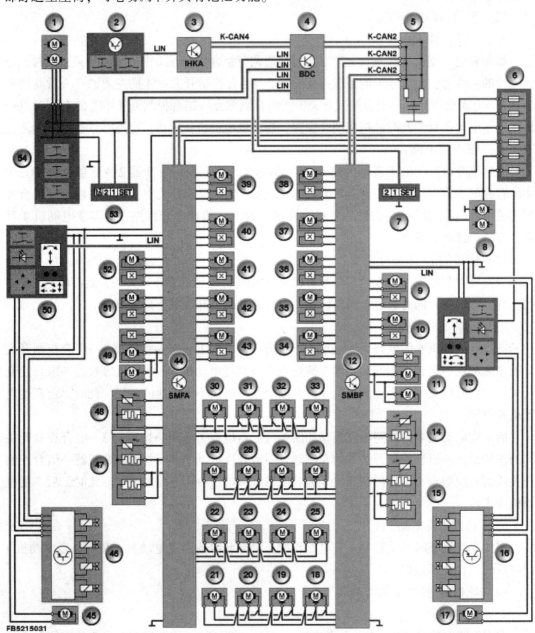

图 5-82　简化的电动座椅系统网络

图 5-82 中各模块定义如表 5-6 所示。

表 5-6　电动座椅系统各相关模块定义

序号	说明	序号	说明
1	左外后视镜	28	前乘客座椅面中的风扇Ⅲ
2	带座椅加热装置开关和主动式座椅通风装置开关的恒温空调操作面板（定制）	29	前乘客座椅面中的风扇Ⅳ
3	冷暖空调控制单元	30	驾驶员座椅面中的风扇Ⅰ
4	车身域控制器（BDC）	31	驾驶员座椅面中的风扇Ⅱ
5	CAN 终结器	32	驾驶员座椅面中的风扇Ⅲ
6	右前配电器	33	驾驶员座椅面中的风扇Ⅳ
7	前乘客侧车门上的座椅开关组	34	前乘客座椅深度调整驱动装置
8	右外后视镜	35	前乘客座椅头枕高度调整驱动装置
9	前乘客座椅靠背倾斜度调整驱动装置	36	前乘客座椅高度调整驱动装置
10	前乘客座椅头枕调整驱动装置	37	前乘客座椅倾斜度调整驱动装置
11	前乘客座椅靠背宽度调整驱动装置	38	前乘客座椅纵向调整驱动装置
12	前乘客侧座椅模块（SMBF）	39	驾驶员座椅纵向调整驱动装置
13	前乘客侧座椅调节开关组	40	驾驶员座椅倾斜度调整驱动装置
14	带温度传感器（前乘客座椅加热装置的组成部分）的前乘客坐垫加热装置	41	驾驶员座椅高度调整驱动装置
15	带温度传感器（前乘客座椅加热装置的组成部分）的前乘客坐椅靠背加热装置	42	驾驶员座椅头枕高度调整驱动装置
16	带电子分析装置的前乘客腰部支撑阀体	43	驾驶员座椅深度调整驱动装置
17	腰部支撑泵	44	驾驶员座椅模块（SMFA）
18	前乘客座椅靠背中的风扇Ⅰ	45	腰部支撑泵
19	前乘客座椅靠背中的风扇Ⅱ	46	带电子分析装置的驾驶员腰部支撑阀体
20	前乘客座椅靠背中的风扇Ⅲ	47	带温度传感器（驾驶员座椅加热装置的组成部分）的驾驶员座椅靠背加热装置
21	前乘客座椅靠背中的风扇Ⅳ	48	带温度传感器（驾驶员座椅加热装置的组成部分）的驾驶员坐垫加热装置
22	驾驶员座椅靠背中的风扇Ⅰ	49	驾驶员座椅靠背宽度调整驱动装置
23	驾驶员座椅靠背中的风扇Ⅱ	50	驾驶员侧座椅调节开关组
24	驾驶员座椅靠背中的风扇Ⅲ	51	驾驶员座椅头枕调整驱动装置
25	驾驶员座椅靠背中的风扇Ⅳ	52	驾驶员座椅靠背倾斜度调整驱动装置
26	前乘客座椅面中的风扇Ⅰ	53	驾驶员侧车门上的座椅开关组
27	前乘客座椅面中的风扇Ⅱ	54	驾驶员侧车门开关组

如图 5-82 所示，该电动座椅的模块很多，功能复杂。不但包含座椅的前后、上下等的调节，还具备座椅加热、靠背加热、腰部支撑、座椅通风、记忆等各种功能。但不论有多复杂，该电动座椅的控制依然分为三部分，分别是输入模块、控制模块、输出模块。输入部分为 2—带座椅加热装置开关和主动式座椅通风装置开关的恒温空调操作面板（定制）、7—前乘客侧车门上的座椅开关组、13—前乘客侧座椅调节开关组、50—驾驶员侧座椅调节开关组、53—驾驶员侧车门上的座椅开关组、54—驾驶员侧车门开关组等，主要任务是由操作者操作，并将对应操作信号传递给控制模块。控制模块主要有 3—冷暖空调控制单元、4—车身域控制器（BDC）、5—CAN 终结器、12—前乘客侧座椅模块（SMBF）、44—驾驶员座椅模块（SMFA）等，主要任务是接收输入模块的信号，并将信号在总线系统上广播（主总线）或传输到相关输出模块（子总线）。输出模块主要为 9—前乘客座椅靠背倾斜度调整驱动装置、14—带温度传感器（前乘客座椅加热装置的组成部分）的前乘客坐垫加热装置、51—驾驶员座椅头枕调整驱动装置等，主要任务是根据控制模块的要求动作相关执行机构。

例如，在驾驶员侧需要控制 37—前乘客座椅倾斜度调整驱动装置时，操作者控制 50—驾驶员侧座椅调节开关组，该模块将信号通过子总线 LIN 传递给 44—驾驶员座椅模块（SMFA），该模块将信号传递到主总线 CAN2 上。12—前乘客侧座椅模块（SMBF）也在 CAN2 上，其接收到信号后直接控制 37—前乘客座椅倾斜度调整驱动装置。

又如，要对某一个座椅通风进行控制，由于 3—冷暖空调控制单元不在 CAN2 上，因此需通过 4—车身域控制器（BDC）将 CAN4 的信号转换成 CAN2 的信号，并传递给对应接收单元。

2. 电动座椅检测与诊断

若电动机运转而座椅不动，则首先判断座椅是否已到极限位置，然后检查电动机与变速器之间的传动轴是否磨损过大或损坏，必要时应更换。

若电动机不工作，则应检查电源线路、开关线路、电动机控制线路等是否断路，搭铁是否牢固，然后对开关、电动机、控制模块及传感器进行相关检查。其中，开关和电动机的检查方法与上述普通座椅中相关部件检查方法相同。若需要确定是模块还是传感器故障，则可以通过故障诊断仪调取相关的故障码确定故障的大致部位。若控制模块出现故障，则需要及时进行更换。若怀疑传感器故障，对于使用滑动电位计的传感器则可以使用万用表对其进行进一步检测；对于霍尔传感器则可以使用示波器进行相关检查，在调整座椅时，示波器应有相应的输出，若无相关输出或输出不正常，则需要更换传感器。

对于通过总线控制的电动座椅，在进行线路检查前还应掌握相关单元之间的逻辑控制规则，以利于准确查找故障点。

知识小结

本节内容仅列出车辆中部分辅助电子设备，这些电子设备的执行器主要分为两类：温度控制主要思考正温度系数传感器；动作控制主要思考电动机的供电和控制。未列出的亦可参照如上思路进行故障判断。

习题 ▶▶ ▶

1. 填空题

（1）电动车窗升降系统一般由＿＿＿＿＿＿、＿＿＿＿＿＿及各个车窗的＿＿＿＿＿＿等组成。

（2）车窗升降器一般由＿＿＿＿＿＿、＿＿＿＿＿＿、＿＿＿＿＿＿及＿＿＿＿＿＿组成。

（3）电动刮水器主要由＿＿＿＿＿＿、＿＿＿＿＿＿、＿＿＿＿＿＿、＿＿＿＿＿＿、＿＿＿＿＿＿、＿＿＿＿＿＿和＿＿＿＿＿＿等组成。

（4）电动后视镜的结构一般由＿＿＿＿＿＿、＿＿＿＿＿＿、＿＿＿＿＿＿、＿＿＿＿＿＿、＿＿＿＿＿＿及＿＿＿＿＿＿等组成。

（5）电动座椅每个方向的调节机构都由一只＿＿＿＿＿＿电动机和＿＿＿＿＿＿等组成。

2. 单项选择题

（1）每个电动后视镜的后面至少有＿＿＿＿＿＿电动机驱动。

A. 一个　　　　　B. 两个　　　　　C. 三个　　　　　C. 四个

（2）电动车窗中的电动机一般为＿＿＿＿＿＿。

A. 单向直流电动机　　　　　　　　B. 双向交流电动机

C. 永磁双向直流电动机　　　　　　D. 永磁双向交流电动机

3. 判断题

（1）（　　）座椅加热系统中可通过调整可变电阻调整座椅的加热速度。

（2）（　　）每个电动后视镜的镜片后面都有四个电动机来实现后视镜的调整。

4. 简答题

（1）分别简述电动车窗、电动后视镜、电动座椅类型的车身辅助系统功能失效的诊断思路。

（2）分析电动刮水器间歇挡故障，其他挡位正常的故障原因。

5.6　安全气囊和安全带收紧系统

5.6.1　安全气囊系统的组成和工作原理

1. 安全气囊系统的基本组成

电子式安全气囊系统的组成部分分布在汽车的不同位置，各型汽车所采用部件的结构和数量有所不同，但其基本组成和工作原理都大致相同。安全气囊控制系统的基本构成如图5-83所示，气囊组件包括气囊、气体发生器和点火器等，它们安装在转向盘中；副驾驶座气囊装在杂物箱上侧，用一塑料盖板遮住。前碰撞传感器分别安装在驾驶室间隔板左、右侧及中部；中心的安全气囊传感器与电子控制装置（ECU）安装在一起，系统故障指示灯安装在仪表板上。

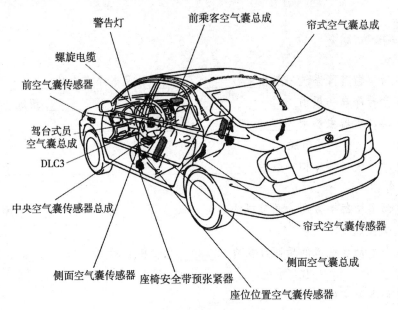

图5-83　安全气囊控制系统的基本构成

1）安全气囊组件

安全气囊组件包括充气装置、气囊、外壳等。

（1）充气装置。充气装置与气囊组合为一体安装在转向盘支架上，由气体发生剂、火药、雷管、过滤器和外壳等组成。碰撞发生后，雷管引燃火药，产生高温，使气体发生剂迅速生成大量气体，经过滤后充入气囊，使气囊瞬间展开。

（2）气囊。气囊安装在充气装置上部，用塑料盖板护住。气囊一般由尼龙制成，上面有一些排气孔。充气结束后，排气孔立即排气使气囊变软，这样起到缓冲作用，以减轻对驾乘人员的伤害。

2）气囊传感器

气囊传感器包括前碰撞传感器、中央传感器和安全传感器，用来检测碰撞减速力、碰撞强度，作为ECU计算气囊是否动作的参数。

3）ECU

ECU是电子式安全气囊的控制中心，其功能是接受传感器输入的信号，判断是否启动安全气囊系统，并进行故障自诊断。ECU由稳压电路、备用电源电路、系统侦测电路和驱动电路、触发传感器、记忆电路和故障自诊断电路等部分组成。

2. 安全气囊系统的工作原理

当汽车行驶中遭受到正面或侧面碰撞时，安全气囊系统的工作原理基本相同。现以正面碰撞为例，说明安全气囊系统的工作原理，如图5-84所示。

当汽车受到前方一定角度范围内的高速碰撞时，车体会强烈的振动，同时车速急剧下降。安装在汽车前端的碰撞传感器和与ECU安装在一起的防护碰撞传感器（安全传感器）就会检测到汽车突然减速和撞击强度的信号，当达到规定的强度时，传感器即向ECU发出信号。ECU接收到信号后，与其原存储信号进行比较，若达到气囊的展开条件，则由驱动电路向安全气囊组件中的气体发生器送去启动信号。气体发生器接到启动信号后，用雷

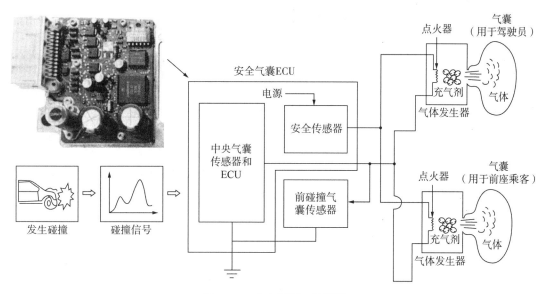

图5-84 安全气囊工作原理

管引燃气体发生剂，产生大量气体，经过滤并冷却后进入安全气囊，使气囊在极短的时间内突破衬垫迅速展开，在驾驶员或乘客的前部形成弹性气垫，并及时泄漏、收缩，将人体与车内构件之间的碰撞变为弹性碰撞，通过气囊产生的变形吸收人体碰撞产生的动能，从而有效地保护人体头部和胸部，使之免于伤害或减轻伤害程度。

3. 安全气囊系统的工作过程

图5-85为某汽车以50 km/h的速度与前面障碍物相撞时，安全气囊的引爆过程。

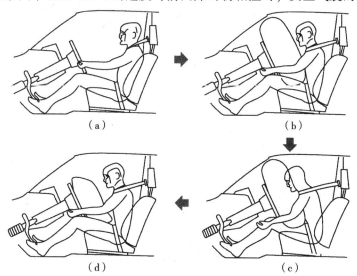

图5-85 安全气囊的引爆过程

（a）尚未引爆；（b）气囊充满；（c）能量吸收；（d）气体逸出

（1）碰撞10 ms后，安全气囊系统达到引爆极限，雷管引爆点燃点火剂，产生大量的无毒炽热气体。此时，驾驶员由于惯性尚未动作，如图5-85（a）所示。

（2）20 ms后，驾驶员开始移动，但还没有到达气囊。

（3）40 ms 后，气囊完全充满胀起，体积达到最大，安全带被拉长，人的部分冲击能量已被吸收，如图 5-85（b）所示。

（4）60 ms 后，驾驶员的头部已经开始沉向气囊。

（5）80 ms 后，驾驶员的头部及身体上部都沉向气囊。气囊背后的排气口打开，在气囊内部的气体压力和人体压力作用下排气，利用排气口的节流作用吸收能量，如图 5-85（c）所示。

（6）100 ms 后，车速已接近为 0，这时对车内乘员来说，危险期已接近结束。

（7）110 ms 后，驾驶员已经前移到最大距离，随后身体开始后移回到座椅靠背上。这时，大部分气体已经从气囊中逸出，汽车前方视野恢复，如图 5-85（d）所示。

（8）120 ms 后，碰撞危害全部解除，车速降至 0。

4. 安全气囊系统的有效范围

安全气囊系统并非在所有碰撞情况下都能起作用。正面防撞安全气囊系统在汽车正前方或斜前方±30°角范围（见图 5-86）内发生碰撞，且其纵向减速度达到某一值时，系统才能工作。在下列条件之一的情况下，安全气囊系统不会动作。

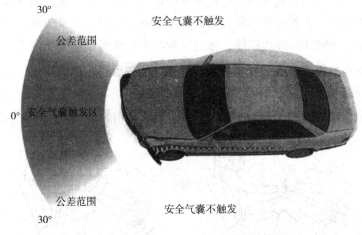

图 5-86 碰撞角度

（1）汽车遭受侧面碰撞超过斜前方±30°角时。

（2）汽车遭受横向碰撞时。

（3）汽车遭受后方碰撞时。

（4）汽车发生绕纵向轴线侧翻时。

（5）纵向减速值未达到设定阈值时。

（6）汽车正常行驶、正常制动和在路面不平的道路上行驶时。

减速度阈值（或称为触发门槛数据，即最小触发强度）由设计人员根据安全气囊系统的性能而设定，各地区都不一样。在美国，此值为 13～23 km/h；欧洲及日本定为 19～32 km/h。这个阈值储存在 ECU 的 ROM 中；有些汽车储存在 RAM 中，当电源断开后，其数据将会丢失。因此，有些汽车上配置有防撞安全气囊的备用电源。

另外，以下情况可能导致误触发，应引起注意。

（1）温度过高，引起充气装置中火药燃烧。

（2）过分撞击，使雷管引爆。

（3）电磁波引起误触发，如大功率手提电话机等。

（4）修理时操作不慎。

侧面安全气囊系统只有在遭受到侧面碰撞，且其横向加速度达到设定阈值时，才能引爆使气囊展开，而不会引起正面防撞安全气囊动作。

5.6.2　安全气囊及安全带收紧系统控制电路

以丰田车系安全气囊系统控制电路为例说明。

丰田车安全气囊控制电路由诊断电路、点火控制电路、减速传感器、安全带预张紧器、安全传感器等组成。

1. 诊断电路

此线路不断地诊断该系统是否有故障。当检测到故障时，点亮或闪烁警告信号灯，对驾驶员进行警告。

2. 点火控制电路

点火控制电路根据空气囊传感器总成和前空气囊传感器总成的减速传感器执行预定的计算。如果计算结果大于预定值，它触发点火操作。安全气囊控制电路如图 5-87 所示。

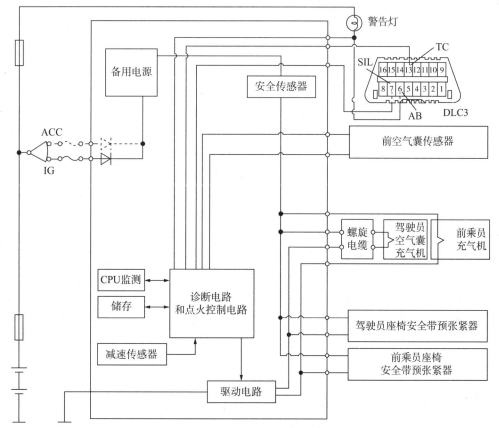

图 5-87　安全气囊控制电路

5.6.3　安全气囊应用注意事项

安全气囊应用注意事项如下。

（1）安全气囊系统只是一种对于座椅安全带起辅助作用的安全系统，如果没有正确系好安全带，则气囊在充气过程中可能导致驾驶员和前方乘客的严重受伤甚至死亡。

（2）气囊充气时太靠近转向盘或仪表板的驾驶员或前方乘客可能会严重受伤甚至死亡，因此，在驾驶员能够对车辆保持控制的情况下，尽可能坐得离转向盘远一点；前方乘客应离仪表板保持较远距离。

（3）不要擅自改装、拆卸、敲击或打开前座椅安全带预紧装置和气囊控制系统的接线，否则可能导致系统突然工作而发生伤亡事故或导致系统失灵。

5.6.4　安全气囊系统的故障诊断

安全气囊系统均有故障自诊断功能，系统一旦出现故障，可通过诊断系统进行故障诊断。

1. 安全气囊系统故障诊断的注意事项和方法

1）诊断注意事项

在维修、检测安全气囊系统时，要严格按正确顺序进行操作。否则，会使安全气囊系统在检修过程中意外展开而造成严重事故，或致使安全气囊系统不能正常运作。因此，在排除故障之前，一定要注意以下几点。

（1）由于安全气囊系统的故障症状难以确诊，故障排除时最重要的信息来源就是故障码，因此在进行安全气囊系统故障排除时，务必要检查故障码。

（2）检修工作必须在将点火开关转到 LOCK 位置并拆下蓄电池搭铁线 90 s 或更长一段时间才能开始。这是因为安全气囊系统配有备用电源，如果检修工作在拆下蓄电池搭铁线后 90 s 之内进行，有可能触发安全气囊打开。当拆下蓄电池负极后，时钟和音响系统的存储将会取消。所以，在工作开始之前，应将音响系统的内容记录。在工作结束之后，重新设置音响系统并调整时钟，当车辆装有电动倾斜和伸缩转向系统、电动座椅、电动车外后视镜及电动肩带系统装置时，这些机构均具有存储功能，不可能记录下其存储内容，所以在检修工作结束之后，应将这一情况告诉用户以便其重新调整和设置存储。为避免删除各存储系统的存储内容，不可使用车外备用电源。

（3）即使只发生轻微碰撞而安全气囊未打开，也要对前气囊传感器和气囊组件进行检查，但绝对不可使用其他车辆上的安全气囊组件。如需更换，务必使用新零件。在检修过程中，如有可能对气囊传感器产生冲击，那么在修理之前应将气囊传感器拆下。

（4）中心安全气囊传感器总成含有水银，更换之后，气囊中心传感器总成应当作为有害废弃物处置。

（5）不要试图拆卸和修理前气囊传感器、气囊中心传感器总成或气囊组件以重新使用。如果前气囊传感器、气囊中心传感器总成或气囊组件跌落过，或在壳体、托架或插接器上有裂纹、凹陷或其他缺陷，应及时更换新件。不要将前气囊传感器、气囊中心传感器总成或气囊组件直接暴露在热空气和火焰面前。

（6）对电路进行检查时，要使用高阻抗（至少 10 kΩ/V）电压/电阻表来诊断电路系统的故障。

（7）手持安全气囊时，不要使气囊和盖指向身体；放置于工作台或其他表面时，要使装饰面朝上；展开安全气囊时，需戴手套和安全眼镜。

（8）所有与安全气囊系统有关的检修工作必须在安全气囊系统正确拆除后进行。安装安全气囊时，不要试探任何连接处。如果在车上检修安全气囊系统，在气囊组件安全拆除前，不要坐在气囊附近。

（9）传感器安装方向是气囊系统发挥正常功能的关键，应将其恢复到原来位置。配线作业要十分小心，在作业前必须使气囊组件安全拆除。

（10）检修完成后，不要急于将气囊组件接入电路，应先进行电气检查，确认无误时，再将气囊组件接入。

（11）在安全气囊系统零部件的外表面上有说明标牌，必须遵照这些注意事项。

（12）安全气囊系统检修工作结束之后，应进行安全气囊系统警告灯的检查。

2）故障诊断方法

安全气囊系统的故障诊断比较困难。一般有两种方法来确定故障的部位，即安全气囊警告灯法、诊断仪检测法。诊断中充分利用计算机提供的故障码，可以减小故障诊断的难度。

（1）安全气囊警告灯读取信息。

安全气囊警告灯（见图 5-88）在起动车辆过程中会点亮一段时间（将车钥匙从 ACC 挡转向 ON 挡），大约为 6 s。正常情况下在此时间之后会熄灭，与之同时熄灭的还有 ABS 警告灯等。当这些灯点亮并熄灭过程结束后，说明车辆自检结束。如果在自检过程中安全气囊警告灯不亮或者自检结束后依然点亮，说明安全气囊系统存在故障。

图 5-88　安全气囊警告灯

对于安全气囊警告灯不亮的情况要考虑指示灯本身的问题、安全气囊控制模块到仪表板接线以及接地的问题，还有安全气囊控制模块的问题。

对于安全气囊警告灯常亮的情况，要通过汽车诊断仪进行诊断。

（2）诊断仪检测。

a. 用户故障分析。向用户进行尽可能详细的故障查询。

b. 故障码的检查及记录。检查故障码时，应记录输出的任何故障码，如果输出正常代码，则电源电路曾经有不正常现象或电源电压过低，因此要进行电源电压检查。

c. 在上一步检查中输出故障码只能说明与该代码有关的电路曾经发生过故障，但不表明现在故障仍然存在或已消失。据此，有必要清除故障码后，再重新进行故障码检查，以确定现在的情况。如果忽略这一步骤，而仅用上一步输出的故障码进行故障诊断，会使寻找故障部件的工作更加困难且容易误诊。

d. 再一次进行故障码的检查及记录。如输出正常代码，则表明系统曾发生过故障但现已排除；如输出故障码，则进行相应的电路、设备的检测。在检测过程中，要完全依照维修手册的指示进行操作。

一些中高档车辆上，为保证车辆在碰撞中最大限度地保证驾驶员和乘客的安全，在使用气囊的同时还使用安全带收紧器。在车辆发生碰撞时，在气囊引爆的同时，还自动将安全带收紧，使气囊起到最大限度的保护作用。

知识小结

安全气囊相关内容主要包括安全气囊的更换和安全气囊的故障诊断。对于前者，要思考安全气囊更换的注意事项，防止意外发生。对于后者，要掌握安全气囊工作的条件。同时，基于安全气囊工作的条件，在车辆维修中，对于提供安全气囊工作的传感器在操作的时候需要格外注意。

习题 ▶▶ ▶

1. 填空题

（1）安全气囊组件包括_____、_____和_____。

（2）气囊传感器包括_____、_____和_____。

2. 单项选择题

（1）安全气囊前碰撞传感器的有效作用范围是汽车正前方±_____角。

A. 30°   B. 35°   C. 40°   D. 45°

（2）对安全气囊的任何作业等拆下蓄电池搭铁线_____s以上方可进行。

A. 60   B. 45   C. 90   D. 30

3. 判断题

（1）（   ）安全气囊属于主动安全装置。

（2）（   ）废弃的安全气囊组件总成属于有害废弃物。

4. 简答题

（1）简述车辆在受到撞击后，安全气囊的工作过程。

（2）简述在诊断安全气囊相关工作时的注意事项。

（3）简述拆装安全气囊的注意事项。

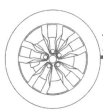

电动汽车常见故障的
检测与诊断

学习目标

　掌握新能源汽车维修中的高压安全防护知识；掌握电动汽车常见故障的诊断思路。

引　例

　一台电动汽车，需要进厂维修。在检测、维修前，要做好那些防护工作，才能在最大程度上降低触电发生的可能性？如果发生触电，如何急救？如果发生火灾，如何用有效的方法最快扑灭火灾？对电动汽车进行故障诊断的策略和方法主要有哪些？怎样进行诊断？

6.1　高压安全与防护

6.1.1　高压安全知识

1. 低压电、高压电和安全电压

我国规定，安全电压根据发生触电危险的环境条件不同，分为三个等级。

（1）特别危险（潮湿、有腐蚀性蒸气或游离物等）的建筑物中，安全电压为 12 V。

（2）高度危险（潮湿、有导电粉末、炎热高温、金属品较多）的建筑物中，安全电压为 36 V。

（3）没有高度危险（干燥、无导电粉末、非导电地板、金属品不多等）的建筑物，安全电压为 65 V。

对于电动汽车安全电压，根据 GB 18384—2020《电动汽车安全要求》规定，电动汽车电压分为 A 级电压和 B 级电压，如表6-1 所示。

表 6-1 电压等级

电压等级	最大工作电压 U/V	
	直流	交流
A	$U<60$	$U\leqslant30$
B	$60\leqslant U<1\,500$	$30<U\leqslant1\,000$

A 级电压电路：最大工作电压 U 小于或等于 AC 30 V（rms），或小于或等于 DC 60 V 的电力组件或电路。

B 级电压电路：最大工作电压 U 大于 AC 30 V（rms）且小于或等于 AC 1 000 V（rms），或大于 DC 60 V 且小于 DC 1 500 V 的电力组件或电路。

rms（root mean square）表示交流电压的有效值。

根据电压等级划分的标准，对于 B 级电压，电能存储系统应标记图 6-1 所示的高压电标记符号。

图 6-1 高压电标记符号

对于 B 级电压电路中电缆和线束的外皮，应用橙色加以区别，B 级电压连接器可以通过与之连接的线束来区分，如图 6-2 所示。

图 6-2 高压线束颜色标识

2. 触电动机理

电气安全主要有两个方面，一方面是对电气系统自身的危害，如短路、绝缘老化对电气设备造成危害；另一方面是对环境和人员的危害，尤其是触电、电气火灾带来的危害最为严重。

人体也是导体，人体产生触电的前提是人体与触电源之间形成了回路，有电流流经人体。触电是人体直接或间接接触到带电体，电流通过人体造成的。

电流通过人体时破坏人体内细胞的正常工作，主要表现为生物效应、热效应、化学效应和机械效应。

电流生物效应表现为人体产生刺激和兴奋行为，使人体活的组织发生变异。电流热效应是指电流经过人体的血管、神经、心脏、大脑等器官因为热量增加而导致功能障碍。电流化学效应使人体内液体物质发生电离、分解破坏。电流机械效应使人体各种组织产生蒸汽，乃至发生剥离等严重破坏。

电流对人体的危害性与电流的大小、通电时间长短等因素有关。当通过人体的电流为20 mA 时，人体就很难摆脱带电体；通过电流达到50 mA 时，对人将是致命的；当通过电流达到100 mA 时，短时间内人就会窒息死亡。

电流根据大小，分为以下三个等级。

感知电流：通过人体引起人有任何感觉的最小电流。

摆脱电流：触电后人体可自行摆脱的最大电流（不超过10 mA）。

室颤电流：通过人体引起心室发生纤维颤动（见图6-3）的最小电流。

（a）　　　　　　　　　　　　（b）

图6-3　室颤心电图

（a）正常心电图；（b）室颤心电图

人体对电流的反应如表6-2和图6-4所示。

表6-2　人体对电流的反应

电流大小	人体反应
100 ~ 200 μA	对人体无害
（男）1.1 mA （女）0.7 mA	引起麻的感觉（感知电流）
不超过10 mA	人尚可摆脱电源（摆脱电流）
超过30 mA	感到剧痛，神经麻痹，呼吸困难，有生命危险
50 mA	室颤电流
达到100 mA	短时间使人心跳停止

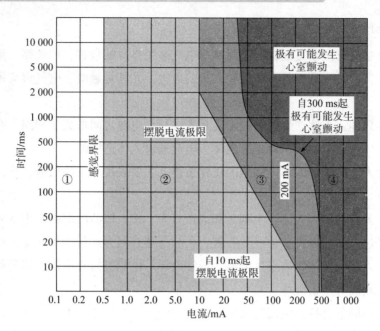

图6-4 人体对电流大小及时间的反应

流进人体电流的大小和人体自身的电阻有关，人体各部位之间的电阻如表6-3所示。

表6-3 人体各部位之间的电阻

电流路径	人体电阻/Ω
手–手 手–脚	750~1 000
手–胸	230~450
手–臀部	300

电流通过人体的途径不同，对人体的伤害也不同。如果电流通过心脏，会引起心室颤动，进而中断血液循环，导致死亡。电流通过中枢神经，会引起中枢神经失调而导致死亡。电流通过人的头部会使人昏迷，如果电流过大就会对人的大脑造成伤害，甚至死亡。最危险的途径是左手到前胸。

实际工作中，工作人员应该避免因为操作不当导致自己与电压系统直接或间接形成回路，如图6-5、图6-6所示。尤其是间接触电形式，往往这种触电形式很容易被忽视。

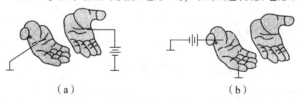

（a）   （b）

图6-5 直接形成回路

（a）两手之间；（b）手掌之间

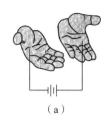　　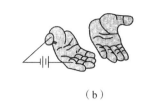

（a）　　　　　　　　　　　　　　　（b）

图 6-6　间接形成回路

（a）两手之间；（b）手掌之间

3. 电气火灾防范

1）电气火灾原因

电气火灾发生的原因多种多样，如过载、短路、电弧火花、接触不良、漏电、雷电或静电等都能引起火灾。有的火灾是人为因素造成的，如思想麻痹、疏忽大意、不遵守有关防火法规、违犯操作规程等。从电气防火角度看，电气设备质量不高、安装使用不当、维护不良、静电是造成电气火灾的几个重要原因。

（1）过载。

所谓过载，是指电气设备或导线的功率和电流超过了其额定值。造成过载的原因有以下几个方面。

a. 设计、安装时选型不正确，使电气设备的额定容量小于实际负载容量。

b. 设备或导线随意装接，增加负荷，造成超载运行。

c. 检修、维护不及时，使设备或导线长期处于带病运行状态。

（2）短路、电弧火花。

a. 电气设备的选用和安装与使用环境不符，致使其绝缘体在高温、潮湿、酸碱环境条件下受到破坏。

b. 电气设备使用时间过长，超过使用寿命，绝缘老化发脆。

c. 使用维护不当，长期带病运行，扩大了故障范围。

d. 过电压使绝缘击穿。

（3）接触不良。

接触不良主要发生在导线连接处，如以下几种情况。

a. 电气接头表面污损，接触电阻增加。

b. 电气接头长期运行，产生导电不良的氧化膜，未及时清除。

c. 电气接头因振动或由于热的作用，发生松动。

d. 铜铝连接处，因有约 1.69 V 电位差的存在，潮湿时会发生电解作用，使铝腐蚀，造成接触不良。接触不良，会形成局部过热，形成潜在引燃源。

（4）烘烤。

电热器具、照明灯泡，在正常通电的状态下，就相当于一个火源或高温热源。当其安装不当或长期通电无人监护管理时，就可能使附近的可燃物受高温而起火。

（5）摩擦。

发电机和电动机等旋转型电气设备，轴承出现润滑不良，产生干磨发热，或虽润滑正常，但旋转速度超过规定转速时，都有可能引起火灾。

（6）静电。

静电是物体中正负电荷处于静止状态下的电。随着静电电荷不断积聚而形成很高的电位，在一定条件下，则对金属物或地放电，产生有足够能量的强烈火花。

2）常用灭火器

（1）二氧化碳灭火器。

液态二氧化碳从灭火器喷嘴喷出，迅速气化，由于强烈吸热作用，变成固体雪花状的二氧化碳，其温度为-78℃，固体二氧化碳又在燃烧物上迅速挥发，吸收燃烧物热量。同时，当二氧化碳气体在空气含量达到30%～35%时，物质燃烧就会停止，使燃烧物与空气隔绝而达到灭火的目的。二氧化碳不导电，但电压超过600 V时，应切断电源。

二氧化碳灭火器主要适用于扑救贵重设备、档案资料、电气设备、少量油类物质、额定电压600 V以下的电器和其他一般物质的初起火灾。但不适用于扑灭金属钾、钠的燃烧。

（2）干粉灭火器。

干粉灭火器的灭火剂主要由钾或钠的碳酸盐类加入滑石粉、硅藻土等掺和而成，不导电。干粉灭火剂在火区覆盖燃烧物，并受热产生二氧化碳和水蒸气，因其具有隔热、吸热和阻隔空气的作用，故使燃烧熄灭。

干粉灭火器适用于扑灭可燃气体、液体、油类、忌水物质（如电石等）及除旋转电动机以外的其他电气设备的初起火灾。

（3）泡沫灭火器。

泡沫灭火器的灭火剂是利用硫酸或硫酸铝与碳酸氢钠作用放出二氧化碳的原理制成的，其中，加入甘草根汁等化学药品生成泡沫，浮在固体和密度大的液体燃烧物表面，隔热、隔氧，使燃烧停止。由于上述化学物质导电，故不适用于带电扑灭电气火灾，但切断电源后，可用于扑灭油类和一般固体物质的初起火灾。

（4）水基灭火器。

水基灭火器工作机理为物理性灭火。灭火剂主要有碳氢表面活性剂、氟碳表面活性剂、阻燃剂和助剂组成。灭火剂对木材、布匹等火灾具有渗透的作用，即便火势较大未能全部扑灭，其药剂喷射的部位也可以有效地阻断火源，控制火灾的蔓延速度；对汽油、挥发性化学液体、药剂等可在其表面形成长时间的水膜，具有隔离的作用，即便水膜受外界因素遭到破坏，其独特的流动性可以迅速愈合，使火焰熄灭。故水基灭火器具备其他灭火器无法媲美的阻燃性。水基灭火器不受室内、室外、大风等环境的影响，灭火剂可以最大限度地作用于燃烧物表面，并且可用于扑救36 kV以下的电气火灾。

（5）其他。

水是一种最常用的灭火剂，具有很好的冷却效果。干砂的作用是覆盖燃烧物，吸热、降温并使燃烧物与空气隔离，特别适用于扑灭油类和其他易燃液体的火灾，但禁止在旋转电动机上灭火，以免损坏电动机和轴承。

3）电气火灾的灭火

从灭火角度看，电气火灾有两个显著特点：一是着火的电气设备可能带电，扑灭火灾时，若不注意则可能发生触电事故；二是有些电气设备充有大量的油，如电力变压器、油断路器、电压互感器、电流互感器等，发生火灾时，可能发生喷油甚至爆炸，造成火势蔓延，扩大火灾范围。因此，扑灭电气火灾必须根据其特点，采取适当措施进行补救。

（1）切断电源。

发生电气火灾时，首先设法切断着火部分的电源，切断电源时应注意以下事项。

a. 切断电源时应使用绝缘工具。因发生火灾后，开关设备可能受潮或被烟熏，绝缘强度大大降低，因此，拉闸时应使用可靠的绝缘工具，防止操作中发生触电事故。

b. 切断电源的地点要选择得当，防止切断电源后影响灭火工作。要注意拉闸的顺序，对于高压设备，应先断开断路器后拉开隔离开关；对于低压设备，应先断开磁力起动器，后拉开闸刀，以免引起弧光短路。

c. 当剪断低压电源导线时，剪断位置应选在电源方向的支持绝缘子附近，以免断线头下落造成触电伤人、发生接地短路；剪断非同相导线时，应在不同部位剪断，以免造成人为短路。

（2）断电灭火。

在着火电气设备的电源切断后，扑灭电气火灾时应注意以下事项。

a. 灭火人员应尽可能站在上风侧进行灭火。

b. 灭火时若发现有毒烟气（如电缆燃烧时），则应戴防毒面具。

c. 若灭火过程中，灭火人员身上着火，则应就地打滚或撕脱衣服，不得用灭火器直接向灭火人员身上喷射，可用湿麻袋或湿棉被覆盖在灭火人员身上。

d. 灭火过程中，应防止上部空间可燃物着火落下，危害人身和设备安全，在屋顶上灭火时，要防止坠落"火海"中及其附近。

e. 室内着火时，切勿急于打开门窗，以防空气对流而加重火势。

（3）带电灭火。

在来不及断电，或由于生产或其他原因不允许断电的情况下，需要带电来灭火。带电灭火时应注意以下事项。

a. 根据火情适当选用灭火剂。由于未停电，应选用不导电的灭火剂，如二氧化碳、四氯化碳、二氟一氯一溴甲烷、二氟二溴甲烷或干粉等灭火剂都是不导电的，可直接用来带电喷射灭火。泡沫灭火剂有导电性，且对电气设备的绝缘有腐蚀作用，不宜用于带电灭火。

b. 采用喷雾水枪灭火。用喷雾水枪带电灭火时，通过水柱的泄漏电流较小，比较安全。若用直流水枪灭火，通过水柱的泄漏电会威胁人身安全，为此，直流水枪的喷嘴应接地，灭火人员应戴绝缘手套，穿绝缘鞋或绝缘服。

c. 灭火人员与带电体之间应保持必要的安全距离。用水灭火时，水枪喷嘴至带电体的距离为110 kV及以下不小于3 m，220 kV及以上不小于5 m。用不导电灭火剂灭火时，喷嘴至带电体的距离为10 kV及以下不小于0.4 m，35 kV及以上不小于0.6 m。

d. 对高空设备灭火时，人体位置与带电体之间的角度不得超过45°，以防导线断线危及灭火人员的人身安全。

e. 若有带电导线落地，应划出一定的警戒区，防止跨步电压触电。

（4）充油设备灭火。

混合动力汽车带有燃油，燃油是易燃物品，受热气化还可能形成很大的压力造成油箱爆炸。因此，充油设备着火有更大的危险性。

油箱外部着火时，可用不导电灭火剂带电灭火。如果油箱内部起火，则必须立即切断电源，用冷却灭火法和窒息灭火法使火焰熄灭。如果油箱已经爆裂，燃油外泄，则可用泡沫灭火器或黄沙扑灭地面和储油池内的燃油，注意采取措施防止燃油蔓延。

6.1.2　高压安全防护用具

电动汽车动力电池具有高压直流电，从事电动汽车维修作业的人员面临触电的危险，因而需要使用各种高压保护用具，这些用具对完成工作任务和保障人身安全均可起到重要作用。

电动汽车维修高压防护用具主要可分为绝缘维修用具和个人防护用具。

高压防护用具检查方法及周期如表6-4所示。

表6-4　高压防护用具检查方法及周期

序号	防护用品名称	检查周期	试验方法	试验周期
1	绝缘工具套组	6个月	工频耐压	6个月
2	绝缘手套	使用前	交流耐压、直流耐压	6个月
3	绝缘安全靴（鞋）	使用前	交流耐压、直流耐压	6个月
4	电绝缘防护服	使用前	工频耐压、冲击电压	6个月
5	绝缘地垫	1个月	交流耐压、直流耐压	6个月

1. 绝缘维修用具

1）绝缘维修工具

绝缘维修工具是使用绝缘材料进行加工并适用于电气管理中的工具。维护高电压类车辆时，必须使用带有绝缘功能的工具，这些工具使用强化的绝缘层以保证操作者的作业安全。

常用绝缘维修工具包括维修套筒、开口扳手、螺丝刀、钳子、电工刀等，如图6-7所示。

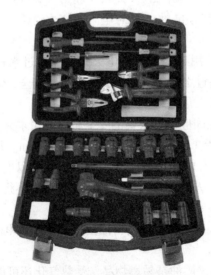

图6-7　绝缘维修工具

2）绝缘维修仪表

电动汽车维修过程中需要仪表测试导通和中断，以确认高压是否断开，常用的绝缘维修仪表有数字式万用表和绝缘电阻表，如图 6-8 所示。

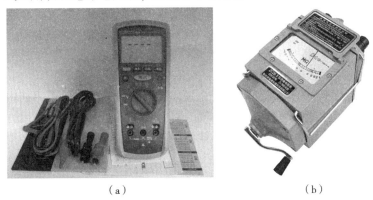

（a）　　　　　　　　　　　　　　（b）

图 6-8　绝缘维修仪表

（a）数字式万用表；（b）绝缘电阻表

　　数字式万用表是在电气测量中常用的电子仪器，主要功能就是对电压、电阻和电流进行测量。

　　绝缘电阻表大多采用手摇发电机供电，故又称摇表。它的刻度是以兆欧（MΩ）为单位的。它是电工常用的一种测量仪表，主要用来检查电气设备、家用电器或电气线路对地及之间的绝缘电阻，以保证这些设备、电器和线路工作在正常状态，避免发生触电伤亡及设备损坏等事故。

　　使用数字式万用表和绝缘电阻表测量电动汽车电路时，需带上绝缘手套操作。

　　2. 个人防护用具

　　防止触电的个人防护用具主要是绝缘手套、绝缘鞋、绝缘防护服（非化纤材质的衣服）、护目镜以及绝缘地垫，如图 6-9 所示。

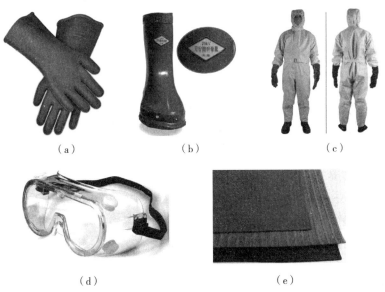

（a）　　　　　　　　　（b）　　　　　　　　　（c）

（d）　　　　　　　　　　　　　　（e）

图 6-9　个人防护用具

（a）绝缘手套；（b）绝缘鞋；（c）绝缘防护服；（d）护目镜；（e）绝缘地垫

1）绝缘手套

用于高压车辆维修的绝缘手套通常有两种独立的性能。一是绝缘性，在进行任何有关高压组件或线路的操作时，需要使用橡胶制成的电工绝缘手套，并能够承受 1 000 V 以上的工作电压。二是抗碱性，当工作中接触来自高压动力电池组的钾氢氧化物等化学物质时，要防止这些物质对人的组织伤害。

绝缘手套使用前，应先检查外观是否完好，有无破损且在有效使用期内。绝缘手套需要定期检查气密性，往绝缘手套内吹入空气，将手套从口部向上卷，稍用力将空气压至手掌及指头部分检查有无漏气，如漏气则不能使用，而且在每次使用前，必须自行进行气密性检查。

2）绝缘鞋

绝缘鞋（靴）的作用是使人体与地面绝缘，防止电流通过人体与大地之间构成通路，对人体造成电击伤害，把触电时的危险降低到最低程度。因为触电时电流是经接触点通过人体流入地面的，所以电气作业时不仅要戴绝缘手套，还要穿绝缘鞋。

绝缘鞋根据 GB 21148—2020《足部防护 安全鞋技术要求》进行生产，电阻值范围为100 kΩ ~ 1 000 MΩ，并要求具有透气性能好、防静电、耐磨、防滑等功能。

3）绝缘防护服

维修电动汽车高电压系统时，必须穿绝缘防护服，绝缘防护服可防 10 000 V 电压，阻燃、耐热、耐压、耐老化，能保护操作人员工作安全。

严禁穿着化纤类的工作服，化纤类的工作服会产生静电，并且当发生火灾事故时，化纤会在高温环境下迅速融化而粘连人体皮肤，导致维护人员产生严重的二次伤害。

4）护目镜

戴上合适的护目镜，以防止电池液的飞溅。维修高压电车辆用的护目镜，应该具有侧面防护功能，防止维修过程中产生的电火花对眼睛的伤害。

5）绝缘地垫

绝缘地垫主要采用胶类或泡沫绝缘材料制作。绝缘地垫不应存在裂缝、局部隆起、切口、夹杂导电异物、折缝、空隙、凹凸波纹等问题。

6.1.3 触电应急处理方法

一旦发生人员触电，一定要沉着应对，切莫惊慌，采取安全有效的方式使触电者在最短时间内脱离触电电源，如触电者存在生命危险，要在现场实施紧急救护，最大可能挽救生命。

1. 立即切断电源

切断电源的方法，一是关闭电源开关、拉闸或拔去插销；二是用干燥的木棒、竹竿、扁担等不导电的物体挑开电线，使触电者尽快脱离电源。切记：施救者切勿直接接触伤员，防止自身触电！

2. 紧急救护

当伤员脱离电源后，立即检查全身情况，特别是呼吸和心跳。发现呼吸、心跳停止时，应立即就地抢救，同时拨打 120 求救。人触电后不一定会立即死亡，会出现神经麻痹、呼吸中断、心脏停搏等症状，外表上呈现昏迷的状态，如现场抢救及时，方法得当，可以获救。现场急救对抢救触电者非常重要。有统计资料指出，触电后 1 min 开始救治者，

90%有良好效果；触电后 12 min 开始救治者，救活的可能性很小。

3. 救护方法

（1）触电者神志清醒，但有些心慌、四肢发麻、全身无力或触电者在触电过程中曾一度昏迷，但已清醒过来，应使触电者安静休息、不要走动、严密观察，必要时送医院诊治。轻症患者，即神志清醒、呼吸心跳均存者，让伤员就地平卧，暂时不要站立或走动，防止继发休克或心衰。

（2）触电者已经失去知觉，但心脏还在跳动，还有呼吸，应使触电者在空气清新的地方舒适、安静地平躺，解开妨碍呼吸的衣扣、腰带。如果天气寒冷要注意保持体温，并迅速请医生到现场诊治。

（3）如果触电者失去知觉，呼吸停止，但心脏还在跳动，应立即进行人工呼吸，并及时请医生到现场。

（4）如果触电者呼吸和心脏跳动完全停止，应立即进行口对口人工呼吸和胸外心脏按压急救，并迅速请医生到现场。

（5）处理电击伤时，应注意有无其他损伤。如触电后弹离电源或自高空跌下，常并发颅脑外伤、血气胸、内脏破裂、四肢和骨盆骨折等，如有外伤、灼伤均需同时处理。

4. 抢救过程中注意事项

（1）在进行人工呼吸和胸外心脏按压急救前，应迅速将触电者衣扣、领带、腰带等解开，清除口腔内假牙、异物、黏液等，保持呼吸道畅通。

（2）不要使触电者直接躺在潮湿或冰冷地面上急救。

（3）人工呼吸和胸外心脏按压急救应连续进行，换人时节奏要一致。如果触电者有微弱自主呼吸时，人工呼吸还要继续进行，但应和触电者的自主呼吸节奏一致，直到呼吸正常为止。

（4）不要轻易放弃抢救。触电者呼吸心跳停止后恢复较慢，有的长达 4 h 以上，因此抢救时要有耐心。

（5）施行心肺复苏术不得中途停止，即使在救护车上也要进行，一直等到急救医务人员到达，由他们接替并采取进一步的急救措施。

知识小结

电动汽车高压安全主要涉及高压电的危害以及由电、电池引发的火灾造成的危害。基于如上两点，主要思考触电、电相关火灾产生前的预防措施以及发生后的急救手段。

习题 ▶▶ ▶

1. 填空题

（1）当电流达到 1.1 mA 时，人体会感觉到_____。

（2）电气火灾发生的原因主要有：_____、_____、_____、_____、_____等。

（3）电动汽车维修高压保护用具主要可分为_____和_____。

（4）个人防护用具主要有：_____、_____、_____、_____、_____。

2. 单项选择题

（1）当电流达到_____ mA 时，会造成心跳停止。

A. 10　　　　　　　　B. 30　　　　　　　　C. 50　　　　　　　　D. 100

（2）对于 B 级电压电路中电缆和线束的外皮，应用_____加以区别。

A. 红色　　　　　　　B. 橙色　　　　　　　C. 黄色　　　　　　　D. 紫色

3. 简答题

（1）简述触电应急处理的方法。

（2）电动汽车专用维修工具的特点有哪些？

（3）简述高压保护用具的使用规范。

6.2　电动汽车故障诊断分析

电动汽车主要由电源系统（高压电源、低压电源），动力驱动与控制系统（电动机、减速器、差速器、控制器），车身，底盘，电器及安全保护系统等构成，对不同品牌的纯电动汽车，基本组成相同，但总成部件、电路与线束、控制系统会有所不同，所以应在掌握电动汽车的基本结构和原理的基础上，再结合具体车型进行深入学习。

6.2.1　新能源汽车故障诊断策略

1. 高压安全防范

新能源汽车上的高压电至少在 300 V 以上，比亚迪混合动力汽车的电压可以超过 600 V，商用车的电压可以达到 800 V，所以一定要加强安全防范措施，严格按照高压安全操作规范操作，切不可抱有无所谓的态度，也不可以为了赶时间把安全抛到脑后。新能源汽车高压系统，包括动力电池、转换电路、驱动电动机系统、控制系统、高压线路等，高压线束和接插件外表采用橙色，高压部件上加以标记。维修前要观察一遍，在心中敲响安全警钟，防患于未然。

在操作之前，要进行如下防范措施。

（1）在维修前换挡杆置 P 挡，驻车制动。

（2）穿戴规定着装，准备好高压绝缘专用工具。

（3）禁止佩戴项链、手表、手链、戒指等金属物件。

（4）在维修高压部件时，戴好专用高压绝缘手套，使用高压绝缘胶垫，禁止带电作业。

（5）在维修高压部件前，先关闭钥匙开关，断开低压蓄电池负极电缆，戴上绝缘手套，拔出高压安全维修开关，并用绝缘胶带密封好，放入维修人员的口袋中。高压部件接口应使用绝缘胶带缠绕，防止触电或短路。

（6）断开高压安全维修开关后等待 5 min，再用万用表检测需要维修的高压部件的输入和输出每一个相电压，读数必须小于规定值（一般小于 3 V），否则应使用专用放电棒对该部件进行放电，当电压完全消失后方可进行检测诊断操作。不同厂商生产的新能源汽车维修有对应的"断电、验电和放电"的操作流程及标准。

2. 新能源汽车故障诊断基本策略

新能源汽车与传统内燃机汽车有很大的差别，为了确保新能源汽车的安全操作、使用和维修，新能源汽车上还采用高压互锁技术。当带有高压电源的部件发生故障而可能影响安全操作使用时，控制系统将中断整个驱动系统的工作：纯电动汽车驱动电动机不允许运转，混合动力汽车的发动机不允许起动运行。这时控制系统会报系统故障或高压断路故障，仪表板上的高压系统警告灯会点亮。

掌握新能源汽车的故障诊断基本策略十分重要，有助于快速、准确地诊断故障。新能源汽车故障诊断基本策略如图6-10所示。

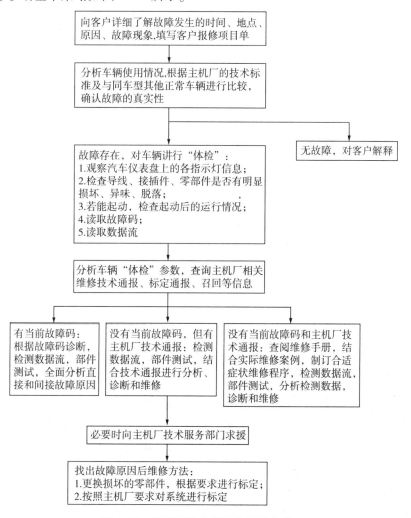

图6-10　新能源汽车故障诊断基本策略

6.2.2　纯电动汽车故障诊断与分析

1. 纯电动汽车故障的基本方法

由于纯电动汽车驱动系统与传统内燃机汽车完全不同，因此故障分析与诊断的具体方法也有所不同。纯电动汽车底盘系统与传统内燃机汽车底盘系统是基本相同的，所以故障分析与诊断方法也基本相同。

判断纯电动汽车的故障，首先要了解被检车辆的具体车型，了解结构组成与特点。不同车系的纯电动汽车虽然在组成部件和基本工作原理方面是基本相同的，但是具体控制系统和部件有所差别，所以故障原因及检测诊断的具体方法不会完全一样。其次要了解故障在什么情况下发生，要分析故障是属于低压故障还是高压故障，从而缩小故障检测诊断的范围。纯电动汽车的故障诊断基本方法如图 6-11 所示。

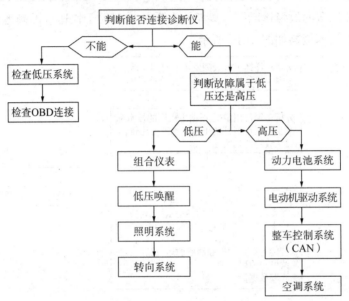

图 6-11　纯电动汽车的故障诊断基本方法

2. 纯电动汽车常见故障现象与原因

1）故障现象

由于纯电动汽车的总体结构比传统内燃机汽车和混合动力汽车简单，由独立的动力源和驱动系统组成，因此常见的故障现象也相对简单得多。纯电动汽车最常见的故障现象有：车辆无法起动、续驶里程缩短、无法监控电池状况、加速无力等。

纯电动汽车上述常见故障的原因大部分都是"电"故障，常见故障包含下述内容。

（1）动力电池和电池管理系统：动力电池故障、电池管理系统故障、动力电池电路故障和充电系统故障、动力电池组冷却系统泄漏故障、电子水泵故障等。

（2）电动机与电动机管理系统：驱动电动机故障、驱动电动机控制系统故障、驱动电动机冷却系统故障。

（3）整车管理系统：CAN 通信故障、整车控制器故障、整车控制线路故障。

（4）低压电源系统：低压唤醒故障、DC/DC 故障、低压电路故障等。

（5）空调系统：空调控制策略逻辑错误、PTC 故障、电动压缩机及其他器件故障等。

（6）制动系统：EPS 故障、电动真空泵故障。

（7）电路故障：熔断器、继电器或线路短路等导致的故障。

纯电动汽车常见故障除了"电"故障之外,也有机械方面的故障,如减速器润滑油不足、减速器轴承损坏或磨损、减速器齿轮损坏或磨损、减速器输入轴油封磨损或损坏、差速器油封磨损或损坏、油塞处漏油、拨叉变形或损坏、接合齿或齿套失效、操纵机构安装不当或损坏、齿轮油加注过多等。

2)驱动系统故障原因分析

(1)驱动电动机故障。

驱动电动机本身故障会造成电动机不能运转、电动机运转无力、电动机过热、电动机运行噪声等故障,驱动电动机本体故障模式如图6-12所示。

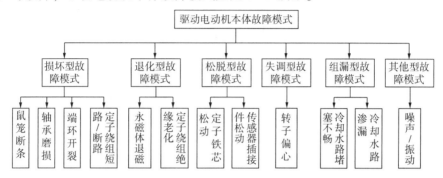

图6-12 驱动电动机本体故障模式

(2)驱动电动机控制器故障。

驱动电动机控制器本身故障会造成不能控制电动机运转或运转方向、运转缓慢无力、运转不受控等故障。驱动电动机控制器故障模式如图6-13所示。

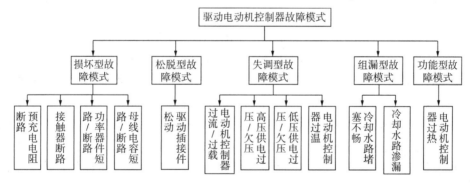

图6-13 驱动电动机控制器故障模式

3)动力电池与电池管理系统常见故障原因与分析

动力电池提供几百伏直流电源,通过高压控制器(高压配电箱)输出三百多伏的交流电,经过驱动电动机控制器提供给驱动电动机作工作电源;提供高压电式空调压缩机和PTC加热器的工作电源;同时经过 DC/DC 转换器输出低压直流电源给低压蓄电池充电;外接快、慢充电器可以给动力电池充电。

电池管理系统(BMS)是电动汽车上管理车载动力电池的重要部件,其主要功能包括:电池物理参数的实时监测,电池充电和健康状态估计,在线诊断与预警,充、放电与预充控制,均衡管理和热管理,过压、过流、温度保护,基本参数设置等。

动力电池与电池管理系统常见故障如下。

（1）单体电池故障。

单体电池常见故障有以下三种。

a. 电池性能下降，但能正常使用，无须更换。

故障表现为单体电池 SOC 偏低或偏高。如果单体电池 SOC 偏低，则该电池在汽车行驶过程中，电压最先达到放电截止电压，使得电池组实际容量降低，应对该单体电池进行补充充电。如果单体电池 SOC 偏高，则该电池在充电末期最先达到充电截止电压，影响充电容量，需对该单体电池进行单独补充放电。

b. 电池性能衰退严重，应立即更换。

故障表现为单体电池容量不足和单体电池内阻偏大。在电池组中，最小的单体电池容量也限制了整个电池组的容量，因此发生单体电池容量不足故障会影响车辆续驶里程。锂离子电池内阻如果过大，会严重影响电池的电化学性能，如充放电过程中的极化严重、活性物质利用率低、循环性能差等。

c. 影响行车安全的其他故障。

其他故障表现为单体电池内部短路，单体电池外部短路，单体电池极性反向等以及在强振动下锂离子电池的极耳、极片上的活性物质、接线柱、外部连线和焊点可能会折断或脱落，造成单体电池内部短路或者外部短路故障。

通常情况下，造成单体电池前两种故障的原因有两个：一是动力电池成组时单体电池的一致性问题，单体电池的 SOC、容量、内阻本身存在差异；二是单体电池在成组应用过程中因为应用环境差异（如温度、充放电电流）造成的一致性差异增加，加剧单体电池的不一致性。

（2）电池管理系统故障。

电池管理系统对于保障电池组的安全及使用寿命，最大限度发挥电池系统效能具有重要作用。电池管理系统通常对单体电池电压、总电压、总电流和温度等进行实时监控采样，并将实时参数反馈给整车控制器。电池管理系统除了对电池性能参数进行监控、实施电性能管理以外，还具有以热管理为主的应用环境管理，实施对电池的加热和冷却，确保电池的良好应用环境温度以及温度场的一致性。若电池管理系统发生故障，就失去对电池的监控，不能估算电池的 SOC（及 SOH），容易导致电池的过充、过放、过载、过热以及不一致性问题增加，不仅影响电池的性能、使用寿命和行车安全，而且在极端情况下会引发火灾。

电池管理系统故障包括 CAN 通信故障、总电压测量故障、单体电压测量故障、温度测量故障、电流测量故障、继电器故障、加热器故障和冷却系统故障等。

（3）线路或连接件故障。

线路或连接件故障的诊断对于确保行车安全和整车的可靠性也非常重要。例如，由于车辆振动，造成电池间的连接螺栓松动，电池间连接电阻增大，发生电池间虚接故障，以致电池组内部能量损耗增加，造成车辆动力不足和续驶里程缩短，在极端情况下还能引起高温，产生电弧，熔化电池电极和连接片，甚至造成电池着火等极端电池安全事故。

在电动汽车运行过程中，单体电池之间可能发生相对位移，造成两电池间的连接片折断。电池箱与电动汽车的电器连接也是故障的高发点，电插接器在经历长时间振动后容易产生虚接，出现烧蚀、接触不良等故障。动力电池及电池管理系统常见故障及处理方法如表6-5所示。

表6-5　动力电池及电池管理系统常见故障及处理方法

故障范围	故障现象	故障后果	处理方法
单体电池	单体电池 SOC 偏低	电池组容量降低，电动汽车续驶里程短	对单体电池单独充电
	单体电池 SOC 偏高		对单体电池单独放电
	单体电池容量不足	电池组充电不足、使用寿命减少，电动汽车续驶里程短	更换单体电池
	单体电池内阻偏大	电池组充电不足、使用寿命减少，电动汽车动力不足、续驶里程短	
	单体电池过充电	电池内部短路、电池热失控，严重时会起火、爆炸	检查电池管理系统
	单体电池过放电		
	单体电池内部短路	电池热失控严重时会起火、爆炸	更换单体电池
	单体电池外部短路		排除短路故障、更换单体电池
	单体电池极性装反		更换单体电池
电池管理系统	CAN 通信故障	无法监控电动汽车	检查 CAN 网络
	总电压测量故障	无法监控总电压	检查总电压测量模块
	单体电压测量故障	无法监控单体电压	检查单体电压测量模块
	温度测量故障	无法监控电池温度	检查温度测量模块
	电流测量故障	无法监控电池电流	检查电流测量模块
	冷却系统故障	电池温度偏高	检查冷却风扇控制电路
线路	电池间虚接	电动汽车动力不足、续驶里程短	紧固电池连接
	电池间断路	电动汽车无法起动	检查电池连接
	快速熔断器断开		检查快速熔断器
	动力电插接器断开		检查动力电插接器
	动力电插接器虚接	插接器易烧蚀，电动汽车动力不足	
	信号电插接器故障	无法监控电动汽车	检查信号电插接器
	正极接触器故障	电动汽车无法起动	检查接触线
	负极接触器故障		检查接触线
	电源线短路	电池热失控严重时会起火、爆炸	检查电源线

动力电池与电池管理系统除上述三类故障之外，还有热管理问题（预热及冷却系统）的故障。

4）驱动电动机与控制系统常见故障原因与分析

驱动电动机故障分为机械故障与电气故障两大类，机械故障主要有定子铁芯损坏、转子铁芯损坏、轴承损坏和转轴损坏，表现为因振动、润滑不充分、转速过高、静载过大、过热等原因而引起的磨损、压痕、腐蚀、电蚀和开裂等；电气故障则主要是定子绕组故障与转子绕组故障，表现为电动机绕组搭铁、短路、断路、接触不良和鼠笼断条等。机械故障比较容易发现，电气故障要通过测量电压或电流进行分析判断。

驱动系统包括驱动电动机、驱动电动机控制器、减速器、电源、线路、CAN通信线路等。驱动电动机不能正常运行的故障有：驱动电动机本身故障、驱动电动机控制器故障、电源故障、线路故障、CAN通信线路故障等，如图6-14所示。

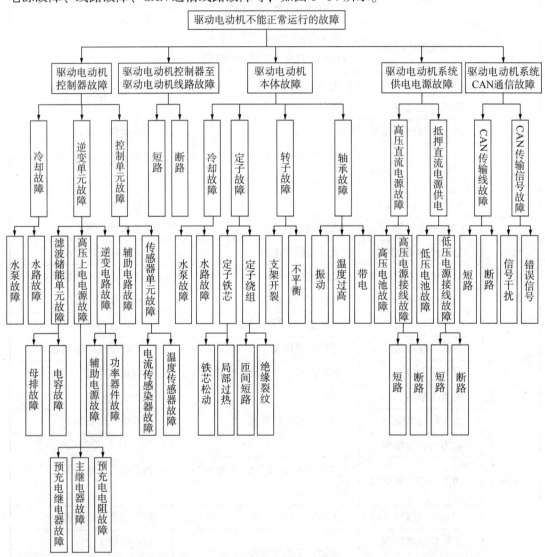

图6-14　驱动电动机不能正常运行的故障

驱动电动机常见故障现象、故障原因及处理方法如表6-6所示，驱动电动机控制器常见故障及处理方法如表6-7所示。

表6-6 驱动电动机常见故障现象、故障原因及处理方法

序号	故障现象	故障原因	处理方法
1	驱动电动机在空载时不能起动	1. 电源未接通； 2. 逆变器控制故障； 3. 定子绕组故障（短路、断路、搭铁和连接错误）； 4. 电源电压太低	1. 检查开关、接触器触点、驱动电动机引出线头，查出故障后修复； 2. 检查逆变器； 3. 检查定子绕组，找出故障并修复； 4. 检查电源电压和每个连接处
2	驱动电动机通电后，电动机不起动，并"嗡嗡"响	1. 定子，转子绕组断路； 2. 绕组引出端和始末端接错或绕组内部接反； 3. 电动机负载过大或被卡住； 4. 电源未能全部接通	1. 查明断路点进行修复； 2. 定子绕组中通入直流电，检查绕组极性，判断绕组首末端是否正确； 3. 检查设备，排除故障； 4. 紧固接线柱松动的螺钉，用万用表检查电源线某相断线或假接故障，然后修复
3	定子过热	1. 输电线-相断线或定子绕组-相断路； 2. 过载； 3. 绕组匝数不对； 4. 通风不良	1. 按序号1中的处理方法1和3进行检查； 2. 减少负载或增加容量； 3. 检查绕组电阻； 4. 检查风机是否正常
4	绝缘电阻低	1. 绕组受潮或被水淋湿； 2. 绕组绝缘沾满粉尘、油垢； 3. 引出线绝缘老化破裂； 4. 绕组绝缘老化	1. 进行加热烘干处理； 2. 清洗绕组油垢，并经干燥浸漆处理； 3. 重新包裹引线绝缘； 4. 如鉴定可用，则需清洗干净，重新涂漆处理；如鉴定不可用则更换
5	电动机振动	1. 轴承磨损，间隙不合格； 2. 气隙不均匀； 3. 转子不平衡； 4. 笼型转子导条断条； 5. 定子绕组故障（短路、断路、搭铁和连接错误）； 6. 转轴弯曲； 7. 铁芯变形或松动	1. 检查轴承间隙，应符合设计要求； 2. 调整气隙； 3. 重新校对平衡； 4. 更换转子； 5. 查出绕组故障点并进行处理； 6. 校正转轴； 7. 校正铁芯，或重新叠装铁芯
6	驱动电动机空载运行时空载电流不平衡，且相差很大	1. 绕组首端接错； 2. 电源电压不平衡； 3. 绕组有故障（匝间短路，某线圈组接反等）	1. 查明首末端，改正后再起动电动机试验； 2. 测量电源电压，找出问题后消除； 3. 拆开驱动电动机检查绕组极性和故障，并改正和清除故障

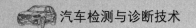

续表

序号	故障现象	故障原因	处理方法
7	驱动电动机运行时有杂音，不正常	1. 轴承磨损； 2. 定子、转子铁芯松动； 3. 电压不平衡； 4. 绕组有故障（如短路、接错等）； 5. 轴承缺少润滑脂； 6. 气隙不均匀，定子、转子存在摩擦	1. 检查并更换轴承； 2. 检查松动原因，重新压装铁芯； 3. 测量电源电压，检查电压不平衡的原因并处理； 4. 检查绕组故障并处理； 5. 清洗轴承，添加规定量的润滑脂； 6. 调整气隙，提高装配质量

表 6-7　驱动电动机控制器常见故障及处理方法

故障说明	排除方法
W 相 IGBT 饱和保护	重新起动系统，如不能消除或经常发生需专业维修
U 相 IGBT 饱和保护	重新起动系统，如不能消除或经常发生需专业维修
V 相 IGBT 饱和保护	重新起动系统，如不能消除或经常发生需专业维修
高压欠压（预充电状态）	表示系统高压未接通；如高压已接通，而长时间没有消除，需专业维修
系统上电自检异常	需专业维修
高压过压	重新起动系统，如不能消除或经常发生需专业维修
旋变检测异常	检查旋变信号线，重新起动系统，如不能消除或经常发生需专业维修
瞬间超速保护	检查旋变信号线，重新起动系统，如不能消除或经常发生需专业维修
超速保护	检查旋变信号线，重新起动系统，如不能消除或经常发生需专业维修

5）整车控制系统常见故障原因与分析

整车控制系统常见故障包括整车控制器故障、控制信号故障和电源故障等。

（1）整车控制器故障。

整车控制器常见故障主要集中在 CAN 线上。不同品牌的车辆，对 CAN 线的定义不同。如北汽的高速 CAN1、高速 CAN2、本地 CAN1、本地 CAN2 和 LIN 总线通信故障。有的纯电动车的 CAN 线分为高压 CAN-L、高压 CAN-H、低压 CAN-L、低压 CAN-H 和 LIN 总线。

（2）控制信号故障。

包括挡位控制器信号故障、P 挡驱动电动机故障、P 挡驱动电动机控制器故障、加速踏板位置传感器故障、制动踏板位置传感器故障、漏电传感器或绝缘监测误报等。

（3）电源故障。

包括 DC/DC 转换器故障、高低压线束断路或接插件损坏、高压互锁故障等。

如果传感器本身有故障或传输线路有故障，整车控制系统收不到信号或收到错误的信号，整车控制器就无法正常工作；当整车控制系统电源系统或搭铁有故障，整车控制器也不能正常工作或完全不能工作。

6) 充电系统常见故障原因与分析

充电系统的常见故障主要有以下两个方面。

（1）慢速充电故障。

包括慢速充电口故障、CC（充电连接确认线）或 CP（充电控制确认线）断路、低压唤醒故障、车载充电动机故障、电池管理系统故障、高压互锁信号断路、绝缘监测误报、CAN 通信故障、动力电池组加热故障等。

（2）快速充电故障。

包括快速充电口故障、CC1（充电连接确认线 1）或 CC2（充电控制确认线 2）断路、低压辅助电源故障、低压唤醒故障、充电通信 CAN-L 或充电通信 CAN-H 故障、电池管理系统故障、高压互锁信号断路、绝缘监测误报、动力电池组加热故障、高压控制盒或电子电力箱故障等。

分析诊断充电系统故障，首先要确定故障产生的条件：如果在慢速充电时产生不能充电故障或其他故障，应根据慢速充电系统检测诊断故障；如果在快速充电时产生不能充电故障或其他故障，应根据快速充电系统检测诊断故障；如果在慢速充电和快速充电时都不能充电，应对动力电池、电池管理系统进行检测诊断，并检查是否由于存在高压漏电等原因促使高压互锁起作用，从而产生不能充电的故障。

6.2.3　混合动力汽车故障诊断与分析

判断混合动力汽车故障，首先要了解被检车辆是什么类型的车辆，是串联型、并联型还是混联型。不同类型的车辆，由于组成与结构不同，故障原因及检测诊断方法会有所不同。其次要了解在什么驱动模式下发生故障，是在纯电动工作模式、发动机工作模式还是在混合动力工作模式下发生故障，从而缩小故障检测诊断的范围，提高故障诊断效率。产生故障时的不同汽车运行模式如图 6-15 所示。

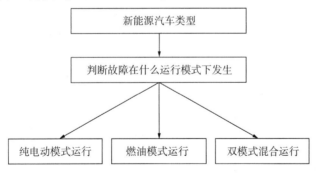

图 6-15　产生故障时的不同汽车运行模式

1. 相同故障在不同驱动类型车辆上的检查方法

由于不同驱动类型的混合动力汽车组成与结构不同，因此同样的故障现象，在不同驱动类型的混合动力汽车上，其诊断方法可能不一样。

1）串联型混合动力汽车不能起动运行的故障

从串联式插电混合动力汽车结构可以看出，串联型混合动力汽车的驱动动力源是唯一的电动机，所以电动机可作为诊断的切入口之一。基本检查流程如图 6-16 所示。

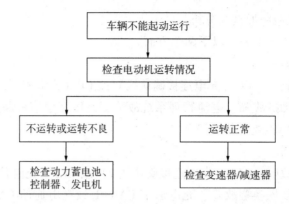

图 6-16　串联式混合动力汽车不能起动运行故障的基本检查流程

2）并联型、混联型混合动力汽车不能起动运行的故障

并联型和混联型混合动力汽车的起动动力源是发动机的起动机，所以诊断切入口是起动机。基本检查流程如图 6-17 所示。

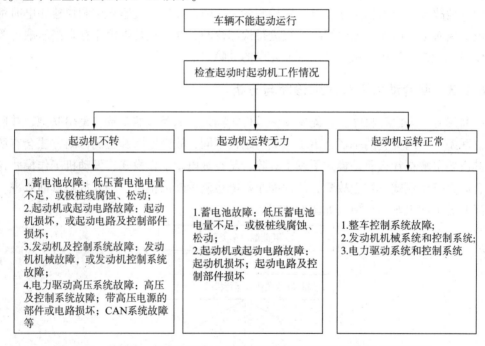

图 6-17　并联型、混联型混合动力汽车不能起动运行故障的基本检查方法

2. 纯电动运行模式下发生故障

如果并联或混联混合动力汽车在发动机运行模式时工作正常，而在纯电动运行模式时工作不正常，应在电力驱动系统进行检查分析。

故障原因可能是：动力电池和管理系统（包括动力电池系统、电池管理系统、动力电池电路系统、动力电池冷却系统等）故障，驱动电动机与管理系统（包括驱动电动机、驱动电动机控制系统）故障，变速器系统故障，整车管理系统故障。

3. 燃油模式运行时发生的故障

如果并联或混联混合动力汽车在发动机运行模式时工作不正常，就应对发动机系统进行检查分析。故障原因可能是：发动机机械故障、发动机电控系统故障、变速器系统故障、整车管理系统故障。

4. 两种动力混合运行时发生故障

如果并联和混联混合动力汽车在混合动力工作时不正常，就应对耦合系统进行重点检查分析。故障原因可能是：变速器系统（耦合系统）故障、差速器故障、电力驱动控制系统故障、整车管理系统故障。

知识小结

新能源汽车故障的诊断策略更多依靠故障诊断仪来进行。由于取消发动机，异响主要集中在电动机方面。机械故障判断范围缩小明显。

对于电子控制系统故障，由于车辆各系统集成度较高，可通过各系统的控制策略分析故障原因。同时，电动汽车的车身系统依旧为12 V供电，控制方法与燃油车相差不大；空调系统采用电动压缩机，供电系统有所变化，控制系统基本不变。由于没有发动机，制动系统增加真空泵，冷却系统分为电池冷却、电动机冷却、控制系统冷却等多个部分。

习题

1. 填空题

（1）纯电动汽车高压故障主要涉及的系统有：_____、_____、_____、_____。

（2）纯电动汽车低压故障主要涉及的系统有：_____、_____、_____、_____。

（3）驱动电动机本身故障会造成_____、_____、_____、_____等。

（4）驱动电动机控制器本身故障会造成_____、_____、_____、_____等故障。

（5）动力电池与电池管理系统常见故障有_____、_____和_____。

2. 判断题

（1）（　　）使用万用表可以检测电动汽车的各类高压电和低压电。

（2）（　　）使用万用表检测高压电时必须穿戴防护用具。

（3）（　　）汽车在行驶中不能用诊断仪进行检测。

（4）（　　）串联型新能源汽车的驱动动力源是唯一的电动机，所以诊断的切入口就是电动机。

（5）（　　）如果并联和混联混合动力汽车在发动机运行模式时工作正常，而在纯电动运行模式时不正常，说明动力电池有故障。

参 考 文 献

[1] [德]康拉德·莱夫. BOSCH 汽车工程手册[M]. 魏春源,译. 北京:北京理工大学出版社,2016.

[2] [德]康拉德·莱夫. BOSCH 汽车电气与电子[M]. 孙泽昌,译. 北京:北京理工大学出版社,2016.

[3] [德]费舍尔·理查德. 汽车技术图表手册[M]. 周正安,黎亚龙,译. 长沙:湖南科学技术出版社,2012.

[4] 吴刚. 汽车电气设备[M]. 北京:北京理工大学出版社,2020.

[5] 周建平,悦中原. 汽车电气设备构造与维修[M]. 4 版. 北京:人民交通出版社,2020.

[6] 赵英勋. 汽车检测与诊断技术[M]. 北京:北京理工大学出版社,2021.

[7] 谭本忠. 轻松看懂大众汽车(中高档)电路图[M]. 北京:化学工业出版社,2013.

[8] 毛峰. 汽车车身电控技术[M]. 北京:机械工业出版社,2021.

[9] 蔡永红. 汽车电路图识读入门到精通实战篇[M]. 北京:化学工业出版社,2016.

[10] 季洁. 轻松看懂汽车电路图[M]. 北京:化学工业出版社,2011.

[11] 宁德发. 汽车维修工具设备诊断仪使用方法与技巧[M]. 北京:化学工业出版社,2020.

[12] 黄建民,樊江铃,吴国兴. 汽车检测仪故障诊断典型案例引导教程[M]. 武汉:华中科技大学出版社,2020.

[13] 周晓飞. 汽车维修从入门到精通[M]. 北京:化学工业出版社,2021.

[14] 赵英勋. 汽车检测与故障诊断[M]. 北京:机械工业出版社,2019.

[15] 薛玉荣,王青娟. 汽车电器设备与维修[M]. 西安:西北工业大学出版社,2014.

[16] 官海兵. 新能源汽车高压安全及防护[M]. 北京:人民交通出版社,2018.

[17] 夏令伟. 新能源汽车维护与检测诊断[M]. 北京:人民交通出版社,2018.

[18] 南金瑞,曹万科,刘波澜. 汽车单片机及车载总线技术[M]. 北京:北京理工大学出版社,2020.

[19] 谭本忠. 汽车检测与故障诊断技术[M]. 济南:山东科学技术出版社,2014.

[20] 陈耀迪. 汽车四轮定位基础教程[M]. 北京:机械工业出版社,2016.

[21] 屠卫星. 汽车底盘构造与维修[M]. 北京:人民交通出版社,2001.

[22] 曾祥飞. 风行景逸车型 ESP 故障检测与诊断[J]. 机电信息,2017(27):137-138.

[23] 崔修元,徐春保. 汽车尾气检测与诊断维修[M]. 北京:机械工业出版社,2019.